Gustav A. Graf von Götzen

Durch Afrika von Ost nach West

Resultate und Begebenheiten einer Reise von der Deutsch-Ostafrikanischen Küste

bis zur Kongomündung in den Jahren 1893/94

Gustav A. Graf von Götzen

Durch Afrika von Ost nach West
Resultate und Begebenheiten einer Reise von der Deutsch-Ostafrikanischen Küste bis zur Kongomündung in den Jahren 1893/94

ISBN/EAN: 9783743395459

Hergestellt in Europa, USA, Kanada, Australien, Japan

Cover: Foto ©Andreas Hilbeck / pixelio.de

Weitere Bücher finden Sie auf **www.hansebooks.com**

G. A. Graf von Götzen.

—

Durch Afrika von Ost nach West.

Durch Afrika

von

Ost nach West.

Resultate und Begebenheiten einer Reise

von der

Deutsch-Ostafrikanischen Küste bis zur Kongomündung

in den Jahren 1893/94

von

G. A. GRAF VON GÖTZEN

Lieutenant im Kgl. Preuss. 2. Garde-Ulanenregiment.

———

Mit zahlreichen Original-Illustrationen von W. Kuhnert und Sütterlin
nach den Photographien, und 2 grossen Karten von Richard Kiepert nach den
Original-Aufnahmen des Verfassers.

———

BERLIN 1895.

GEOGRAPHISCHE VERLAGSHANDLUNG DIETRICH REIMER.

Die Autotypien sind in der Anstalt von Hambock & Co. in München, der Kupferdruck in der
Elektrochemischen Graviranstalt in Berlin hergestellt.

VORWORT.

Das vorliegende Buch schildert die Begebenheiten und Resultate meiner zweiten Reise im äquatorialen Afrika, die mich in weniger denn Jahresfrist vom indischen zum atlantischen Ocean führte.

Wenn ich somit das Wagniss unternehme, trotz der zahlreichen, gerade in den letzten Jahren geschriebenen Werke über Reisen in diesem Erdtheil, auch meinerseits mit einem solchen an die Oeffentlichkeit zu treten, so glaube ich aus mehreren Gründen dazu berechtigt und verpflichtet zu sein. Berechtigt, weil nicht geleugnet werden kann, dass, je weiter die Auftheilung Afrikas unter die europäischen Mächte Fortschritte macht, um so grösser auch die Zahl Derer wird, die in irgend einer Beziehung ihre Interessen an jenen Erdtheil geknüpft sehen und die naturgemäss den Wunsch haben, das Land eingehender kennen zu lernen; verpflichtet, weil die von mir geführte Expedition zur ersten wurde, welche unter deutscher Flagge ganz Centralafrika in der Richtung von Ost nach West durchzog, und weil sie in ihrem Verlauf so sehr vom Glücke begünstigt war, dass sie eine ganze Reihe wichtiger geographischer Entdeckungen zu ihren Resultaten rechnen darf.

Als ihr werthvollstes Ergebniss betrachte ich die beigefügte Karte, welche auf Grund unserer Wegeaufnahmen und astronomischen Beobachtungen konstruirt werden konnte. Der Text des Buches macht nicht den Anspruch, die durchzogenen Gebiete und die Art ihrer Bewohner umfassend oder erschöpfend darzustellen. Bei der kurzen Reisedauer verboten sich eingehendere Studien von selbst, und somit tragen meine Aufzeichnungen einen skizzenhaften Charakter; sie sind lediglich als eine im Grossen und Ganzen chronologisch geordnete Wiedergabe von Erlebtem und Beobachtetem anzusehen.

Solche Begebenheiten aber ausführlich zu schildern, welche sich bei allen Reisen in Centralafrika wiederholen, wie die langwierigen Vorbereitungen, das Anwerben von Leuten, die Seereise, oder Besuche alt bekannter Küstenplätze, wurde nach Möglichkeit und mit Absicht vermieden.

Erfahrung im wissenschaftlichen Reisen stand mir nicht zu Gebote; meine beiden Begleiter, der Assessor Dr. W. v. Prittwitz und Gaffron und der Arzt der Expedition, Dr. Hermann Kersting, sind ebensowenig wie ich Geographen oder Naturforscher von Fach. Ich bin mir bewusst, dass dieser Umstand nachtheilig auf die Art und Auswahl unserer wissenschaftlichen Sammlungen eingewirkt haben muss, und befürchte, dass dadurch den Herren, welche sich der Bearbeitung derselben in dankenswerther Weise unterzogen und dadurch dem Werke einen werthvollen Anhang schufen, die Arbeit nicht leicht gemacht worden ist.

Ich benutze gern die Gelegenheit, ihnen Allen, und insbesondere Denen, die um Herausgabe und Herstellung des Buches, der Illustrationen und der Karten bemüht waren, meinen wärmsten Dank auszusprechen.

Ganz besonders aber drängt es mich, an dieser Stelle der beiden Männer zu gedenken, welche die Freuden und die Entbehrungen der langen Reise mit mir getheilt haben. Die vortrefflichen Eigenschaften Beider im Einzelnen hier hervorzuheben unterlasse ich deshalb, weil ich befürchte, dabei unvollständig zu sein. Ich bitte aber Herrn Dr. von Prittwitz und Herrn Dr. Kersting darum, mir Glauben zu schenken, wenn ich ihnen erkläre, dass ich ohne ihre nie erlahmende Energie und Ausdauer und ohne ihre wahrhafte und echte kameradschaftliche Gesinnung niemals im Stande gewesen wäre, mein Unternehmen durchzuführen.

Wenn ich oben bemerkte, dass die geographischen Resultate unserer Reise einem günstigen Stern zu danken sind, welcher vom Anfang bis zum Ende über unserer Reise schwebte, so darf ich nicht unterlassen, einen anderen wichtigen Faktor zu erwähnen: die Bewegungsfreiheit, welche durch den privaten Charakter des Unternehmens bedingt war. Nur so, indem ich ungehindert, je nach den eintretenden Umständen, disponiren konnte, ward es mir möglich, mein Ziel, die Erforschung des äussersten Nordwestens Deutsch-Ostafrikas, in der verhältnissmässig kurzen, mir zur

Verfügung stehenden Zeit zu erreichen; nur als Privatmann konnte ich dann, als es mir gut schien, politische, wenn auch nur auf dem Papier und durch gänzlich unbekannte Länder gezogene Grenzen ignoriren.

Als ich mich damals, im September des Jahres 1893, mit meinen Reisegefährten in Brindisi einschiffte, um Europa auf lange Zeit den Rücken zu kehren, da stand ich unter dem — freilich nur aus der Presse empfangenen — Eindruck, dass man behördlicherseits sogenannten Privatexpeditionen in den Kolonien nicht sonderlich gewogen sei. Wenn eine solche Abneigung bestanden hat, so kam sie uns gegenüber jedenfalls nicht zum Ausdruck, und ich benutze gern die Gelegenheit, um zu erklären, dass mir in der bereitwilligsten Weise die Erlaubniss zur Ausführung meiner Pläne ertheilt worden ist.

Ich kann mich der Hoffnung hingeben, dass man dieses Entgegenkommen nicht zu bereuen brauchte, und dass die geographischen Erfolge unserer Expedition, der das schwarz-weiss-rothe Banner bis hinab zur Kongomündung voran wehte, nicht nur allgemein wissenschaftlich, durch Erweiterung unserer Kenntniss von der Erde, von Vortheil waren, sondern dass sie auch zur Weiterentwickelung der deutsch-ostafrikanischen Kolonie beitragen werden. Denn nur wenn das Land bekannt ist, wird man die Massregeln ergreifen können, welche sein glückliches Gedeihen erheischt. Wenn irgendwo, so gelte hier der Satz:

»Initium scientiae politicae geographia.«

Berlin, den 2. September 1895.

Graf von Götzen.

Inhalts-Verzeichniss.

— VIII —

— IX —

Anhang.

Verzeichniss der Illustrationen.

— —

— XI —

—

I. KAPITEL

Auf bekannten Pfaden.

Graf v. Götzen.

er von der Mündung des Pangani-Flusses aus, der sich der Insel Pemba gegenüber in den indischen Ocean ergiesst, nach den Ländern an den grossen centralafrikanischen Seen gelangen will, der pflegt einem Pfade zu folgen, der in westlicher Richtung die reiche Landschaft Useguha*) durchzieht. Der schmale, von den Seewinden unmittelbar bestrichene Küstenstreifen, auf dem ausgedehnte Kokosplantagen sich üppig entwickeln können und dem von Europa kommenden Neuling den Anblick der erträumten Palmenwälder gewähren, ist bald durchschritten. Dann steigt das Land allmählich an, und wenn man die Kette der Nguru-Berge überwunden hat, betritt man ein weites Hochplateau, das nach den zahlreichen, früher hier herumstreifenden Hirtenvölkern gewöhnlich die Massai-Steppe genannt wird.

---

*) Siehe die beigefügte Karte.

Gegen Ende Januar des Jahres 1894 hatte ich mit einer Karawane die mir seit Monatsfrist von der Küste her auf dem genannten Wege gefolgt war, ungefähr die Mitte dieses Steppengebietes erreicht.

Am 23. lagerten wir an einem grossen, von Elephanten aufgewühlten Tümpel, der Mrusia genannt wird, und am Abend erklärte mir der Wegführer, ein Mann aus den Nguru-Bergen, dass wir nach drei weiteren Märschen wieder menschliche Ansiedelungen erreichen würden. Auf diese Botschaft hin herrschte in der Karawane eine gehobene Stimmung, und länger als gewöhnlich brannten die Lagerfeuer, umgeben von schwarzen, eifrig schwatzenden Gestalten, deren Redefluss erst durch das Abendsignal zum Stillstand gebracht ward. Bald sah man nur noch den Loderschein des Feuers, an dem sich die Wache vor der beginnenden nächtlichen Kälte zu schützen suchte, während ringsum Alles in Dunkel und Schweigen versank. Nur Hyänengeheul und das wechselseitige Anrufen der Posten unterbrachen die Ruhe der Nacht.

Wir pflegten in jenen Tagen frühzeitig aufzubrechen, um ein möglichst grosses Stück Weges in den kühlen Morgenstunden zurücklegen zu können. Am folgenden Tage, dem 24. Januar, sollte der nächste Wasserplatz besonders weit sein: so gab denn Herr Dr. von Prittwitz, zu dessen Ressort der innere Lagerdienst gehörte, schon vor 5 Uhr Befehl, zum Wecken zu blasen. Die markerschütternden Töne, die der brave Hornist — seine Heimath lag am Victoriasee im Lande Ussukuma — in den Morgenstunden seinem Instrumente zu entlocken wusste, bewirkten mit absoluter Sicherheit, dass wir Europäer im Nu aus unseren Feldbetten heraus waren. Der Schwarze gebraucht längere Zeit, um den Schlaf aus den Gliedern zu schütteln, und nur der Umstand, dass er weiter keine umständliche Toilette zu machen braucht, ermöglicht es, dass er gleichwohl seinem Herrn noch hülfreiche Hand leisten kann.

Während die Europäer im Innern ihrer Zelte damit beschäftigt sind, sich marschfertig zu machen, während die geöffneten Koffer geschlossen und die Feldbetten zusammengelegt werden, wird draussen vom Koch und seinem Personal der Frühstückstisch hergerichtet. Ehe wir uns jedoch niedersetzen, sind die Askari (d. h. Soldaten) auf ein Pfeifensignal angetreten; sie setzen ihre Gewehre zusammen und beginnen mit dem Abbrechen unserer vier Zelte, so dass das Lager alsbald in ein wüstes Durcheinander verwandelt wird. Die grosse Menge der Träger und Frauen — wir waren damals 620 Personen — thut ihr Möglichstes, um durch Schreien, zweckloses Debattiren und Hinundherlaufen die scheinbare Unordnung zu vergrössern. Erst nachdem wir unseren Thee zu uns genommen haben, ist wieder einigermassen Ruhe hergestellt; Jedermann hat seine Traglast, und nur noch vereinzelt hört man das Schimpfen und Fluchen einiger Trägerführer, die ihre Leute von den neu angefachten Feuern forttreiben. Sobald die Trommel ertönt, setzt sich die Spitze des Zuges in Marsch.

Der Zug wurde in der Regel von einem oder mehreren Eingeborenen eröffnet, die behauptet hatten, Land und Weg zu kennen; ihnen folgte Tofik, einer meiner Privatdiener, den ich wegen seiner reichen Kenntniss der eingeborenen Sprachen oft als Dolmetscher zu gebrauchen pflegte. Er stammte aus Uganda, war dann bei dem Araberchef Rumalisa am Tanganyika-See Sclave bezw. Sclavenjäger gewesen und hatte sich zuletzt mit Schleppen von Bierfässern in Dar-es-Salam sein Brot verdient. Hinter Tofik und unmittelbar vor mir und Herrn Dr. v. Prittwitz marschirte stets Hailala, der tüchtigste meiner Unterführer, der sich bereits bei der Expedition des Dr. Oscar Baumann durch das Massailand bestens bewährt hatte. Uns beiden Europäern schlossen sich vier Somali an, von denen zwei unsere Gewehre trugen und zwei die Maulesel führten, wenn wir nicht ritten. Dann folgten die Privatdiener und der Koch und hierauf ein Zug Askari, 12 Mann stark, mit der schwarz-weiss-rothen Expeditionsfahne und der Trommel. Der grossen Masse der nun folgenden Träger war keine bestimmt einzuhaltende Marschordnung vorgeschrieben; ich liess nur darauf halten, dass unsere Zelte und Privatkoffer möglichst weit vorn getragen wurden; denn, wie sich im Verlauf der Reise noch erweisen wird, traf nach schweren Märschen durch unwegsames Sumpf- oder Bergland die Nachhut der Karawane, die stets von Herrn Dr. Kersting, einigen Trägerführern und einer Abtheilung Askari gebildet wurde, oft mehrere Stunden nach Ankunft der Spitze am Lagerplatz ein, und man kann sich vorstellen, welche Unbequemlichkeiten bisweilen das Zurückbleiben einer Zeltlast oder irgend eines wichtigen Koffers zur Folge haben konnte. Die primitiven Wegeverhältnisse im äquatorialen Afrika, die nur ein Hinter- und niemals ein Nebeneinandergehen gestatten, sind der Grund zu der unbequemen und gefährlichen Länge aller Marschkolonnen.

Damals, zu Anfang der Reise, waren es noch gute Zeiten, in denen der gewohnte Marschbetrieb nur selten eine Veränderung oder Störung

1*

erfuhr. Ueberdies ist es schwierig, gleich in den ersten Wochen unter einer so grossen Menschenzahl die Fähigkeiten der einzelnen Individuen richtig zu erkennen, um ihnen nach Massgabe ihrer körperlichen und geistigen Kräfte ihre Traglast, ihr Amt oder ihren Platz in der Marschkolonne anzuweisen. Einen Ueberblick jedoch über das mir zur Verfügung stehende Menschenmaterial hatte ich immerhin schon gewinnen können.

Es dürfte allgemein bekannt sein, dass im centralen Afrika nach wie vor Schultern und Köpfe der Eingeborenen fast die einzigen gangbaren Transportmittel geblieben sind. An der deutsch-ostafrikanischen Küste gewährt der Beruf eines Trägers sogar die Möglichkeit zur Erwerbung eines bescheidenen Vermögens. Tausende ziehen noch jetzt alljährlich von der Küste ins Innere und Tausende unternehmen,

Auf dem Marsche.

oft mit Weib und Kind, die Reise vom Innern zur fernen Küste, um gegen Bezahlung in Geld oder Stoffen die Ballen europäischer, arabischer oder indischer Karawanen auf ihren Schultern weiter zu befördern.

Ein grosser Theil meiner Leute gehörte zu der letzteren Kategorie. 203 Mann aus der Landschaft Usukuma, in der Südostecke des Victoriasees, waren von mir in Bagamoyo in Sold genommen worden. Ihre Werbung vermittelte die Deutsch-Ostafrikanische Gesellschaft. Die Leute hatten ohnedies den Wunsch, in ihre Heimath zurückzukehren und verstanden sich daher mit Freuden dazu, 203 meiner Lasten — sämmtlich Tauschwaaren, in Baumwollenstoff, Glasperlen und Draht bestehend — bis in die Nähe ihrer Heimath zu tragen und so das Nützliche mit dem Angenehmen zu verbinden. Allerdings war der Anhang dieser Trägerschaar recht beträchtlich: eine Menge Weiber, Kinder und Greise schlossen sich ihnen an, ausserdem ein »berühmter« Medizinmann. Die ganze Gesellschaft stand unter dem Commando von fünf Trägerführern, sogenannten Wanyampara, deren Autorität und Intelligenz aber so gering war, dass ich ihnen schon in Pangani einen gemeinsamen Chef in der Person eines Somali aus Aden, Namens Hussein Fara, hatte geben müssen.*) Im Ganzen genommen sind die Wassukuma ein vorzügliches Trägermaterial, wenigstens in Gegenden, die ihnen nicht allzu fremd sind. Ihre Gemüthsart ist durchaus kindlich harmlos und ihre Leistungsfähigkeit dank ihrer grossen Körperkraft und Arbeitswilligkeit recht bedeutend.

Die übrigen für die Dauer der ganzen Reise auf Monatslohn engagirten Träger zerfielen in fünf Gruppen: 25 Mann mit dem Führer Schehe hatte ich persönlich in Tanga angeworben, weitere 50 unter dem Araber Abdallah ben Raschid hatte mir der bekannte Soliman ben Nasr, Wali von Dar-es-Salam, verschafft, durch anderweitige Vermittelung engagirte ich 40 Mann unter Ali Mohamed, gewöhnlich Ali Mrefu (der Lange) genannt, und schliesslich verschaffte mir die Deutsch-Ostafrikanische Gesellschaft durch die grosse Umsicht und Liebenswürdigkeit ihres Vertreters in Pangani, des Herrn Pfrank, die Dienste von 100 weiteren Trägern unter der Führung des bereits genannten Hailala und der eines zweiten treuen Burschen mit Namen Ali Kirowascha. Diese Panganileute haben sich im Verlauf der Expedition als die besten Träger bewährt, so dass ich Pangani und die Vermittelung der Deutsch-Ostafrikanischen

---

*) Dieser Hussein Fara, der später ein trauriges Ende fand, ist derselbe, der dem Dr. Peters auf seiner Emin Pascha-Expedition grosse Dienste geleistet hatte.

Gesellschaft beim Anwerben von Trägern späteren Reisenden nur auf das Angelegentlichste empfehlen kann.

Nachdem durch diese Engagements die Transportfrage für mich erledigt worden war, hatte ich folgende Traglasten, in Ballen zu 25 bis 28 Kilogramm verpackt, fortschaffen lassen können:

272 Lasten Tauschwaaren zum Einkaufen der Lebensmittel unterwegs, und zwar:

207 Ballen weisser oder blauer Baumwollenstoff,

23 ,, bunte Tücher, Anzüge etc.,

31 ,, Glasperlen,

10 ,, Draht,

1 ,, mit Messern, Spiegeln etc.

ferner 2 Lasten Pulver,

16 ,, Zelte,

3 ,, Stühle, Tische,

6 ,, Betten, bezw. Decken,

4 ,, Küchengeräthe,

1 Last photographischer Apparat,

1 ,, photographische Platten,

4 Lasten Medicamente,

26 Holzkisten, enthaltend Salz, Zucker, Wein, Konserven, Seife etc.

7 ,, Werkzeuge, Reservevorräthe, Fackeln,

36 ,, Patronen,

13 Privatkoffer,

1 Bücherkoffer,

2 Lasten = 1 Faltboot,

1 Last Instrumente,

2 Kisten Beleuchtungsmaterial.

Alle diese Ausrüstungsgegenstände hatte ich aus Deutschland bezogen und zwar zum grossen Theil durch das Waarenhaus für Armee und Marine.[*]) Die Sachen haben meist bis zur Westküste gut ausgehalten und damit den Beweis erbracht, dass der deutsche Tropenreisende sich sehr gut in seinem Vaterlande ausrüsten kann. Freilich kam mir hierbei meine Erfahrung, die ich auf einer früheren kurzen Reise nach dem Kilimandjaro gesammelt hatte, sehr zu statten, und wenn auch noch hier und

---

[*]) Die ehemalige ›Kolonialabtheilung‹ des Waarenhauses für Armee und Marine ist an die Firma ›v. Tippelskirch‹ übergegangen.

da die Dauerhaftigkeit der Handwerkerarbeit einiges zu wünschen übrig liess, so möchte ich das weniger einer leichtfertig ausgeführten Arbeit als vielmehr dem Umstande zuschreiben, dass da und dort noch das richtige Urtheilsmass für die Anforderungen fehlt, die eine innerafrikanische Reise an Ausrüstungsgegenstände zu stellen pflegt.

Abgesehen von dem eben geschilderten, sehr complicirten Transportapparat und dem hierzu erforderlichen Trägerpersonal, waren aber noch eine Reihe anderer Personen anzuwerben gewesen, insbesondere: Soldaten, gewöhnlich Askari genannt, ferner die Leute zu unserer persönlichen Bedienung und schliesslich ein Koch sammt mehreren Küchenjungen.

Schon auf der Ausreise, in Aden, hatte ich mit dem Anwerben solcher Mannschaften begonnen. Fünf Sudanesen, ein Somali und ein Abyssinier waren als Askari angenommen worden, und jedem Europäer hatte ich zwei Somali zur persönlichen Begleitung zugetheilt, von denen der eine die Gewehre seines Herrn zu tragen, der andere dessen Maulesel zu führen und zu versorgen hatte. Die Maulesel hatte ich, einem Rathe des Professors Schweinfurth folgend, mir selbst aus Massauah herübergeholt.

Die Zahl der Soldaten war sodann in Pangani zunächst auf 31 erhöht worden, und Herr Dr. v. Prittwitz hatte diese ganze Mannschaft, die uniformirt und mit Mausergewehren M. 71 bewaffnet war, unter ein einheitliches gut deutsches Kommando gebracht. Das machte freilich anfangs nicht geringe Schwierigkeiten. Die Leute sprachen ganz verschiedene Sprachen, hatten früher die verschiedensten Feuerwaffen in Händen gehabt und sich bei allen möglichen Expeditionen mit und ohne Exerzirreglement herumgetrieben. Die drei Tschausche (Unteroffiziere), nämlich die Sudanesen Adam, Baruk und der Msuaheli Hamis, wussten wenigstens mit dem Mausergewehr umzugehen. Der Ombascha (Gefreite) Hamis wadi Ismaïli hatte Stanley auf seiner ersten Fahrt den Kongo hinab begleitet und dann der Emin-Stuhlmann'schen Expedition angehört. Der Askari Bamberger (so nannte er sich auf Befragen selbst) war einer der Leute des Dr. Karl Peters auf dessen Emin Pascha-Expedition gewesen, der Sudanese Musa hatte mit dem Italiener Bottego das Somaliland durchreist; Abdurhaman und der alte Said, der seine kleine, unglaublich hässliche Frau aus Aden mitgebracht hatte, waren früher in englischen Diensten in Uganda gewesen; verschiedene Andere vom Stamm der Wassukuma hatten die deutschen Antisclaverei-Expeditionen mitgemacht, Andere wieder waren früher nur als Träger gereist u. s. w.

— 7 —

Unter der erwähnten geschickten Leitung indessen hatte diese kleine Truppe allmählich ganz leidlich exerziren und schiessen gelernt, und in jenen Tagen, in denen wir die Massaisteppe durchzogen, war der Dienstbetrieb schon lange vollständig geregelt: marschirten wir, so befand sich stets ein Zug bei mir an der Spitze, ein Zug wurde auf die Mitte der Kolonne zur Beaufsichtigung fauler Träger oder zur Hülfe für Kranke vertheilt, der dritte Zug bildete mit Dr. Kersting die Nachhut. Jeder Zug wurde von einem Tschausch (Unteroffizier) geführt. Bei Nacht hatte ein Ombascha (Gefreiter) mit den Ablösungen der nöthigen Posten die Wache.

Es erübrigt noch, mit wenigen Worten die persönlichen Diener und den Koch zu erwähnen. Gleich nach meiner Ankunft in Zanzibar hatten mir Swedi und der Koch Juma, die beide schon auf meiner ersten afrikanischen Reise meine Begleiter gewesen waren, ihre Dienste wieder angeboten und waren beide gern engagirt worden. Der alte Swedi hat denn auch mit grosser Gewissenhaftigkeit während der ganzen Reise meine Koffer, Zelt und Feldbett in Ordnung gehalten und Juma seinerseits mit grosser Würde und echt mohamedanischer Bedächtigkeit sein Amt als Küchenchef der Expedition verwaltet.

Die Mehrzahl der Soldaten sowie die Trägerführer waren, wie schon gesagt, von ihren Weibern begleitet, und ich habe es niemals bereut, zu dieser Vergrösserung der Karawane meine Einwilligung gegeben zu haben. Denn während der Träger gleich nach der Ankunft im Lager seine Last abgiebt und dann ziemlich sicher ist, nicht mehr in seiner beneidenswerthen, gedankenlosen Ruhe gestört zu werden, beginnt für den Askari dann erst der eigentliche Dienst: Aufschlagen der Zelte, Patrouillengänge, Wachtdienst, Fouragiren, Exerziren u. s. w. Es versteht sich, dass er sich all diesen Arbeiten mit sehr viel mehr Lust und Liebe unterzieht, wenn er weiss, dass ihm inzwischen Jemand sein Essen kocht und sein Lager bereitet.

* * *

Wenn ich nun zum Ausgangspunkt meiner Reisebeschreibung gerade den Marsch durch die Steppe vom 24. Januar 1894 gewählt habe, so geschieht das, weil er mir ganz besonders in lebhafter Erinnerung geblieben ist. Die Berichte anderer Tage auf der langen Reise glichen oft einer dem andern auf ein Haar, und als wir 11 Monate und 8 Tage nach unserem Abmarsch von der Ostküste Afrikas an der Westküste standen und die Wogen des atlantischen Oceans vor uns sahen, da war

Ostafrikanische Dornsteppe.

Prosch ph.

die Erinnerung an die meisten alltäglichen Geschehnisse schon wieder verblasst. Vieles scheinbar Aussergewöhnliche kam uns nachträglich ganz natürlich vor, Anderes war überhaupt vergessen worden, und jetzt, nachdem Monate seit unserer Rückkehr in die Heimath verstrichen sind, haben sich überhaupt nur noch ganz vereinzelte Momente unseres Expeditionslebens unverwischt im Gedächtniss erhalten. An diese also muss man anknüpfen, um mit Hülfe der unterwegs gemachten Aufzeichnungen die damals gewonnenen Eindrücke möglichst wahrheitsgetreu wiederzugeben.

Die Jahreszeit, in der wir damals die Steppe durchzogen, war nicht besonders günstig. Allerdings war das Wetter schön und auch während der Nacht und des Morgens kühl genug, um uns die heissen Nachmittagsstunden mit Leichtigkeit ertragen zu lassen; dafür entbehrten wir um so schmerzlicher den Regen, und die Gefahr, dass wir die wenigen Stellen am Wege, Lachen oder Felsenlöcher, in denen sich meist noch lange nach dem letzten Regen Wasser hält, leer finden würden, blieb Tag für Tag bestehen. An die Mitnahme von Wasser für 600 schon schwer genug belastete Menschen, noch dazu auf längere Zeit, konnte natürlich nicht gedacht werden. In solchen Fällen ist man im Allgemeinen auf die Führer angewiesen, denen die verschiedenen Wasserplätze bekannt zu sein pflegen, und ihre Aussagen hatten sich auch in der That bis dahin stets als richtig bestätigt. —

Wir sind bereits in vollem Marsch, als die Sonne sich ganz über dem Horizont erhoben hat. Die erquickend kühle Morgenluft macht das Gehen leicht, und demgemäss bleiben die Maulesel an der Hand ihrer Pfleger. Der schmale Fusspfad, der die merkwürdigsten Windungen macht, hält im Wesentlichen eine westliche Richtung ein. Die Abweichungen vom magnetischen Meridian werden durch unausgesetztes Beobachten einer Bussole festgestellt, alle fünf Minuten werden im Notizbuch die Uhrzeit, Wegerichtung sowie etwaige allgemeine Bemerkungen notirt, damit daraus später die zurückgelegte Strecke construirt werden kann. Durch Barometerablesungen, sowie durch Angaben über Flora, Fauna, geologischen Aufbau, durch Niveaulinien oder Bergstriche, wird das rohe Kartenbild gleich während des Marsches vervollständigt, während man durch astronomische Beobachtungen mit dem Theodoliten und durch Schätzungen der Marschgeschwindigkeit den Rahmen für die spätere genaue Construktion erhält.

Die Natur, die uns umgiebt, ist keineswegs schön oder anmuthig zu nennen, aber sie hat ihre Reize, und ich denke heute oft noch mit grosser Sehnsucht gerade an jene grossartige Einöde zurück. Endlos erscheinendes, dorniges Akaziengestrüpp dehnt sich nach allen Seiten hin aus, soweit das Auge reicht, dicht verwachsen zwar, aber doch hier und dort von Lichtungen unterbrochen, die zur Regenzeit mit üppigem Graswuchs und vielfarbigen Blumen bestanden sind, jetzt aber, zur Zeit unseres Durchmarsches schon eine graubraune Färbung angenommen haben. Der röthliche Untergrund des Bodens schimmert überall durch die Gräser hindurch; auf unserem Pfade ist er festgetreten. Unzählige, kreuz und quer verlaufende Fährten, die noch vom letzten Regen her in den aufgeweichten Boden eingestampft sein mögen, lassen den reichen Wildstand des Landes erkennen. Oft, wenn sich das Dorngestrüpp lichtet und ein freies Stück Grassteppe vor uns liegt, kann die Spitze unserer Karawane grosse flüchtende Heerden von Zebras, oder Rudel von Antilopen, in dichte Staubwolken gehüllt, davonjagen sehen. Leider sind der Lärm des Zuges, das Schwatzen der Leute, das Klappern der Geräthe und die weithin sichtbaren weissen Hemden der Wasuaheli-Träger einer erfolgreichen Jagd während des Marsches hinderlich. Wer zu Schuss kommen will, muss, nur von einem oder zwei Leuten begleitet, entweder weit vorausgehen oder sich abseits seinen Weg durch die Büsche bahnen.

Die freien Grasflächen bieten in den Massaihochländern wohl immer den reizvollsten Anblick. Abgesehen von dem Wild, das sich dort mit Vorliebe aufzuhalten pflegt, vermag auch das Auge von hier aus auf ferne Höhen und Wälder zu schweifen. Oefters wird dann wohl eine schwache Rauchwolke an den Bergeshängen sichtbar, ein Zeichen, dass dort jagende Banden von Eingeborenen ihre Rast am Feuer halten.

Der Mittelgrund des Landschaftsbildes erhält vielfach ein malerisches Aussehen durch die phantastischen Formen eines entlaubten Affenbrotbaumes oder einiger dunkler Schirmakazien, die mit den Nestern zahlloser Webervögel dicht behangen sind.

Sieben Tage sind verstrichen, seitdem wir die letzten menschlichen Behausungen in den Ngurubergen verlassen haben. Erst jetzt sollen wir uns wieder bewohnten Gebieten nähern. Ich muss jedoch gestehen, dass ich persönlich durch die Aussicht hierauf keineswegs sonderlich erbaut war. Vielmehr war mir das Bewusstsein, aus dieser mächtigen, in ihrer grandiosen Einsamkeit an das Weltmeer erinnernden Steppe wieder

Wakuafi-Weib aus den Nguru-Bergen.

unter Menschen und zwar voraussichtlich unter furchtsam scheues oder unverschämt freches Gesindel zu gelangen, eher peinlich als erwünscht. Aber freilich, wenn man, wie ich damals, dafür zu sorgen hat, dass 620 Mägen, und zwar recht grosse und hungrige Mägen, täglich in ihren Bedürfnissen befriedigt werden, dann verbietet sich ein langes Verweilen in unkultivirtem Lande von selbst. Rasch und ohne unnöthigen Aufenthalt vorwärts zu dringen, ist in diesem Falle ein zwingendes Gebot.

Die Sonne ist inzwischen höher gestiegen und ihre wärmenden Strahlen machen sich allmählich fühlbar. Es wird Zeit, den Leuten eine Rast zu gönnen, wenn auch nur von kurzer Dauer. In der Regel wurde 1¹/₂—2 Stunden nach dem Aufbruch zum ersten Male Halt gemacht. Freilich bedeutete das nur für die vordere Hälfte der langen Kolonne eine Ruhepause. Denn wenn ich mich mit der Tête nach 15 oder 20 Minuten wieder in Marsch setzte, so war die Nachhut meist noch nicht eingetroffen, und so pflegte denn Dr. Kersting mit seinen Leuten und den ermüdeten Nachzüglern seine Marschunterbrechungen auf eigene Faust zu machen. Immerhin hat ein kurzes Halten vorn doch den grossen Vortheil, dass die Kolonne wieder einigermassen aufschliessen kann.

Ich gebe also unter dem ersten besten Baum, der etwas Schatten spendet, den Führern ein Zeichen; unsere Diener bringen uns unsere Feldstühle und in unmittelbarer Nähe setzen die Askari der Vorhut ihre Gewehre zusammen. Die Expeditionsfahne wird in den Boden gesteckt. Jeder eintreffende Träger sucht sich einen möglichst schattigen Platz aus, und so entstehen denn am Fusse der wenigen Bäume dicht gedrängte Gruppen von schwatzenden Leuten.

Zum Aufbruch avertire ich: »Askari antreten!« Dann ertönen aus dem Munde des Tschausch die Kommandos: »An die Gewehre! Stillgestanden! Das Gewehr über! Bataillon marsch!« Und weiter geht es.

Nun treten wir aus dem Dornbusch hinaus und eine weite, gänzlich baumlose Fläche liegt vor uns.

Unser Jagdeifer sollte auch an diesem Tage, wie schon so oft, eine schmerzliche Enttäuschung erleben. Vier Giraffen schritten vor uns her, in grossen Abständen von einander und lebendigen Thürmen echt Eiffelscher Konstruktion vergleichbar. Durch das Glas konnte man sich überzeugen, dass die Thiere uns schon lange wahrgenommen hatten; ein Ausholen in weitem Bogen und ein mühsames Vorwärtskriechen von Grasbusch zu Grasbusch schien die alleinige Möglichkeit zu sein, an sie heranzukommen. Aber die Entfernung zwischen uns und ihnen vergrösserte sich immer mehr, trotzdem ihr Schreiten ganz gemächlich zu sein schien. Als sie schliesslich gar in Galopp übergingen, gaben wir die Jagd auf, und ärgerlich über unseren Misserfolg setzten wir uns, Dr. von Prittwitz und ich, wieder an die Spitze des Zuges.

Das Giraffenauge ist nicht nur schön, es sieht auch scharf, und die grosse Höhe, in der es sich über dem Boden befindet, erschwert dem zu Fuss jagenden Mann das Anpirschen ausserordentlich. In diesem Umstande liegt die grosse Schwierigkeit der Giraffenjagd, keineswegs in der Lebenszähigkeit dieser Riesenthiere. Diese ist durchaus nicht so gross, wie behauptet wird. Ich erinnere mich auf einer früheren Reise eine Giraffe überrascht und mit einem einzigen Blattschuss (Expressbüchse Kal. 450) zur Strecke gebracht zu haben. Trotz dieses verhältnissmässig kleinen Kalibers und einer Entfernung von 200 m verendete das 6 Meter hohe Thier im Feuer.

Ich konnte die Karawane jetzt, dank des übersichtlichen Geländes, fast ganz überschauen und machte die Bemerkung, dass die Abstände zwischen den einzelnen Leuten grösser zu werden begannen, ein Zeichen eintretender Ermüdung. Das Tempo vorn musste deshalb etwas verkürzt werden.

Einzelne kräftige, weitgereiste Leute liessen dann und wann aufmunternde, anfeuernde Rufe erschallen, und der Tschausch Adam log mit List und guter Absicht den Leuten immer wieder vor: »Vorwärts, Träger, das Wasser ist nah!« Da er Respektsperson im Lager war, weil ihm die Ausführung aller Strafurtheile oblag, und da er sein Kisuaheli mit wenig sudanesischem Accent zu sprechen verstand, so hatten seine Worte fast stets die nöthige Wirkung.

Mir persönlich war bei alledem nicht sonderlich wohl zu Muthe. Mittag war längst überschritten und die Gegend sah mir gar nicht nach Wasser aus.

Vor uns hob sich der Boden wieder und wurde steinig und rissig. Die Möglichkeit lag allerdings vor, dass in irgend einem Felsenloch noch Regenwasser stehen geblieben war, und der Führer behauptete es auch mit aller Bestimmtheit. Aber es zeigte sich bald, wie wenig uns damit geholfen war. Er blieb plötzlich stehen, wies mit der Hand auf zwei kleine Sandgruben und sagte, hier sei die Stelle, wo früher immer Wasser gewesen sei. Den Ort nannte er Massimani.

Wir begannen zu graben und fanden in der That, dass langsam einige Tropfen kohlschwarzer Flüssigkeit hervorsickerten. »Wasser« war also wirklich vorhanden. Aber, in welch' geringer Menge! Und würde das reichen für so viele dürstende Menschen? Mir fiel ein, dass ein Mann, der in der Hitze arbeitet und kräftig bleiben soll, pro Tag vier Liter Flüssigkeit gebraucht. Ich bestimmte zunächst einen etwas tiefer gelegenen freien Platz für das Lager, und während Prittwitz die Askari beim Aufschlagen der Zelte beaufsichtigte, setzten wir das Wühlen in den Wasserlöchern fort. Nachdem aus drei nebeneinander liegenden Gruben ungefähr drei Kubikmeter Erde ausgehoben worden waren, tropfte das ersehnte Nass etwas reichlicher hervor; doch gehörte schon ein gewaltiger Durst und eine empfindungslose Negerzunge dazu, um die dunkle Brühe ohne Filtriren oder Abkochen hinunterzuschlürfen. Wir selbst liessen unser Quantum zweimal kochen und gaben ihm durch Theeblätter einen etwas anderen Geschmack. Vor dem Verdursten waren wir nun zwar bewahrt geblieben, aber die Lage blieb dennoch eine ernste, weil es gänzlich ausgeschlossen war, dass bis zum Abend genügend Wasser gesammelt wurde, um auch nur einem kleinen Theil der Leute das Kochen ihrer Mahlzeit zu ermöglichen. Auch war am Tage vorher die letzte Ration Mehl vertheilt worden. Dazu kam, dass am Nachmittag drei mit Vorderladergewehren bewaffnete Leute mit schlechten Nachrichten im Lager eintrafen. Es waren Elephantenjäger vom Stamme der Makua. Sie kamen aus der vor uns liegenden Landschaft Irangi und erzählten mir, dass zwischen unserem Lagerplatz und den nächsten menschlichen Ansiedelungen kein Wasser zu finden wäre. »Eine Karawane«, sagten sie, »so gross wie die deinige, muss von Sonnenaufgang bis zum späten Nachmittag marschiren, um die Dörfer der Wa-Burungwe zu erreichen.«

So galt es, eine Entscheidung zu treffen, die uns einerseits sobald wie möglich an einen ordentlichen Wasserplatz brachte, andererseits aber auch den Leuten Erholung gönnte. Marschirten wir erst am folgenden Morgen weiter, so erhielt vielleicht jeder Mann noch im Lauf der Nacht einen Becher von der erwähnten zweifelhaften Flüssigkeit, dass aber dann die belasteten Leute einen zehnstündigen Marsch in der glühenden Sonnenhitze aushalten würden, war durchaus unwahrscheinlich.

Ich entschied mich daher für einen Nachtmarsch und befahl den Aufbruch auf 9 Uhr 30 Minuten Abends. Mondschein war heute bald nach 9 Uhr zu erwarten. Um den Leuten mehr Muth zu machen und sie bei guter Stimmung zu erhalten, liess ich sechs Stück Rindvieh schlachten, und ich bin überzeugt, dass neun Zehntel der ganzen Mannschaft beim Anblick der frisch gerösteten Fleischstreifen die Mühen des heissen Tagemarsches und die zu erwartenden Anstrengungen der kommenden Nacht rasch vergassen.

Wir Europäer freilich waren nicht ganz so beruhigt, denn des Tages Last und Hitze war gross gewesen und die Leistungsfähigkeit der Karawane bisher noch nicht in diesem Grade in Anspruch genommen worden.

Nach der Mahlzeit, die an solchen Tagen nicht vor 2 oder 3 Uhr Nachmittags fertig war, ruhten wir ein wenig aus. Die Feldbetten liessen wir deshalb gleich nach dem Aufschlagen der Zelte aufstellen. Platz genug war in den Schlafzelten vorhanden, und ausser den Betten pflegte auch noch ein kleiner Tisch, der Feldstuhl und mindestens zwei Koffer darin untergebracht zu werden. Der Rest des Nachmittags verstrich mit Tagebuchschreiben, Umpacken einiger Lasten, Schlachten, Wassergraben, und dann sassen wir drei Europäer, ziemlich schlecht gelaunt durch den Mangel an jeglicher Waschgelegenheit, in unserem grossen Zelt zusammen und erwarteten die Abendmahlzeit.

Wir sprachen bei solchen Gelegenheiten gern von den vergangenen Tagen, und damals konnten wir wohl mit einiger Genugthuung auf den bisherigen Verlauf der Expedition zurückblicken. Wir erinnerten uns der ersten arbeitsreichen Wochen an der Küste, in denen die Vorbereitungen zum Abmarsch getroffen werden mussten; Wochen, die wir abwechselnd in Tanga, Pangani oder Bagamoyo, in Dar-es-Salam oder Zanzibar verbracht hatten; wie das Werbegeschäft eifrig betrieben worden war; wie dann das gesammte Ausrüstungsmaterial in Pangani aufgestapelt wurde, wie sich dort die einzelnen Gruppen der Träger und Soldaten versammelten, und wie endlich am 19. December 1893 das Gros der Expedition mit den Herren Dr. von Prittwitz und Dr. Kersting in einem Lager bei dem Landgut des Ali ben Salim, einige Stunden oberhalb der Stadt Pangani, vereinigt worden war. Am 21. December war ich dann mit dem Rest der Mannschaften nachgefolgt und der 23. war der erste Marschtag gewesen. Oft sprachen wir davon, welch' unbeschreiblicher Wirrwarr anfangs bei jedem Aufbruch vom Lager geherrscht hatte, und welche Schwierigkeiten es gekostet hatte, Händel zwischen meinen Leuten und den Einwohnern der Landschaft Useguha zu vermeiden. Einmal hatten wir dann in Mgera an der Westgrenze von Useguha, in den Nguru-Bergen, acht Tage lang lagern müssen, um uns vor dem Betreten der unbewohnten Steppengebiete mit Mehl und Vieh zu verproviantiren. Und dann war uns gerade die grossartige Verlassenheit dieser Steppe lieb geworden, trotz Wassermangels, trotz sengender Sonnen-

Der Hornist Pesa moja.

gluth und trotz vieler auf der Jagd erlebter Enttäuschungen. Jetzt standen wir am Ende dieses Reiseabschnitts, und die Karawane sollte ihre Probe bestehen, ob sie maximalen Anstrengungen gewachsen sein würde.

Nach Beendigung unserer Mahlzeit bat ich Prittwitz, das Zeichen zum Abmarsch geben zu lassen. Der Posten vor den Zelten rief nach Pesa moja, dem Hornisten, und gleich darauf ertönte das Aufbruchssignal durch

2*

den stillen Abend hin. Es war 9 Uhr und hohe Zeit, denn am Horizont kündete schon ein heller Streifen das Aufgehen des Mondes an, und jede Minute war kostbar.

Die Askari eilten herbei und legten, nachdem die Träger unserer Koffer und Betten ihre Lasten abgeholt hatten, die Zelte nieder und verschnürten auch diese in Traglasten: das grosse Zelt in vier, die kleinen in je drei Ballen.

Etwas seitwärts von unseren Zelten pflegte der hoch aufgeschichtete Berg der Tauschwaaren, Patronenkisten und Vorräthe zu liegen, und hier entspann sich jedesmal ein Durcheinander, ein Drängen, Fluchen und Schreien, wie man es sonst nur in orientalischen Hafenstädten zu erleben pflegt. Ich erinnere mich einer ähnlichen Scene bei einer Ankunft in Alexandria, nur mit dem Unterschied, dass es dort 50 und hier 500 Individuen waren, die sich aus Leibeskräften bemühten, ihre Last aus dem Haufen des aufgeschichteten Gepäcks hervorzuziehen. Dort war es der Wunsch, überhaupt ein Gepäckstück und ein dementsprechendes Trinkgeld zu erobern, hier das Bestreben, sich bei der Dunkelheit und dem Durcheinander eine leichte oder bequem verschnürte Last zu verschaffen. Zwar war jedem einzelnen Manne sein Stück zugewiesen worden, aber bei dem gleichmässigen Aussehen der meisten Lasten und bei der Unfähigkeit der Leute, sich die Nummern oder die sonstigen auf die Ballen gemalten Zeichen zu merken, war ein absichtliches oder unabsichtliches Verwechseln schwer zu controliren. Die Hauptsache blieb ja doch immer, dass Alles fortgeschafft wurde und Nichts im Lager zurückblieb.

Der Mond war inzwischen voll aufgegangen. Um 9 Uhr 30 Minuten verabschiedeten Prittwitz und ich uns von dem noch zurückbleibenden Kersting, dann brach ich mit der Spitze auf und die lang gestreckte Kolonne verschwand wieder — ein Mann hinter dem anderen marschirend — im Busch. Noch lange waren, wenn man von einer Anhöhe zurückblickte, die Hunderte von verlöschenden Lagerfeuern zu sehen; einzelne Gestalten irrten noch wie Gespenster auf dem verlassenen Platz herum, und durch die Nacht hörte man das Schreien durchgehender Lastesel, die antreibenden Rufe der Führer und dazwischen den melancholischen Gesang der Wassukuma-Träger. Bald aber verstummten auch diese Laute und nur ein gleichmässiges Rascheln blieb noch vernehmbar, hervorgebracht durch das schleppende Treten von 1200 nackten Füssen auf dem sandigen Boden.

Landrat a. D. Frhr. von Wilmowski

Marienthal bei Eckartsberga (Thüringen).

AUF BEKANNTEN PFADEN.

Der Weg war bei dem hellen Mondlicht gut zu sehen. Ueber dem gleichförmigen Dornengestrüpp hoben sich die Umrisse der Schirmakazien kohlschwarz von dem silbergetönten Himmel ab; von Zeit zu Zeit huschte der Schatten eines aufgescheuchten Vogels über uns hin. Die Luft war kühl und erleichterte das Marschiren.

Nach Verlauf von zwei Stunden liess ich dreissig Minuten rasten und um zwei Uhr einen Halt von längerer Dauer machen, weil ein Aufschliessen der ganzen Karawane bei Nacht noch nöthiger erschien, als bei Tage. Eine grosse Menge trockenen Holzes, das sich an dem gewählten Platze vorfand, wurde bei der empfindlichen Nachtkühle mit Freuden begrüsst und bald brannten mächtige Feuer um uns her. In Mäntel gehüllt legten wir uns nieder, um die Ankunft Kerstings zu erwarten; als dieser nach dreiviertel Stunden mit der Nachricht angelangt war, dass Niemand mehr zurückgeblieben sei, konnte es weitergehen.

Der Mond schien immer noch hell, so hell, dass wir nur ein einziges Mal vom Pfade abkamen; hierbei musste der ganze Zug eine kurze Strecke wieder zurückgehen, was ein gewaltiges Drängen zur Folge hatte. Als dann der richtige Weg wieder gefunden war, wurde der Boden noch ebener als vorher und wir bestiegen unsere Maulesel. Die Müdigkeit überkam jetzt auch uns und oft fielen einem bei der langsamen Schrittbewegung im Reiten die schweren Augenlider zu, bis man durch den dornigen Zweig einer überhängenden Flötenakazie unsanft aufgeschreckt wurde.

Die Kälte war inzwischen immer empfindlicher geworden und erreichte kurz vor Tagesanbruch einen ungemüthlich tiefen Grad. Erst die aufgehende Sonne belebte den durchfrorenen Körper wieder. Die Natur bekam wieder Farbe; an Stelle des trockenen Dornengestrüpps trat saftiger Laubwald, und der graue Lehmboden ging über in rothe Erde.

Drei Stunden nach Tagesanbruch, um 9 Uhr, erblickten wir endlich die ersten Felder und Ansiedelungen der Wa-Burungwe. Noch ehe die Zelte in der Nähe eines kleinen Baches aufgeschlagen waren, erschien bei uns ein erschreckend magerer, freundlich lächelnder alter Mann, mit der Erklärung, er sei hier der Häuptling und freue sich, wieder einmal weisse Männer bei sich zu sehen. Dabei überreichte er mir ein Packet schmutziger Papiere, von denen das erste eine Bestätigung seiner Würde für den Häuptling Damasi — so nannte er sich — durch das Kaiserlich deutsche Gouvernement war, während die anderen Bescheinigungen über anständiges Benehmen europäischer Karawanen gegenüber enthielten.

Wir ersahen daraus, dass wir eine oft begangene Route erreicht hatten. Damasi und die Wa-Burungwe, d. h. die Einwohner von Burungwe, blieben auch bis zuletzt harmlose friedliche Leute, die sich glücklich schätzten, eine gute Bezahlung für ihre Bodenerzeugnisse zu erhalten und im Uebrigen nicht weiter belästigt zu werden. Sie erzählten, sie seien mit den Leuten von Uḥome im Norden stammverwandt. Einige unter ihnen hatten einen so merkwürdigen, fast an den mongolischen erinnernden Gesichtstypus, mit schrägen geschlitzten Augen und vorstehenden Backenknochen, dass wir uns in den Nachmittagsstunden anthropologischen Studien widmeten und drei Männer mit Bandmass, Tasterzirkel und Craniometer vermassen.

Am Abend fiel starker Regen, so dass Gräben zum Ablaufen des Wassers um die Zelte gezogen werden mussten. Ein Gezänk unter den Soldatenweibern, so lebhaft, dass die Wache zum Einschreiten genöthigt war, beschloss den Tag.

Trotz der starken Strapazen, die wir zu überstehen hatten, waren wir 17 Stunden von 24 marschirt, ohne genügende Nahrung und Wasser, mit schweren Lasten, und dennoch ist Niemand unterwegs liegen geblieben.

Am folgenden Tage, am 26. Januar, brachen wir erst sehr viel später auf als sonst, und nach zweistündigem Marsch durch niedrigen Wald traten wir in eine weite Ebene ein, die, so weit das Auge reichte, mit Feldern bedeckt war.

Wir standen an der Grenze der fruchtbaren Landschaft Irangi. Auf den Feldern war man gerade mit der Aussaat beschäftigt. Diese geschieht in der Weise, dass der Säemann mit der Fussspitze im Vorwärtsschreiten ein Loch in den gelockerten Boden gräbt, in dieses das Korn oder die Bohne hineinfallen lässt und dann geschickt das Loch wieder zuwirft. Man hat den Eindruck, als ob die Leute dabei in einer rythmischen Tanzbewegung über den Boden hinschritten.

Der Distrikt heisst Mondo. Auf einer Tembe, d. h. einem niedrigen, einen Hof umschliessenden langgestreckten Wohnraum aus Lehm, wie er für diese Länder als menschliche Behausung charakteristisch ist, wehte ein Stück zerfetzten Zeuges, dessen Farben einstmals die deutschen gewesen sein mochten; dicht dabei erhob sich binnen kurzer Zeit unser Lager unter einem Affenbrotbaum (Baobab). Die Mannschaften waren bereits mit Essen beschäftigt, als uns eine gewaltige schwarze Wolke auffiel, die mit unheimlicher Geschwindigkeit gerade auf uns zukam. Gleich darauf befanden wir uns in einem nach Milliarden zählenden Heuschreckenschwarm, der wohl 20 Minuten lang über uns und durch unser Lager dahinbrauste. Zahllose Thiere bedeckten bald den Boden und die Zeltleinwand. Meine Leute stürzten sich voll Freude auf diese ihnen so unerwartet dargebotenen Leckerbissen, und einige nahmen dabei den Mund so voll, dass ihnen rechts und links aus den Mundwinkeln noch die zappelnden Beine der Insekten heraushingen; ein ungemein komischer Anblick, der bei uns die grösste Heiterkeit hervorrief. Mein alter Diener Swedi aber war mit dieser animirten Stimmung ganz und gar nicht einverstanden und meinte sehr ernsthaft, Heuschrecken brächten immer Unglück, zum Mindesten schlechtes Wetter. Und wirklich jagte bald darauf eine zweite dunkle Wolke über uns hin, die sich diesmal aber mit einem so gründlichen Platzregen und so gewaltigem Blasen entlud, dass mein Zelt unter dem Anprall zusammenstürzte und die übrigen nur mit der grössten Anstrengung von den Soldaten festgehalten werden konnten. Wir selbst wurden bis auf die Haut von dem Gusse durchnässt.

In Folge dieses Unwetters war der Marsch am nächsten Morgen kein sehr angenehmer. Ein feiner Regen rieselte fünfthalb Stunden lang auf uns herab; die Wege waren schlüpfrig und die Flussbetten zum Theil versumpft, zum Theil von reissendem Wasser hoch angeschwollen. Mein Maulthier versank bis an den Bauch in dem nassen Sand. Juma, unser Koch, sah in seinem braunen Hemd, eine Kalebasse und einen langen Wanderstab in den Händen, wie ein heimkehrender Pilger aus, der unbefriedigt von seiner Fahrt und durchweicht vom Regen, missvergnügt seine Strasse zieht.

Gegen 10 Uhr erblickten wir in einer Thalmulde einen Komplex von Lehmhütten und Häusern inmitten saftiger Wiesen und reicher Anpflanzungen. Eine grosse Menge von Affenbrotbäumen gab dem Landschaftsbild einen parkartigen Charakter. In dieser Ansiedelung, Kondoa genannt, schien ein buntes Leben und Treiben zu herrschen, und alsbald sahen wir auch schon einen langen Zug weissgekleideter Männer uns entgegenkommen. An ihrer Spitze schritt ein alter, behäbig aussehender Araber, Namens Mohamed ben Omar, der sich nach der feierlichen Begrüssung erbot, mir in der Nähe seines Gehöftes einen geeigneten Lagerplatz zu zeigen. Während wir uns dort einrichteten, zog er selbst sich mit seinem Gefolge zurück, nachdem ihm eröffnet worden war, dass der 27. Januar für uns

Deutsche ein besonderer Festtag sei, und dass wir am Nachmittag den Geburtstag Sr. Majestät des Kaisers feierlich begehen würden.

Mohamed ben Omar ist der von dem deutschen Gouvernement eingesetzte Wali, d. h. Distriktschef von Irangi. Als solcher besitzt er eine deutsche Flagge und spricht bei kleineren Streitfragen unter den Eingeborenen in patriarchalischer Weise Recht. Vor seinem Lehmhause befindet sich ein freier Platz mit einem Flaggenmast in der Mitte. Dort versammelten sich am Nachmittag meine Leute, sowie die neugierige Einwohnerschaft von Kondoa; vor der Veranda des Hauses postirte sich Mohamed ben Omar, angethan mit einem silbergestickten, schwarzen, arabischen Mantel, nebst arabischem Dolch und Turban. Am Flaggenmast standen wir Europäer, und um uns in offenem Viereck waren meine Askari in sauberen Uniformen angetreten. Nachdem ich in einer kleinen Ansprache auf die Bedeutung des Tages hingewiesen hatte, wurde unter präsentirtem Gewehr die deutsche Flagge gehisst, und drei Salven beschlossen den feierlichen Akt.

Um die Feststimmung zu erhöhen, liess ich an Jeden meiner Leute zwei Ellen Baumwollstoff als Extrageschenk austheilen. Nachdem wir uns kurz vor Sonnenuntergang in das Lager zurückbegeben hatten, beendeten wir den Tag mit einem vorzüglichen Diner, und während rings umher der eintönige Klang der Negertrommeln den Tanz der Leute bis in die tiefe Nacht hinein begleitete, gedachten wir Europäer noch bei einem Glase Sekt unseres Allerhöchsten Kriegs- und Landesherrn.

Unser Aufenthalt in Kondoa währte vier Tage. Auch wir haben, wie schon andere Reisende vor uns, den Eindruck gewonnen, dass Irangi entschieden als ein ausserordentlich werthvolles Stück Land zu schätzen ist. Es liegt wie eine Oase in den öden Steppengebieten. Seit langer Zeit steht die Bevölkerung der Wa-Irangi unter dem Einfluss von Küstenleuten, Halbarabern und Wasuaheli. Das Elfenbeingeschäft, das bislang die Haupterwerbsquelle dieser Händler bildete, hat erheblich nachgelassen, und es scheint, als ob dieser Umstand der Entwickelung des Ackerbaues zu Gute komme. Wenigstens haben wir auf unserem Marsch durch Irangi des Oefteren unsere Wahrnehmungen darüber ausgetauscht, dass selbst in den guten Gegenden Deutschlands das Land nicht ausgiebiger angebaut sein kann, als hier. Ueberall sieht man Penicillaria- und Sorghumfelder.[*] Den Karawanenleuten, die nach langen, heissen Steppen-

[*] Afrikanische Hirse.

märschen in Irangi ankommen, muss Kondoa wie ein Paradies erscheinen: finden sie doch hier nicht blos Landsleute, Wasuaheli, die ihnen selbst in Sprache, Tracht und Sitten gleichen, auch die Bauart der Wohnstätten, die wie an der Küste rechtwinkeligen Grundriss haben und mit Giebeldach und Veranda versehen sind, muss sie heimathlich berühren. Ausserdem wartet ihrer hier Alles, was Herz und Magen begehrt, so dass sie auf ihre Weise in Genüssen aller Art schwelgen können.

Der Ankömmling erkennt schon von Weitem an einigen Dattelpalmen, Papayas, Granatsträuchern und Zuckerrohrpflanzungen, dass sich hier arabische Kultur festgesetzt hat. Und wie fördernd arabischer Einfluss auf die Kultivirung eines Landes einwirken kann, das hatten wir im Verlauf unserer Reise noch öfters zu beobachten Gelegenheit.

Mohamed ben Omar selbst ist ein wenig unterhaltsamer, alter Herr. Seine Gastfreundschaft aber war, wie bei den meisten Arabern, ungemein opulent. Wir bekamen in wiederholten Auflagen Schüsseln voll arabischer Süssigkeiten, Reis, Hühner, Pfeffer, Honig, Zuckerrohr und andere Lebensmittel. Ich meinerseits machte ihm einige werthvolle Stoffe zum Geschenk und reparirte eine alte Penduluhr, die er einst von der Küste her mitgeschleppt hatte und auf die er sehr grosse Stücke zu halten schien.

Die eigentlichen Landeseinwohner, die Wa-Irangi, waren zuerst ausserordentlich schüchtern. Erfahrungsgemäss ist jedoch bei den Afrikanern von der Schüchternheit zur Unverschämtheit nur ein sehr kleiner Schritt, und die Preise für Mehl, Maniok und Bataten erreichten demgemäss in kurzer Zeit eine solche Höhe, dass ich dagegen einschreiten musste und in vielen Fällen, die mir vorgetragen wurden, einfach den mir gut scheinenden Preis festsetzte. Mohamed ben Omar meinte, er selbst könne dazu nichts thun, ein vor mir durch Irangi reisender Europäer habe jeden geforderten Preis gezahlt und dadurch die Leute verwöhnt. Wer der generöse Herr gewesen sein sollte, wusste er freilich nicht zu sagen.

Im Uebrigen waren die vier Tage, die wir in Kondoa verlebten, mehr für unsere Leute als für uns Weisse wirkliche Ruhetage. Für uns gab es unausgesetzt und vielerlei zu thun. Ballen und Kisten mussten umgepackt werden, da sich in den vier Wochen unserer bisherigen Reise mancherlei als verbesserungsfähig erwiesen hatte. Eine grosse Anzahl von den Trägergewehren, die unbrauchbar geworden waren, wurden hier von Herrn Dr. von Prittwitz wieder in Stand gesetzt. Photographische

Platten wurden gewechselt und, wenn sie belichtet waren, wieder ein gelöthet. Ferner mussten die Träger nach den zu Beginn der Reise aufgestellten Listen gemustert werden, was keine leichte Arbeit ist, da Viele unter ihnen mehrere Namen führen, von denen sie, wie es ihnen gerade einfällt, bald den einen bald den anderen angeben. Mancher legt sich auch erst unterwegs irgend einen Namen bei, und besonders lieben es die Wanyamwesi und Wassukuma sich umzutaufen und ihren ursprünglichen Namen einfach zu vergessen.

Die Askari mussten täglich exerziren, und es war eine Freude, den Eifer zu sehen, mit dem sie bei der Sache waren. Sehr bezeichnend hierfür ist es, dass im Kisuaheli, der Umgangssprache aller ostafrikanischen Karawanen, der gleiche Ausdruck (kutschesa) für »exerziren« und für »tanzen, scherzen«, gebraucht wird, und ein Schwarzer, der Gewehrgriffe machen kann, dünkt sich schon aus diesem Grunde hoch erhaben über dem gewöhnlichen Träger.

Unsere Zelte hatten wir in Kondoa auf einer schönen Wiese, im Schatten eines Baobabs aufgeschlagen. Im Uebrigen blieb die allgemeine Lagerordnung und Einrichtung auf unserer Reise nicht immer die gleiche: man musste sich nach den jedesmaligen Gelände- und Raumverhältnissen richten. Stand uns ein freier Platz zu Gebote, so erhoben sich unsere Zelte gewöhnlich auf den vier Seiten eines grossen Quadrats, oder es wurden die drei Schlafzelte in einer Linie und vor der Mitte das grosse gemeinsame Wohnzelt aufgeschlagen. Hinter diesem lagen die Tauschwaaren, die Patronen- und Vorrathskisten aufgeschichtet, damals noch ein mächtiger Haufen; rechts befand sich dann die Küche, links das Lager der Privatdiener und Somali. Dahinter brannten in weitem Halbkreis die Lagerfeuer der Askari, die nach Zügen geordnet kampirten, und hinter diesen wiederum lagerte ohne Ordnung, nur nach Gruppen und Stämmen gesondert, die grosse Masse der Träger. An sonnigen Ruhetagen, wie es diejenigen in Kondoa waren, wurden die Gewehre in Pyramiden auf dem Platz zwischen unseren Zelten zusammengesetzt, davor wehte die schwarz-weiss-rothe Expeditionsfahne, und ein Posten stand dort unter Gewehr.

Für die Zukunft der ganzen Expedition sollte der Aufenthalt in Irangi von entscheidender Bedeutung werden; denn dort gewannen meine weiteren Pläne erst bestimmtere Gestalt und eine genauere Formulirung. Wenn ich hier ausdrücklich feststelle, dass es ursprünglich nicht meine

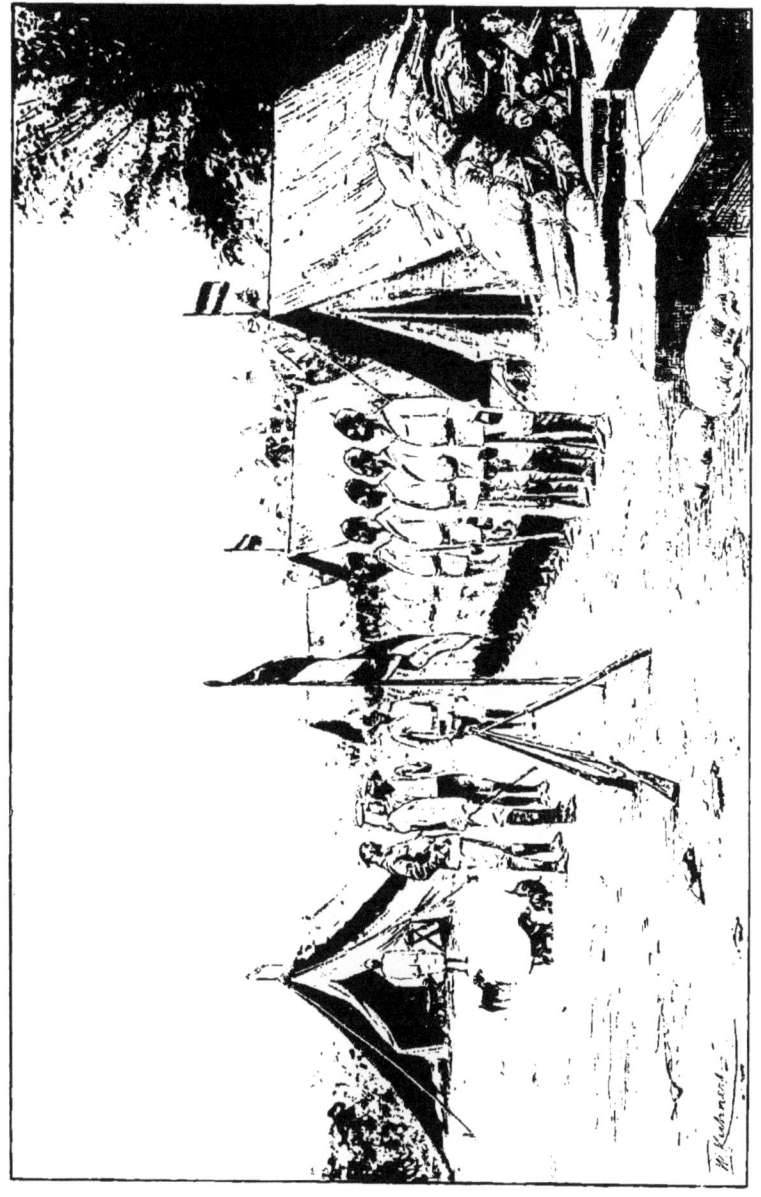

Askari antreten

feste Absicht war, ganz Afrika vom indischen bis zum atlantischen Ocean zu durchziehen, dass mir dies Ziel vielmehr anfangs nur wie ein kaum erfüllbares Traumbild vorgeschwebt hatte, so darf ich doch gleichzeitig sagen, dass ich keineswegs planlos den Marsch ins Innere angetreten hatte. Zwar war mein Unternehmen durchaus privater Natur. Niemand hatte mich hinausgeschickt, und Niemandem hatte ich Rechenschaft abzulegen über das, was ich etwa erreichte oder nicht erreichte. Abenteuerlust und ein unwiderstehliches Verlangen, an der Erschliessung des dunklen Erdtheiles noch mitarbeiten zu können, hatten mich zum zweiten Male hinausgetrieben; dazu kam ein lebhaftes Interesse an der Entwickelung der deutschen Kolonialunternehmungen. Meine Ziele lagen dementsprechend zunächst auf deutsch-afrikanischem Boden und zwar dort, wo das Kartenbild noch eine weisse Stelle aufwies. Darum war der äusserste Nordwesten unserer ostafrikanischen Interessensphäre stets dasjenige Gebiet gewesen, dem meine besondere Aufmerksamkeit gegolten hatte. Dort sollte, so hatten andere Reisende berichtet, das mächtige Reich Ruanda liegen, das sich bisher völlig unberührt von der Aussenwelt erhalten und sich jedes fremden Eindringlinges erwehrt hätte. In seinem nordwestlichen Theile, so erzählte man weiter, läge ein Berg, aus dem unter Donnern Dampf und Feuer hervorquelle und der einen rothen Schein weithin über das Land verbreite.

Ich hatte mir gedacht, es müsse sich wohl der Mühe verlohnen, festzustellen, ob sich wirklich gerade auf der Wasserscheide der beiden mächtigsten afrikanischen Ströme, des Nil und des Kongo, ein thätiger Vulkan befände. Und blickte ich dann weiter nach Westen, so lag dort geheimnissvoll der dunkle centralafrikanische Urwald, den bisher nur Stanley auf seinem Zuge zu Emin Pascha's »Errettung« durchzogen hatte, und in dem dann Emin Pascha, kurz bevor er den Kongo erblickte, sein tief beklagenswerthes Ende gefunden. Aber ganz so weit gingen, wie gesagt, meine Pläne anfangs noch nicht. Mein erstes und vorläufig einziges Ziel war Ruanda und der Feuerberg, und um dorthin zu gelangen, stellte ich in Irangi für den einzuschlagenden Weg Nachstehendes fest.

Ich beschloss, um Nachrichten über die Länder im Westen des Victoria-Nyansa einziehen zu können, nach Uschirombo, einem südlich des Emin Pascha-Golfes gelegenen Ländchen, zu marschiren. Dort befand sich, als vorgeschobener Posten europäischer Kultur, eine Missionsstation der Weissen Väter von Algier und es sollten dort, wie der verdienstvolle

Reisende, Herr Dr. Stuhlmann, in Erfahrung gebracht hatte, Handelsbeziehungen mit den nordwestlichen Ländern bestehen. Um nun den
Weg nach Ushirombo nach Möglichkeit zum Nutzen der Kartographie
des Landes auszunutzen, beschloss ich ferner von den gewöhnlichen Wegen,
über Tabora oder an den Gestaden des Viktoria-Sees entlang, abzuweichen
und etwas nach Norden ausbiegend dann direkt in ost-westlicher Richtung
vorzugehen. Auf diese Weise war ich in der Lage, die meisten der erwähnten oft begangenen Wege zu schneiden, und dieses Verfahren hat
sich auch in der That für die Konstruktion der Karten von grossem
Nutzen erwiesen.

Damit Kondoa für meine gut einmarschirten Leute nicht zu einem
Capua wurde, dehnte ich den Aufenthalt daselbst nicht über vier
Tage aus. Am 31. Januar brachen wir von dort auf — mit getheilten
Empfindungen: die Schwarzen voll Bedauern, aus dem fetten Quartier
wieder hinausziehen zu müssen in die öden Steppen, wir Europäer voll
stiller Hoffnungen auf die Zukunft und in dem Bewusstsein, eine wohl-
disziplinirte Mannschaft hinter uns zu haben, mit der Alles zu wagen war.

Gesatteltes Maulthier.

II. KAPITEL

Steppenmärsche.

Am 31. Januar stand unser Lager unter einigen wundervollen und dicht-belaubten Sykomoren in Borischa. Auch hier war das Land ringsumher sorgfältig angebaut. Unser Marsch hatte uns vier Stunden lang nach Norden in einer flachen Thalmulde aufwärts geführt.

Leider waren jedoch die Bewohner der das Lager umgebenden Gehöfte gleich nach unserer Ankunft geflüchtet, weil einige meiner Wassukuma-Leute in ihre Behausungen eingebrochen waren und geplündert hatten. Ich beschloss, auf das Strengste hiergegen einzuschreiten, und nachdem die Askari die Schuldigen schnell herausgefunden hatten, erhielt jeder der Uebelthäter 25 Peitschenhiebe; das gestohlene Gut wurde zurückerstattet. Glücklicherweise kehrte dadurch das Vertrauen der Wa-Irangi zurück, und wir konnten Lebensmittel bei ihnen einkaufen.

Vor uns lag das kleine Bergland Uassi, zu dem wir am folgenden Tag auf steilen Pfade emporklettern mussten. Der Weg führte in einem trockenen Bachbett über grosse Felstrümmer aufwärts; nachdem die Höhe erklommen war, konnte sich unser Auge an schönen Wiesenflächen er-

Kapitel-Vignette: Dr. Hermann Kersting.

freuen, auf denen ein prächtiger Blumenflor in üppiger Fülle wucherte. Die Bergrücken sind hier nur von mässiger Höhe, aber die Bachbetten sind so tief eingerissen, dass sie uns beim Ueberschreiten Schwierigkeiten bereiteten. An einzelnen Stellen der Berghänge, wo der nackte Fels nicht zu Tage trat, stand saftiger Laubwald oder Aloë, hie und da auch einige Kigelien, von denen zahlreiche wurstförmige Früchte herabhingen.

Bald darauf konnten wir von der Einsattelung eines Bergzuges aus in nebeliger Ferne einen mächtigen Bergkegel unterscheiden. Er schien frei in der Ebene zu liegen; hinter ihm aber war gleich einer Mauer eine langgestreckte Gebirgskette gelagert. Ich hatte mir von Mohamed ben Omar Führer stellen lassen, die Weg und Steg im Lande kannten. Diese nannten den Berg »Gurui« und gaben an, dass sich dort in den umliegenden Steppen das Wild in grossen Schaaren tummle.

Vom Gurui-Berg hatte ich durch andere Reisende bereits gehört. Seine kühnen Formen, seine bedeutende Höhe reizten zu einer Besteigung, und ich nahm mir vor, eine solche zu versuchen. Bis wir aber an seinen Fuss gelangten, gingen noch 3 Tage dahin, und vorher sollten wir noch die Bekanntschaft mit den Bewohnern von Uassi machen.

Die Begegnung mit diesen illustrirt in sehr bezeichnender Weise die Schwierigkeiten, mit denen Karawanen bei der Beschaffung der nöthigen Lebensmittel oft zu kämpfen haben, selbst wenn sie in der friedlichsten Weise und den besten Absichten den Eingeborenen entgegenkommen.

Während unseres ganzen Marsches am Vormittag, und auch noch nachdem wir bereits ein Lager bezogen hatten, liess sich nirgends ein Eingeborener blicken. In der Ferne aber sah man den Rauch zahlreicher Feuerstellen, und alle Nachbarthäler schienen stark bewohnt zu sein. Ich hatte deshalb gleich nach unserer Ankunft den einen der Wegeführer nach den nächsten Gehöften ausgeschickt, um Unterhandlungen anzuknüpfen; er kam jedoch mit der Nachricht zurück, dass die Mehrzahl der Eingeborenen geflüchtet sei, und dass die Zurückgebliebenen gar keine Lust zu haben schienen, ihre Lebensmittel zu Markte zu bringen. Da ich nun aber solche unbedingt nöthig hatte, so sandte ich mehrere meiner Unterführer, diesmal mit Stoffen und Glasperlen, abermals nach den Dörfern, um auf diese Weise meine Wünsche und friedlichen Absichten noch deutlicher erkennen zu lassen.

Wirklich entschlossen sich denn nun einige Eingeborene, in unser Lager zu kommen und versprachen dort, nachdem sie kleine Geschenke erhalten hatten, ihre Landsleute zum Verkauf von Lebensmitteln zu bewegen. Aber bis in die späten Nachmittagsstunden hinein rührte sich nichts. Trotzdem das Land sehr gut bebaut und reich an Vieh war, wollten die Leute offenbar nicht mit uns in Verkehr treten.

Ein Jahr früher hatte Dr. Oscar Baumann als erster Weisser Uassi betreten. Er war damals mit Pfeilschüssen und Kriegsgeschrei empfangen worden und hatte mit wenigen Gewehrschüssen grossen Schrecken im Lande verbreitet. Aus diesem tiefen Stadium der Civilisation waren die Wa-Uassi also offenbar heraus. Jetzt hielt theils Angst, theils Trotz sie zurück und veranlasste sie uns gegenüber zu einer anderen Taktik: sie ignorirten uns einfach.

Diese Taktik war nun allerdings für uns weit unangenehmer, als ein offener Kriegszustand. Wird man angegriffen, so hat man ein gutes Recht sich zu wehren und sich auf Kosten des feindlichen Landes zu verproviantiren; hier aber galt es, Leuten, die die Ueberlegenheit von Feuerwaffen bereits kennen gelernt hatten, begreiflich zu machen, dass ein regelrechter Tauschverkehr zwischen den Landesbewohnern und dem durchreisenden Fremden möglich und nöthig sei, und dass beide Theile daraus Nutzen ziehen könnten.

Ich liess daher noch zweimal bekannt machen, dass alle Lebensmittel, die man in mein Lager brächte, bezahlt werden sollten; würde indessen nichts gebracht, so wäre ich gezwungen, mir am andern Morgen meinen Bedarf selbst zu holen; denn meine 600 Leute hätten Hunger. Da auch diese Aufforderung erfolglos blieb, so bestimmte ich denn für den folgenden Tag drei Kolonnen von je 20 Mann zum Fouragiren.

Das Kommando über das Lager legte ich in Hussein Fara's Hände und marschirte vor Tagesgrauen mit der einen Kolonne ab. Prittwitz führte die rechte, Kersting die linke Abtheilung.

Zunächst passirte ich mehrere Temben, die sämmtlich leer standen und aus denen vermuthlich schon während der Nacht das Vieh fortgetrieben worden war. Dann erstiegen wir einen Höhenzug und hatten bei der aufgehenden Sonne einen Ausblick auf ein weites Thal hinab, das von Gehöften und Feldern buchstäblich bedeckt war. Ueberall sah ich grosse Heerden von Ziegen und Rindern, die von Eingeborenen in die Berge getrieben wurden. Im Laufschritt gingen wir nun auf die nächsten 4 Gehöfte zu und brachten daraus — zu unserem eigenen Erstaunen — noch 200 Ziegen und 4 Stück Rindvich heraus. Zwei

Eingeborene, die bei den Heerden zurückgeblieben waren, liess ich mitnehmen, um sie später als Unterhändler gebrauchen zu können. Dann zog ich mit unserem Raube — denn ein solcher blieb es doch vorläufig — in der Richtung auf das Lager ab. Die uns folgenden Wa-Uassi schossen mit Pfeilen hinter uns her, wagten sich aber nicht nahe heran.

Im Lager angekommen, liess ich eine grosse, sogen. Boma (Umzäunung) aus dornigen Sträuchern herstellen und das Vieh darin zusammentreiben. Von der linken Kolonne trafen bis zum Mittag 600, von der rechten noch 200 Ziegen und Schafe ein, so dass wir über 1000 Stück Vieh verfügten.

Nun befahl ich, die Gefangenen frei zu lassen, gab ihnen einige Ziegen und kleine Geschenke mit und schickte sie zu ihren Stammesgenossen mit der Botschaft zurück, dass ich das Vieh gar nicht Alles behalten wollte; ich brauchte nur 300 Ziegen und würde die übrigen zurückgeben. Wenn sich die Besitzer der 300 im Lager meldeten, so würden sie dafür den Gegenwerth in Stoffen erhalten.

Und wirklich erschienen denn auch am Nachmittag Abgesandte aus den Dörfern, die für ihre 300 Ziegen die Bezahlung in Empfang nahmen. Mit grossen Mengen von Stoffen und den übrigen 700 Stück Vieh zogen sie sodann, sichtlich höchst erstaunt, wieder ab, nachdem sie vorher noch eine ganze Weile ungläubig stehen geblieben waren.

Auch Viele unter meinen Leuten schüttelten die Köpfe über dieses Verfahren und sahen mit Wehmuth im Herzen die vielen schönen Braten ihren Blicken wieder entschwinden. Mit 300 Ziegen hatten wir aber reichlich für 2 — 3 Tage zu essen. Der Trägerführer Hailala, der durch einen Pfeilschuss in die Stirn leicht verwundet worden war, erhielt extra eine Ziege als Schmerzensgeld.

Ich habe diese kleine Episode deshalb mit einiger Ausführlichkeit geschildert, weil sie äusserst charakteristisch für afrikanische Reiseverhältnisse ist. Weit bequemer ist es allerdings, sich mit dem Recht des Stärkeren die Nahrung einfach da zu nehmen, wo man sie findet; man wird damit zweifelsohne im Innern Afrikas billig und interessant reisen und auch recht weit kommen. Fühlt man sich aber als Träger einer höheren Kultur berechtigt, in jene uncivilisirten Länder einzudringen, so verbindet sich mit diesem Recht auch die Pflicht, den Eingeborenen für die Grundbegriffe der Gesittung von Anfang an Verständniss beizubringen. Und zu diesen Grundbegriffen gehört der Austausch von Erzeugnissen und Werthobjekten.

Oft hört man bei solchen Anlässen den Einwurf: mit welchem Recht aber drängt man sich jenen Wilden auf und erzieht ihnen künstlich neue, unbekannte Lebensbedürfnisse an? Mit welchem Recht erklärt man seine Besitzrechte über ihre Gemeinwesen, und warum hat man den »glücklichen Frieden«, der dort herrschte, bevor die Kultur hinkam, gestört?

Nun, ich meine, man braucht als Antwort auf solche Fragen gar nicht erst anzuführen, dass die christliche Religion mit dem Gebot »Gehet hin in alle Welt und lehret alle Völker« das Hineintragen des Christenthums und der ihm stets folgenden Civilisation in jene Länder vorschreibt, man braucht auch nicht an das Naturgesetz des *»survival of the fittest«* zu erinnern, um ein Verschwinden oder ein Anpassen solcher Völker an höhere Gesittung zu verstehen. Man braucht nur einfach die Gegenfrage zu stellen: ob es wohl gerecht ist, dass jene Menschen, die nichts zur Fortentwickelung der Menschheit thun, die unproduktiv und träge ihr Leben führen, alleinige Besitzer und Bewohner von ungeheueren, fruchtbaren Ländern bleiben sollen, in denen neben ihnen noch Millionen anderer Menschenkinder ihren Lebensunterhalt finden könnten, während in der civilisirten Welt der Raum von Jahr zu Jahr enger wird für Alle, die da produciren, arbeiten und dafür leben wollen?

Und sehen wir uns doch einmal den sogenannten »glücklichen Frieden« jener Völkerschaften etwas genauer an: so jung ihre Geschichte ist, so blutig ist sie auch. Eine lange Reihe von Raubzügen, Bedrückungen und Mordthaten ist ihr Inhalt. Allerdings ist es richtig, dass die Eingeborenen Inner-Afrikas wenige Lebensbedürfnisse haben; dass sie aber aus diesem Grunde glücklicher sind, darf mindestens stark bezweifelt werden, und die europäische Kultur resp. ihre Vertreter, der Missionar, der Forschungsreisende und der Kaufmann, sie brauchen sich aus ihrem Vorgehen keine Vorwürfe zu machen.

Derartige Erwägungen gaben uns unterwegs oft Anlass zu freundschaftlichen Kontroversen. In dem eben erzählten Falle aber waren wir in unseren Ansichten durchaus einig, und behaglich streckten wir uns nach Tisch in unseren bequemen Lehnstühlen aus, um uns für den anstrengenden Marsch am Vormittag durch eine kurze Siesta zu entschädigen.

Ich wurde durch den Posten geweckt, der zwei Abgesandte Mohamed ben Omars anmeldete. Die beiden Leute trugen mir die Bitte vor, im Lager Nachsuche nach zwei Frauen halten zu dürfen, die zum Haus-

3*

stande ihres Herrn gehörten und angeblich meinen Soldaten nachgelaufen
sein sollten. Ich glaubte gern an eine derartige Anhänglichkeit und gab
ihrem Verlangen nach; denn auch in den ersten Tagen nach unserem
Abmarsch von der Küste waren im Lager eine ganze Anzahl von »herren-
losen« Weibern gefunden und dann nach Pangani zurückgeschickt worden.
Diesmal jedoch verlief alles Suchen vollständig ergebnisslos.

Am folgenden Morgen ging es weiter, unter der Führung zweier
Uassi-Leute, die bestimmt worden waren, uns den Weg bis zur Land-
schaft Mangati zu zeigen, von wo aus ich dann die Besteigung des
Gurui-Berges vorzunehmen gedachte.

Der Marsch führte uns bei unfreundlichem, herbstlichem Wetter
4 Stunden weit durch Buschwald auf einem steinigen Bergkamm entlang,
in dem die Uassi-Berge nach Nordwesten zu auslaufen.

Dicht am Lager, das ich schon vor 10 Uhr aufschlagen liess, fliesst
der Bubu vorüber, ein 6—10 m breiter Wasserlauf mit frischem, schatten-
spendendem Galleriewald an den Ufern. Das Wasser war schön klar,
aber kaum 2 Fuss tief; wir wateten hindurch und hatten nur mit dem
Hinaufschaffen unserer 25 Lastesel an das jenseitige steile Ufer viele
Mühe. Die Böschung musste theilweise abgegraben werden, und die
grenzenlose Störrigkeit der Thiere, sowie die Dummheit ihrer Treiber
machten uns genügend zu schaffen. Das Schlachtvieh erwies sich in solchen
Fällen als weitaus geschickter.

Dicht bei der Stelle, an der wir übersetzten, standen noch die Reste
einer Brücke, die vermuthlich zur Regenzeit von einer heimkehrenden
Antisklaverei-Expedition *) konstruirt worden war. Für einzelne Träger
war sie noch passirbar. Mittags 11 Uhr sassen wir bereits alle Drei,
mit Tagebuchschreiben beschäftigt, im grossen Zelt. Alltäglich wurde dort
ein grosser Tisch, dazu unsere bequemen Klappstühle, sowie eine Anzahl
von Lasten untergebracht, die vor Nässe unbedingt bewahrt bleiben
mussten, so die wissenschaftlichen Instrumente, die Bücherkiste, der
photographische Apparat mit dem dazu gehörigen Plattenkoffer, ferner
2 Kisten mit allen möglichen Utensilien, die man stets zur Hand haben
wollte, und schliesslich ein Sack mit Mehl für unseren Privatbedarf. Zum
Schutz der grossen Masse von Ballen und Kisten draussen diente ein
gewaltiges Stück wasserdichter Segelleinwand.

---

*) unter Lieutenant Werther.

Am Babu-Fluss.

Es war gerade 11 Uhr 30 Min., als plötzlich ein heftiges Erdbeben das Lager erschütterte. Ein unterirdisches Donnern begleitete den Stoss, der 10—15 Sekunden andauerte. Die Intensität mag dieselbe gewesen sein, wie die des grossen Erdbebens an der Riviera im Februar 1887, das ich dort mit erlebte und dem 2000 Personen zum Opfer fielen.

Hier in der freien Natur verlor ein solches Ereigniss seine Schrecken; auch war die Aufregung unter den Leuten im Lager nicht besonders gross. Nur einige Weiber, die mit Kochen beschäftigt waren, stiessen ein lautes, trillerndes Geschrei aus, und frug man einen Mann, wie er sich die Entstehung der Erschütterung vorstelle, so erhielt man die zuversichtliche Antwort: »Der Ochse Gottes schüttelt seine Hörner!«[*])

Mit meinen wissenschaftlichen Instrumenten hatte ich hier schon zum zweiten Male Unglück. Nachdem vorher, in Irangi, zwei von meinen vier Aneroïdbarometern unbrauchbar geworden waren, zerbrach mir am Bubufluss mein Maximumthermometer. Der Theodolit, drei Chronometeruhren, ein Aneroïd, ein Siedeapparat[**]), der zur Höhenbestimmung durch die Temperatur des kochenden Wassers diente, ferner ein Assmannsches Aspirationspsychrometer zur Bestimmung von Temperatur und Feuchtigkeitsgehalt der Luft, und das Minimumthermometer hielten bis zum Schlusse der Reise gut aus. Dass ich ausserdem noch mehrere Thermometer zur Reserve, sowie eine Anzahl Bussolen zu den erwähnten Itineraraufnahmen mitführte, versteht sich von selbst.

Ueber die Trinkwasserfrage für den folgenden Tag war wieder einmal nichts Sicheres zu erfahren. Unsere Wegeführer liessen sich nur sehr unklar darüber aus und mussten ausserdem sorgsam bewacht werden, da sie unterwegs mehrfach Neigung gezeigt hatten, sich seitwärts in die Büsche zu schlagen. Damit also wenigstens für den Fall, dass wir am 4. Februar keinen Wasserplatz mehr erreichen sollten, vor dem Abmarsch abgekocht werden konnte, beschloss ich wieder, erst um 2 Uhr aufzubrechen.

Am Vormittag unternahmen Prittwitz und ich einen Jagdausflug: Prittwitz am linken, ich am rechten Ufer des Bubuflusses hinauf. Mit meinem Begleiter, dem Somali Mohamed Elmi, streifte ich lange umher, ohne auch nur eines Vogels ansichtig zu werden. Wir hatten bereits den Heimweg angetreten, als plötzlich, nicht drei Schritt von mir entfernt,

---

[*]) Der Besitz von zahlreichen und grossen Rindern ist dem Schwarzen der Inbegriff von Macht und Reichthum.

[**]) Von der Firma Fuess in Berlin.

zwei mächtige Nashörner unter einem Busch hervorbrachen; ich vermochte gerade noch zur Seite zu springen und auf den Kopf des einen Thieres, das mich mit dem Horn schon streifte, beide Läufe meiner Expressbüchse, Kal. 450, über meine linke Schulter hinweg nach rückwärts abzufeuern. Mich umzudrehen, dazu war die Zeit zu kurz.

Mit lautem Stöhnen machten beide Thiere Kehrt und galoppirten in den Busch. Der Fährte folgend, trafen wir sie auf einer Lichtung, uns erwartend. Ich feuerte noch viermal, bis das eine Rhinoceros schliesslich, nach einigen weiteren Versuchen mich anzunehmen, zusammenbrach. Sein Gefährte fand leider Zeit zu entkommen.

Inzwischen war mein häufiges und rasches Schiessen von Prittwitz am anderen Ufer gehört worden, und da die Möglichkeit vorlag, dass ich mit Eingeborenen in Kampf gerathen sein konnte, so erschienen bald darauf nicht nur Prittwitz, sondern auch Dr. Kersting mit einer Abtheilung Soldaten auf dem Platz. Das erlegte Thier wurde dann photographirt, die beiden Hörner abgesägt und von dem Fleische über 100 Träger für den Tag versorgt. Als wir aufbrachen, kreisten bereits aaslüsterne Geier über der verlassenen Stätte.

Nach einem weiteren Lager in der Steppe betraten wir am 5. Februar um die Mittagsstunde eine Ebene, in der wieder zahlreiche Temben zerstreut umherlagen. Das Weideland liess auf grossen Viehstand schliessen, und auch die Kulturen deuteten auf Wohlhabenheit.

Zu unserer Linken hob der Gurui-Berg sein zackiges Haupt zu den Wolken empor. Der Distrikt wurde Sabeï genannt, das ganze Land Mangati.

Ich bezeichnete einen grossen, einsam stehenden Baum als die Stelle, an der das Lager aufgeschlagen werden sollte. Eines der Zelte stand bereits fertig da, ich selbst verhandelte, seitab stehend, mit den Eingeborenen über Gestellung von Führern und Lebensmitteln, als mir an dem genannten Baume eine allgemeine Bewegung auffiel, die sich bald in wilde Flucht auflöste. Man hatte ein Wespennest aufgestört, und wenige Minuten genügten, um Alles auseinander zu sprengen. Auch ich wurde von einem ganzen Schwarm der wüthenden Thiere angefallen und konnte mich nur dadurch retten, dass ich, mit einem Tuch um den Kopf, einen ganzen Kilometer weit fort lief. Die wenig bekleideten Schwarzen waren den Stichen natürlich noch mehr ausgesetzt; und um die Ballen und Lasten, die bereits unter dem Unglücksbaum aufgestapelt worden waren, von dort wieder fortschaffen zu können, blieb

Glückliche Jagd.

uns nichts Anderes übrig, als mit einem grossen Halbkreis von qualmenden Feuerbränden drauf los zu gehen und die Wespen durch den Rauch zu vertreiben. Als Kersting mit der Nachhut eintraf, erhoben sich die Zelte bereits an einer anderen, zwar sicheren, aber gänzlich schattenlosen Stelle.

Auch ein »Durchquerer« Afrikas. (Teck).

Prittwitz und ich hatten leider durch diesen Zwischenfall den Tod unserer beiden Dachshunde, Max und Menne, zu beklagen. Die Menge des ihnen eingeimpften Wespengiftes dürfte vermuthlich die Ursache ihres Endes gewesen sein. Besonders Menne hatte uns durch seine unverändert rosige Laune und durch die komische Frechheit, mit der er, laut kläffend, unter gaffende Volksmengen zu fahren pflegte, viel Spass gemacht. Des Doktors Hund, Teck, ein schwarz und brauner Terrier, wurde durch sein spätes Eintreffen in Sabeï vor einem gleichen Schicksal bewahrt.

Am folgenden Tage unternahm ich mit Kersting die beabsichtigte Besteigung des Gurui-Berges und gebe hier darüber in Kürze die Aufzeichnungen wieder, wie sie sich in meinem Tagebuch vorfinden.

»Früh um 6 Uhr brechen wir drei Europäer mit 2 Askari, 6 Trägern und den Maulthieren auf. Schöne Parklandschaft wird bald erreicht. Das Wetter ist kühl und lässt einen genussreichen Ausflug erhoffen. Prittwitz, der uns nur ein Stück weit begleitet, um etwas zu jagen, trennt sich bald und kehrt dann zum Lager zurück. In der Annahme, dass wir 2—3 Tage fortbleiben würden, hatte ich das Lager nicht ohne Europäer lassen wollen.

»Um ¹/₂ 10 Uhr beginnt der Anstieg; Anfangs geht es querfeldein, über Felsblöcke und Gestrüpp hindurch. Dann folgen wir einem Pfad von Honigsuchern. Erst gilt es, eine mit hohem Gras bestandene Zone zu passiren, dann muss ein schmaler Urwald-Gürtel durchhauen werden. Unsere Jagdmesser und die kurzen Seitengewehre der Askari arbeiten vorzüglich. Der Gefreite Hamis wadi Ismaïli erweist sich als geschickter Pionier. Ein Rhinoceros kreuzt unseren Pfad. Bei 2500 m Höhe über dem Meeresspiegel beginnt Erika-Vegetation. Der Anstieg wird immer steiler, trotzdem kommen unsere Maulesel gut vorwärts, natürlich an der Hand geführt. Auf einem schmalen Grat geht es weiter, bis uns die Dunkelheit zwingt, zu lagern.

»Aergerlich, weil wir den Gipfel nicht mehr erreicht haben, sitzen wir frierend auf dem kahlen, nur wenige Meter breiten Grat um ein Feuer herum. Für den folgenden Tag ist kein Essen mehr vorhanden; ich will deshalb das Steigen nur dann am Morgen fortsetzen, wenn das Wetter sich aufklärt und die Möglichkeit vorliegt, von oben einen Rundblick zu gewinnen. Die Siedethermometer werden noch abgelesen, dann überzieht sich der Himmel und vereitelt so den Versuch, eine Sternbeobachtung mit dem Theodolit zu machen. Eine schreckliche Regennacht, an die wir noch lange denken werden, bricht herein. In Decken gehüllt, versuchen wir uns zum Schlafen niederzulegen, aber die Regenströme gehen buchstäblich unter uns durch und über uns hinweg. Man liegt wie in einem flachen Flussbett. Trotzdem schläft Kerstings kleiner Diener, den er August oder Mohamed August zu nennen pflegt, bis Tagesanbruch. Um 4 Uhr lässt der Regen etwas nach, und nach 1 ¹/₂ stündigem Bemühen gelingt es, mit Spiritus, Wollfetzen und einigen feuchten Holzscheiten ein qualmendes, schwaches Feuer zu entzünden.

Sodann versuche ich, mit Kersting weiter zu klettern, aber kaum 100 Meter weit, kehren wir schon wieder um, da der Nebel immer dichter wird. Auch will ich unter allen Umständen noch heute das Lager wieder erreichen, und bis dahin steht uns ein 10—12 stündiger Marsch bevor. Der Abstieg ist ausserordentlich mühsam; oft nöthigen uns schroff abfallende Schluchten zu weiten Umwegen durch Urwaldgestrüpp. Ein Glück, dass Lianen sich leicht durchhauen lassen. In der Ebene angelangt, machen wir erfolglos Jagd auf Strausse, Zebra's und Antilopen. Auch Nashörner werden in der Ferne sichtbar. Die Ankunft im Lager erfolgt bei Dunkelheit.«

Soweit mein Tagebuch. Die Siedepunktsbestimmungen ergaben für unser Lager auf dem Grat eine Seehöhe von 3010 m. Den Gipfel des Gurui hatten wir zwar nicht erreicht, doch habe ich von der Ebene aus auf trigonometrischem Wege feststellen können, dass die Gesammthöhe 3300 m nicht übersteigen dürfte.

Der Berg erhebt sich, als gewaltiges Zeugniss einer erloschenen vulkanischen Thätigkeit, frei aus des Ebene des Mangati-Landes empor, das hier die Sohle jener grossen geologischen Störungslinie bildet, die als »grosse ostafrikanische Grabensenkung« bezeichnet zu werden pflegt.

Von Weitem erscheint er dem Auge als regelmässige Pyramide, die ihre Spitze in den Wolken verbirgt. Bei unserer Besteigung wurde konstatirt, dass er in seinen oberen Partieen aus mehreren Graten besteht, die nach der Mitte zusammen laufen und steil ansteigen. Diese Grate oder Rücken sind nur 3—5 m breit. Derjenige, auf dem wir die Nacht zubrachten, mag etwa 3 Kilometer lang gewesen sein; er war mit Gras und einer Vegetation von Erika, Rhododendron, sowie Varietäten von Alpenveilchen und Vergissmeinnicht bedeckt. Zu beiden Seiten fallen die Schluchten fast senkrecht ab. Die Rücken der Grate sind vielfach stark zerklüftet und zackig; die abgeschlagenen Gesteinstücke bestehen durchweg aus Nephelinit.*)

Während am Hauptberge selbst kein eigentlicher Krater zu sehen war, bemerkten wir, als der Nebel sich auf einen Augenblick unter der Wirkung scharfer Winde zertheilt hatte, unten in der Ebene fünf oder sechs kleine Nebenkrater, die die Südseite des Gurui umgeben, und im Südwesten war in weiter Ferne eine Wasserfläche zu erblicken, über

---

*) Siehe Anhang.

die ich keine genaueren Nachrichten erhalten konnte, als dass dort öfters arabische Karawanen lagerten. Als Namen für diesen kleinen See gab man mir das Wort »Umburre« an.

Watataru aus dem Mangati-Lande.

Die Bewohner der Temben, in deren Nähe sich damals unser Lager befand, waren freundliche Leute. Neugierig pflegten sie unsere Zelte zu umstehen, und nur der Versuch, das Objektiv meines grossen photographischen Apparates auf die Gruppen zu richten, bewirkte jedesmal eine allgemeine Flucht.

— 46 —

Die Leute von Mangati gehören zum Stamm der Wataturu, sind den Massai vermuthlich verwandt, leben aber seit langer Zeit vom Ackerbau. Ihre erschreckend mageren Glieder verhüllen sie durch ein Stück fettigen Leders, das auf der rechten Schulter zusammengeknüpft wird. Als Gastgeschenke brachten sie mir Mehl in Körben, einige Ziegen und Honig.

Den auf unsere Bergpartie folgenden Ruhetag verbrachte ich mit der Abfertigung von Briefen nach der Heimath. Die Führer, die mir Mohamed ben Omar mitgegeben hatte, kehrten nämlich von hier nach Irangi zurück und ihnen vertraute ich meine Postsachen an, darunter ein Schreiben an Herrn Dr. O. Kersten, den einstigen Begleiter des Barons v. d. Decken, zur eventuellen Veröffentlichung. Ich hatte darin einige nähere Angaben über den Gurui-Berg gemacht. Prittwitz jagte inzwischen in der Umgegend, hatte eine Begegnung mit einem Rhinoceros und erlegte ein Hartebeest, sowie eine Zwergantilope.

Kersting zählte in Mangati auffallend viele Malariakranke unter seinen Patienten. Zwei Mann starben und 7 Andere bezeichnete er mir als marschunfähig. Sie wurden in kleinen Etappen mit ausreichender Verpflegung und mit Briefen an Mohamed ben Omar zur demnächstigen Rückbeförderung nach der Küste zurückgeschickt.

Vom Orte Vurumanangi (Chef Maschingita) aus kletterten wir dann den steilen Abfall des westlichen »Graben«Randes empor. Schroff, wie eine ungeheure Mauer, zeigte er sich hier unseren Blicken, während man nach einem östlichen deutlich erkennbaren Abfall vergeblich sucht. Vier volle Stunden gebrauchten wir, um Alle auf das neue Hochplateau hinauf zu gelangen. Mehreremals stürzte einer der Lastesel und riss im Fallen die hinter ihm gehenden Leute mit sich; glücklicher Weise wurde durch die dichte Urwaldvegetation ein Abstürzen in die Tiefe verhindert.

Als wir endlich oben standen, pfiff uns ein kalter Wind um die Ohren. Drehte man sich um, so sah man über die mit Bartflechten behangenen Laubbäume und einige hochragende Phönixpalmen hinweg wieder die Wolkenhaube des Gurui. Zwischen uns und ihm wurde jetzt eine kleine Wasserfläche sichtbar, der Salzsee Balangda. Nach vorn dehnte sich eine weite, baumlose Savanne vor uns aus, auf der sich allerhand grosses Wild, Zebra, Gnu und Antilopen, in dichten Rudeln tummelte.

— 47 —

Unser Pfad wandte sich immer mehr nordwärts und schien zuletzt dem Grabenrande parallel zu laufen. Gegen 2 Uhr bezogen wir ein Lager an einem kleinen Waldsee, der halb mit Schilf bestanden ist und Madumaka genannt wird. Sein Durchmesser mag 1 1/2 Kilometer betragen. Eine tüchtige Regenbö und die Vertheilung von 100 Ziegen waren die Ereignisse des Nachmittags.

In den folgenden Tagen wurde es während der Morgenstunden so kalt, dass wir oft zitternd vor Frost aufbrachen. Das Minimumthermometer zeigte nur $+ 4°$ C., und die dünn bekleideten Leute litten schwer unter dieser niedrigen Temperatur. Dazu kam am 11. Februar ein Pockenfall unter den Trägern Abdallah's zur Anzeige, der leider trotz sofortiger Quarantänemassregeln nicht vereinzelt blieb. Die Meldung dieser Erkrankung war um so unwillkommener, als wir gerade Kerstings Geburtstag durch ein festliches Diner feierlich begingen. Die Tischkarte lautete:

Hühnerbouillon in Tassen
Huhn mit Curry-Reis
Hammelkeule mit Maniok
Kürbisgemüse
Bananenreis
Vermouth, kalter Thee
Café.

Man sieht, dass wir damals noch recht gut zu leben hatten, und zwar vorwiegend von den frischen Produkten des Landes, und nicht etwa von Konserven.*) Unser tägliches Getränk war gekühlter Thee. Wasser genossen wir nur in gekochtem Zustande. Wein oder Cognac nahmen wir auf dem grössten Theil unserer Reise nur an Sonn- und Festtagen zu uns, oder als Belohnung nach ganz ausserordentlichen Marschleistungen, und auch dann in möglichst kleinen Quantitäten.

Wenn ich nun keineswegs behaupten will, dass alkoholische Getränke auf afrikanischen Touren absolut als schädlich zu verwerfen sind, so spricht doch der Umstand, dass wir drei Europäer auf der ganzen Reise niemals ernstlich krank wurden, sicherlich dafür, dass sie zum Mindesten als Genussmittel überflüssig sind.

---

*) An Konserven wurden nur einige Büchsen Gemüse und Früchte mitgeführt, um bei schweren Erkrankungen Abwechselung in die Nahrung bringen zu können.

Ohne einen Ruhetag zu machen, drangen wir in starken Märschen immer weiter in nördlicher Richtung vor und erreichten am 12. Februar die Ortschaft Mbulu in der Landschaft Iraku (Chef Sagiro). Ich wusste, dass Dr. O. Baumann diese Gegend bereits berührt und auch beschrieben hatte; daher erschien es mir für die Kartographie von Wichtigkeit, von dort aus eine Verbindungslinie mit einem anderen Punkt herzustellen, den derselbe Reisende, von Norden kommend, am Vembere- oder Simbiti-Fluss erreicht hat. Zu diesem Zwecke wollte ich im Süden des Nyarasa- oder Eyassi-See's vorbei kommen und durfte nun nicht mehr weiter nach Norden ausholen.

Bezüglich des einzuschlagenden Weges hielt ich lange Berathungen mit den Wataturu von Mbulu ab. Der Häuptling Sagiro erschien zwar nicht selbst, schickte mir aber wegeskundige Leute. Die Angaben über die voraussichtliche Marschdauer bis zu den nächsten Ansiedelungen im Westen variirten zwischen 2 und 9 Tagemärschen. Unter diesen Umständen war also abermals eine Verproviantirung auf längere Zeit erforderlich, und ich beschloss daher, am folgenden Tage noch nicht weiter zu marschiren, um meiner Mannschaft Zeit zu lassen, sich mit je 5 Tagesportionen Mehl zu versehen. Für 4 weitere Tage reichte der Viehbestand, so dass wir für das angegebene Maximum von 9 Marschtagen gesichert waren.

Ein neuer Fall von Pocken-Erkrankung kam zur Anzeige. Die Kranken wurden streng isolirt und erhielten aus der grossen Zahl der Leute, die auf früheren Reisen bereits die Pocken überstanden hatten, je einen Pfleger. Dr. Kersting besuchte sie selbst mehrere Male am Tage, um sich von der richtigen Pflege zu überzeugen. Dass es uns nicht gelungen war, intakte Lymphe bis nach Ostafrika zu bringen, um alle Leute impfen zu können, mussten wir damals schmerzlich bedauern. Nur wir Europäer, sowie die in Aden angeworbenen Somali und Sudanesen waren geimpft worden.

Am folgenden Ruhetag unternahmen wir einen Jagdausflug auf dem Wege zurück, dem wir Tags zuvor gefolgt waren. Unsere Aussichten, zu Schuss zu kommen, waren recht günstig, da wir auf dem letzten Marsch nicht weniger als 7 Nashörner zu sehen bekommen hatten. Eines von ihnen hatte die Kette unserer Träger durchbrochen und eine ungeheuere Panik hervorgerufen: Kisten waren zu Boden geworfen und zerbrochen worden, und das Thier selbst entging nur dadurch der Strafe für das angestiftete Unheil, dass mir eine Patrone versagte.

Als Ziel wählten wir einen idyllisch gelegenen See, Sotomarega genannt, zwei Stunden Weges südlich von Mbulu. Ein Treiben durch den Busch auf dem Hinweg blieb erfolglos, und als wir uns dem See näherten, fanden wir die Ufer stark verschilft. Nur an zwei sandigen Stellen konnte man sich der freien Wasserfläche nähern. Der Spiegel des Sees war fast bedeckt von unzähligen Enten, Tauchern und Pelikanen, die sich in ihrer Ruhe keineswegs stören liessen, wenn eines der zahlreichen Nilpferde unter lautem Schnauben und Pusten seinen weit geöffneten Rachen über das Wasser erhob, um Luft zu schöpfen. Am Ufer stolzirten mit Grandezza Pfauenkraniche auf und ab, und über einer versumpften Bucht, in der der verwesende Körper einer grossen Antilope moderte, schwebten Geier.

In zwei Abtheilungen gingen wir um den See herum. Als ich die erwähnte Stelle erreichte, die eine Annäherung an das Wasser gestattete, tauchte kaum 30 Schritte vor mir ein Nilpferd auf. Ich konnte der Versuchung nicht widerstehen, eine schwere Kugel aus meiner Henry-Martini-Büchse, Kal. 577, in den mächtigen Rachen zu feuern, obwohl Nilpferde, wenn sie angeschossen werden, sofort wieder unter Wasser verschwinden, so dass es fast nie gelingt, eines tödtlich getroffenen Thieres habhaft zu werden. Schliesslich kehrten wir mit mehreren thranig schmeckenden Enten und Tauchern als einziger Jagdbeute um die Mittagszeit wieder ins Lager zurück. Sternbeobachtungen zur Bestimmung der geographischen Breite füllten meinen Abend aus.

Am 14. ging es dann weiter nach Westen, hinein in unbewohntes, wasserarmes Land, und es dauerte volle acht Tage, bis wir wieder menschliche Niederlassungen erreichten. Das ganze Land bis dorthin charakterisirt sich als ein Hochplateau, das sich nach Westen zu senkt und von zwei parallel in NO—SW-Richtung streichenden, ganz flachen Senkungen durchzogen wird: der kleineren Killa-Ugalla-Ebene und der grösseren Nyarasa-Salzsteppe. Die westlichen Randberge dieser Ebenen markiren sich, gerade wie wir es bei dem grossen ostafrikanischen »Graben« sahen, bedeutend schärfer als die östlichen. Die dazwischen liegenden Strecken sind mässig hohe Hügellandschaften, die meist sehr steinig und mit Geröll aus Quarz bedeckt sind. Zwischen Felsblöcken wachsen dort verkrüppelte Laubbäume und Sträucher mit einem Blatt, das an europäische Lindenblätter erinnert. Auch tritt überall häufig die Aloë auf.

Ostafrikanische Flussufer-Vegetation.

Zeitweise, wenn an Stelle des Steingerölls ebener, mit kurzem Gras bewachsener, rother Lateritboden zu Tage trat, war das Marschiren ein wahrer Genuss; an solchen Stellen konnte man oft ganze Waldungen von Affenbrodbäumen sehen, die mit ihren dicht belaubten Zweigen erquickenden Schatten spendeten. Die parkartigen Partien waren der bevorzugte Aufenthaltsort zahlreicher Geierperlhühner, während die Zebras, Antilopen, Hasen und Frankoline lieber steinigen Boden aufzusuchen schienen. Unsere Küche war demgemäss in jenen Tagen besonders reich bedacht.

Je weiter wir nach Westen vorwärts kamen, um so höhere Wärmegrade zeigten unsere Instrumente an. Eine Maximaltemperatur im Schatten von $+ 34°$ Celsius und eine Minimaltemperatur von $+ 18°$ bei Nacht erschienen uns auf diesem sonst kühlen Hochplateau auffallend. Die Niederschläge waren recht bedeutend. Am frühen Morgen, wenn wir aufbrachen, lag starker Thau und Nebel über dem Land, und am Nachmittag oder bei Nacht stellten sich bereits schwache Regengüsse von kurzer Dauer ein, Vorboten der kommenden, nassen Jahreszeit.

Gleichwohl sollte uns auch hier die Trinkwasserfrage wieder Sorgen bereiten. Unsere Führer, ein alter und zwei junge, schlank gewachsene Watataru, mit Bogen und Pfeilen bewaffnet, verloren öfters den richtigen Weg. Am ersten Tage erreichten wir noch den Hindamara-Bach, der schönes, klares Wasser hatte, später jedoch waren wir öfters genöthigt, danach zu graben. Wir fanden es meistens einen Fuss tief unter dem Boden, und wenn man eine kleine Weile wartete, so sammelte sich in der Grube eine verhältnissmässig kühle Flüssigkeit an, die durch den reinen Quarzsand angenehm geklärt war. Unangenehm blieb mir die offenbare Wegunsicherheit unserer Führer, und da die eigentliche Regenzeit noch nicht begonnen hatte, so war es eben in jedem einzelnen Fall fraglich, ob von früher her noch Wasser vorhanden sein würde oder nicht.

Ein anderer Reisender, der zwar nicht genau denselben Weg wie wir verfolgt, aber doch dasselbe Hochplateau durchstreift hat, schildert es als schönes, grünes Bergland mit »rauschenden Giessbächen«. Und dieser Gegensatz ist für afrikanische Verhältnisse sehr bezeichnend. Es liegt kein Grund zu der Annahme vor, dass jener Reisende etwas Falsches erzählt hat: vielmehr ist es ganz natürlich, dass die Eindrücke je nach der Jahreszeit, in der man reist, ganz verschiedenartige sein müssen, wenigstens in den Ländern, deren meteorologische Verhältnisse noch unter dem Einfluss der Passate stehen und in denen es eine scharf abgegrenzte Regen- und Trockenperiode giebt. Weiter im Westen, auf den Hochländern zwischen den grossen Seen und in noch höherem Grad im Becken des oberen und mittleren Kongo, finden wir eine weit gleichmässigere Vertheilung der jährlichen Niederschlagsmengen.

Es ist leicht zu begreifen, dass ein Marsch durch vorwiegend trockenes Land bei kühler Temperatur auf den Gesundheitszustand einer Karawane einen günstigen Einfluss ausüben muss. Fälle von Malariafieber kamen unter den Leuten kaum mehr vor, und auch unser eigenes Befinden blieb so vorzüglich als wünschenswerth.

Um so schlechter freilich erging es den armen Pockenkranken. Am 17. Februar folgten die 5 unter Quarantäne stehenden, noch marschfähigen Leute, wie gewöhnlich, mit einem Abstand von 500 Schritt der Nachhut. Die Karawane, auch Dr. Kersting, war bereits am Senge-Senge, einem im Sande der Simbiti-Steppe verlaufenden Bach, eingetroffen und wir warteten im Zelt auf Prittwitz, der ein Gnu erlegt hatte und nun mit einigen Leuten zum Zerlegen seiner Beute fortgegangen war.

Plötzlich kam die Nachricht, die Pockenkranken seien von Eingeborenen angegriffen worden. Dr. Kersting ging ihnen sofort entgegen und erfuhr durch den Ombascha (Gefreiten) Hamis wadi Ismaïli, der in der Nähe der Kranken geblieben war, den Hergang. Ungefähr 20 Eingeborene hatten sich auf die Nachzügler gestürzt und einem derselben einen Speer vorn unter der Lunge hineingestossen, so dass die Spitze zum Rücken heraus sah. Als dann der herbeieilende Hamis sein Gewehr in Anschlag brachte, verschwanden die Angreifer im Busch. Der Verwundete, der zu meinem Erstaunen noch bis in das Lager marschirt war, ist erst am folgenden Tage gestorben. Für die kommende Nacht wurden die Kranken etwas näher an das Lager herangezogen; sie erhielten zu ihrem Schutz 2 Gewehre, und die Posten wurden verstärkt.

Da zweifellos an dem Speer, den der Wilde wieder aus der Wunde herausgezogen hatte, vergiftetes Blut von dem Pockenkranken kleben geblieben war, so mag wohl die ansteckende Krankheit den frechen Angreifern noch verhängnissvoll geworden und ihnen damit die verdiente Strafe zu Theil geworden sein. Um uns jedoch künftighin vor solchen Ueberfällen besser zu bewahren und den Räubern eine tüchtige Lektion zu ertheilen, blieb ich am folgenden Morgen, in der Voraussetzung, dass Jene nach unserem Abmarsch das Lager aufsuchen würden, mit Prittwitz und den Somali in einem Versteck zurück; als einige von der Bande, die dem Jägerstamm der Wandorobbo oder dem der Wanege anzugehören schienen, sich heranschlichen, gaben wir Feuer. Einer der Leute stürzte, erhob sich aber noch einmal und verschwand dann mit seinen Gefährten auf Nimmerwiedersehen im Busch. Da ein Verfolgen der leichtfüssigen Wilden zwecklos war, so eilten wir unserer Karawane nach.

Während Prittwitz sich, vom Wege abseits schweifend, an ein Gnu heranzupürschen suchte, machte ich eine merkwürdige Erfahrung bezüglich der Wirkung kleinkalibriger Geschosse. Ich gewahrte nämlich plötzlich ca. 25 m vor mir auf dem schmalen Fusspfad eine junge Gazelle, die ohne jede Scheu stehen geblieben war und uns neugierig anäugte. Da unser Vorrath an Fleisch wieder einmal knapp zu werden begann, so liess ich mir meinen Kavallerie-Karabiner, Modell 88,*) reichen und feuerte. Zu meinem Erstaunen rührte sich das Thier nicht. Ein zweiter Schuss hatte denselben negativen Erfolg. Beschämt über mein schlechtes Schiessen, befahl ich nun meinen flinken Somali, das Thierchen mit den Händen zu greifen. Als diese jedoch dicht herangekommen waren, machte die Gazelle einen Sprung und brach dann plötzlich zusammen. Wir fanden nun erst, dass sie von beiden Schüssen getroffen worden war. Das eine Geschoss war durch die Lunge gegangen, das andere unter der Wirbelsäule hindurch. Von einer Sprengwirkung war nichts zu bemerken; das Thier hatte bei keinem Schuss gezeichnet, sondern war ruhig stehen geblieben.

Ueber den Rest des Tages finde ich folgende Aufzeichnungen in meinem Tagebuch: ». . . Jede Vegetation hört auf. Wir marschiren 6 lange Stunden auf vollkommen flachem, lehmigem Boden. Zur Regenzeit mag die Gegend gleich einem Seeboden unter Wasser stehen; hier und dort sind auch noch Tümpel brackigen Wassers zu sehen. In der Ferne zeigen sich Luftspiegelungen und weit voraus sieht man die Randberge dieser merkwürdigen Einöde. Mit bewaffnetem Auge ist die Karawane zu erkennen, die in grossen Schlangenwindungen nur langsam vorwärts schleicht, denn die Hitze ist furchtbar, und schwer drücken die Lasten. Die Pockenkranken werden eingeholt; da der eine aber nicht mehr fortzukommen scheint, rufe ich ihnen zu, einstweilen liegen zu bleiben, ich würde ihnen Esel zuschicken. Dann eilen wir weiter und erreichen die Nachhut mit Kersting, der soeben auf einer der Wasserlachen 6 Enten geschossen hat; ein Gürtelthier und ein Leopard hatten seinen Weg

---

*) Ich gebrauchte die Militärpatrone und nicht etwa eine solche mit Halbmantel-Geschoss.

gekreuzt. Um 2 Uhr haben wir endlich die Spitze der Karawane eingeholt, als Hailala sich eben anschickt, Lager zu beziehen; er hat trink-
bares Wasser in einem versandeten Bachbett gefunden. Die Luft zittert
förmlich vor Hitze und die Träger treffen nur vereinzelt und völlig erschöpft ein. Dicht vor uns liegt jetzt der steile Rand der Ebene. Nach
dem Essen soll der Araber Abdallah mit dem Träger Sudi und einem
Esel zurückgehen, um die Kranken zu holen. Kersting erbietet sich, mitzugehen.

Montag, den 19. Februar 1894. Der arme Doktor ist erst um
Mitternacht zurückgekehrt. Der eine der Kranken war nicht mehr aufzufinden gewesen; die beiden anderen können wir vielleicht noch durch-
bringen. Im Uebrigen schwärmt Kersting förmlich von seinem nächtlichen
Marsch: die grandiose Wüstenlandschaft mit Vollmond und Löwengebrüll
haben ihm, wie er sagt, vollen Ersatz für die 10stündige Anstrengung
gewährt. Abdallah erzählt, dass in arabischen Karawanen mit Pockenkranken summarischer verfahren werde: man bringe sie im Interesse der
Anderen einfach um oder lasse sie liegen. Früh Morgens lasse ich
7 Rinder schlachten und mache dann eine Deklinationsbestimmung. Um
1 Uhr brechen wir auf und ersteigen die felsigen Höhen vor uns, von
denen aus wir die Ebene weit nach Norden hin überblicken können.
Von einer Wasserfläche ist hier allerdings nichts zu sehen, und doch soll
dort der grosse See Nyarasa (Eyassi) liegen, von dessen Ufern sich ganz
Ussukuma mit Salz versorgt. Der Weg ist des vielen Steingerölls wegen
beschwerlich, so dass mein Maulesel lahmt. Ich bewundere unsere guten
Reitthiere oft genug ihrer Genügsamkeit und grossen Ausdauer wegen.
Noch niemals haben wir uns um ihre Nahrung zu kümmern brauchen:
sie suchen sie sich selbst in der Umgebung des Lagers und sind dabei
wohlgenährt und munter. — Auf der Höhe wird die Vegetation reicher;
wir lagern an einem klaren Bach, an dem einige Borassus-Palmen stehen.

Dienstag, den 20. Februar. Auf unserem Marsch, der von
6—9 und von 2—¹/₄7 Uhr währte, überschritten wir mehrere trockene
Bachbetten. Die Hitze war noch empfindlicher als gestern.

Mittwoch, den 21. Februar. Nach dreistündigem Marsch nimmt
die Gegend einen gänzlich anderen Charakter an: das Steingeröll macht
einem lehmigen Boden Platz. Einzelne Grasfluren werden sichtbar, an
den Hügeln sind überall mächtige Granitblöcke aufgethürmt. Meine
Wassukuma-Leute erkennen voller Freude in der Ferne die kegelförmigen

Frisch ph

Ostafrikanische Baumsteppe.

Dachspitzen von Rundhütten, wie sie in ihrer Heimath üblich sind. Beim Näherkommen bemerken wir, dass überall an den Hügeln kleine Dörfer zwischen den Granitblöcken festungsartig eingebaut sind. Wir stehen hier an der Grenze desjenigen Gebietes, das von der Völkergruppe der Wanyamwesi bewohnt wird. Das Land wird hier Meatu genannt.

Nachdem wir auf einer sanft ansteigenden freien Fläche das Lager aufgeschlagen haben, gelingt es mir, mit einigen wild gestikulirenden und völlig unbekleideten Eingeborenen friedliche Beziehungen anzuknüpfen. Sie versprechen, Lebensmittel zum Verkaufe zu bringen, und ich versichere meinerseits, meinen Leuten jegliches Plündern zu untersagen. So scheint der schönste Friede gesichert, und von und nach den nächsten Dörfern entwickelt sich alsbald ein freundschaftlicher Verkehr.

Plötzlich wird unter grossem Geschrei einer heranstürmenden Schaar ein sterbender Träger herbei gebracht, in dessen Rücken ein Pfeil steckt. Seine Kameraden erzählen in grösster Aufregung, sie wären in einem Dorf von hinten überfallen worden; die Eingeborenen dort wollten keinen Weissen in ihrem Land. Eben ersuche ich Prittwitz, sich doch mit 10 Askari nach dem Thatort zu begeben, um den Fall zu untersuchen, als auch schon von anderen Richtungen her schlimme Nachrichten eintreffen: zwei weitere Todte, dazu zwei Schwerverwundete, werden gebracht. Nun ist es für mich kein Zweifel mehr, dass es sich hier um eine abgekartete Niederträchtigkeit der Einwohnerschaft handelt, und ich beschliesse, unverzüglich energisch einzuschreiten. Während Prittwitz einen Streifzug nach Norden unternimmt, schicke ich Hussein Fara, Schehe und Tschausch Baruk nach den anderen Himmelsrichtungen aus, denn viele unserer Leute fehlen noch und müssen zunächst gerettet oder gewarnt werden. Die Hütten, bei denen die Leichen gefunden worden waren, lasse ich niederbrennen; von den Eingeborenen ist nichts mehr zu sehen. Entweder sind sie nach Vollführung der Mordthaten geflüchtet oder sie sammeln sich irgendwo zu einem Angriff. Für die Nacht werden Vertheidigungsmassregeln getroffen; ein ganzer Zug kommt auf Wache. Unsere Ruhe wird aber nur durch zwei Schüsse gestört, die ein Posten auf einige herumschleichende Gestalten abgiebt. Inzwischen werden noch vier Leute als vermisst gemeldet.

Am folgenden Tag tritt die Verpflegungsfrage wieder in den Vordergrund. Diesmal gehen Kersting und ich mit je 20 Mann auf Streifzug zum Fouragiren. Wir ärgern uns tüchtig, auch jetzt noch keinen Eingeborenen finden zu können; denn das Niederbrennen der Dörfer ist nur eine geringe Bestrafung, weil die Hütten in wenigen Tagen wieder aufgebaut werden können. Wenigstens hat der Ausflug den einen Erfolg, dass die Fouragirkolonnen 67 Ziegen, 20 Hühner, sowie grosse Mengen von Sorghum und Erdnüssen mit zurückbringen, so dass für unsere Verpflegung gesorgt ist. Unterwegs hatten sich verschiedene Bündel Pfeile mit frisch aufgestrichenem Gift vorgefunden. Trotzdem Befehl gegeben worden war, nichts Anderes als Nahrungsmittel zu nehmen, bringt der Tschausch Baruk einen zahmen Pavian als Beute heim. Sein Leben ist natürlich nicht bedroht, und er benutzt die erste gute Gelegenheit, wieder zu entfliehen.

Es ist ein trauriger Tag. Die beiden Diener des Doktors sind noch nicht aufgefunden worden; die Leiche des Askari Saburi wird, auf das Scheusslichste verstümmelt, eingebracht, und bis spät in den Abend hinein hört man das Jammern der Weiber im Lager, die einen endlosen Klagegesang erschallen lassen.

Freitag, den 23. Februar. Ich habe Prittwitz ersucht, auf dem heutigen Marsch in der Mitte zu gehen, um dort bei etwaigen Feindseligkeiten die Leute in Ordnung zu halten. Der Abmarsch wird dadurch etwas verzögert, dass für den einen Schwerverwundeten die Tragbahre in Stand gesetzt werden muss; dann geht es dicht geschlossen vorwärts. Die Reste der Dörfer ringsherum rauchen noch; und als wir kaum ¼ Stunde unterwegs sind, finden wir, gleichsam als sollte uns noch einmal vor unserem Abzug das Berechtigte und das Nothwendige unseres Vorgehens zu Gemüth geführt werden, die Leiche des armen Mohamed August, mit Wunden bedeckt und augenscheinlich mit Absicht quer über den Weg gelegt. Als ich mich ihm nähere, erheben sich einige Aasgeier, die bereits gefrässig an der Arbeit gewesen waren. Der arme Junge hat uns Allen leid gethan; er war immer lustig und guter Dinge und hatte oft seine Freude über diese seine erste Reise nach dem Innern geäussert; die Nachhut hat ihn dann begraben. Wir passiren darauf mehrere Gehöfte und Dörfer, die alle von dichten Wolfsmilchhecken umgeben sind; nirgends aber zeigt sich ein lebendes Wesen.

Bald sehen wir uns wieder von dichtem Buschwald umgeben, der sich erst nach 2 Stunden Marschdauer wieder lichtet und uns abermals bebautes Land betreten lässt. Ueberraschend ist es, mit welch' peinlicher Sorgfalt hier die Felder bestellt sind: der Mtama (Sorghum) steht noch niedrig, die Erdnuss (Arachis hypogaea) aber ist der Reife nahe; die Beete sind so sauber gehalten, dass sie in jeder europäischen Kunstgärtnerei mit Ehren ihren Platz behauptet hätten. Zwischen zwei Hügeln stehen verfallene Hütten mit Giebeldächern, die nur von Küstenleuten

Mohamed Augusts Ende.

gebaut sein konnten. Als Name für den Ort nennt man mir Matschimba. Dicht dabei, an einem möglichst übersichtlichen Platze, schlagen wir unser Lager auf.

Die Eingeborenen getrauen sich bald heran und thun sehr entrüstet über die Schandthaten ihrer Nachbarn. Sie erzählen ferner, dass man den grossen Nyansa von Ussukuma (den Victoria-See) am schnellsten in nordwestlicher Richtung über Mwagalla erreichen könne; im Westen läge das Land Uduhe. Meine Absicht ist, nach Uduhe zu gehen.

Die erstere Nachricht veranlasst alsbald die 5 Führer meiner Wassu-kuma-Träger, gemeinsam vor meinem Zelt zu erscheinen und mir feierlich zu erklären, sie wollten jetzt nach Hause an ihren See. Ich sehe ein, dass ich 300 Mann nicht mit Gewalt werde halten können; da ich aber die Leute noch einige Tage brauche, zum wenigsten bis in eine dichter bevölkerte Gegend, wo ich neue Träger erhalten kann, so beschliesse ich, die Braven bei ihrer angeborenen Furchtsamkeit zu fassen. In längerer Rede setze ich ihnen auseinander, dass ich ihrer in keiner Weise mehr bedürfe; meine Lasten würde ich schon etappenweise weiter bringen. Ihnen hingegen stehe Arges bevor. Sie sollten doch daran denken, was aus ihnen würde, wenn sie ganz ohne den Schutz europäischer Waffen allein durch das Land zögen? Sie hätten ja gestern selbst gesehen, wie übel gesinnt uns die Bevölkerung sei! Die Folge meiner Worte ist denn auch, dass sie mich insgesammt hoch und theuer bitten, auch weiterhin ihr »baba« (Vater) zu sein und sie nicht fortzuschicken.

Man wird mir Recht geben, wenn ich behaupte, dass die Neger in geistiger Hinsicht Kinder sind, und dass es durchaus falsch ist, sie anders als wie Kinder zu behandeln. Furcht und Hoffnung sind bewährte pädagogische Hülfsmittel, und nur durch eine richtige Vertheilung von freundlicher Behandlung und wirklicher Fürsorge einerseits, und von wirklich handgreiflicher, aber gerecht angewandter Strenge andererseits werden sich aus ihnen brauchbare Kulturmenschen erziehen lassen.

Am Sonnabend, den 24. Februar, lagern wir wieder einmal bei einem verlassenen Dorf, Mwagissensa. Die Einwohner sind fortgezogen, weil Heuschrecken ihre Felder zerstört haben. Von den Pockenkranken ist inzwischen der Eine gestorben, der Andere soll verschwunden sein. Ich kann den begründeten Verdacht nicht unterdrücken, dass seine Pfleger ihn umgebracht haben, um ihres lästigen Amtes ledig zu werden.

Am 25. führt uns der Weg am Minyanda-Fluss entlang, dann über den seichten Sanga-Bach hinüber. Unsere Führer sind mit der Gegend völlig unvertraut, so dass wir auf's Gerathewohl querfeldein marschiren.

Am Montag, den 26. erreichen wir die ersten Dörfer von Uduhe mit freundlicher Bevölkerung. Die Gehöfte zeigen in ihrer Bauart eine Kombination von Rundhütte und Tembe. Bei Tische erntet Prittwitz grossen Beifall für seine Erfindung eines Konfekts, hergestellt aus Honig und gestossenen Erdnüssen.

Am folgenden Tage lasse ich nur zwei Stunden marschiren und empfange dann den Besuch des Häuptlings Fundandaro, ferner den eines Suaheli-Händlers Hemedi. Dieser hatte früher in Matschimba, unserem Lagerplatz vor wenigen Tagen, seinen Wohnsitz gehabt und war dann durch Unruhen im Lande veranlasst worden, fortzuziehen. Durch ihn erfahre ich, dass Bukumbi am Victoria-See in 5 Tagen zu erreichen sein soll und dass es mir in Uduhe gelingen dürfte, Träger zu erhalten. Ich beschliesse daraufhin, meinen bewährten Unterführer Hussein Fara mit sämmtlichen Wassukuma-Trägern und 145 Lasten nach Mwansa, der deutschen Militärstation am Victoria-See, zu schicken mit dem Auftrage, die Lasten einstweilen in Mwansa selbst oder bei den Missionaren von Bukumbi (Kamoga) zu deponiren und dann im Lande neue Träger anzuwerben. Da eine ganze Anzahl der Wassukuma erklärt hatte, nur ihren Verwandten ihren bisherigen Verdienst abliefern zu wollen und dann mit mir weiter zu ziehen, und da ferner die Bewohner der Landschaften im Süden von Mwansa als wanderlustige Leute allgemein bekannt sind, so glaube ich mich zu der Hoffnung berechtigt, dass Hussein Fara mit Hülfe der genannten Station in kurzer Zeit die erforderlichen Mannschaften zusammen bringen werde, um mir alle Lasten auf dem direkten Wege nach Uschirombo bringen zu können. Dort will ich dann seine Ankunft abwarten.

Die Dinge nahmen aber wider Erwarten einen gänzlich anderen Verlauf. Hussein's Sendung scheiterte vollkommen, und ihn selbst habe ich niemals wieder gesehen.

Granitblöcke in Ussukuma.

III. KAPITEL.

Im Lande
der
Wanyamwesi.

Unser Lager bei Fundandaros
Dorf befand sich in einer Gegend,
die trotz der geringen Bodenerhebungen mancherlei landschaft-
liche Reize aufwies.   Die Zelte standen auf einer blumigen Wiesenfläche im
Schatten eines riesigen Baumes.   Tags über hatten wir einen aus ungewöhnlich grossen Granitblöcken aufgethürmten Hügel vor Augen, der an einzelnen überhängenden Stellen Schutz vor Regen gewährte.   Einige Gruppen
meiner Leute hatten denn auch dort ihre Kochplätze etablirt.   Darüber,
auf den breiten Flächen des Gesteins, sonnten sich grosse, rothbauchige
Eidechsen von metallschillernder Rückenfärbung.

Zwischen unseren Zelten und diesem Hügel führte der festgestampfte
Weg vorbei, auf dem unausgesetzt ein buntes Leben und Treiben herrschte.

Auf den ersten Blick erkannte man, dass von hier aus Handelsbeziehungen zur Küste bestehen mussten.   Bunte Kopftücher, einzelne

weisse Hemden, ferner die Verwendung von messingnen Patronenhülsen und Pesastücken (der in Ost-Afrika gebräuchlichen Kupfermünze) als Schmucksachen waren untrügliche Zeichen eines ausgeprägten, kommerziellen Sinnes der Landesbewohner.

Unter ihnen befanden sich auch einige weitgereiste Leute, die etwas Kisuaheli verstanden, da sie früher ihrem Wandertrieb gefolgt und öfters zur Küste gezogen waren. Und wenn auch für die Uebrigen die Erscheinung eines weissen Mannes etwas Neues war, so erregten doch unsere Zelte und Gewehre ihre Bewunderung in höherem Grade, als unsere Person. Furcht oder Misstrauen, wie wir sie in den öden Hochländern, durch die wir bisher gezogen waren, fast überall gefunden hatten, schien man hier überhaupt nicht zu kennen oder sie wurden durch den Trieb, zu handeln und zu erwerben, überwunden. In kürzester Zeit hatte sich ein reger Marktverkehr mit seinem unvermeidlichen Zanken und Schreien entwickelt[*]. Den Bedarf unserer eigenen Küche deckten während dieser Tage die Gastgeschenke Fundandaros, sowie des ortsansässigen Suahelihändlers Hemedi.

Als Kuriosum erwähne ich die Thatsache, dass der Träger Mohamadi mit einem der wohlhabenderen Eingeborenen bereits über den Kauf einer Sklavin einig geworden war, das Geschäft jedoch alsbald wieder aufgab, als er merkte, dass ich darauf aufmerksam wurde. Da der geforderte Preis mich interessirte, so fragte ich danach und erfuhr, derselbe hätte 100 Ellen Stoff betragen sollen.

Dass ich mich gegen derartige »Abschlüsse« ablehnend verhielt, hatte seinen Grund darin, dass mir jede Vermehrung des Trosses meiner Karawane durchaus unerwünscht war. In Central-Afrika reist man um so bequemer, je weniger Menschen man bei sich hat, — beiläufig gesagt auch dann, wenn man in feindlichem Lande ist. Die Verpflegungsschwierigkeiten wachsen bei grossen Karawanen ins Ungeheuere, und wird man plötzlich angegriffen, so ist es doch bei dem Zwange, je Einer hinter dem Anderen zu marschiren, selten möglich, mehr als die vordersten Gewehre in Aktion treten zu lassen. Dass wir mit mehreren Hunderten von Trägern reisten, war in meiner Absicht begründet, für 1½—2 Jahre genügend Tauschwaaren in Händen zu haben, um den Eingeborenen Gegenwerthe für die gelieferten Lebensmittel geben zu können. Als

---

[*] Nach meinen Notizen erhielt der Käufer für 4 Ellen weissen oder blauen Baumwollenstoff 1 Ziege oder 8 Liter Mehl, für 3 Ellen aber 4 Hühner oder 8 Liter Erdnüsse.

Deutscher, der als Privatmann in einem zur deutschen Kolonie erklärten Lande reist, hielt ich mich für doppelt verpflichtet, jede Beunruhigung des Landes zu vermeiden, wie sie unfehlbar eintritt, wenn man ohne Tauschwaaren reist. Dass man mit 60 bewaffneten Leuten schneller und einfacher fortkommt, als mit 60 Bewaffneten und 500 Unbewaffneten, bedarf keines weiteren Nachweises.

Andererseits hielt ich mich aber trotz des privaten Charakters meiner Reise für vollberechtigt, überall als Herr aufzutreten und stets das erste Gastgeschenk von Seiten der eingeborenen Häuptlinge zu erwarten: denn zwischen Behörde oder Privatmann wissen diese Leute noch keinen Unterschied zu machen, und es muss als schädlich für das Ansehen der Europäer, ja als unverantwortlich bezeichnet werden, wenn heutzutage ein Reisender die Eingeborenen erst um Erlaubniss bitten wollte, durch ihr Land ziehen zu dürfen, oder wenn er gar Tribut entrichtet für ein Recht, das doch selbst in civilisirten Staaten Jedermann zusteht.*)

Den guten Leuten von Uduhe fiel es natürlich nicht ein, irgendwelche Forderungen an uns zu stellen; vielmehr erklärte sich eine ganze Anzahl von ihnen bereit, gegen einen Lohn von 25 Ellen Stoff Trägerdienste bis nach Uschirombo zu leisten. Ich brauchte nämlich noch 10 Mann, weil mehrere Kranke unfähig waren, ihre Lasten zu tragen. Obwohl sich jedoch mindestens 20 Leute gemeldet hatten und in die Listen eingetragen worden waren, so war doch bei unserem Aufbruch am Morgen des 1. März Niemand zur Stelle. Wir mussten noch fast 2 Stunden warten, bis endlich jede Last ihren Träger gefunden hatte, und ohne die Lastesel wäre es mir gar nicht gelungen, schliesslich Alles fortzuschaffen.

Nach dreistündigem Marsch wurde in Utschunga gelagert. Das Land war inzwischen immer flacher geworden; jegliches Gehölz hatte aufgehört und das Brennholz musste von nun an käuflich erworben werden; nur einzelne Baobabs beschatteten die zahlreichen Gehöfte, an

---

*) Ich kann an dieser Stelle nicht unterlassen auf einen Artikel des Organs des evangel. Afrikavereins zurückzukommen, der sich im »Deutschen Kolonialblatt« vom 1. September 1894 abgedruckt findet. In demselben wird in anerkennender und liebenswürdiger Weise auf mein Verfahren, mit den Eingeborenen zu verkehren, hingewiesen, der Verfasser scheint aber zu der irrthümlichen Annahme gelangt zu sein, dass ich das Recht eines Häuptlings, von »Privat-expeditionen« Hongo (Durchgangszoll) zu fordern, anerkannt hätte. Wieso er zu diesem Schlusse gelangt sein könnte, ist mir nicht bekannt, denn zwischen »Ersetzen geforderter Lebensmittel« und »Tribut- (Hongo) Zahlung« besteht doch ein grosser Unterschied. Meine diesbezüglichen Ansichten glaube ich durch meine Auslassungen im Text genügend gekennzeichnet zu haben.

denen wir vorüberkamen. Auch hier fanden sich Rundhütten und Tembebauten nebeneinander vor.

In unserer Lagerordnung trat insofern eine Veränderung ein, als wir, in Folge des Mangels an Holz, nicht mehr im Stande waren, eine Boma (Kraal, Umzäunung) für das Vieh und die Esel dicht am Lager zu bauen; es war zwar einerseits viel bequemer, die Thiere in einem Gehöft unterzubringen, andererseits aber bedingte dieser Umstand eine Trennung einzelner Theile der Karawane, denn ich legte das Lager stets in einiger Entfernung von menschlichen Wohnungen an, um Streitigkeiten oder Vergewaltigungen der Eingeborenen zu vermeiden.

Von diesem Tage ab konnten wir auch den Beginn der grossen Regenzeit datiren. Drohende Wolken hatten sich wohl schon öfters als Vorboten der beginnenden Wetterveränderung am Horizont zusammengeballt: am 1. März aber, Nachmittags, entlud sich in der That ein furchtbares Unwetter, und nach einem Orkan, der die Haltbarkeit der Zelte wieder auf eine starke Probe stellte, setzte ein sintfluthartiger Regen das ganze Lager binnen kürzester Frist unter Wasser.

Alltäglich gingen von nun an grosse Regenmengen nieder, doch regnete es nie unausgesetzt während des ganzen Tages. In der Nacht vom 2. zum 3. März mussten die Askari zu wiederholten Malen alarmirt werden, um die Zelte vor dem Fortfliegen zu bewahren, und der Lärm der auf die Zeltdächer niederprasselnden Regentropfen störte unseren Schlaf anfangs recht empfindlich. Mit der Zeit freilich gewöhnten wir uns auch daran, und nachdem wir erst herausgefunden hatten, dass wir unter sicherem Dach vor Nässe geborgen waren, klang uns das Fallen des Regens wie angenehme, einschläfernde Musik.

Indessen wurde uns das Vorwärtskommen in den folgenden Landschaften, Maadubi und Nyanghuru, nicht nur durch die Schlüpfrigkeit der Wege, sondern auch durch die Wassermenge einiger Flussläufe erschwert, die in wenigen Stunden angeschwollen waren, um dann ebenso schnell wieder auf einen niedrigen Wasserstand zurückzusinken.

Auf die ersten Schwierigkeiten stiessen wir beim Uebergang über den Gassongwa, ein periodisches Gewässer, das mir als Nebenfluss des Mungo (Manyonga) bezeichnet wurde und demnach noch zum Stromgebiet der Nyarasa-Senkung zu gehören scheint. Die Gegend war leicht gewellt, und nur in der Ferne, zur Linken, sah man die Berge von Ussanda und Mantinne liegen; der Gassongwa aber hatte sich ein tiefes Bett von

5

ca. 15—20 m Breite in dem lehmigen Boden gegraben. Die Strömung war so reissend, dass ich ein Seil spannen liess und zwar an einer Stelle, wo das Wasser bis zur Brusthöhe reichte. Die Träger mit ihren schweren Lasten auf dem Kopf gewannen auf diese Weise einen Halt und gelangten ohne Unfall an das jenseitige Ufer.

Viel Vergnügen bereitete uns bei dieser Gelegenheit der Koch. Aus der Fischerbevölkerung der Komoren-Inseln hervorgegangen, schien der sonst langsame und bequeme Küchenchef im Wasser förmlich aufzuleben. Unzählige Male schwamm er herüber und hinüber, und als einige unter den Mädchen und Frauen beim Gehen durch den reissenden Strom ängstlich zu werden anfingen, bot er den Schönen galant seinen Arm und führte, halb schwimmend, halb gehend, Eine nach der Anderen sicher an's Ufer. — Das Rindvieh und die Maulesel wurden von den Somali ins Wasser gejagt und schwammen hinüber, die Ziegen mussten getragen werden, und mancherlei Mühe bereiteten uns auch die Esel, die wohl ein Dutzend Mal im Uferschlamm stecken blieben.

Am Sonntag, den 4. März, wurde Schinyanga und damit ein Punkt erreicht, der schon oft vor uns von europäischen Karawanen berührt worden war. Speziell in der letzten Zeit hatten die deutschen Antisklaverei-Expeditionen unter Graf Schweinitz und Herrn Langheld auf ihren Märschen von Tabora nach dem Victoria-See hier ihr Lager gehabt. Für das unsrige fand sich neben einem grossen, von Pallisaden umgebenen Dorf, das nur aus Rundhütten mit Kegeldächern bestand, ein geeigneter freier Platz. Der Landeschef Gutirirva wohnt in einer noch weit ab liegenden Ortschaft.

Schinyanga darf sich rühmen, eine hochentwickelte Webe-Industrie zu besitzen. Die Leute trugen einen auffallend festen, schön gewebten, gelb und schwarz gemusterten Stoff mit Fransen, den sie selbst herstellen. Den dazu nöthigen Rohstoff liefern ihnen grosse, mit Baumwollsträuchern bebaute Felder.

Als nächstes, westlich gelegenes Ziel wurde uns Nindo genannt, das in 3 Stunden erreichbar sein sollte. Dass zur Bewältigung dieser Strecke die Spitze der Karawane 10, die Nachhut aber sogar 17 Stunden gebrauchte, führte uns neuerdings klar vor Augen, wie sehr die Wegeverhältnisse Inner-Afrikas von der Jahreszeit abhängig sind und mit welcher Vorsicht man alle diesbezüglichen Angaben und Erkundungen aufnehmen muss.

Zwischen Schinyanga und Nindo dehnt sich eine weite Savanne aus: eine grasige Ebene mit schwarzem, lehmigem Grund und spärlichen, zerstreut liegenden Bäumen und Büschen. Während in der Trockenperiode ein festgetretener Pfad hindurchführte, war jetzt in Folge der Regengüsse das Gehen schier unmöglich. Viele Kilometer weit watete man bis über die Knöchel und oft bis an die Kniee in dem zähen, schwarzen Schlamm, in dem bei jedem Schritt die Füsse stecken zu bleiben drohten. Sobald sich der Boden ein wenig hob und wir einige Quadratmeter trockenes Erdreich unter uns fühlten, mussten die ermüdeten Leute ihre Lasten niedersetzen. Die Esel blieben ganz zurück und wurden wohl 20 Mal auf- und abgeladen, weil sie sonst bis an den Bauch im Morast versanken. Zum Ueberfluss brach schliesslich noch ein furchtbares Unwetter los, das uns bis auf die Haut durchnässte und unsere schlechte Laune zuletzt in stumpfe Resignation verwandelte. Die 25 Esellasten wurden liegen gelassen und drei Askari mit ihrer Bewachung bis zum nächsten Tage betraut.

In Nindo gönnte ich den äusserst erschöpften Leuten zwei Ruhetage. Am ersten Morgen brach Hailala mit einem Trägerkommando auf und schaffte die zurückgebliebenen Lasten bis zum Mittag in das Lager.

Dicht dabei lag das Hauptdorf von Nindo oder Ikuru, der Wohnsitz des jungen Häuptlings Pangirva. Dieser war dem Namen nach der Chef des Landes; die eigentlichen Regierungsgeschäfte schien jedoch ein anderer, verschmitzt aussehender Mann Namens Kagunno auszuüben. Beide waren in schöne, weisse Stoffe gekleidet und im Uebrigen Leute, mit denen sich reden liess.

Ich suchte Erkundigungen über Uschirombo einzuziehen und erfuhr zu meiner Ueberraschung, dass sich nicht nur dort, sondern auch halbwegs davon, im Lande des Häuptlings Huimo, mehrere »Wa-Frasi« *) niedergelassen hätten. Obwohl mir diese Nachricht vorläufig nicht zuverlässig zu sein schien, so schickte ich doch einen Boten mit einem Brief voraus, um die Missionare auf unsere Ankunft vorzubereiten. Ferner sah ich mich genöthigt, da der Weg vor uns ausserordentlich versumpft und das Land durchweg vom Regen überschwemmt sein sollte, die Lastesel zurückzulassen, wozu mich insbesondere die Erfahrungen der letzten Tage veranlassten. Pangirva und einige andere Leute von Nindo machten bei dieser Gelegenheit ein gutes Geschäft: ich liess ihnen die Esel als Geschenk zurück, forderte aber dafür die Dienste von so viel Leuten, als zum Fortschaffen der nun frei werdenden Lasten erforderlich waren.

---

*) Im Kisuaheli Bezeichnung für Franzosen, ebenso wie »Wa-Datschi« Deutsche und »Wa-Ingresi« Engländer bezeichnet.

Am 10. März erreichten wir sodann nach einigen Märschen durch Sumpf und Wasser, die auch meine eigene Kraft nahezu erschöpften, die überaus reich aussehende Landschaft Mssalala. Kurz vorher — wir rasteten gerade, nach stundenlangem Waten in schwerem Morast — war mir durch einen Boten ein Brief überbracht worden, der einen freundlichen Willkommengruss vom Père Gosseau, dem Vorsteher der Mission von Mssalala, enthielt.

Um 1 Uhr erreichten wir die zwischen zwei Hügeln gelegene Station, einen grossen, festungartig aussehenden Lehmziegelbau, den ein hochaufgerichtetes, hölzernes Kreuz überragte. Die beiden Patres, Gosseau und van der Burgt, waren uns ein Stück Weges entgegengekommen, hatten uns dann in den grossen Hof der Mission geführt, und bald sassen wir, seit 15 Wochen zum ersten Male, in einem hohen und kühlen Zimmer, auf das Freundlichste bewirthet und angeregt durch liebenswürdige Unterhaltung. Obwohl ich mich kurz vorher körperlich so matt gefühlt hatte, wie noch an keinem Tage zuvor, so verschwand doch jetzt jede Spur von Müdigkeit, da die ungewohnte Umgebung und die Aussicht auf gründliche Ruhe und Erholung der nächsten Tage meinen Nerven neue Spannkraft gab. Zudem gab es vorläufig noch mancherlei zu thun. Träger und Soldaten kampirten ausserhalb der Missionsstation, aber dicht dabei, und nur die Diener und der Koch erhielten Erlaubniss, sich unter der schützenden Veranda eines Seitenflügels am Wohnhaus einzurichten. Wir Europäer erhielten jeder ein Zimmer eingeräumt, in dem das mitgebrachte Feldbett aufgeschlagen wurde.

Leider lernte ich bald den genaueren Grund meiner aussergewöhnlichen Mattigkeit am Vormittage kennen. Ein Malaria-Fieberanfall stellte sich ein und zwang mich einen Tag lang zur Unthätigkeit. Doch erholte ich mich unter der geschickten Pflege Doktor Kerstings bald wieder, und der Anfall hat sich späterhin bei mir nicht eher wiederholt, als bis wir schliesslich nach monatelangen Gebirgs- und Waldmärschen auf den Wassern des unteren Kongo hinabfuhren und wiederum mit europäischer Kultur und Gesittung, wenn auch in einer uns neuen, nämlich der westafrikanischen Welt, in Berührung getreten waren.

Die Missionare, deren Gäste wir vom 10. bis zum 17. März blieben, gehören der algerischen, katholischen Mission an, die unter dem Namen der »weissen Väter« bekannt ist. Die Station von Mssalala bestand erst seit kurzer Zeit und wurde ausser von den beiden Priestern noch von einem weissen und einem in Malta erzogenen schwarzen Bruder bewohnt.

— 70 —

Auf die Thätigkeit der Mission im Allgemeinen werde ich noch später, gelegentlich unseres Aufenthalts in Uschirombo, zurückzukommen haben. Hier in Mssalala schien mir das Land und sein Chef Huimo durchaus unter ihrem Einfluss zu stehen.

Der Häuptling, ein dicker, grosser Kerl mit bescheidenem Benehmen, kam öfters zu den Missionaren herüber, um bei ihnen einen Nachmittagskaffee zu schlürfen. Wir besuchten ihn am Tage vor unserem Abmarsch in seinem Dorfe. Er bewohnte ein festgebautes Giebelhaus mit rechteckigem

Wandmalerei am Hause Huimos (in Roth und Schwarz).

Grundriss, das innen in mehrere Zimmer eingetheilt war und aussen unter einer weit vorspringenden Veranda sogar Spuren einer rohen Wandmalerei sehen liess. Der schattige Hofraum war von grossen Rundhütten umgeben, in denen die Sklavinnen Huimos untergebracht waren. Den ganzen Hüttenkomplex des Häuptlings umgaben starke Pallisadenzäune, ebenso wie das ganze übrige Dorf, das durch zahlreiche lebende Hecken in Abschnitte getheilt war. Eine gewaltsame Besitzergreifung fände hier jedenfalls erfolgreichen Widerstand.

Huimo, so wurde uns erzählt, ist nicht der nominelle Oberherr von Mssalala; er besitzt jedoch thatsächlich den grössten Einfluss unter den eingeborenen Häuptlingen. Auch Nindo scheint noch von ihm abzuhängen, denn der vorhin erwähnte Kagunno ist sein Abgesandter. Legitimer Häuptling von Mssalala ist vielmehr Gagi, den wir später auf unserem Marsch nach Uschirombo als einen schüchternen, aber sympathisch aussehenden jungen Menschen kennen lernten. Sein Dorf liegt eine Tagereise westwärts von der Mission. Die Landschaft bot hier Bilder von mannigfacher Abwechslung. Ueppige, damals freilich unter Wasser stehende Wiesenflächen folgten auf ausgedehnte Laubwaldpartien mit schönen, festgetretenen Pfaden. Dann trat man wieder in kurze Strecken von altbekanntem Mimosengestrüpp ein und gewahrte alsbald die gewöhnlichen Vertreter der Dornsteppen-Fauna, Strausse und Antilopen. Oft auch zogen sich zwischen bewaldeten Höhenrücken schmale Wiesenthäler hin, auf welche die Sonne sengend heiss hernieder brannte, die aber das Auge durch die Farbenpracht ihrer Blumen ergötzten.

Nachdem wir noch die Ortschaften Nsuki, Mssekera und Maguta passirt und die Landschaft Mbogwe durchzogen hatten, erreichten wir am Gründonnerstag, den 22. März 1894 um ½9 Uhr einen niedrigen Höhenzug, von wo aus wir unmittelbar vor uns eine ganze Anzahl grosser Lehmziegelbauten erblickten. Damit waren wir an einem der Hauptetappenpunkte unserer Reise, in der Mission von Uschirombo, Maria Hilf genannt, angelangt.

Da wir gezwungen waren, uns hier volle drei Wochen als Gäste der überaus liebenswürdigen Missionare aufzuhalten, die uns in der herzlichsten Weise aufnahmen und auf jede mögliche Weise für unsere und unserer Leute Ruhe und Erholung bemüht waren, so fanden wir ausgiebig Musse zu mannigfachen Beobachtungen von Land und Leuten, zu anregender Unterhaltung und Lektüre, zu Jagdausflügen und friedlichen Spaziergängen, zum Exerziren unserer Mannschaft und zur Reparatur manches Ausrüstungsgegenstandes, zu wissenschaftlichen Arbeiten und endlich zur Erledigung einer grossen, rückständigen Korrespondenz.

Aus der Schilderung unseres bisherigen Marsches und namentlich des mehrtägigen Aufenthalts in Mssalala wird der Leser schwerlich den Eindruck gewonnen haben, dass die Karawane einer dreiwöchigen Ruhe bedurfte: ich muss deshalb hier auf gewisse Begebenheiten zurückkommen, die sich inzwischen, fern von uns, an den Gestaden des Victoria-Sees abgespielt und auf meine Entschliessungen einen wesentlichen Einfluss gewonnen hatten.

Unser Wunsch nämlich, wenigstens einen Theil der ungesunden Regenzeit unter Dach, statt auf dem Marsche verbringen zu können, ging dadurch in Erfüllung, dass ich gezwungen wurde, Herrn Dr. v. Prittwitz zu ersuchen, von Mssekera aus nach Mwansa am Ufer des Victoria-Sees zu marschiren, während ich selbst dann auf seine Rückkehr in Uschirombo warten wollte. Die Umstände, unter denen diese Trennung nöthig wurde, seien hier kurz auseinandergesetzt.

Man wird sich erinnern, dass die grosse Truppe meiner Wassukuma-Träger in Uduhe entlassen worden war und sich unter Führung des Somali Hussein Fara nach Bukumbi am Smith-Sund in Marsch gesetzt hatte. Der Befehl, den ich ihm damals schriftlich, auf Arabisch, mitgab, lautete: »Marschire mit den Wassukuma und 142 Lasten Tauschwaaren nach der Mission von Bukumbi, deponire dort die Waaren-Ballen, entlasse sämmtliche Leute, die nicht mehr weiter an der Expedition theilnehmen wollen, in ihre Heimath. Begieb Dich dann mit Briefen von mir nach Mwansa zum deutschen Stationschef und versuche, mit seiner Hülfe möglichst viele neue Träger anzuwerben. Den verlangten Vorschuss an Zeug entnimm den Tauschwaaren. Vermuthlich werden eine grössere Anzahl unserer alten Leute sich von Neuem als Träger melden, nachdem sie einige Tage lang ihre Familien gesehen haben. Solltest Du wider Erwarten in 10 Tagen nicht genügend Leute erhalten können, um mir alle Lasten nachzuführen, so lasse die übrigbleibenden gegen Quittung bei den Europäern zurück. Falls einige unter den Soldaten, die Dir zur Bedeckung mitgegeben wurden, ebenfalls ihre Heimathdörfer aufsuchen wollen, so sind ihnen vorher die Gewehre abzunehmen. In spätestens 20 Tagen, vom Tage Deines Abmarsches an gerechnet, erwarte ich Dich in Uschirombo.«

Hussein Fara's Vergangenheit, sein Verhalten auf der Emin Pascha-Expedition des Dr. Peters, die vorzüglichen Dienste, die er dann der Usambara-Eisenbahngesellschaft als Arbeiter-Aufseher geleistet hatte, berechtigten mich dazu, ihm eine derartige Mission mit gutem Gewissen anzuvertrauen.

Nun hatte ich von Hussein Fara keine Kunde erhalten bis zum 18. März. Unser Lager stand damals dicht beim Dorfe Mssekera, zwei Tagemärsche westlich Mssalala. Ich machte gerade einen Spaziergang im Dorfe und bewunderte auch dort die geschickte Eintheilung in vertheidigungsfähige Abschnitte, sowie die Verbarrikadirung der schmalen Thüren in den Hauptpallisaden, als zu unserer Ueberraschung der Askari

Limandóse erschien — einer der Soldaten, die ich Hussein Fara mitgegeben hatte — und mir einen Brief von der deutschen Station aus
Mwansa überbrachte. Darin theilte mir der dortige Befehlshaber, Lieutenant
von Rappard, mit, »dass Hussein Fara mit den katholischen Missionaren
in Bukumbi in Konflikt gerathen sei. Als diese ihn zur Rede gestellt,
weil von Mitgliedern seiner Karawane Ziegen gestohlen worden wären,
habe der Somali nach einem heftigen Wortwechsel seinen Soldaten zu
laden befohlen und so das Leben der Patres bedroht. Er müsse daher
auf der Station vorläufig gefangen gehalten werden. Den Askari habe
man die Gewehre abgenommen; Träger zum Fortschaffen meiner Lasten
würden augenblicklich kaum zu beschaffen sein.«

Diese unerfreuliche Botschaft ward die unmittelbare Veranlassung
zu dem vorhin erwähnten Marsche des Herrn v. Prittwitz nach dem
Victoria-See. Ueber den Verlauf seiner Expedition und die Beilegung
der erwähnten Schwierigkeiten wird später zu berichten sein.

Wie bereits erwähnt wurde, waren wir, d. h. Kersting und ich, mit
der Hauptmasse des Expeditionskorps am 21. März in Uschirombo eingetroffen.

Ebenso wie die Station in Mssalala ist auch die von Uschirombo von
der algerischen Mission angelegt. Während die katholische Missions-
genossenschaft der Väter vom heiligen Geist ihre Thätigkeit in Ostafrika
auf die Küstengebiete beschränkt, sind die im Innern liegenden Länder
den sogenannten »weissen Vätern von Algier« zuertheilt worden. Es
bestehen dort drei apostolische Vikariate: Unyanyembe, Tanganyika und
Victoria-Nyansa. Nach welchen Gesichtspunkten die Grenzen dieser
Bezirke gezogen worden sind, erscheint allerdings schwer verständlich.
So z. B. bildet das Vikariat Unyanyembe ein grosses Dreieck, dessen
Spitzen am Kenia-Berg, an der Nordspitze des Nyassa-Sees und an dem
von Stanley erkundeten, aber schwerlich vorhandenen Alexandra- oder
Akanyaru-See in Ruanda liegen sollen. Weder in politischer, noch in
sprachlicher, noch auch in rein geographischer Hinsicht haben die hier-
durch bestimmten Grenzlinien irgendwelche Berechtigung.

Nachdem im November 1890 eine neue Missions-Expedition der
algerischen Missionare in Bukumbi am Südufer des Victoria-Sees eingetroffen war, zog eine Abtheilung davon unter Führung des P. Gerboin
und des P. Capus nach dem Ländchen Uschirombo, während der Rest sich
über den See nach Uganda wandte. Von den Waschirombo wurden die

Missionare sehr gut aufgenommen, und sie konnten alsbald als deren
Beschützer auftreten, indem sie durch geschickte Vermittelung Einfälle
des unruhigen, in der Nähe sesshaften Zulu-Stammes der Wangoni zu
verhüten wussten. Zu Anfang wohnten sie im Dorfe des Häuptlings
Ndega; als aber die Regenzeit vorbei war, die das Bauen mit getrockneten
Lehmziegeln unmöglich gemacht hatte, konnten sie die Errichtung der
Station Maria Hilf in Angriff nehmen.

Das Hauptgebäude der Mission von Uschirombo.

Ndega schenkte ihnen zu diesem Zwecke dicht bei seinem Dorf ein
weites Terrain auf einer sanft geneigten Fläche, und bald erhob sich hier
der stattliche Gebäudekomplex, in dem wir drei Wochen lang so gastliche
Aufnahme gefunden haben.

Nicht ganz so festungartig angelegt, wie die später erbaute Station
von Mssalala, ist die von Uschirombo doch durch starke Zäune auf zwei
Seiten und durch Mauerwerk auf den beiden anderen gegen plötzliche
Ueberfälle gesichert. Die Front des einstöckigen Wohnhauses hat eine
Länge von 60 m. Ein weit überstehendes Dach, von Säulen aus Eisen-
holz getragen, schützt den Lehmziegelbau vor den Einflüssen des Regens

und erhält die hohen und luftigen Wohnräume kühl. An die Mitte des Wohnhauses schliesst sich, rechtwinkelig dazu, die Kapelle an, deren Dach ebenfalls, aber im Innern, durch vier Säulenreihen aus dem genannten harten Holze gestützt wird. Altar und Seitenwände sind mit rothem Tuch und Fahnen so schön geschmückt, dass ihr Anblick allein schon genügt, um die Schwarzen mit ihrem naiven und oberflächlichen Gemüth zu Bewunderern der römischen Kirche zu machen.

In Nebengebäuden befinden sich Wohnräume für Knaben und Mädchen, für getaufte Familien, sowie eine Werkstatt, Schule und Magazin. Ein grosser Hof vor dem Wohnhaus und ein kleiner Viehhof liegen ausserdem noch in dem grossen, eingezäunten Rechteck.

Die Bewohner dieses am weitesten vorgeschobenen Postens christlicher Gesittung und europäischer Kultur waren damals als Vorsteher P. Desoignies, ferner P. Capus und zwei Brüder, von denen der eine, Bruder Max, ein Deutscher war.

Ich habe persönlich den Eindruck gewonnen, dass das Wirken dieser Leute ausserordentlich segensreich und wohlthätig ist. Abgesehen davon, dass eine grosse Anzahl von Waschirombo nach vorhergegangenem dreijährigem Unterricht getauft worden ist, macht auch das ganze umliegende Land einen so ruhigen und so wohlthuend kultivirten Eindruck, dass man die Patres zu ihren Erfolgen nur beglückwünschen kann. Der Katholizismus hat hier mit seiner gewohnten Geschicklichkeit das richtige Feld für eine erfolgreiche Thätigkeit unter einem intelligenten Volksstamm herausgefunden.

In den Wochen, die ich in Uschirombo verlebte, hatte ich reichlich Gelegenheit, diesen Volksstamm und seine Sitten kennen zu lernen, und der liebenswürdige P. Capus hat mir soviel von seinen Aufzeichnungen und Beobachtungen zur Verfügung gestellt, dass ich etwas länger bei der Schilderung von Land und Volk verweilen möchte.

Das Land selbst zeigt sich uns als eine leicht gewellte Grasebene, aus der verschiedene mit Laubwald bedeckte Höhenzüge und Kuppen emporragen. Die relative Höhe dieser Bodenerhebungen übersteigt nirgends 300 oder 400 m; gleichwohl macht es Mühe, sie zu erklimmen, weil Steingeröll aus Quarzit in weisser Färbung und mächtige Granittrümmer überall den Boden bedecken und keinen saftigen, geraden Baumwuchs zwischen sich aufkommen lassen. Als Holzbestand finden wir an den Hügeln viel Gestrüpp und verkrüppelte Stämme, während die

ebenen, sandigen Strecken Hölzer aufweisen, die an Härte und Dauerhaftigkeit ihres Gleichen suchen und deshalb von der Bevölkerung
vielfach als schätzbares Baumaterial verwendet werden; die Bogen der
Eingeborenen von Uschirombo sind aus besonders hartem Material, und
ein schwarzes, ebenholzartiges Holz, »mugenvya« genannt, pflegt bevorzugt
zu werden.

Zwischen den zahlreichen Hügeln erstrecken sich Grasflächen mit
sumpfigem oder sandigem Untergrund, die mit reiner Buschsteppe oder
bebautem Land abwechseln.

Die hydrographischen Verhältnisse von Uschirombo sind ausserordentlich einfach. Wir finden nur periodische Gewässer vor, ständig
fliessende Ströme oder Bäche fehlen gänzlich. Der grösste Theil des
Landes muss zum Gebiet des Tanganyika gerechnet werden, da die
Entwässerung sich durch den Malagarasi vollzieht. Nach der hier noch
scharf zu unterscheidenden Regenperiode verlaufen die Gewässer in der
Steppe oder bilden versumpfte Wiesen, die später oft ganz austrocknen.

Trotzdem muss das Land als ausserordentlich fruchtbar angesehen
werden und gänzlicher Wassermangel ist dort unbekannt; jedes der
Dörfer — P. Capus zählte deren 150 — ist von ertragreichen Feldern
umgeben. Die Bevölkerung von Uschirombo und den angrenzenden
kleinen Staatengebilden*) nennt sich Wassumbwa.

Wenn wir auf die Geschichte der Wassumbwa-Staaten zurückgehen,
so stossen wir auf die gleichen Schwierigkeiten wie bei den meisten
afrikanischen Völkerschaften. Auch hier fehlt jede schriftliche Ueber-
lieferung. Man ist lediglich auf die Erzählungen der alten Leute im Lande
angewiesen, und dass hierbei Wahrheit und Dichtung in engste Berührung und manchmal in Konflikt gerathen, ist leicht erklärlich.

Weiter zurück als 100 bis 200 Jahre wird man kaum gelangen
können. Immerhin lässt sich ein kleiner Kern von Wahrheit aus den
Berichten herausschälen. Ziemlich übereinstimmend behaupten die Leute,
aus dem Lande Uha in ihre jetzigen Wohnsitze eingewandert zu sein;
jedenfalls stammt die Familie des jetzigen Häuptlings von Uschirombo,
Ndega, dorther.

Ferner ist als feststehend zu betrachten, dass zu der Zeit, da die
gewaltige centralafrikanische Völkerwanderung Schaaren hamitischer

---

*) Die Namen derselben lauten: Uschirombo, Mbogwe Ugomba, Ulangwa, Utámbala.
Ussonge, Uyovu, Ulewe, Ubagwe, Wanga, Ugando. Ussambiro, Runsewe.

Nomaden (Wahuma oder Watussi genannt) die Länder zwischen den grossen Seen in Besitz nehmen liess, auch die Wassumbwa diesem Ansturme keinen Widerstand haben entgegensetzen können.

Uschirombo ist mit dem grösseren Theil der Wassumbwa-Staaten unter die Herrschaft des Mgabe (d. h. Grosskönig) Ruhinda gerathen, während Utámbala, Ubagwe, Urambo, Runsewe dem Mgabe Nkonsa von Uha unterthänig wurden.

Zu dem mächtigen Reiche des Ruhinda aber, das man Ukanga nannte, haben auch nördlicher gelegene Staaten, wie Ussuwi und Karagwe gehört, und diese grosse Ausdehnung mag wohl der Grund gewesen sein, weshalb unter den Söhnen Ruhindas das Reich wieder zerfiel.

Die einzelnen Manangwas oder Statthalter erklärten ihre Unabhängigkeit und wussten sie zu behaupten.

Alsbald aber sehen wir einen auffallenden Vorgang sich abspielen. Während nämlich in den Staaten des Nordens, in Ussuwi und Karagwe, das hamitische Element bis auf unsere Tage das herrschende geblieben ist, finden wir heute in den Wassumbwa-Staaten nur wenige Reste von den stolzen Wahuma.

Wassumbwa-Häuptlinge herrschen wieder in den nunmehr gänzlich unabhängigen kleinen Ländchen.

Als Herrscher von Uschirombo werden genannt:

Schimassongo

Ndega I.

Ndega II.

Schissemba

Ndega III.

Makaka I.

Ndega IV.

Ndega V.

Makaka II.

Der Sohn Makaka's II. ist der jetzige Häuptling Ndega VI., der Freund unserer Missionare.

Ob die genannten Häuptlinge alle nach dem Zerfall des Ruhinda-Reiches regierten, oder ob ein Theil von ihnen noch in Abhängigkeit von den Wahuma gestanden hat, wird sich schwer ermitteln lassen.

Jedenfalls haben sich aber die Wassumbwa-Staaten nach Abschüttelung des Wahuma-Joches nur einer kurzen Ruhe zu erfreuen gehabt, denn

Ndega II. von Uschirombo.

unter dem Vater des jetzigen Häuptlings erschien ein neuer Feind, diesmal von Süden her: die Wangoni, ein vom Nyassa-See kommender Zulustamm, begannen räuberische Einfälle in das Land zu machen.

Da waren es denn schliesslich deutsche Waffen und die vermittelnde Thätigkeit der Missionare, die dem Lande wieder Ruhe vor seinen Peinigern verschafften: eine von Süden kommende deutsche Truppenabtheilung verfolgte die Wangoni durch Uha hindurch und zwang sie, sich auf Runsewe zu beschränken. Und als sie auch von dort aus noch ihre unverbesserliche Raubgier durch kleine Einfälle nach Uschirombo zu befriedigen suchten, gelang es der Vermittelung der Missionare, den Frieden endgiltig herzustellen. Noch jetzt lässt der Umstand, dass die meisten der Dörfer neu erbaut sind, die Folgen der letzten Einfälle erkennen. Kein Wunder, dass Ndega seitdem Hochachtung und Respekt vor der schwarz-weiss-rothen Fahne hat, und dass er sich die Freundschaft der Missionare emsig zu erhalten sucht.

Die Bevölkerung der Wassumbwa tritt uns heute als eine Mischbevölkerung entgegen. Die nahen Beziehungen zu den Wanyamwesi, die Einwanderungen der Wahuma und eine angeborene Wanderlust haben die Reinheit der Rasse stark beeinträchtigt. Der hamitische wie der Unyamwesi-Typus finden sich gleicherweise häufig, die Sprache, das Kissumbwa, ist ein Gemisch aus Kinyamwesi und der Sprache der Wahuma.

Zur Küste hin, nach Nordwesten und über den See hinweg bis Uganda bestehen vielfache Handelsbeziehungen. Aus Uschirombo allein, das im Ganzen nicht über 12—15000 Einwohner zählen dürfte, waren damals, wie man mir berichtete, über 1000 Mann auf Reisen.

Die durchaus monarchische Herrschaft der Häuptlinge wird in patriarchalischer Weise ausgeübt. Die Hütten der Häuptlinge sind, wie die aller Wassumbwa, Rundhütten, aber nicht, wie in Unyamwesi, solche mit vertikaler Seitenwand und aufgesetztem Kegeldach, sondern Seitenwand und Dach bilden eine zusammenhängende Wölbung*). Der Eingang springt meist weit hervor und ist bei den Häuptlingshütten mit hölzernen Seitenpfosten versehen, auf denen oft reiche Skulpturen eingeschnitten sind. Die Zugänge zu den Gehöften der Chefs sind sehr verwickelt angelegt. Als Hoheitszeichen gilt ein Armband aus Schlangenhaut am rechten Handgelenk.

In der Kleidung der Wassumbwa macht sich der Einfluss der Handelsbeziehungen zur Küste in hohem Maasse geltend. Fast Jedermann trägt

---

*) Siehe die Abbildung »Ndega VI. von Uschirombo«.

6

ein Stück Baumwollenzeug um Schulter oder Hüften. Von dem Schmuck erinnern die fein aus Draht geflochtenen Armbänder an Uganda, der Halsschmuck, weisse Muschelstücke, an Unyamwesi. An Waffen werden Bogen mit sauber gearbeiteten Pfeilen und geschnitzten Lederköchern geführt. Der Speer hat die elegante lanzetförmige Spitze der Wahuma-Lanzen. Dagegen scheint der Schild unbekannt zu sein. Feuerwaffen sind bereits sehr verbreitet.

In der Industrie wird vielfach Uganda nachgeahmt: Rindenstoffe, Spazierstöcke, Sandalen, sowie Korbflechtereien mit schwarzen Mustern zeigen ganz die Formen, die für Uganda charakteristisch sind.

Wie bereits erwähnt, leben die Familien in Dorfgemeinden zusammen. Die Einfriedigungen sind ausserordentlich fest und haben meist nur zwei, fast verwachsene Zugänge. Neben etwas Viehzucht, der Hauptbeschäftigung der wenigen noch ansässigen Wahuma, wird ausgiebiger Acker- und Gemüsebau betrieben. Drei Arten von Bohnen, Erdnüsse, Bataten, Bananen, etwas Reis und Sorghum, sowie Ricinus, dessen Oel zum Salben des Körpers benutzt wird, sind die hauptsächlichsten Bodenerzeugnisse; nebenher werden Tomaten und Kürbisse gezogen, und der Wald liefert dreierlei Sorten Honig. Hühner findet man in grossen Mengen, und auf den Gehöften treibt sich als wenig beliebtes, vielmehr nur geduldetes Hausthier eine Hundeart herum, die ausser ihren blöden Augen und einem mauseartigen Kopf so ziemlich alle Eigenschaften aufweist, wie sie ein schöner Hund von guter Rasse — nicht haben soll.

Im Herstellen von Butter und Seife (letztere aus Asche von Bananenblättern) ist die Bevölkerung ausserordentlich geschickt. Das Salz wird importirt und stammt wahrscheinlich aus der Nyarasa-Steppe.

Wie bei allen Handelsvölkern ist der Sinn der Wassumbwa heiter und leicht beweglich und die Auffassungsgabe sehr entwickelt. Damit im Zusammenhange steht eine augenfällige Anpassungsfähigkeit an fremde Sitten und Gebräuche.

Der Familiensinn ist kein sehr ausgeprägter. Und wie sollte er es auch sein, da der Mann fast das ganze Jahr hindurch, ja oft Jahre lang auf Reisen ist, während inzwischen die Weiber und Greise allein die Feldarbeit bestellen und über die Verwendung und Unterbringung der Knaben der Dorfhäuptling verfügt!

Erwähnenswerth an dieser Stelle ist eine merkwürdige Sitte. Wenn nämlich von einem Zwillingspaar das Eine stirbt, so formen die Eltern aus Holz und Lehm eine dem verstorbenen Kinde gleichende Figur, bekleiden und schmücken sie genau ebenso wie das lebende, und je nach dem Wachsthum des letzteren wird auch die Puppe in der Folge unten durch Ansetzen verlängert.

Ueber die religiösen Anschauungen im Lande wusste mir P. Capus aus eigener Beobachtung Mancherlei zu erzählen. Die Religion ist ein reiner Ahnenkultus. Zu den Manen der Grossväter und Grossmütter betet man um Regen, schönes Wetter und Fruchtbarkeit. Ihnen sind kleine Hütten geweiht, unter denen Gaben niedergelegt werden; als grösstes Opfer wird dem verstorbenen Grossvater ein Stier, der verstorbenen Grossmutter eine Ziege geweiht. Keine wichtige Entscheidung wird ohne ein Opfer an die Ahnen getroffen.

Die Zauberer und Medizinmänner halten nächtliche Feste ab und beschwören durch ihre Tänze ein mysteriöses Wesen, das halb Mensch, halb Thier sein soll. Entsprechend dem starken Aberglauben besitzen alle Wassumbwa eine grosse Anzahl von Amuletten. An natürliche Todesarten glaubt man nicht gern, und stirbt ein Mann von Rang, so treten die Zauberer zusammen, wahrsagen aus den Eingeweiden von Hühnern und bezeichnen irgend einen armen Teufel als den Schuldigen.

Die Leichen legt man weitab im Walde nieder, und nur die eines Häuptlings wird mit einem Erd- und Steinhaufen bedeckt; der Platz wird dann ein Wallfahrtsort für die Ueberlebenden.

Dass wir in den Wassumbwa ein hochintelligentes und vor Allem entwickelungsfähiges Volk vor uns haben, steht ausser allem Zweifel. Schon allein die Thatsache, dass es ihnen, im Gegensatz zu den Bantustämmen weiter im Norden, gelungen ist, die Herrschaft der Wahuma abzuschütteln, ist ein Anzeichen von innewohnender Kraft. Aufgabe der kolonisirenden Europäer wird es sein, die Fortbildung dieses Stammes in richtige Bahnen zu leiten.

Die Mission von Mssalala.

IV. KAPITEL

Uschirombo.

Meine Tagebuchaufzeichnungen über unseren Aufenthalt in Uschirombo sind zwar nicht sehr umfangreich; aber vielleicht sind sie als Ergänzung zum vorigen Kapitel von einigem Interesse und verdienen daher im Wortlaute hier angezogen zu werden.

Gründonnerstag, den 22. März 1894. Wir erreichten heute früh schon um 9 Uhr die Mission. Häuptling Ndega kam uns mit grossem Gefolge ein weites Stück entgegen. Seine Gesichtszüge erinnern an die eines Tartaren. Von den Missionaren war zunächst nichts zu sehen, da sie unsere Ankunft erst um 10 Uhr erwarteten. Sie waren noch beim Morgengottesdienst in der Kapelle. Als Erster begrüsste uns dann der Vorsteher der Mission, P. Desoignies, und hiess uns auf das Herzlichste willkommen, und nicht lange darauf verlieh Ndega seiner Freude über unser Kommen greifbare Gestalt, indem er uns mehrere grosse Körbe mit Bohnen überbringen liess.

Kapitel-Vignette: Dr. von Prittwitz und Gaffron.

Charfreitag, den 23. März. Nachdem man uns noch gestern vier kleine Stuben eingeräumt hatte, konnten wir heute, während die Patres in der Kapelle Gottesdienst abhielten, beginnen, uns für einen längeren Aufenthalt wohnlich einzurichten. Die Stuben sind hell, der Boden besteht aus festem Lehmschlag, die hohen, weissen Wände und die rothen Gardinen passen vorzüglich zusammen. Ich kann nun auch damit anfangen, auf unserem grossen Tisch auf Grund der Itineraraufnahmen eine vorläufige Karte unseres bisherigen Weges zu konstruiren.

Auch heute erschienen Abgesandte Ndega's mit solchen Mengen von Bohnen, dass die ganze Karawane auf lange Zeit mit diesem pythagoräischen Gemüse versorgt ist. Der wackere Mann scheint grossen Respekt vor uns zu haben. — Bei Tisch bekommen wir während dieser Feiertage unsere Wirthe kaum zu sehen. Sie halten strenge Fasten, und wir Beide essen daher meistens allein. Den Morgen verbringe ich beim Kartenzeichnen; P. Capus hat mir reiches Material über Land und Leute von Uschirombo zur Verfügung gestellt, so dass ich genügend mit Arbeitsstoff versehen bin. Mir kann das nur erwünscht sein, denn in den Tropen sind Trägheit und Unthätigkeit der Grund alles Uebels. — Im inneren Hofraum sind nur die Zelte der Askari aufgeschlagen. Ausserhalb der Mauern, zwischen der Station und Ndega's Dorf, lagern die Träger. Ich habe den Bau von Grashütten angeordnet, denn wir stehen noch mitten in der Regenzeit, und die Zelte mancher Leute sind in trostlosem Zustande. Viele haben überhaupt keine mehr. — Mittags nehme ich eine Sonnenbeobachtung mit dem Theodoliten vor. Die Uhren der Mission werden danach regulirt. — Nachts von 9—12 sitze ich auf Anstand in der Nähe einer Baumes, an dem sich öfters Leoparden zeigen sollen. Leider warte ich aber vergeblich.

Sonnabend, den 24. März. Heute fand die Taufe von 16 Schwarzen, Erwachsenen, Knaben und Mädchen statt. Wir hatten Gelegenheit, die Feier in der geschmückten Kapelle mit anzusehen, die mit ihren gothischen Fenstern im Mauerwerk und einem Dach, das von hohen Säulen aus Eisenholz getragen wird, Zeugniss von der Geschicklichkeit der Missionare im Bauen ablegt. Die äussere Andacht und Disciplin der schwarzen Gemeinde war bewundernswerth und setzt eine jahrelange, unermüdliche Arbeit der Missionare voraus. Die Tauffeier dauerte sehr lange und war mit den verschiedensten, uns Evangelischen fremden Gebräuchen verknüpft. Dann folgte die Messe, mit schönem Gesang in der Sprache der Wassumbwa.

Ich gewann dabei die Ueberzeugung, dass der von den katholischen Missionen entfaltete äussere Pomp — trotz aller durch die örtlichen Verhältnisse vorgeschriebenen Einfachheit — seinen Eindruck auf die Gemüther der Schwarzen nicht verfehlt. Nimmt man hierzu die volle Hingebung der Missionare an ihren mühevollen Beruf, sowie den Umstand, dass das »labora« über dem »ora« nicht vergessen wird und dass ferner reiche Geldmittel ihnen einen ausgedehnten Wirkungskreis eröffnen, so begreift man wohl die grossen Erfolge der katholischen Glaubensboten unter den Schwarzen. Deutsche- und englisch-protestantische Missionen habe ich bei der Arbeit bisher nicht gesehen, bekannt ist aber die Thatsache, dass viele der aus den Schulen der Letzteren (der Engländer) hervorgegangenen Zöglinge zur Arbeit nicht zu gebrauchen sind und ihren Dienstherren durch Frechheit, Ueberhebung und Faulheit oft genug Aerger bereiten. Es ist aber entschieden der zweckmässigere und richtigere Weg, aus dem Neger zuerst einen arbeitstüchtigen, gehorsamen Menschen und dann einen Christen zu machen, als umgekehrt.

P. Capus erzählt mir, dass die Häuptlinge aus allen umliegenden Ländchen kommen wollten, um mir Geschenke zu bringen. Man hält mich natürlich nicht für einen harmlosen Forschungsreisenden, sondern für den offiziellen Vertreter der mächtigen »Wadatschi«, die die Wangoni und den grossen Wanyamwesi-Häuptling Sikke geschlagen haben. Trotz dieser Verkennung der Thatsachen nehme ich mir vor, im Interesse unseres Wohlbefindens alle Gaben huldvollst anzunehmen.

Des Nachts war ich wieder auf Anstand. Ich sass lange, durch einen Busch gedeckt. Vor mir, in einer Entfernung von 40 Schritt, war eine kleine Ziege angebunden; der grösste Schreihals war zu diesem Zweck aus meiner Heerde herausgesucht worden. Abermals vergeblich! Als ich dann aber auf dem Weg nach Hause durch ein Sorghum-Feld hindurchging, sprang plötzlich der gesuchte Leopard mit einem riesigen Satz quer vor mir über den Weg. Ich feuerte zwar noch, aber der Mond stand gerade hinter den Wolken, das Korn meiner Büchse war nicht mehr zu sehen, und so ging der Schuss vermuthlich fehl. Zur Jagd führte ich meist meine doppelläufige Expressbüchse, Kal. 450, mit gehärteten Geschossen und ganz langen Patronen, selten eine einläufige Henry-Martini-Büchse mit grossem Kaliber (577). Die modernen kleinsten Kaliber halte ich, wenigstens mit dem in den Armeen eingeführten Mantelgeschoss, für überaus gefährlich auf der Jagd. Nach meinen Erfahrungen ist es damit

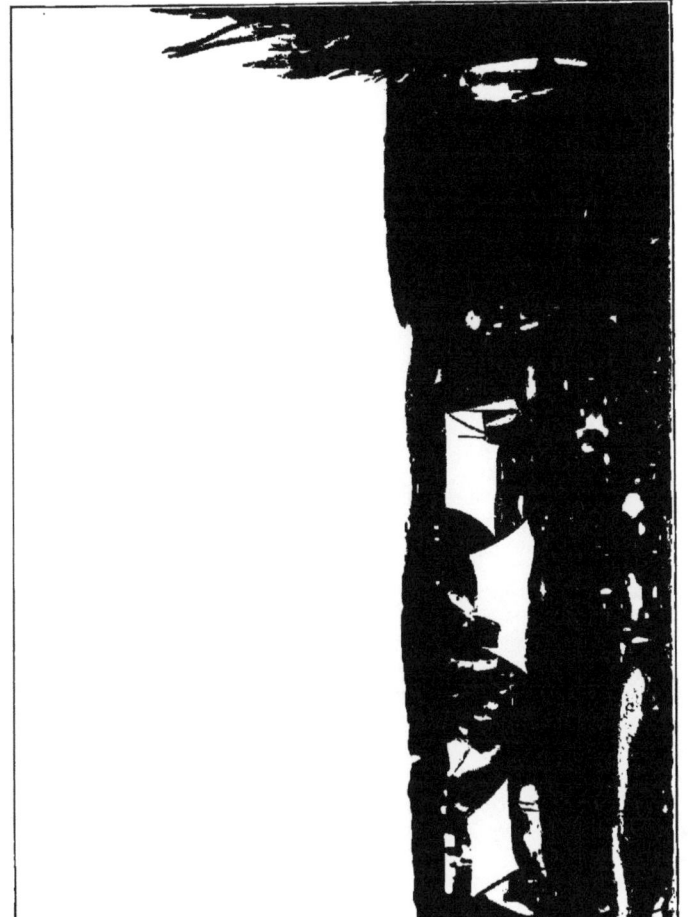

Die Träger beim Bau von Grashütten in Uschirombo.

völlig unmöglich, ein Thier, das den Jäger annimmt, zu Fall zu bringen, ausser durch einen Gehirnschuss.

Ostersonntag, den 25. März. Nach einer Abendmahlsfeier und Messe, der wir beiwohnen durften, photographire ich das Innere der Kapelle. Dann machen wir uns auf, um Ndega in seinem Dorf zu besuchen. Ich pflege bei solchen Gelegenheiten zwei Züge Askari mitzunehmen, einmal, um dem Häuptling zu imponiren, dann um ihm das Vergnügen zu bereiten, eine vor uns präsentirende Truppe zu sehen, und vor Allem, um die militärische Disciplin unter meinen Askari aufrecht zu erhalten. Denn vielleicht bedarf ich ihrer noch mehr, als sich voraussehen lässt. Auch die Trägerführer dürfen mit ins Dorf kommen und benützen stets mit Freuden derartige Anlässe, um ihre Festgewänder zu zeigen. Am liebsten tragen sie das lange, schneeweisse Suaheli-Hemd.

Ndega war so aufmerksam gewesen, den Weg vor und in seinem Dorf für uns reinigen und verbreitern zu lassen. Die Ortschaft selbst heisst Igulwe, ist von hohen Bäumen und mit zwei Reihen Pallisaden umgeben. Durch ein schmales Thor betritt man einen förmlichen Irrgarten. Ndega's Hütte ist durch ihre Grösse vor den übrigen ausgezeichnet und die Thürpfosten sind mit Schnitzerei verziert. Wir lassen uns auf unseren Stühlen nieder, P. Capus verdolmetscht einige freundliche Worte, dann wird Pombe, ein süsses, aus Bananen, Sorghum oder Honig gebrautes Getränk, herumgereicht und wir empfehlen uns wieder. Unsere Somali-Diener werden von Ndega's Leuten für Wahuma gehalten, und die Somali wiederum betrachten die Wahuma, trotzdem sie hier nur als arme Hirten leben, fast als Standesgenossen, obwohl der Somali sonst mit einer unbeschreiblichen Verachtung auf jeden Innerafrikaner herabzusehen pflegt. Wir erinnerten uns bei Beobachtung dieser Thatsache daran, dass die Wahuma als Hirtenvölker aus dem Nordosten eingewandert sind und dass man schon oft auf eine Stammesverwandtschaft zwischen ihnen und den Gallavölkern hingewiesen hat, die ja die Nachbarn der Somali sind.

Der Nachmittag verging mit Kartenkonstruiren und grossem Rinderschlachten oder besser gesagt mit Rinderschiessen; denn um einem Quälen der Thiere durch die Leute vorzubeugen und um gleichzeitig unsere Karabiner in ihrer Wirkung auf nahe Entfernungen zu prüfen, tödteten wir die Rinder durch einen Schuss. Doch war, wie vorhin schon bemerkt wurde, zu einem solchen sofortigen Tödten ein Gehirnschuss nöthig; nach einem Blattschuss z. B., der auf 20 Schritt Entfernung abgegeben wurde, graste das Thier oft noch lange ungestört weiter.

Ostermontag, den 26. März. Die Patres hatten für heute einen Ausflug auf einen nahen Berg proponirt. Da ich von oben die Gegend gut übersehen zu können hoffte, liess ich die Messtischplatte mit Visirlineal und Bussole, sowie den photographischen Apparat mitnehmen. Der erste zu einer Aufnahme geeignet erscheinende Punkt wurde bereits um 10 Uhr erreicht; doch hatte P. Capus meine Hoffnungen auf eine Rundsicht zu hoch gespannt: die Kuppe war mit Bäumen bedeckt, auf denen Meerkatzen herumkletterten, aber ein Rundblick war nicht zu gewinnen; ich konnte deshalb nur ungefähr die Richtungen der Grenzländer von Uschirombo zu Papier bringen. Dann passirten wir in einem Thal ein kleines Dorf, wo wir durch Pombe erfrischt wurden. Ein alter Schmied sass hier und arbeitete an seinen Blasebälgen. Gegen Mittag nahmen wir unter einem Baume das Frühstück ein, zu dem unser Koch eine vorzügliche Marmelade aus Erdnüssen und Honig geliefert hatte. Dann warteten wir das Ende der Mittagshitze ab und machten uns auf den Heimweg, der durch das bereits erwähnte Dörfchen wieder hindurchführte. Dort fanden wir, dass sich inzwischen die gesammte Einwohnerschaft — vielleicht aus Freude über unseren Besuch — ganz gehörig in Pombe betrunken hatte.

Die Abendkühle war herrlich und erfrischend, und es glückte uns noch, einige feiste Perlhühner zu schiessen. Mit Exerziren und Kartenkonstruiren beschloss ich die Osterfeiertage.

Dienstag, den 27. März. Nach dem Frühstück werden mir ein Mhuma-Mann mit seinem Weibe als besonders typische Gestalten vorgestellt. Als P. Capus sie fragt, ob Europäer ihnen Furcht einflössten, gab der Mann die merkwürdige Antwort: »Warum sollte ich mich wohl fürchten? Stamme ich denn nicht selbst von Europäern, von weissen Männern, ab? Seht doch nur meine Nase an, — sie ist nicht breit, wie die der anderen schwarzen Männer!« — Schon Speke, der grosse Forscher und Entdecker, erzählt, dass die Wahuma sich als Abkömmlinge einer weissen Rasse betrachteten.

Ich bemühe mich, auch von gereisten Leuten Nachrichten über Ruanda, das Land im äussersten Nordwesten Deutsch-Ostafrikas, einzuziehen, doch sind die Angaben durchweg unbestimmt oder erlogen und von Furcht oder Hoffnung diktirt. P. Capus opfert mir als Dolmetscher viel von seiner Zeit.

Das Innere der Kapelle in Uschirombo.

Gegen Mittag erscheinen die Häuptlinge von Utámbala und Ugomba mit grossem Gefolge. Ich erhalte 25 Trägerlasten Bohnen, Bananen und ein Leopardenfell. Auch der Wangoni-Häuptling Pangalala schickt eine Gesandtschaft. Seine Leute sind mit den Missionaren befreundet und haben, Dank deren Ueberredung, das Berauben der Waschirombo aufgegeben. Ihre alte Kriegslust können sie aber doch nicht ganz unterdrücken, und der Führer der Gesandtschaft stellt mir im Namen seines Herrn die ganze Kriegsmacht der Wangoni zur Verfügung, da er gehört habe, ich wolle den König Kassussura von Ussuwi angreifen. Ich finde diesen Eifer zwar begreiflich, da Ussuwi das Land ist, vor dem die Wangoni einst auf ihren Raubzügen nach Norden hatten Halt machen müssen, lehne aber gleichwohl das Anerbieten dankend ab. Uebrigens scheint das Gerücht von kriegerischen Absichten meinerseits auch sonst verbreitet zu sein: wenigstens weiss der Häuptling von Ugomba zu erzählen, dass Kassussura bereits vor meinem vermeintlichen Eroberungszuge die Flucht ergriffen habe.

Unsere Träger führen hier ein recht faules Leben, und wir fürchten für ihren Gesundheitszustand. Zwei Mann haben schweres Fieber. Auch P. Desoignies und einer der Brüder mussten sich gestern Abend niederlegen. — Mein Diener Swedi erscheint heute plötzlich in einem Paar ganz tadelloser Inexpressibles, die er von der Küste her mitgeschleppt haben muss: er sieht jetzt ganz wie ein ausgelernter Kammerdiener aus.

Mittwoch, den 28. März. Meine Karte wird vollendet, danach mehrere Briefe erledigt. — Ich biete den Pères die Hülfe meiner Askari bei ihren Wegebauten an: sie üben uns gegenüber ihre Gastfreundschaft in so uneigennütziger Weise aus und geben so viel von ihrer eigenen Bequemlichkeit unsertwegen auf, dass ich fast in Verlegenheit bin, wie ich mich meinerseits dankbar erweisen könnte.

Einige Wangoni-Krieger führen im Hof einen Kriegstanz auf. Ihr riesiger Federkopfputz nimmt sich recht imposant aus, und auch meine Leute sehen neugierig dem wilden Schauspiel zu. Unwillkürlich musste ich dabei an die bekannten derartigen Schaustellungen in Castans Panoptikum in Berlin denken.

Doktor Kerstings Patienten mehren sich. Die Leute leiden auch hier viel vom Sandfloh, dem Jigger Westafrikas, einem kleinen Thier, das sich in die Haut einbohrt und, falls es nicht bei Zeiten entfernt wird, bösartige Geschwüre erzeugen kann. Von Brasilien her eingeschleppt

werden diese Plagegeister auf ihrer Wanderung von Westen her auch bald
die Ostküste erreichen. Die ersten fanden wir in Mssalala. Bei aufmerk-

Wangoni-Krieger.

samen Leuten verliert diese Plage jedoch ihre Gefahr und sie lernen
schnell, das Thier mit einem Hölzchen oder einer Nadel bei Zeiten
zu entfernen.

Die erkrankten Missionare erholen sich langsam. Besonders freut es mich, dass Dr. Kersting ihnen manchen guten Rathschlag geben kann.

Donnerstag, den 29. März. Trotzdem die Pères sich noch nicht ganz erholt haben, empfangen sie Ndega, der täglich kommt, um sich unterrichten zu lassen. Jedem Einzelnen ist Haus und Ohr der Missionare geöffnet, und Bittsteller aller Art kommen und gehen den ganzen Tag. Grosse Verwunderung erregt stets das Aspirationspsychrometer, das vor meiner Thür aufgehängt ist.

Nachgerade mache ich die Wahrnehmung, dass wir genug der Ruhe haben und fange an, mich nach Prittwitz's Rückkehr zu sehnen, um weiter marschiren zu können.

Freitag, den 30. März. Am frühen Morgen liess ich Poscho vertheilen. Mit Poscho bezeichnet man in Ostafrika eigentlich Verpflegungsgelder; im Innern demgemäss, wo keine Münze gangbar ist, schlechtweg Tauschwaaren. Der Araber Abdallah, unterstützt von den andern Unterführern, vertheilte heute an jeden Mann 4 Armlängen oder Ellen Merikani — ein besserer Baumwollenstoff — mit denen sich Jeder auf 8 Tage Lebensmittel kaufen konnte, ferner an Naturalien je zwei Tagesportionen Bohnen und eine Extraportion Fleisch. Nach den Marktpreisen von Uschirombo war das recht reichlich, überdies erhielten die Unteroffiziere, Trägerführer, der Koch und die Somali stets doppeltes Poscho. Trotzdem glaubten diesmal die Askari zu kurz gekommen zu sein und schickten eine Deputation zu mir, um mehr zu fordern. Als Antwort liess ich ihnen die Extra-Fleischportion entziehen, worauf sie sich beruhigten.

Bruder Max, unser Landsmann, der ein gewandter Tischler sein soll, will uns bequeme Stühle machen, da die unsrigen, sogenannte »englische« Stühle, vollständig unbrauchbar geworden sind.

Während ich eine Deputation des Häuptlings von Runsewe empfange, die mir drei Ziegen, einen Sack Reis, Honig und ein Leopardenfell bringt, arbeitet Kersting an der Herstellung einer Raubthierfalle. Dann begiebt er sich in seine »Sprechstunde« und konstatirt, dass sämmtliche Somali Malariafieber haben, und dass ein Träger an Dysenterie im Sterben liegt.

Auf einer grossen Wandkarte, die über meinem Arbeitstische hängt, zeichne ich den Pères die Grenzen ihres Vikariats ein, auf Grund einer lateinischen, in Rom gedruckten Anweisung, die sich in der kleinen Bibliothek der Mission vorfand. Man erzählt mir auch von einer Karte von Afrika aus dem 14. Jahrhundert, die nach Angaben von Kapuzinern gemacht wurde, und auf der Uganda bereits verzeichnet sein soll.

Abends wird exerzirt und dann die vorhin erwähnte Falle aufgestellt.

Sonnabend, den 31. März. Auf dem Scheibenstand wird heute festgestellt, dass von den Trägergewehren eine ganze Anzahl alter Vorderlader nicht mehr losgeht. Die Uebrigen treffen noch ganz leidlich mit Abbeisspatronen, die mit Schrot gefüllt sind.

Gegen 2 Uhr strömt ein wolkenbruchartiger Regen nieder und wir konstatiren, dass das Wetter seit vier Tagen zusehends schlechter wird. Ich lese viel in Stanleys letztem Werk über die Befreiung Emin Paschas und bewundere sein glänzendes Schilderungstalent. Ein Briefbote wird nach Tabora abgefertigt; er nimmt die Routenkarte mit, die an Prof. Freiherrn v. Danckelman in Berlin adressirt ist, ferner wird eine kleine Sammlung ethnographischer Gegenstände mit einer Missionskarawane via Bukumbi zur Küste geschickt.

Sonntag, den 1. April. Die Somali sind noch in einem bejammernswerthen Zustande; ich komme immer mehr zu der Erkenntniss, dass sie überhaupt nicht in diese Klimate passen. Ihre Hülfe entbehrten wir heute ungern, da einige Patronenkisten umgepackt werden mussten. — Wir unternehmen mit P. Capus wieder einen Jagdausflug und kehren mit dem kläglichen Resultat von einem einzigen Frankolin wieder zurück.

Eine eitle Askari-Frau hat sich grosse rothe Pluderhosen genäht und stolzirt, damit angethan, zwischen den Zelten umher, wahrscheinlich um den gelben Neid ihrer Genossinnen wachzurufen.

Von Prittwitz fehlt noch jede Nachricht.

Montag, den 2. April. Zweiter grosser Ausflug in die Umgegend, diesmal in nordöstlicher Richtung, aus der ich Prittwitz erwarte. In allen Dörfern, die wir passiren, werden die Missionare als Herren und gute Freunde empfangen. Die Hütten der Eingeborenen sind oft fast ganz von Kürbiskraut überwachsen und nehmen sich in dieser Umrahmung höchst pittoresk aus.

Unterwegs finde ich eine schöne Weinranke, die sich wildwachsend um einen Baum schlingt, und zu unserer Ueberraschung hängen auch grosse Trauben von schwarzen, süssen Beeren daran. Wenn Uschirombo auch noch Weinland wird, dann ist ihm eine grosse Zukunft zu prophezeien.

Im Dorfe Kwa Mhako wird unter dem schattigen, überstehenden Säulendach einer grossen Hütte, die wieder an die Bauart der Wanyamwesi erinnert, die Frühstückspause abgehalten, und mit Hülfe von P. Capus erstehe ich verschiedene Waffen zum Durchschnittspreise von 8 Ellen für den Speer.

Der Rückweg führte uns durch hohe Grasbestände hindurch, die mit einer gelben Komposite dicht bestanden waren. Zu unserer grossen Erheiterung trennten sich P. Capus und Kersting beide auf kurze Zeit von ihren Reitthieren, als diese, vor einem Baumstamm scheuend, zur Seite sprangen. Von jagdbarem Wild war hier keine Spur zu entdecken.

In der Mission haben sich inzwischen wieder einige Wangoni eingefunden, die mir Waffen zum Geschenk bringen und dafür ein Gegengeschenk an ihren Chef mitnehmen dürfen. Wichtiger war der Besuch Pembes, des Häuptlings von Ulangwa, eines Ländchens, das wir durchziehen mussten, wenn wir Ussuwi erreichen wollten. Der Kopf Pembes erinnerte auffallend an den des Feldmarschalls Grafen v. Moltke; leider aber fand er es kleidsam, sein Haupt mit einer hässlichen Nachtmütze zu verzieren. Pembe hatte aber Pombe mitgebracht, und so wurden wieder die Becher gefüllt. Und Pembe war bereits soweit zum Christenthum bekehrt, dass er sich vor dem Genuss des Pombe bekreuzigte. Er sowohl, wie die Wangoni-Abordnung übernachteten in der Mission, die eine Art von Fremdenherberge besitzt. Abends wurde β-Carinae zu einer Breitenbestimmung beobachtet.

Dienstag, den 3. April. Das Ereigniss des Tages war ein Brief von Prittwitz, worin er mir kurz mittheilte, dass er vor dem 10. April nicht in Uschirombo eintreffen könne, weil in Folge von kriegerischen Verwickelungen die bereits geworbenen Träger wieder desertirt seien.

Durch diese Nachricht veranlasst, beschliesse ich, auch meinerseits den Versuch zu machen, in Uschirombo Träger anzuwerben, um den Weitertransport meiner Tauschwaaren sicher zu stellen. Ferner wird mit den Patres darüber berathen, ob es nicht praktisch sei, eine Anzahl Lasten in der Mission zurückzulassen und dort bis zu meiner Rückkehr aufzubewahren.

Bis zu meiner Rückkehr!? — Das Wort giebt mir zu denken. Denn es ist doch höchst zweifelhaft, ob ich noch einmal die Gastfreundschaft der Missionare werde in Anspruch nehmen müssen. Wenn ich Ruanda und die dort liegenden Vulkane wirklich erreichen sollte, so sind vier Möglichkeiten der Rückkehr, vier Routen ins Auge zu fassen. Vor mir, über meinem Arbeitstisch, hängt eine grosse Wandkarte von Afrika, die unseren Wirthen gehört: auf ihr sehe ich, dass ich von meinem Ziel aus in kürzester Zeit das Südufer des Albert-Edward-Sees erreichen kann, und dass es dann nur eines Marsches durch Unyoro und Uganda bedarf, um nördlich des Victoria-Sees den Anschluss an den englischen Karawanen- pfad zu gewinnen, der am Kenia-Berge vorbei zur Ostküste führt. Ginge ich aber genau in östlicher Richtung zurück, so musste ich am Westgestade des letztgenannten Sees nach der deutschen Militärstation Bukoba ge- langen. Dort würde es mir wohl gelingen, zu Boot oder Kanu meine Mannschaft nach Mwansa am Smith-Sund zu befördern, und von da aus standen mir dann viele Wege, bekannte und unbekannte, offen, um in Eilmärschen Pangani oder Bagamoyo am indischen Ocean zu erreichen. Wählte ich diesen Rückweg, so konnte ich vom See aus Leute nach Uschirombo schicken und aus den dort lagernden Beständen die nöthigen Tauschwaaren für den Marsch zur Küste holen lassen. An dritter Stelle fällt mir eine Linie ins Auge, die — freilich nur auf dem Papier gezogen — die Gebiete trennt, die sich der Kongostaat einerseits und das Deutsche Reich andererseits als Interessensphären vorbehalten haben. Noch Nie- mand hat diese Grenzlinie überschritten, die sich von Norden nach Süden zieht, zwischen Albert-Edward- und Tanganyika-See, um an der Nord- spitze des letzteren zu enden. Die geographische Erkundung dieser Grenzlinie wäre eine dankenswerthe Aufgabe, und ein Marsch von wenigen Wochen würde uns dann über Uschirombo zurück, oder doch nahe daran vorbei, auf den alten Pfad bringen, der, so lange Sklaven- und Elfenbeinhandel in Blüthe standen, die Hauptverkehrsader Deutsch-Ostafrikas bildete, auf den Weg Bagamoyo—Mpwapwa—Tabora—Udjiji. Der vierte mögliche Rück- weg endlich eröffnet wiederum ganz andere Aussichten. Er führt von Ruanda aus direkt nach Westen, durch völlig unbekannte Gebiete, durch Länder hindurch, die in geheimnissvollem Dunkel eines undurchdringlichen Urwaldes liegen sollen. In dieser Richtung musste man den gewaltigen Kongostrom erreichen, der weithin schiffbar ist und eine schnelle Heim- fahrt möglich macht; schneller vielleicht, als wenn ich in östlicher Richtung meinen Rückmarsch wählte, ungeachtet dessen, dass Ruanda dem indischen Ocean weit näher liegt, als dem atlantischen. Und dann würde ich auf diesem Wege weniger Tauschwaaren bedürfen, denn entweder traten uns die Waldvölker feindlich entgegen oder sie flohen vor uns in ihre Verstecke, und wir fanden am Kongo entweder Araber oder Europäer als Herren, die Ersteren als erbitterte Feinde jedes Weissen; denn noch kämpfen sie verzweifelt mit den Belgiern um Macht und Existenz, und schon ist ihnen Emin Pascha, der auch von Osten her vordrang, zum Opfer gefallen. —

Diese Erwägungen und Zukunftsträume lassen es mir als durchaus zweckmässig erscheinen, einen Theil meiner Waarenballen hier zurückzulassen, um so lieber auch deshalb, weil P. Desoignies sie für die Zwecke der Mission gut verwenden kann, falls ich ihrer nicht mehr bedürfen sollte, und er gern bereit ist, sie käuflich von mir zu erwerben.

Auch heute geht wieder ein tüchtiger Gewitterregen nieder, und wir bemerken, dass das Wetter ziemlich gleichmässig bleibt. Des Morgens und Abends ist der Himmel schön und wenig bewölkt; um Mittag ziehen sich Gewitterwolken zusammen, die sich, wenn sie aus Ost oder Nord-Ost kommen, meist unter starkem Regen und stets zwischen 2 und 4 Uhr entladen.

Leider scheint kein Mond, und das Anstellen auf Leoparden hat ein Ende. Prittwitz schreibt, er habe ein Nilpferd erlegt — ein Jagderfolg, um den ich ihn ehrlich beneide.

Durch Erkundungen stelle ich fest, dass ich vor Ende April den Kagera-Nil nicht erreichen kann.

Donnerstag, den 5. April. Gestern und heut ist wenig Bemerkenswerthes vorgefallen. Unsere Hyänenfallen erweisen sich als ungenügend, denn einem Thier, das sich augenscheinlich während der Nacht gefangen hatte, gelang es, sich wieder zu befreien. Ich konferire viel mit einigen weitgereisten Leuten Ndegas. Sie wollen alle nicht in Ruanda gewesen sein, denn sie pflegen ihr Elfenbein aus Unyoro zu holen, durchziehen dann Mpororo und kehren über Bukoba zurück. Dass man von ihnen dort Abgaben fordert, finden sie ganz in der Ordnung, da sie ja den Schutz der europäischen Waffen geniessen, sie bitten mich aber, dahin zu wirken, dass man das jetzt eingeführte Verfahren ändere. Wenn nämlich eine Elfenbeinkarawane, an der eine Anzahl Händler betheiligt ist, 10 oder 20 Mann vielleicht, und Jeder mit nur einem Zahn, in Bukoba ankäme, so würden alle Zähne niedergelegt und besichtigt. Irgend ein Zahn würde dann als Zoll zurückbehalten, so dass einer der an dem Handel Betheiligten sein ganzes Besitzthum verlöre, die Anderen aber zollfrei ausgingen.

So berechtigt ich auch diese Klage der Leute finde (falls nämlich diese Angabe auf Wahrheit beruht), so verlegen bin ich doch, ein anderes Verfahren vorzuschlagen, da Elfenbeinzähne doch nicht gut theilbar sind, wenn sie nicht ihren Werth einbüssen sollen, und da ein gängiges Zahlungsmittel in diesen entlegenen Gegenden noch fehlt.

7*

Es ist mir mittlerweile gelungen, einen Mann zu finden, der mich als Führer und Dolmetscher nach Ruanda begleiten will. P. Capus empfiehlt ihn als treu und zuverlässig. Sein Name ist Mugussagussa. — Ferner habe ich 14 Mann als Träger engagiren können, und als ich sie scherzhaft frage, wie sie es mit dem Ausreissen hielten, giebt mir einer von ihnen, nicht ohne gekränktes Selbstbewusstsein, zur Antwort: »Was denkst Du von uns, Herr! Wir sind doch keine Küstenleute!« —

Sonnabend, den 7. April. Das falsche Gerücht, dass Prittwitz im Anmarsch wäre, verbreitete sich schon am Vormittag. Es stellte sich aber heraus, dass es Mugunga, der Chef des Nachbarländchens Uyombe, war, der mit einem Gefolge von beiläufig 100 Menschen erschien, um seine Freunde, die Missionare, zu begrüssen und mir ein Geschenk, bestehend in 9 Ziegen und Honig, zu überreichen.

Mugunga hat allerdings gehört, dass ein weisser Mann noch etwa 3 Tage weit von uns weg sei, und seine näheren Angaben haben so viel Wahrscheinliches für sich, dass wir alsbald darangehen, ein leerstehendes Gebäude für die Aufnahme der zu erwartenden Leute und Lasten vorzubereiten. Diese Vorbereitung besteht darin, dass der ganze Boden mit trockenem Gras bedeckt und dieses dann langsam abgebrannt wird: die unzähligen Sandflöhe werden dann durch den Rauch vertrieben.

Aus den Ländern, die wir auf unserem Marsch nach Ruanda passiren müssen, kommen wieder allerlei Nachrichten. Die Wassuwi sollen bereits vor mir flüchten; ein anderes, angenehmeres Gerücht besagt aber, ihr Herrscher Kassussura sammele einstweilen Vieh und Elfenbein, um meinen »Groll« zu beschwichtigen.

In Ndegas Dorfe wird heut irgend ein grosses Fest gefeiert; die Weiber meiner Soldaten haben sich dazu so schön und kokett herausgeputzt, dass ich den Verdacht nicht unterdrücken kann, dass bei diesem Anlass etwas auf meine Ballen von Stoffen zurückgegriffen worden ist.

Doktor Kersting hat zur Zeit folgende ernstere Krankheiten zu behandeln: Lungenentzündung beim Askari Munyemgeni, Fieber beim Askari Bamberger.

Sonntag, den 8. April. Am Vormittag notire ich wieder einige neu angeworbene Träger, dann werden die Aneroïd-Barometer mit den Siedethermometern verglichen. Unser Faltboot bedarf einer Reparatur: zwei kleine Löcher in der Bodenleinwand können mit Theer, Werg und Wachs leidlich verstopft werden. Wenn uns am Kagera-Nil der Uebergang verwehrt werden sollte und die Anwohner ihre Kanus verstecken, so wird uns das Boot noch gute Dienste leisten.*) In Mssalala hatte man uns erzählt, in Uschirombo herrsche Hungersnoth. Spasses halber photographirte ich fünf Knaben, deren Ernährungszustand keineswegs auf Nahrungsmangel schliessen liess (s. Abbildung).

»Hungersnoth« in Uschirombo.

Ehe wir uns zu Tisch setzten, wurde mir ein gänzlich haarloser Mann vorgeführt, aus Lugulu, im Süden von Uha, herstammend. Die Behauptung, dass auch seine sämmtlichen Stammesgenossen unbehaart seien, erwies sich natürlich bei einem durch Kersting angestellten näheren Verhör als Faselei.

*) Dieses Faltboot bestand aus Segelleinwand; die Seitenwände wurden von langen Wulsten gebildet, die mit Rennthierhaaren gestopft waren und eine höhere Tragfähigkeit als Kork besassen. Das Boot konnte von einem Mann transportirt werden und trug, wenn es zu Wasser gebracht wurde, zwei Mann. Lieferantin war die Firma A. Baswitz, Berlin.

Im Lager der Träger war heute Alles mit Blumen und Fähnchen geschmückt. Man feierte den sogenannten Siku-ku, das Ende des mohamedanischen Fastenmonats Ramathan.

Viele meiner Leute waren zum Islam bekehrt worden, und die Anderen pflegen gerne wenigstens die äusserlichen Gebräuche des Mohamedanismus nachzuahmen, wenn ihnen auch deren tieferer Sinn völlig unklar bleibt.

Man beging den Tag mit Tänzen, wie sie an der Küste üblich sind, und mit Spielen, unter denen uns eine Art Schwerttanz besonders auffiel. Dieser Schein-Zweikampf wurde mit besonderem Geschick von Hailala und Abdallah vorgeführt, endete aber bei manchen ungewandteren Fechter-Paaren mit tüchtigen Stockschlägen. Als es dunkel wurde, spendirte ich zur Erhöhung der Festfreude eine Magnesiumfackel, und beim Klang der Ngoma (Negertrommel) schloss erst am Abend das immer erregter werdende Tanzvergnügen.

Nach eingetretener Nachtruhe nehme ich noch einige astronomische Beobachtungen vor. Kersting hat recht interessante Besprechungen mit einem eingeborenen Medizinmann, also einem »Kollegen von der gleichen Fakultät«, gehabt, einem alten Männchen, dass sich bitter über die Konkurrenz beklagte, die ihm durch die Missionare gemacht werde. Durch kleine Geschenke wurde er gesprächig, und wir erhielten eine ganze Anzahl landesüblicher Medikamente mit Anweisungen über ihre Verwendung.[*]

Dr. Kersting machte darüber folgende Notizen: »Fuaga, Zauberer und Medizinmann in Uschirombo, erzählte, es gäbe in der Natur Medizinen ohne Zahl. Die Materia medica sei zu gross, um von einem Medizinmann allein, und sei es der begabteste, gekannt zu werden. Es giebt darum nur Medizinmänner für einzelne Theile des Wissens.[**] Eine logische Eintheilung scheint dabei nicht zu bestehen. Die Chirurgie verachtet Fuaga. Alles, was auf blutigem Wege geschieht, ist keine Medizin. Medizin sind die Pflanzen. Nur das Schröpfen könne man dulden. Kratzen im Hals, um Blutbrechen zu erzielen, was bei schwerem Fieber zuweilen hilft, will Fuaga doch lieber vermieden sehen. Kollegen in Uha, die eine Krankheit, bei der der Patient an schweren Kopfschmerzen und Fieber leidet, dadurch heilen, dass sie diesen mit verbundenen Augen

---

[*] Ueber die gesammelten Medikamente siehe Anhang.
[**] Eine interessante Analogie für modernes Spezialistenthum.

Haarloser Mann aus Uha.

(Profil).

Haarloser Mann aus Uha.

(En face. S. vorige Tafel).

aufstellen und ihm einen Pfeil in die Stirnhaut schiessen, nennt Fuaga thörichte Zauberer, die nicht einmal Kräuter kennen.

Es giebt in Kia(?) bei Usmau, in Uha und in Runsewe Orte, wo zahlreiche berühmte Medizinmänner hausen. Sie leben und essen gewöhnlich zusammen. Laien werden ferngehalten. Weithin sind sie bekannt, und von weither ziehen Jünger zu ihnen. Man lernt gewöhnlich nur bei Einem, weil es doch wohl nur Wenigen gelingen würde, mehr als eines grossen Mannes Geist zu erschöpfen und es andererseits auch zu kostspielig wäre.

Fuaga spricht von der Bedeutung seines ehemaligen Lehrers nur mit staunender Erregung. Er sei so einflussreich gewesen, dass Fuaga, als er nach vollendetem Studium, seines Geistes voll, in die Heimath zurückkehrte, wo seit langer Zeit Regenmangel herrschte, sofort Regen eintreten sah, ohne dass er etwas Besonderes zu thun brauchte.

Die Zöglinge werden theoretisch in Vorträgen unterwiesen und dann praktisch im Auffinden der Medizinen in Wald und Feld instruirt. Bei hinreichender Zahlfähigkeit wird der Zögling auch am Krankenlager belehrt; überhaupt erfährt er dann relativ mehr von der Geheimwissenschaft.

Einmal im Jahre kommen die Kapazitäten im Walde zusammen. Es finden geheimnissvolle Zeremonien statt: Arzneien werden mitgebracht und besprochen; die Jünger werden dabei einem regelrechten Examen unterworfen. Bei nicht genügenden Kenntnissen müssen sie ein weiteres Jahr lernen. Die, welche genug wissen, erhalten eine Löwenklaue als Abzeichen ihrer Würde. Man bindet diese Klaue an eine Stirnlocke.

Der Aerztetag wird dann im Dorfe durch ein grosses Fest angenehm beschlossen.«

Mittwoch, den 11. April. Prittwitz ist vorgestern endlich eingetroffen; die grosse Masse der von ihm zurückgebrachten Lasten traf jedoch erst gestern früh ein. Die Träger der letzteren haben bis auf drei Mann sämmtlich sofort wieder Kehrt gemacht; vor einem Marsch weiter nach Westen scheint ihnen nicht geheuer zu sein. Ich muss also hier in Uschirombo fleissig die Werbetrommel rühren.

Leider ist Prittwitz bald nach seiner Ankunft von einem leichten Fieber befallen worden, dem einzigen, das ihn auf der ganzen Reise packte. Heute geht es ihm schon wieder besser.

Der Missionshof ist jetzt fast ganz durch die Zelte der vom See mit Prittwitz zurückgekehrten Askari bedeckt; in ihrer Mitte erhebt sich das mächtig hohe, hölzerne Kreuz, und wenn der Mond darauf scheint, so ist der Anblick poetisch schön.

Da wir in einigen Tagen abmarschiren wollen, giebt es tüchtig Arbeit für uns Alle. Es wird festgestellt, dass wir von hier aus 76 neue Träger brauchen, von denen erst ein kleiner Theil angeworben werden konnte. Vierzig Lasten überlasse ich den Pères, die mir darüber eine Anweisung über 1564 Dollars ausstellen; zur Komplettirung meines Viehbestandes kaufe ich noch 2 Rinder und 50 Ziegen.

Den ganzen Vormittag über hatte ich unmenschlich viel zu schreiben und zu rechnen, und dabei war eigentlich kaum Ruhe zu finden. Ich konstatirte heute z. B., der Kuriosität halber, folgende Unterbrechungen meiner Arbeit:

Um 9 Uhr meldet Unteroffizier Adam, dass die Askari Unfug trieben; ob er nicht Gewehr-Griffe machen lassen dürfe?

Um 9 Uhr 5 Minuten bittet der Araber Abdallah um einen grösseren Fez.

Um 9 Uhr 10 Minuten kommt P. Capus an meiner Stube vorbei. Wir wünschen uns guten Morgen und knüpfen daran einige passende Worte über das Wetter.

9 Uhr 15 Minuten bittet mich der Unteroffizier Hamis, seine Frau doch zu bewegen, ihn nicht zu verlassen, wie sie ihm angedroht habe.

9 Uhr 20 Minuten beschwert sich Ndega darüber, dass zwei meiner Askari ihm Pombe gestohlen hätten; deshalb erhalten um

9 Uhr 25 Minuten die beiden Schuldigen je 25 Peitschenhiebe.

9 Uhr 30 Minuten: Grosse Prügelei zwischen zwei Soldatenweibern.

9 Uhr 35 Minuten werde ich ersucht, die 50 angekauften Ziegen zu übernehmen.

9 Uhr 40 Minuten kommen zwei Wassumbwa zu mir und erzählen in ihrer mir unverständlichen Sprache lange Geschichten, bis sie um

9 Uhr 45 Minuten hinausgeworfen werden.

9 Uhr 50 Minuten kommt Dr. Kersting und berichtet von einem bedenklichen Krankheitsfall.

9 Uhr 55 Minuten ist es Zeit, eine Thermometer- oder Barometerbeobachtung abzulesen u. s. w.

Prittwitz ist leider noch nicht so weit hergestellt, dass er an unserem Abendbrot theilnehmen kann. Ueber seine Erlebnisse auf seinem Marsch zum Victoria-See giebt er selbst den folgenden

Bericht.

»Am 19. März führte mein Marsch zuerst durch eine von den Uganso-Bergen im Westen und der Manyombela-Kette im Osten gebildete Spalte. Ein bei der letzteren gegen Nordwesten hervortretender Kegel wurde mir als Onango-Berg bezeichnet; ich habe ihn nicht aus den Augen verloren, bis ich bei Bukense an einem Ausläufer des Smith-Sundes die Granitmassen des Nyansa-Ufers zwischen uns brachte. Die letztgenannte Kette zieht sich ohne nennenswerthe Gliederung und Unterbrechung bis an den Sund heran; nur eine merkliche Senkung ist zu erwähnen, die ungefähr einen starken Tagemarsch nordwestlich der Missionsstation von Mssalala liegt und durch die in der Trockenzeit der Weg, und weiter in der Ebene an dem West-abhang der Berge entlang, von jener Landschaft nach dem See führen soll. 20—25 km westlich steigt das Gelände in sanften Wellen wieder an, und hier lag meine Route. Die Gegend längs der Berge gehört zu Mssalala; jeder grössere Dörfercomplex hat daneben seine besondere Bezeichnung. Und deren findet man hier viele. Ueberall sah ich das dunkle Pori*) von den hellen Dorflichtungen unterbrochen; grössere Strecken unbebauten Landes habe ich nur zweimal gefunden, und auch diese konnte ich in 3—4 Marschstunden durchschreiten. Dabei sind es nicht etwa kleine, unbedeutende Niederlassungen, sondern mehrfach sah ich Dörfer, die über 100 Feuerstellen zählen mochten. Für die Zahl der Bevölkerung habe ich keinen Anhalt. Den ausgedehnten Feldern nach zu schliessen, muss sie eine ziemlich bedeutende sein. Gebaut wird vor Allem Sorghum, Mawele (penicillaria?) und Bataten, auch viel Erdnuss; daneben Maniok, Bohnen und Kürbis; die Banane gehört bis an den See hinan zu den Seltenheiten. Da auf dem fetten Boden Alles prächtig gedeiht, muss das Land als sehr reich bezeichnet werden. Viel Kleinvieh, Ziegen und Schafe, nebst einer Menge Hühner werden gehalten; auch Rindvieh ist nicht selten; fast jeder Dorfchef brachte mir Butter und Milch als Geschenk.

Die Einwohner erwiesen sich als zutraulich und zuvorkommend. Wiewohl die meisten von ihnen noch keinen Europäer gesehen hatten und der merkwürdige Weisse sie stark interessirte, benahmen sie sich in ganz geziemender Weise. Zunächst fand ich noch den offenen, stumpfen Wanyamwesi-Typus; die Männer gross und stark; die Frauen recht kräftig

---

*) Im Kisuaheli Ausdruck für unbewohnte Buschsteppe.

ausgebildet, aber sonst jedes Reizes bar. Fast durchweg wurden weisse oder blaue Stoffe und bunte Kopftücher getragen; Messingringe in der verschiedensten Stärke und oft unglaublicher Zahl bildeten den Schmuck. Grosse Sorgfalt verwenden die Leute auf die Haarfrisur oder besser -Rasur; denn alle nur möglichen Muster, Sterne, Kreise u. s. w. sind mit viel Geschick herausrasirt, Perlen und Messingstückchen stecken in den stehengebliebenen Wülsten, und Münzen oder Kauris klingen am Ende der kleinen, sauber geflochtenen Zöpfchen. — Viel weniger Werth auf ihr Aeusseres legen die langen, dürren Watussi, die von Mtabo nord-wärts zerstreut in einzelnen Hütten wohnen; sie sehen den Wanyamwesi gegenüber fast verkommen aus. — Der dritte Stamm endlich, der mir begegnete, war der der eisenarbeitenden Balongo, die von Mkoba in Takire an ihre eigenen, an den zahlreichen Schmiedewerkstätten kenntlichen Dörfer innehaben und die mit den Watussi verwandt zu sein behaupten, während sie mit den Wanyamwesi keine Gemeinschaft haben wollen. In ihrem Aeusseren und Benehmen erinnerten sie mich stark an die Wa-Burungwe.

Der erste, sehr starke Tagemarsch brachte mich an den grossen, reinlichen und umwallten Dörfern kwa Savi und Ilela, sowie zahlreichen anderen, kleineren Niederlassungen vorbei, nach Mtabo. Die Wolfsmilch-hecke tritt hier gegen die solide, wohlgefügte Bohlenpallisade zurück; das Durchziehen der Ortschaften in den auf beiden Seiten von den Hof-zäunen begleiteten und beengten Wegen war nicht bequem; mein Maul-esel musste oft grosse Umwege aussen herum machen, und den Trägern bereiteten die niedrigen Thore Schwierigkeiten. Dafür habe ich aber manchen interessanten Einblick in die sauberen Wohnplätze mit den zahl-reichen, verschieden geformten Getreidespeichern und dem Hausgeräth gewonnen. — Eine nähere Beschreibung kann ich mir füglich sparen, denn nachdem so gründliche Reisende wie Dr. Stuhlmann u. A. jene Gegenden berührt haben, dürfte es mir schwer werden, auch nur die geringste noch unbekannte Einzelheit zu entdecken.

Die Hütten selbst waren sehr ordentlich gemacht, das runde, bis 1 m vom Fussboden herabreichende Strohdach sorgfältig gelegt und geglättet, die Aussenwände mit Rohrplatten verkleidet. Das Ganze sah recht behaglich aus, im Gegensatz zu den schiefen, schlechtgepflegten Hütten der Watussi und Balongo mit ihren bis zur Erde herabreichenden Dächern und vorspringenden Thüren. Bereits am zweiten Tage begegnete ich den ersten derartigen Typen. In dem grossen Dorfe Nrogi konnte ich eine wahrhaft kunstvolle, dreifache Befestigungslinie bewundern: erst eine dicke, lebende Hecke mit Graben und Aufwurf, dann folgte auf einen ca. 20 m breiten Grasring ein mächtiger, starker, aus querliegenden, sorgsam gefestigten Bohlen hergestellter Zaun mit viereckigen, vorspringenden Bastionen, innen mit Erdwall bis über 1 m Höhe — meines Erachtens völlig schützend gegen die kleinen Feldgeschütze der Schutztruppe —; endlich ein dritter hoher Staketenzaun, hinter dem die Hütten lagen. Ich hielt es für durchaus erklärlich, dass einmal ein kleiner, nur einige 30 Mann starker Trupp Eingeborener sich hinter solchen Verschanzungen einen ganzen Tag gegen eine volle Kompagnie gehalten hat.

Am Abende des Tages lagerte ich bereits an einem Balongo-Dorf. Ich habe die Schmiede bei der Arbeit nicht gesehen; Dr. Stuhlmann aber hat ihr Verfahren auf Seite 117 ff. seines Werkes eingehend beschrieben. Die Männer waren aus, um neues Material zu holen, und kamen am Abend, Jeder mit einer Doppellast schmiedefertigen, röthlichen Eisensteins, der hier überall frei zu Tage liegt, heim. Der Bezirk heisst Takire und ist durch einen breiteren Busch- und Steppenstreifen, in dem nur einzelne Felder mit Wächterhütten zerstreut liegen, von der folgenden Landschaft Muingirro getrennt. — In dem Pori spielt die Flötenakazie zwar immer noch die Hauptrolle, daneben sah ich mehrfach eine schöne, schlanke Platanenart, auch die Euphorbia fehlte nicht, und je mehr ich mich dem See näherte, desto dicker wurden Gestrüpp und Niederholz; auch Blumen waren zahlreich vertreten, so dass ich hier meine totale botanische Unkenntniss recht lebhaft bedauern musste. Wild habe ich fast nirgends gesehen: nur einige Giraffen und weiter nach dem See zu Hartebeests und Wasserböcke; in dem hohen Grase hin und wieder eine Zwergantilope, die blitzschnell verschwand. Meine Jagdbeute bestand hier lediglich aus Perlhühnern und Frankolinen. —

Der Yumbe Mdalo von Muingirro bot mir ein Beispiel dessen, was Sandflöhe leisten können: die Zehen waren fast ganz weggeeitert, an den Füssen überall offene Wunden, selbst an den Händen und in den Armgelenken hatten sich die Thiere eingenistet. Er brachte reiche Geschenke, in der Hoffnung, ich würde ihn heilen. Leider waren weder meine medizinischen Kenntnisse noch Vorräthe für die schwere Aufgabe ausreichend. Er hatte den richtigen Balongo-Typus, mittelgross, kräftig, breites Gesicht mit vorstehenden Backenknochen, dünnen Lippen, kurzer, flacher Nase und struppigem Haar und Bart.

Am vierten Tage erreichte ich das politisch bereits zu Muere am See gehörige Ussámbiro, und damit die Stuhlmannsche Route, so dass ich nun auf schon begangenen Pfaden wandelte. Von der alten französischen Mission war nichts mehr zu sehen. Am selben Tage noch ging ich zwischen dem Derwe- und Kivumba-Berg hinab zu dem in einer sumpfigen Ebene gelegenen Ngoma, das ich erst in der Dunkelheit erreichte, und langte am Nachmittage des fünften Tages in Busissi, gegenüber von Bukumbi, an, indem ich mit fünf Leuten meinem Trupp vorausging. Beim Ueberschreiten des schmalen, tiefen Nyarufu hatte ich noch das Glück, ein Nilpferd zu schiessen, das am anderen Ufer entlang zog. Es hatte die Kugel halb spitz von hinten auf dem Blatt und verendete, indem es die Kiefer einigemal meterweit aufklappte, nach ca. 50 Schritt. Um die Zähne bin ich leider gekommen, da ich, bei meinem Rückmarsch an derselben Stelle vorbeikommend, nur noch das Gerippe und einige wenig wohlriechende Reste vorfand. —

Askari mit Frau.

Von den Pères blancs, dem P. supérieur Brard und dem P. Levesque, der schon auf eine zwanzigjährige Thätigkeit in Afrika zurückblickt, wurde ich auf das Liebenswürdigste aufgenommen, obgleich ich sie — es war Charfreitag — in ihrer Andacht etwas störte. Unsere Lasten lagerten in ihren Vorrathsschuppen. Leider waren noch keine Schritte zum Anwerben von Trägern gemacht, so dass es viel Arbeit gab. Sobald ich am Sonnabend alle meine Leute um mich versammelt, wurden die Lasten unter dem Oberdach des Zeltes verstaut. Boten rührten in den Dörfern die Werbetrommel, und ich selbst machte mich am Ostersonntag nach

dem vier Stunden entfernten Mwansa auf, um mit Herrn Kompagnieführer Langheld die unerquickliche Angelegenheit zu regeln, die mich
an den See gerufen. Dies gelang bei dem freundlichen Entgegenkommen
des Stationschefs in kürzester Zeit. Der Thatbestand mit Hussein war
kurz folgender: Es waren thatsächlich von unseren Leuten einige Ziegen
gestohlen worden. Die Eingeborenen kamen klagend zu P. Levesque, der
sich zufällig auf einer Tour nach den südlichen Gegenden am Sunde befand,
und der ziemlich heftig den p. Hussein zur Rede stellte. Dieser erklärte
ihm, dass die Angelegenheit nur den »bwana msuri« — Herrn Langhelds
Name bei den Eingeborenen, auf Deutsch »der gute Herr« — in Mwansa
etwas anginge, worauf P. L. ihn mit dem Stock über den Arm schlug.
Nun wurde H. wüthend, lud seinen Karabiner und drohte mit Nieder-
schiessen. Sein Fehler war eigentlich nur der, dass er sich nachher in
Bukumbi und weiter in Mwansa derart aufgeregt und unverschämt benahm, dass ihn Herr Langheld in Ketten legen liess. Er konnte nicht
losgelassen werden, da er wegen Landfriedensbruches an der Küste ab-
zuurtheilen war. Alles Andere wurde mir sofort zurückgegeben, der eine
inhaftirte Soldat von der Kette losgemacht. Ich verlebte nun noch einen
sehr netten Nachmittag und Abend auf der Station mit den beiden Herren
Langheld, mit Dr. Mankiewicz und Lieutenant von Rappard zusammen.
Beim Abendappell fand Parade, um 10 Uhr Fackelzug statt, dazu
schwelgte ich in einer Reihe mir unbekannt gewordener europäischer
Tafelgenüsse.

Mwansa war kurz vorher zur Chefstation am See bestimmt worden und
sah, da es ziemlich klein angelegt ist, einer Reihe von Vergrösserungen
entgegen. Zwei neue Häuser und eine krokodilsichere Badeanstalt waren
im Bau, die Anlage eines Luftkurortes auf einer 1½ Stunden östlich vom
See gelegenen Anhöhe geplant. Der in grossem Stil und sehr regelmässig angelegte Garten sah vorzüglich aus und lieferte den Weissen
alle europäischen Gemüse in bester Qualität; die Heerden der Station
zählten nach Hunderten von Stücken. An der Landungsbrücke endlich
nahmen sich die drei Segelboote sehr stattlich aus. — Nach einem kleinen
Dampfer, womöglich mit Petroleum-Motor, trug Langheld allerdings
grosses Verlangen. —

So war es nur Erfreuliches, was ich dort sah und erfuhr; weniger
erquicklich dagegen war es, dass ich am folgenden Morgen mit dem mir
bereitwilligst geliehenen Boot nach Bukumbi segeln und dabei die Kleinig-

keit von 10 Stunden — gerechnet werden bei leidlichem Winde 3 —
bei glühender Sonne auf dem Wasser liegen musste.

Das Trägerwerben ging in den nächsten Tagen ziemlich flott vor
sich. An 100 hatte ich bereits zusammen, als mir ein bedauerliches
Ereigniss in den Weg kam. Herr Langheld hatte mit dem Chef des Distrikts
Bukumbi Streit bekommen, weil dieser einen der Station ergebenen einfluss-
reichen Mann gefangen gesetzt und gemisshandelt hatte. Als er mit
einer Abtheilung Soldaten zur friedlichen Erledigung der Angelegenheit
an Ort und Stelle kam, fand er den grössten Theil der Bevölkerung und
den Yumben selber geflohen; er wurde mit Pfeilen beschossen und musste
nun energisch vorgehen, das Dorf besetzen und Busse verlangen. Die
Streitigkeit, — der die Mission nicht ganz fern gestanden hat, — kostete
mich meine sämmtlichen, kaum versammelten Träger, die bei dem Knall
der Schüsse schleunigst Fersengeld gaben. Erst nach einigen Tagen, als
ich schon mein Lager auf das Westufer des Sundes, an die Stelle, wo
Emin und Stuhlmann eine Weile sich niedergelassen, verlegt hatte, fanden
sie sich wieder in kleinen Schaaren ein; die Mission und die Behörde halfen,
und so konnte ich denn am zehnten Tage nach meiner Ankunft den
truppweise nach Bukense vorausgeschickten Abtheilungen folgen und dort
die Karawane, etwa 200 Köpfe, sammeln.

Ein langes Handeln hatte es noch gegeben, bis ich mich mit den
Leuten über ihren Lohn verständigte. Wir einigten uns schliesslich auf
drei doti*) und zwei Armlängen pro Kopf. Sitte ist es dort, dass das
verabredete Stoffquantum vor dem Abmarsch zugeschnitten und von den
Trägern selber auf ihre Last gebunden wird. Ich befürchtete natürlich
ein Ausreissen unter Mitnahme des Stoffes; aber die Pères beruhigten
mich darüber, und thatsächlich ist auch kein einziger Fall dieser Art vorgekommen. Es waren tüchtige Leute, und ich bedauerte nur, dass sie
nicht der Expedition weiter bis nach Ussuwi hinein folgen wollten. Aber
meine Versuche, sie für diesen ihnen unbekannten und daher unheimlichen Weg zu begeistern, blieben gänzlich erfolglos. Die Hälfte der
150 Träger waren richtige Wassukuma und für ihre Aufgabe wohl das
leistungsfähigste Material, das man haben kann. Die anderen, aus der
Landschaft Muere am Westufer des Sundes, waren schwächer, im Typus
den Balongo ähnlich. Von den Wassukuma wurden sie verächtlich Wasindja

---

*) 1 doti ungefähr = 8 Ellen.

genannt, das einzige Mal, dass dieser Name mir vorgekommen ist. Es
war manchmal nicht ganz leicht, die wilde Bande bei den Dörfern im
Zaum zu halten, und mehrfach musste ich sie durch die Soldaten einfach
herausjagen lassen. Aber sonst habe ich an ihrem vorzüglichen Marschiren,
der stets guten Laune, ihren lustigen Gesängen und der praktischen Art,
mit der sie sich im Lager häuslich einrichteten, stets meine Freude gehabt.

Partieller Albinismus bei einem Kinde in Uschirombo.

Bis zur Landschaft Takire war der Weg derselbe, wie auf dem Hin-
marsch. Eine Zeit lang hatte ich befürchtet, ich würde durch den Eintritt der Regenzeit gezwungen werden, den längeren und unbequemeren
Weg durch die Berge nach Bumpeke zu nehmen, aber der Himmel hatte
ein Einsehen und wartete mit der Schleusenöffnung. — Erst kurz vor
Mkoba bog ich scharf westlich ab und in die Landschaft Bukole hinein.

8*

Die Terrainbeschaffenheit blieb dieselbe, stets die sanften, flachen Wellen. Das Land war so gut und dicht bebaut, dass es mir — es war am 7. April, dem 5. Tage seit meinem Aufbruch vom See — schwer wurde, einen Lagerplatz zu finden. Denn mein landwirthschaftliches Gefühl verbot es mir, mich in einem bestellten Felde niederzulassen. Von allen Seiten wurden mir Berge von Vegetabilien, darunter auch etwas Zuckerrohr, gebracht. Die 25 Mann, die ich mir von Anfang an mitgenommen, haben hier, was des Leibes Atzung betrifft, eine üppige Zeit durchgemacht.

Der nächste, sehr stramme Marsch brachte mich in das Herz von Mbogwe, zu dem grossen Ort Mrole, in dem der Yumbe, ein netter, munterer, fast frech zu nennender Junge von ca. 8 Jahren, Namens Kifuada, mit seinem Verwandten und Vormund Tschibomo sitzt. In der Bebauung stach das Land gegen Bukole unvortheilhaft ab. Eine Menge zerstörter Dörfer und noch erkennbarer Lichtungen erinnerten an die Verwüstungszüge Mirambos und der Wangoni. Die Eingeborenen klagten sehr darüber, dass der Handel in ihrer Gegend ganz aufgehört habe; früher sei viel Elfenbein von Norden her gekommen, und sie seien mit diesem zur Küste gezogen; jetzt komme das nicht mehr vor. Ganz richtig mag das indessen nicht sein, denn die Leute gehören schon zum Stamme der Wassumbwa, und diese sind immer noch als unternehmende Händler und Kaufleute bekannt. Schade, dass sie ihren prächtigen Boden, auf dem Alles, auch Reis, wundervoll gedeiht, nicht besser zu verwerthen wissen! Die gut angelegten Dörfer, die hübschen, dem Wanyamwesi-Stil entsprechenden Hütten und die sauberen Höfe deuten auf praktischen Ordnungssinn und einen gewissen höheren Entwickelungsgrad hin. Eigenartig ist ihre Passion für bunte Stoffe; die grellsten Lesi*) wurden mit der grössten Begier genommen und getragen. Mit dem See, zu dem sie über Buyombe und Buanda in drei Tagen gelangen, scheint ziemlich reger Verkehr zu herrschen.

Der 9. April endlich brachte mich nach Uschirombo. Ein breiter Pori-Gürtel, in dem die Borassus-Palme vielfach auftritt, trennt die beiden Landschaften. Auch hier treten überall die Spuren einstiger Niederlassungen zu Tage, in dem Niederwald erkennt man noch deutlich die Bataten- und Erdnussbeete. Eigenthümlich, dass gar kein Wild zu sehen

---

*) Buntbedruckter Kattun, wie er an der ostafrikanischen Küste hauptsächlich von den Frauen getragen wird.

war. In Mhako kamen mir die Leute, denen mein Kommen angezeigt war, in Prozession entgegen. Die langen Hemden und weissen Suaheli-Mützchen verriethen den Küsten-Einfluss, auf Vieler Brust sah ich das kleine Kreuz der Missionsschüler. Während ich die Karawane dort übernachten liess, ging ich selbst voraus und war am späten Nachmittag in der Mission, wo Graf Götzen gerade damit beschäftigt war, eine Schwarze mit ihrem Kinde zu photographiren, das am ganzen Körper mit weissen Flecken bedeckt war (s. Abbildung).

Obgleich mich als unmittelbare Folge des Marsches mein erstes und einziges, im Uebrigen nur sehr leichtes Fieber ereilte, konnte ich mit meiner Excursion nach dem Nyansa ganz zufrieden sein, und werde stets mit Dank des liebenswürdigen Entgegenkommens der Herren Offiziere, insbesondere des Herrn Kompagnie-Führers Langheld, und der gastlichen Aufnahme bei den Pères in Bukumbi gedenken.

Dr. von Prittwitz und Gaffron.

Kandelaber-Euphorbien in der Steppe.

V. KAPITEL

Durch Ussuwi
zum Kagera-Nil.

Es war am Morgen des 14. April 1894, als nach langer Ruhepause wieder einmal das Aufbruchssignal im Lager ertönte. Wir empfanden ein ehrliches Gefühl der Erleichterung bei der Gewissheit, dass es nun endlich wieder vorwärts gehen konnte. Dessen ungeachtet werden wir stets der weitgehenden Gastfreundschaft und Liebenswürdigkeit der Missionare von Uschirombo gedenken; doch ich hoffe, sie haben es uns nicht verargt, wenn wir trotz der genossenen Ruhe und Annehmlichkeiten von dem lebhaften Wunsche beseelt waren, die uns vorschwebenden Ziele baldmöglichst zu erreichen.

Es sei mir gestattet, hier bei Beginn des wichtigsten Theils unserer Reise, auf die damalige Zusammensetzung des Expeditionskorps zurückzukommen.

Wir zählten jetzt:

3	Europäer
6	Somali
7	Zeltdiener
1	Koch
2	Küchenjungen
37	Askari

Kapitel-Vignette: Unser Führer aus Ussumbiro.

18 Askari-Diener und Burschen
23 Weiber
6 Trägerführer
3 Burschen derselben
180 Träger von der Küste
70 Träger aus Uschirombo
3 Viehtreiber
1 Kind
2 Wegeführer

Zusammen 362 Menschen.

Die Bewaffnung bestand aus:

48 Mausergewehren
4 Repetirkarabinern
7 Jagdgewehren
66 Vorderladergewehren

Zusammen 125 Gewehren.

Zu befördern waren an Lasten:

98 Privatlasten
32 Patronenlasten
2 Bootlasten
28 Lasten Glasperlen
70 » Stoffe
10 » Draht

Zusammen 240 Lasten.

Dazu kam eine Vieh-Heerde, drei Maulesel, ein Hund.

Wie aus dieser Zusammenstellung hervorgeht, war es uns gelungen, in Uschirombo eine grosse Anzahl von Trägern anzuwerben, und zwar hatten dieselben sich verpflichtet, uns bis nach Ussuwi Dienste zu leisten.

Da von allen mit Prittwitz vom See her gekommenen Leuten nur drei bereit gewesen waren, uns weiter zu folgen, so gereichte uns der erwähnte Wandertrieb der Waschirombo und ihre Beziehungen zu den nordwestlichen Ländern zu grossem Vortheil. Allerdings wollte die grosse Mehrzahl nichts von Ruanda wissen. Am Kagera-Fluss hörte für sie die Welt auf. Nur Mugussagussa und drei seiner Freunde schienen geneigt zu sein, bei uns zu bleiben, auch über die Grenzen von Ussuwi hinaus. Der Erstere war bereits als Händler in Ruanda gewesen und gab auf die Frage, ob es wohl gelingen werde, in dessen Inneres zu marschiren, ohne grosse Kämpfe zu bestehen, stets zur Antwort: »Das wird nur davon abhängen, was die Zauberer des Herrschers von Ruanda in den Eingeweiden geschlachteter Hühner lesen werden.« Meinen Einwurf, dass die Eingeweide der Hühner vermuthlich je nach der Stärke des Gegners des Königs, oder je nach der Grösse des den Zauberern zugesteckten Trinkgeldes verschieden beschaffen sein dürften, begleitete er mit einem verschmitzten Lächeln. »Ihr Weissen wisst doch Alles«, meinte er.

Dieser Mugussagussa, eine 6 Fuss hohe, hagere Gestalt, mit einem schönen, gutmüthig dreinblickenden Indianergesicht und dem Gemüth eines Kindes, hat treu bei uns ausgehalten, so lange wir seiner bedurften. Seine Aengstlichkeit, die er trotz seines grossen, immer mehr zunehmenden Vertrauens zu europäischer Bildung und Einsicht niemals ganz ablegte, reduzirte allerdings seine Leistungsfähigkeit als landeskundiger Führer in beträchtlichem Masse; zu seiner Entschuldigung führe ich aber gleich an, dass ich im späteren Verlaufe der Reise von der einzigen ihm bekannten Route abgewichen bin, weil sie mir nicht direkt genug auf mein Ziel los zu führen schien.

Zunächst folgte ich seinem Rathschlag bezüglich des Weges bis an die Grenze von Ruanda; er rieth mir, in jedem Falle den König von Ussuwi, Kassussura, aufzusuchen; der Weg weiter westlich sei zwar etwas näher, aber bei Kassussura könne ich ganz sicher sein, Träger bis an und vielleicht bis über den Kagera hinaus zu erhalten.

Das erste der kleinen Wassumbwa-Staatswesen, das wir schon nach einem 3¼stündigen Marsche von Uschirombo aus erreichten, heisst Ulangwa. Der Häuptling ist der bereits genannte Pembe. Die Missionare, zu deren Schülern und Anhängern Pembe selbst und eine grosse Anzahl seiner Unterthanen gehörten, hatten ihn schon seit längerer Zeit nicht besucht und erklärten sich zu unserer grossen Freude bereit, uns bis zu ihm zu begleiten. Der Père supérieur Desoignies ging jedoch nur ein Stück des Weges mit, um mit Bruder Timothé in der Mission zurückzubleiben, während P. Capus und Bruder Max am 14. und 15. als Gäste in unserem Lager weilten. Dieses erhob sich dicht am Hauptdorfe Pembes auf freier, grasiger Fläche.

Ein Ruhetag, der am 15. gehalten wurde, hatte sich als nöthig erwiesen, weil in Folge der bekannten afrikanischen Langsamkeit, Indolenz

und Unpünktlichkeit die Träger aus Uschirombo am Abmarschtage nur
zum Theil zur Stelle waren und erst am nächsten Morgen truppweise
nachgeführt werden konnten. Diese glücklichen Menschen verstehen es
thatsächlich noch nicht, dass man es »eilig« haben kann. Der charakteristische Zustand des überhetzten, modernen Kulturmenschen, der des
»Nie Zeithabens«, liegt völlig ausser ihrem Bereiche, und während wir
auf Stunden, ja Minuten genau den Beginn unserer Handlungen festsetzen,
ist es dem Afrikaner unverständlich, wie man Tage, ja sogar Wochen
nach einem bestimmten Vorsatz innehalten will. Haben sie doch immer
»Zeit« und nie etwas zu versäumen! Man kann in diesen Anschauungen
vielleicht einen der Gründe finden, die uns die grössere Empfänglichkeit
des Ostafrikaners für die Lehren Mohameds als für diejenige Christi erklären. Der Vertreter des Islams in Ostafrika, der Araber, scheint dem
Neger sympathischer zu sein, als wir etwas überhasteten Europäer und
Christen, weil jener seiner angeborenen Faulheit im Denken und Handeln
mehr entgegenkommt und selbst dazu neigt, von vornherein die Energie
zur Ausführung einer Handlung dadurch abzuschwächen, dass er deren
Vollzug garnicht von seinem Willen, sondern allein von einem höheren
Walten abhängig sein lässt. Wir hören deshalb Hunderte von Malen
als Antwort auf einen gegebenen Befehl den Ausruf »inshallah!« (wenn
es Allah gefällt!). Und die Ausführung unterbleibt, wenn Allah es
unterlässt, seinen Willen in diesem speziellen Falle kundzugeben. Vielfach wird das Gelingen einer Reise oder sonst einer Unternehmung
geradezu davon abhängen, wieviel Verständniss man dieser stoischen
Gemüthsruhe des Negers entgegen zu bringen vermag.

Im afrikanischen Klima hat diese Ruhe jedenfalls ihre Berechtigung,
und es wird dem Europäer nur zum Vortheil gereichen, wenn er sich
dieser Denkweise der Schwarzen bis zu einem gewissen Grade anzupassen
sucht. Seine Nerven, an die ohnehin durch das Malaria-Fieber und durch
allerhand körperliche Anstrengungen hohe Anforderungen gestellt werden,
werden dann ihre normale Widerstandsfähigkeit länger bewahren können.

Demgemäss bemühten wir uns, es als ganz natürlich anzusehen,
dass Ndegas Träger mühsam und beinahe Mann für Mann durch
besonders Beauftragte abgeholt werden mussten. Ein einziger Ruhetag
bei Pembe genügte jedoch, um für jede Last einen Mann zu erhalten.

Des Häuptlings Dorf wurde eingehend besichtigt; auch hier waren
die verschiedenen Gehöfte durch unzählige Verschläge und Verhaue zu

einem wahren Labyrinth umgestaltet worden. Breite Zugangswege, die uns zu Ehren angelegt waren, bekundeten aber die friedlichen Gesinnungen der Bewohner.

Der allgemeine Charakter des Ländchens Ulangwa ist derselbe, wie der von Uschirombo, nur überwiegen im ersteren zwar lichte, aber doch schattenspendende Laubwaldpartien.

Die Grenze von Uyovu führt nahe bei Tschoga vorüber, und ich erinnere mich gerade an diese Ortschaft deshalb so genau, weil hier nicht nur 5 m breite Wege ausgehauen worden waren, sondern weil man sogar ein grosses Stück der Pallisadirung niedergerissen hatte, um uns einen bequemen und direkten Marsch durch das Dorf zu ermöglichen.

Das war angenehm, ersparte uns viel Zeit und hob auch das Selbstbewusstsein meiner Leute in nicht geringem Grade. Sie fühlten sich um so enger mit den derart geehrten Europäern vereinigt, und meine Aussichten, dass Alle auch fernerhin bei mir ausharren würden, stiegen von Tag zu Tag.

Freilich hatte dieser gewaltige Kulturfortschritt — und als solcher muss im Innern Afrikas jeder selbstständig von Eingeborenen ausgeführte Wegebau angesehen werden — für uns auch fühlbare Nachtheile im Gefolge: Die Malaria-Anfälle nämlich nahmen in bedenklichem Grade zu. Und wenn auch sicherlich die Wirkungen der Regenzeit die Hauptschuld daran trugen, so ist es doch ausser Zweifel, dass durch diesen Wegebau, durch das Umwühlen und Auflockern des Erdreichs kurz vor dem Anmarsch unserer Karawane, unzählige schädliche Miasmen der Luft mitgetheilt wurden, die sonst ruhig im Boden weiter vegetirt hätten.

Besonders waren es wieder die Somali, die dem Doktor Sorgen machten. Mein Gewehrträger Hassan Duncan, ein Bursche, der früher den Grafen Teleki in die Massailänder begleitet hatte, sowie Kerstings Maulthierpfleger Darok Nur waren durch öftere Fieber-Erkrankungen so stark mitgenommen worden, dass ein Weitermarsch für sie schliesslich zu einem traurigen Ende hätte führen müssen. Da wir noch in der Nähe der Mission waren, so entschloss ich mich, Beide mit einer Geldanweisung auf das bekannte Haus Hansing & Cie. in Sansibar, sowie mit den nöthigen Verpflegungsgeldern versehen zurückzuschicken. Sie waren noch im Stande, kurze Märsche zu machen und konnten sich daher der ersten besten, zur Küste ziehenden Missions-Karawane anschliessen. Hassan Duncan hat auch in der That seine Heimathstadt Aden erreicht, nachdem

Beim Häuptling Yamrunda in Diobahka.

er in unverschämter Weise in der deutschen Militärstation Tabora auf meinen Namen Geld erhoben hatte: von Darok Nur habe ich nichts mehr gehört.

Auch der andere Somali, der in Kerstings unmittelbaren Diensten stand, war kaum mehr marschfähig, doch schien seine Konstitution kräftiger zu sein, und er hat auch schliesslich die Reise gut überstanden.

Dieser, Abokr,*) von der heissen Küste des afrikanischen Festlandes — Aden gegenüber — stammend, machte bereits seine dritte grössere Reise. Das erste Mal war er dem Dr. Karl Peters auf dessen Emin Pascha-Expedition gefolgt, dann hatte er mich im Sommer des Jahres 1891 nach dem Kilimandscharo begleitet, und als ich in diesem Jahre auf der Ausreise in Aden Leute anwarb, war er einer der Ersten gewesen, die sich zur Theilnahme an der Reise gemeldet hatten. Er sprach etwas Kisuaheli und unterschied sich durch einen geringeren Grad von Dünkel und Hochmuth vortheilhaft von seinen Landsleuten.

Was aber Abokr besonders erwähnenswerth macht, war seine Funktion als Heilgehülfe. Jeden Nachmittag um 5 Uhr, eine Stunde vor Sonnenuntergang, öffnete er an der Thür von Kerstings Zelt den Apothekenkoffer, sowie den Verbandkasten, legte die nöthigen Instrumente heraus, suchte diejenigen Medikamente hervor, die am häufigsten gebraucht wurden und stellte desinfizirendes Sublimatwasser zurecht, das vorher mühsam filtrirt worden war. In das Wesen der antiseptischen Wundbehandlung ist er vielleicht eingedrungen. Jedenfalls hat Kersting bei seiner ermüdenden und langweiligen Thätigkeit an ihm einen ganz brauchbaren Assistenten gefunden. Er pflegte im Lager die Kranken zu rufen, wenn die Sprechstunde da war und kauerte dann neben des Doktors Feldstuhl nieder. Oft waren Beide von 20 und mehr Rath und Hülfe suchenden Patienten beiderlei Geschlechts umgeben, wirklich Kranken oder solchen, die es zu sein vorgaben, um womöglich vom Tragen ihrer Last am folgenden Morgen dispensirt zu werden. — Zur selben Stunde pflegten die Askari anzutreten, um unter Prittwitz Leitung einige Griffe und Bewegungen zu machen, und um die Befehle über die Marschordnung am nächsten Tage zu hören.

War die Vollstreckung einer Strafe nöthig, so geschah dies durch den Tschausch Adam Mohamed um Sonnenuntergang.

---

*) Ich bin der Meinung, dass treue Diener, auch wenn sie schwarz sind, nicht unerwähnt bleiben dürfen, besonders wenn sie einen so wichtigen Posten bekleideten, wie der hier erwähnte Somali.

Zwischen Sikali, dem Hauptort Ulangwas, und Diobahika, dem von Uyovu, verlebten wir zwei heisse, regenfreie Tage, doch waren am Morgen die Niederschläge in Thauform sehr bedeutend, und der Nebel erschwerte das Aufnehmen des Weges mit der Bussole. Eine üppige Vegetation war in Folge des Regens emporgeschossen, und Alles ringsumher war mit Blumen bedeckt, unter denen mir besonders viele Kompositen auffielen. Die Entwässerung geschieht durch sandige Bäche, die zum Malagarasi abfliessen.

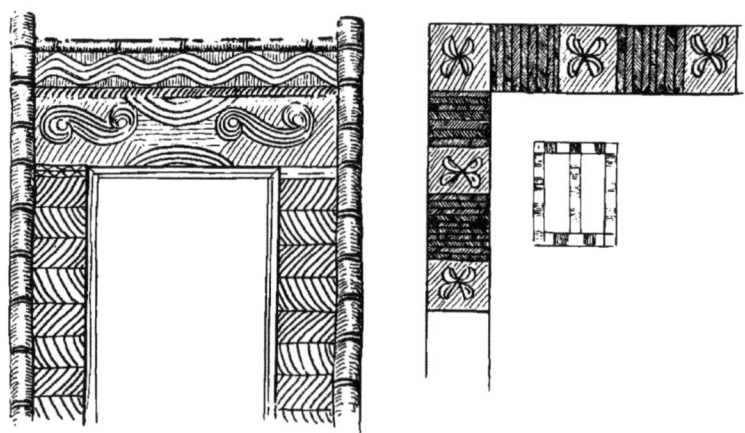

Schnitzereien an den Thürpfosten in Uyovu.

Diobahika erwies sich als ein stark durch Euphorbienhecken verschanztes Dorf von sehr grosser Ausdehnung. In Folge der Wangoni-Kriege sind hier sogar Felder mit Bohnen- und etwas Reiskultur in die schützende Umzäunung mit einbezogen worden. Der Häuptling Yamrunda gebietet über 26 Ortschaften. Er war hocherfreut über unser Kommen: wir wurden mit Lebensmitteln förmlich überschüttet und folgten dann einer Einladung, seine Haupthütte zu besuchen, deren Thür durch reich geschnitzte Pfosten (s. Abbildung) gebildet war. Er erzählte, er sei vor langer Zeit einmal an der Küste gewesen, könne aber zu seinem Leidwesen nicht wieder dahin zurück, weil er befürchten müsse, dass sich in seiner Abwesenheit ein Anderer seiner Herrschaft bemächtige. Er selbst und seine Umgebung trugen europäische Jacken, während die ärmere Bevölkerung sich mit einfachen Tüchern begnügte, die aber hier nur selten, wie es bei den Wanyamwesi-Völkern üblich ist, um die Hüften geschlungen, sondern meist über die eine Schulter geknotet werden.

Am Dienstag, den 17. April, betraten wir die nördlichste und wahrscheinlich grösste der Wassumbwa-Landschaften, Ussambiro (Häuptling Ssambiro). Wir mussten es uns gefallen lassen, auf einigen Umwegen nach dem Hauptort Niatakara geführt zu werden, denn auch hier hatte man die grossartigsten Wegebauten vorgenommen, und es that mir leid, die braven Leute dadurch zu kränken, dass man andere, wenn auch vielleicht kürzere Pfade bevorzugte. Ehe wir das genannte Dorf erreichten, bezogen wir noch zwei Mal Lager, das erste Mal in Mssera, das zweite Mal in Mgando. Ein Angriff, den ein Bienenschwarm auf die Nachhut unternahm, ferner die Ankunft eines Couriers von der Mission waren die nennenswerthen Begebenheiten dieser zwei Tage.

In dem Brief aus Uschirombo wurde ich gebeten, nach einem Weibe im Lager Nachsuche halten zu lassen, das von Ndega dringend reklamirt würde. Dieser Bitte wurde natürlich entsprochen und das Weib schliesslich unter Heulen und Wehklagen aus dem Zelt meines Hornisten hervorgezogen. Man sieht, dass sich auch im afrikanischen Familienleben manchmal Romane mit tragischem Ausgang abspielen.

Ssambiro, der Häuptling, besitzt schon bedeutend mehr Macht und Einfluss, als die übrigen Wassumbwa-Chefs; und der fernere Verlauf unseres Marsches wird erkennen lassen, dass, je weiter wir nach Nord-Westen vordrangen, um so mächtiger die Häuptlinge werden. —

Als wir noch etwa ½ Stunde von Niatakara entfernt waren, begegneten wir einem langen Zuge von weissgekleideten Männern. Ssambiro schritt in ihrer Mitte, begrüsste mich mit grosser Würde und präsentirte mir mehrere schön geformte Thonkrüge, die von Mädchen auf den Köpfen getragen wurden. Ihr Inhalt war erfrischende Pombe. Dann ging der Häuptling mit seiner ganzen Schaar uns voran und begab sich in sein Dorf zurück, während wir das Lager aufschlugen. Der zu diesem Zweck gewählte Platz war durch ein kleines Thal, in dem ein etwas versumpfter Bach dahinschlich, von Niatakara getrennt. In zwei fast regelmässigen Reihen, zu beiden Seiten des verbreiterten Weges, standen die Zelte der Leute. In Folge gelegentlicher Geschenke an Stoff oder von Ersparnissen aus dem Verpflegungsgeld war deren Zahl bedeutend gestiegen; wir zählten an jenem Tage 108 Zelte von den verschiedensten Grössen und Formen,

so dass beinahe je eins auf 3 Menschen gerechnet werden konnte. Die
70 Träger aus Uschirombo pflegten sich täglich schützende Grashütten
zu bauen, nachdem ich ein ausdrückliches Verbot erlassen hatte, dass die
Nächte nicht in den nahe liegenden Dörfern verbracht werden dürften. Die
Folge dieses Brauchs war nämlich die gewesen, dass am Morgen, wenn
wir uns in Marsch setzen wollten, Niemand zur Stelle war und die Leute
aus jedem Dorf erst buchstäblich zusammengetrommelt werden mussten.
Wenn auch Keiner die Absicht hatte, sich dauernd seinem Dienst zu entziehen und so seines Lohnes verlustig zu gehen, so sahen sie doch nicht
ein, weshalb sie schon bei Sonnenaufgang gleich wieder weiter ziehen
sollten.

Jetzt schliefen sie Alle im Lager und erhielten jeweils den Platz angewiesen, auf dem sie ihre Grashütten bauen konnten, und gewiss haben
sie in diesen wärmer und trockener gesessen, als viele meiner Küstenleute, die entweder zu solchen Bauten zu faul waren oder es für vor-
nehmer hielten, unter einem Zeltdach zu schlafen, mochte es auch noch
so fadenscheinig sein und mochte der Regen auch noch so leicht tropfen-
weise seinen Weg auf den Körper des Schläfers finden.

Auch Ssambiro war gastfrei in seinen Gaben, und wieder wurden wir
reich mit Bataten und Bohnen beschenkt; sehr zum Missbehagen meiner
Leute, die über die geringe Abwechselung in der Art der gelieferten
Lebensmittel unzufrieden waren; denn aus leicht begreiflichen Gründen
hielt ich an solchen fetten Tagen mit den Tauschwaaren zurück, deren
Menge ohnehin schon bedenklich zusammengeschmolzen war.

Des Häuptlings Gehöft, das wir uns noch am Abend besahen, war
auffallend sauber gebaut; sorgsam hergestellte Wände aus Rohrgeflecht
bildeten im Innern die Abtheilungen. Drei grosse Wohnhütten, ein
Ziegenstall und ein Taubenschlag waren zu sehen.

Ssambiro selbst trug ein blau und roth gemustertes Tuch um die
Schultern, als Schmuck an Hand- und Fussknöcheln zahllose Ringe aus
Kupfer- oder Eisendraht, ferner als Zeichen seiner Würde ein Armband
aus Schlangenhaut und eine Art Stirndiadem, bestehend aus einer
grossen, weissen Muschelschale und zwei kleinen Antilopenhörnern, die
mit Draht untereinander verbunden waren. Seine Weiber, von denen
einige von ganz hellbrauner Hautfarbe und fast hübsch zu nennendem
Gesichtsschnitt sichtbar wurden, trugen grossen Halsschmuck aus Muschel-
stücken.

Ssambiro sprach viel von Politik, d. h. er führte Beschwerde gegen seinen nördlichen Nachbar, den König Kassussura von Ussuwi; jahraus jahrein würden seine Grenzen durch Jenen bedroht, und ich möchte ihm doch helfen. Aehnliche Klagen, nur mit dem Unterschiede, dass sie gegen die Bewohner des Landes Urundi gerichtet waren, brachte eine Gesandtschaft vor, die der Häuptling Mata von Uyogoma zu mir geschickt hatte. Meine Stellung als Privatmann verbot mir jedoch auch hier, mich in derartige interne Streitigkeiten zu mischen; ich beschränkte mich deshalb darauf, Ssambiro schriftlich zu bescheinigen, dass er mich gut aufgenommen habe, und ihm den Rath zu ertheilen, diesen Brief nach Tabora zu schicken und dort meinem »Bruder« sein Anliegen vorzutragen. Wenn seine Klagen berechtigt erschienen, so würde ihnen von dort aus Berücksichtigung zu Theil werden. Vorläufig aber wolle ich Kassussura davor warnen, seine Angriffe fortzusetzen.

Mit diesem Bescheid gab er sich denn auch zufrieden und wir schieden in bester Freundschaft; auch hatte ich nicht unterlassen, ihn wegen des mühevollen Wegebaues zu beloben.

Dann marschirten wir bei unfreundlichem Wetter weiter. Mehrere niedergehende Regenschauer durchnässten uns bis auf die Haut, denn unsere Gummi-Regenmäntel waren durch die Dornen auf den Steppen in den östlichen Gebieten zu Fetzen zerrissen worden. Ueble Folgen hatten wir jedoch von derartigen Durchnässungen so gut wie gar nicht zu tragen. Die gesunde, erwärmende Bewegung beim Marschiren und die Gewohnheit, so oft es irgend möglich war, unmittelbar nach der Ankunft im Lager kalte Abwaschungen und Frottirungen des ganzen Körpers vorzunehmen, haben uns fast immer vor Erkältungen oder rheumatischen Beschwerden bewahrt.

An den Grenzen von Ussambiro und Ussuwi war bereits eine wechselvollere Reliefgestaltung der ganzen Gegend zu bemerken. Auf schlüpfrigen, lehmigen Pfaden ging es durch reich bewohntes Land hindurch. Eine breite, gut angebaute Thalmulde führte auf ein kleines Sattelplateau hinauf. Die menschlichen Behausungen lagen hier ausserordentlich zerstreut umher; nirgends sah man mehr die regelmässigen Linien der Wolfsmilchhecken, mit denen die Wanyamwesi- und Wassumbwa-Völker ihre Dorfgemeinden zu umschliessen pflegen. Von dem Sattelplateau aus, auf dem ich eine Zeit lang rasten liess, sahen wir nach Norden zu ein prächtiges Hügelland vor uns liegen. In der Ferne wurden

Götzen.   9

die Formen der Bodenerhebungen steiler, und den Horizont begrenzte die augenscheinlich schroff abfallende Wand eines Gebirgszuges, der sich in der Richtung Nord-Nord-Ost—Süd-Süd-West erstreckte.

Wir näherten uns jetzt einem interessanten Gebiete: in nicht allzu langer Zeit musste die Wasserscheide zwischen Victoria- und Tanganyika-See überstiegen werden. Zugleich standen wir an einer geologischen Scheide: an der nordwestlichen Grenze des grossen Granitplateaus, das die Süd- und die Ostufer des Victoria-Sees umrahmt und sämmtliche Unyamwesi-Länder, sowie einen Theil der Massai-Gebiete in sich begreift; vor uns lagen die zentralafrikanischen Schiefergebirge, die uns zwischen den grossen Seen als regellose Bergländer entgegentreten.

In ethnographischer Hinsicht endlich liessen wir Landschaften hinter uns, die von einer ausgesprochenen Mischbevölkerung bewohnt werden, deren Kultur vielfache Beziehungen zur Küste erkennen lässt und deren staatliche Verfassungen in kleinen, ohnmächtigen, patriarchalisch verwalteten Herrschaften bestehen. Jetzt sollten wir Völker kennen lernen, bei denen zwischen Herrschenden und Beherrschten scharf unterschieden wird, die von Potentaten unumschränkt und willkürlich regiert werden, und die über eine für afrikanische Begriffe achtunggebietende Macht und über einen ausgedehnten Landbesitz verfügen.

Am 20. April lagerten wir zum ersten Male im Lande Ussuwi und zwar dicht an der Grenze. Eine grosse Schaar neugieriger Bewohner umringte nach kurzer Zeit unsere Zelte, so dass zwei Wachtposten kaum ausreichend waren, um die Menge zurückzudrängen.

Die Umgegend war nicht ohne malerischen Reiz; dagegen empfanden wir den gänzlichen Mangel an Bäumen recht unangenehm, denn die wenigen auf dem Lagerplatz herumstehenden Ricinussträucher spendeten so wenig Schatten, dass selbst der Hund Teck in Verlegenheit gerieth, wo er seine müden Glieder ausstrecken sollte, wenigstens so lange, als die Zelte noch nicht fertig aufgeschlagen waren.

Trotzdem aber diese mit doppeltem Dach versehen waren und ausserdem durch ihre grünliche Färbung[*] das Blenden der Sonnenstrahlen erheblich milderten, entwickelte sich doch darin in den Mittagsstunden eine fast unerträgliche Temperatur, an die wir uns niemals ganz gewöhnt

---

[*] Diese grüne Färbung der Zeltleinwand wird durch ein Präpariren mit Kupfervitriol-lösung hervorgerufen; ausser der den Augen wohlthuenden Farbe wird durch dieses Verfahren eine grosse Widerstandsfähigkeit gegen Fäulniss erzielt.

Wassukuma-Träger im Lager.

haben. Nur dann, wenn das grosse Zelt auf zwei Seiten geöffnet wurde, so dass ein Luftzug hindurchstreichen konnte, war der Aufenthalt darin erträglich.

Uebrigens hatten wir damals, in unserem ersten Lager in Ussuwi, gar keine Zeit, uns lange über die Hitze zu ärgern, denn bald nach unserer Ankunft erschienen noch einmal Abgesandte von Ssambiro, und zwar diesmal seine Söhne. Jedoch wurde mir der Zweck ihres Kommens nicht ganz klar, und es ist höchst wahrscheinlich, dass reine Neugierde sie herbeiführte.

Deutlicher drückten die bereits erwähnten Leute aus Uyogoma*) die Wünsche ihres Häuptlings aus. Sie richteten nochmals die dringende Bitte an mich, ihnen gegen ihre westlichen Nachbarn, die Warundi, beizustehen; zum Beweis des bestehenden Kriegszustandes zeigten sie mir irgend einen Pfeil vor, den ihnen die Warundi angeblich als Kriegserklärung übersandt haben sollten. Da die Möglichkeit nicht ausgeschlossen war, dass ich auf dem Rückweg Uyogoma berührte, so vertröstete ich die Gesandtschaft auf später.

Am interessantesten jedoch von den verschiedenen Besuchen, die hier unsere Mittagsruhe störten, war eine Schaar neuer Ankömmlinge, die uns im Namen und Auftrag des Oberhäuptlings Kassussura an der Landesgrenze begrüssen sollten. Es waren Leute von offenbar hamitischer Abstammung darunter. Sie waren ausnahmslos in lange Gewänder aus buntem Baumwollstoff gekleidet, und einige unter ihnen trugen schön polirte Stäbe von 3 m Länge, die unten mit einer Art eiserner Zwinge versehen, oben aber nur im Holze zugespitzt waren. Als Zeichen der Freundschaft ihres Herrn überbrachten sie uns 40 Ziegen und 4 Töpfe Honig; des Weiteren erklärten sie mir, den Auftrag zu haben, uns den Weg zur Hauptstadt zu zeigen und überall auf dem Wege dorthin dafür zu sorgen, dass es uns nicht an Lebensmitteln mangele.

Auf solche Weise geleitet, setzten wir am folgenden Morgen unseren Marsch fort. Ueber sanfte Hügel hinweg, auf denen zerstreut liegende Hütten zum Vorschein kamen, erreichten wir eine in farbenreichstem Blumenflor prangende Ebene, in der sich der Mtundu-Bach, von kleinen Galleriebüschen umsäumt, dahin schlängelt. Diese Ebene liegt am Fuss des oben genannten, schroff aussehenden Bergzuges, und wir erkannten beim

---

*) Dr. Baumann bezeichnet Uyogoma als »West-Ussui«.

Näherkommen, dass wir es hier in der That mit einer ausserordentlich scharf markirten, geologischen Bruchlinie zu thun hatten. Die Bergkette streicht dort in der Richtung Nord-Ost—Süd-West und fällt nach Süd-Ost hin als eine fast senkrechte Wand ab. Am Fusse dieser Wand, in einem wundervollen Bananenhain versteckt, liegt die Ansiedelung Nyakatonto, bei der ich zu lagern beschloss, um den Anstieg erst am folgenden Morgen vorzunehmen.

Wir befanden uns jetzt schon nahe an 1600 m über dem Meeresspiegel; frische Gebirgsluft wehte uns entgegen, die prachtvolle Aussicht nach der Ebene hinunter entzückte uns durch ihren eigenartigen Charakter und die verschiedenen Schattirungen des dort auftretenden Grüns. Das tiefe Blaugrün der vereinzelt hervorragenden Kandelaber-Euphorbien und das ganz lichte Grün der Bananenhaine bildeten grelle Gegensätze. Auf Wiesen, deren Grundfarbe unter einem dichten Teppich von gelben Blumen fast verschwand, sahen wir die ersten Heerden von Wahuma-Rindern, die sich durch ihre riesengrossen Hörner auszeichnen.

Zu unserem Bedauern setzte gegen Morgen Regen ein, der nicht eher nachliess auf uns niederzuströmen, als bis wir Nyarwongo, Kassussuras Residenz, erreicht hatten.

Der sechsstündige, äusserst anstrengende Marsch hatte uns in ein herrliches Bergland geführt. Die steile, vor uns liegende, aus Thonschiefer-Formationen bestehende Wand war an einer Einsattelung erstiegen worden. Das Geröll aus eisenschüssigem, stark verwittertem Quarzit und der ununterbrochene Regen erschwerten das Marschiren zwar in hohem Grade, aber dafür entschädigte uns oben ein desto schönerer Anblick, wenigstens unsere für Naturschönheit noch empfänglichen Europäergemüther. Eine neue, weit üppiger als die bisherige wuchernde Vegetation umgab uns; Dracaenen ragten häufig empor, und ein Baum mit lederharten, glänzenden Blättern und grossen, rothen Blüthen trug viel zur farbigen Belebung des Bildes bei; in den Thälern rauschten reissende Giessbäche, die die Farbe des umgebenden, rothen Lehmbodens angenommen hatten und meist bis in Kniehöhe von uns durchwatet werden mussten. Die Zahl der Gehöfte, Bananenhaine und Felder von Bohnen, Bataten und Sorghum war erstaunlich gross; doch zeigten sich nur wenige Bewohner am Wege, denn der Eingeborene scheut den Regen noch mehr als der Europäer, obwohl er keine Kleider dabei zu verderben hat, und wagt sich nicht aus seiner warmen und verqualmten Hütte hinaus, solange der Himmel seine Schleusen geöffnet hält.

Nach einem Marsch von ungefähr drei Stunden hatten wir wieder am Fusse einer steilen Felsenwand gestanden, und mit ihr war eine zweite Terrasse des »Zwischenseenplateaus« erstiegen worden. Am Fuss einer dritten, zu den beiden ersten parallel streichenden Bruchlinie sahen wir dann um die Mittagszeit einen riesigen Bananenhain liegen.

Die Führer erklärten uns, dort wohne Kassussura, und forderten mich zu gleicher Zeit auf, noch diesseits eines Thales, das uns von dem Bananenhain trennte, also in respektvoller Entfernung von der Residenz, zu lagern. Zu ihrem grossen Erstaunen und ängstlichen Bedauern entsprach ich diesem Verlangen nicht, sondern marschirte bis an den Rand

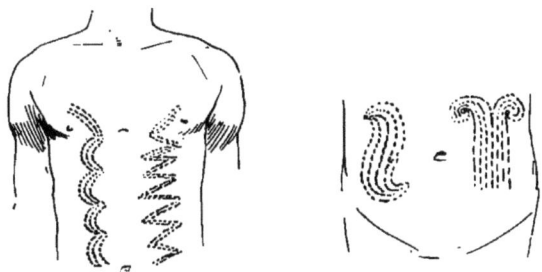

Wahuma-Tättowirungen aus Ussuwi. *)

des Bananenwaldes heran und liess auf einer die ganze Umgegend beherrschenden Höhe, fast oben auf dem erwähnten Bergzuge, das Lager aufschlagen.

Obwohl Kassussura offenbar meine Freundschaft suchte, so erschien mir eine derartige beherrschende Position, die ausserdem die Vortheile landschaftlicher Reize, gesunder Lage und die »unmittelbarste Nähe der Residenz« in sich vereinigte, doch geboten; denn ich wollte, ohne kriegerisch aufzutreten, dem Oberhäuptling nach Möglichkeit imponiren, da ich seiner zum Weitermarsch bedurfte. Von hier aus nämlich kehrten die Uschirombo-Träger in ihre Heimath zurück, und es galt dann, für 70 Lasten neue Träger anzuwerben. Wenn ich aber die dazu nöthigen Leute nicht aus freiem Willen von Kassussura erhielt und dieser gar, gestützt auf seine recht bedeutende Macht, von mir eine Art Tribut oder eine Bitte um

*) Diese, sowie die später folgenden Darstellungen von Tättowirungen sind Reproduktionen von Skizzen des Dr. v. Prittwitz.

Erlaubniss zum Durchzug durch sein Land forderte, so wäre eine friedliche Lösung kaum möglich gewesen, da ich im Interesse der Flagge, die wir führten, niemals auf derartige Forderungen eingehen durfte. War nun auch bei der Zahl unserer Gewehre der günstige Ausgang eines kriegerischen Konflikts kaum zweifelhaft, so musste ich doch Alles aufbieten, einen solchen zu vermeiden, um mit ungeschwächten Kräften und gefüllten Patronenkisten an die Hauptaufgaben meiner Reise herangehen zu können. Ueberdies war ja Ussuwi von anderen Reisenden, speziell von Speke und Dr. Baumann, schon besucht worden und für mich nur Durchgangsstation.

Wenn ich somit Kassussura sofort in freundlicher Weise meine Macht fühlen liess, so durfte ich hoffen, Alles von ihm zu erreichen, was ich wollte. Ich liess ihm also sagen, ich käme als Freund und nicht als Feind; der Empfang an der Landesgrenze hätte mich gefreut; nun wäre ich hier und erwartete den ersten Besuch von seiner Seite in meinem Lager.

Die Antwort erhielten wir am Nachmittag um 3 Uhr. Einige Würdenträger erschienen im Lager und erklärten, Kassussura wäre auch mein Freund; er selbst wollte am nächsten Tage kommen, mich zu besuchen. Und dann sahen wir einen langen Zug von vielleicht 500 Bewaffneten auf das Lager zuschreiten, von denen 130 Lasten Bananen und Bataten in schönster Ordnung vor den Zelten niedergelegt wurden; einige Hirten trieben ausserdem die stattliche Zahl von 100 Stück Kleinvieh heran. Mit Stoffen und einigen arabischen Jacken beschenkt, entliess ich dann die Abgesandten.

Ob Kassussura wirklich kommen würde, war mir noch etwas zweifelhaft, denn als das letzte Mal ein Europäer durch sein Land gezogen war, hatte er sich ängstlich oder vornehm im Verborgenen gehalten. Dieser Europäer war Dr. O. Baumann gewesen, der im August 1892 vom Victoria-See durch Ussuwi nach Urundi marschirte und dessen Weg wir nunmehr abermals kreuzten. Sein Auftreten an dieser Stelle hat uns und dem europäischen Ansehen ausserordentlich genützt; Kassussura stellte damals an ihn, wie er selbst in seinem Werke »Durch Massailand zur Nilquelle« erzählt, durch Abgesandte das Ansinnen, für den Durchmarsch Hongo, d. h. Wegzoll, zu entrichten, was Baumann damit beantwortete, dass er den Spiess umdrehte und die erstaunten Würdenträger frug, warum sie mit leeren Händen gekommen wären, ob denn Kassussura nicht wüsste, dass er an ihn Hongo zu bezahlen hätte?

Kassussura scheint in der That geglaubt zu haben, dass es mit dieser Anschauung wohl seine Richtigkeit haben müsse, denn Baumann wurde daraufhin mit Lebensmitteln reich von ihm versorgt.

Im Verlauf der ersten Nacht, die wir bei Nyarwongo verbrachten, entluden sich mehrere Unwetter, nachdem der ganze Tag trübe und nebelig gewesen war und erst am Abend zusammengeballte Wolken mit ununterbrochenem, fernem Wetterleuchten ein Gewitter angekündigt hatten.

Wir standen am Morgen recht spät, erst um 8 Uhr, auf; dann gab es allerlei zu schaffen und zu arbeiten. Die Träger aus Uschirombo wurden abgelohnt und dem Führer einer kleinen, durchpassirenden Elfenbeinkarawane Briefe nach der Mission mitgegeben.

Noch am Vormittag kamen abermals Abgesandte Kassussuras und frugen an, wann ich diesen empfangen wollte. Da das Wetter augenblicklich hell und klar war, so liess ich antworten, er möchte bald kommen, und ich würde mich ausserordentlich über seinen Besuch freuen. Aber erst um 2 Uhr kündigte dumpfer Paukenklang sein Nahen an. Drüben, in dem Bananenhaine begann es sich zu regnen, und einige meiner Leute, die dort Lebensmittel gekauft hatten, kamen ganz bestürzt angelaufen und berichteten von einer ungeheueren Menge bewaffneter Krieger. Dann erschien die Spitze des Zuges auf der freien Fläche vor dem Lager, und eine grosse Menge von Waffenträgern mit Speeren, Bogen und Pfeilen sammelte sich an. Ihre Zahl wuchs immer mehr, und schliesslich mögen wohl 2—3000 Mann vereinigt gewesen sein, die unter dröhnendem Paukenklang zu einer breiten und gewaltig tiefen Front aufmarschirten und dann mit lautem Geschrei und Waffenschwingen auf uns zu kamen. Der Anblick war das Grossartigste, was ich jemals gesehen hatte, und wir konnten, durch die Neigung der Wiesenfläche von oben herabsehend, den Gesammteindruck dieses prächtigen Schauspiels in uns aufnehmen. Auch meine Leute hatten ihre Festgewänder angelegt, und die Askari standen unter Gewehr.

Tofik, mein Dolmetscher, sowie der Ombascha Hamis waren dem Zuge entgegen gegangen, und auf ihr Ersuchen machte dieser 100 Schritt vor dem Lager Halt. Dann löste sich von der Masse eine Schaar von 50 Bewaffneten, in deren Mitte Kassussura auf einem Thronsessel getragen wurde. Derselbe wurde zur Erde gesetzt, und langsam, zögernd ging der König auf mich zu. Er wurde so dicht von fast nackten Bewaffneten, von Musikanten und weissgekleideten Würdenträgern umringt, dass wir uns ihm kaum nähern konnten, und auch dann, als er vor unserem grossen Zelt Platz genommen hatte, drängten sich seine Leute fest neben und hinter seinen Stuhl heran, als wollten sie ihren Herrn vor den fremden weissen Männern schützen — ein schönes und fast rührendes Beispiel von Vasallentreue! —

Kassussura selbst ist eine imponirende Gestalt von 7 Fuss Höhe und muskulösem Körperbau. Sein noch jugendlicher Kopf hat fast klassisch schöne und edle Züge; seine Hautfarbe ist hellbraun. Es war zu bedauern, dass er halbeuropäische Kleidung trug. Er erschien in weiten, blauen, türkischen Beinkleidern. Ueber einem langen, rothen Untergewand hatte er eine graue Jacke angezogen, und den Kopf bedeckte ein Fez. An den Handgelenken hatte er eine Unmenge aus Draht geflochtener Armringe; in der Hand hielt er eine Keule.

Sehr lange hat er nicht bei uns gesessen, denn er war entschieden ängstlich, verstand es aber, äusserlich seine Würde zu bewahren; nur an dem nervösen Spielen mit seiner Keule bemerkte man seine innere Aufregung. Er gab nur auf Fragen Antwort und äusserte von sich selbst nur einmal, auf unseren Führer Mugussagussa deutend, dass Uschirombo ihm eigentlich unterthan sei. Eine angebotene Tasse Kaffee wies er zurück. Als er aufstand und sich zum Gehen wandte, erhob sich wieder Trommel- und Flötenklang, und von seiner unten harrenden Kriegerschaar wurde er mit wildem Freudengeschrei wie ein glücklich aus grosser Gefahr Entronnener empfangen.

Kassussuras pomphaftes, fast königliches Auftreten hatte uns höchlichst überrascht und interessirt, und wir waren gespannt, ihn am folgenden Tage bei sich wiederzusehen.

In der Nacht wurden wir durch ununterbrochenes Trommel- und Paukenschlagen im Schlafe gestört; offenbar feierte man das Ereigniss des Tages in der Residenz durch ein Pombegelage. Am Morgen wurde eine gefleckte, vom Sudanesen Mohamed Musa, der an der Ziegenboma auf Posten gestanden hatte, erlegte Hyäne angebracht, dann liess ich an Kassussura einen arabischen Mantel, einen Ballen weissen Stoffes, bunte Maskattücher und Perlen schicken und kündigte ihm meinen Gegenbesuch an.

Von sämmtlichen Unterführern, Dienern und 40 Trägern begleitet, ritten wir in den Bananenhain hinein. Der Weg führte in Windungen, immer im Schatten der Bananenstauden, an Hütten und Gehöften vorbei. Vor einem grossen Palisadenzaun stiegen wir ab und betraten, während die Askari präsentirten, einen weiten Hofraum. Der Anblick, der sich uns bot, war womöglich noch malerischer, als der von gestern. Der freie Platz hatte ungefähr muschelförmige Gestalt. In weitem Halbkreis waren die Krieger Kassussuras aufgestellt, in zwei Gliedern, von denen das vordere kauerte, das hintere aufrecht stand und sich auf blitzende Speere stützte. In Mitten des Halbkreises stand die aus Rohrgeflecht gebaute Hütte des Oberhäuptlings. Er selbst sass auf einem erhöhten Sitz in einer Art Vorhalle und um ihn herum seine nächsten Verwandten und Rathgeber. Wir mussten durch zwei Reihen von weissgekleideten Leuten hindurchgehen, die eine Art Leibwache zu bilden schienen und mit Pistongewehren ausgerüstet waren. Auf den Flügeln dieser Reihen standen die Trommler und Flötenbläser, die wieder einen Höllenlärm machten. Dann setzten wir uns auf unseren Feldstühlen nieder, und nach einigen Begrüssungsworten besprachen wir die Trägerfrage. Tofik, dem ich auf Kisuaheli meine Fragen sagte, fungirte als Dolmetsch. Ich forderte 70 Träger und erhielt sofort eine beliebige Zahl zugesichert; dann hörten wir, dass vor einiger Zeit eine arabische Handelsniederlassung hier gewesen sei, die man aber wieder aufgegeben habe, und ferner, dass die Angestellten des irischen Elfenbeinhändlers Stokes*) ebenfalls das Land verlassen hätten. Ich erklärte hierauf unserem Wirthe, dass ich, um mich seiner zu erinnern, ein Bild von ihm machen wolle. Als aber der photographische Apparat aufgestellt wurde, legten sich einige ältere Würdenträger besorgt ins Mittel und riethen ihrem jungen Herrscher mit flüsternder Stimme dringend, sich doch dieser Gefahr nicht auszusetzen. Kassussura gab mir hierauf den Bescheid, er dürfe seinen Unterthanen zu Liebe kein Bild von sich machen lassen, denn dann würden die Pocken im Lande ausbrechen. Daraufhin stand ich natürlich von meinem Vorhaben ab und hatte es auch nicht zu bereuen, denn als wir wieder im Lager waren, übersandte er mir zwei grosse Elfenbeinzähne und sorgte auch an diesem Tage für unser leibliches Wohl durch eine Heerde Ziegen und ganze Berge von Bananenbüscheln. Er liess mir überdies besonders mittheilen, den Elephanten habe er eigenhändig erlegt, und ich möchte ihm seine Weigerung bezüglich des Bildes nicht nachtragen.

Ueber die geistigen Fähigkeiten Kassussuras, der einen reinen Wahuma-Typus repräsentirt, habe ich keine rechte Vorstellung gewinnen

—

*) Dieser Stokes ist derselbe, der neueren Nachrichten zu Folge am Ituri durch den belgischen Hauptmann Lothaire (siehe Kapitel 11) hingerichtet worden ist.

können: er ging zu wenig aus seiner Würde heraus und war dabei offenbar befangen. Jedenfalls aber ist er ein Mann, der vor Europäern Respekt hat und ihre Freundschaft sucht. Seine grosse Macht und das straffe Regiment, das er führt, werden ihn zu einem wichtigen Faktor bei einer künftigen Kolonisirung dieses gesegneten Landes machen. Sein Auftreten, das ihn hoch über alle bisher von uns gesehenen Häuptlinge stellte, war pomphaft, was seine Umgebung anbelangt, würdig und dabei respektvoll, was seine Person angeht. Sein bisheriger Ruf war nicht sonderlich gut, denn die umliegenden Länder und vor Allem durchziehende Handelskarawanen haben oft schwer von ihm zu leiden gehabt; es wäre aber verfehlt, einem afrikanischen Potentaten aus Handlungen einen Vorwurf zu machen, die noch vor wenig Jahrhunderten selbst im zivilisirten Europa für durchaus ehrenhaft und berechtigt galten.

Auf das Höchste befriedigt von unserem Aufenthalt in Nyarwongo brachen wir am 26. April das Lager ab und traten, verstärkt durch 70 Wassuwi-Träger, den Weitermarsch an. Meine Absicht, nach Ruanda zu ziehen, hatte in Kassussuras Brust ein Echo der Genugthuung geweckt, denn der Beherrscher jenes Landes ist sein Feind und stärkerer Gegner, und noch vor Kurzem sollen Kriegerbanden von dort in Ussuwi geplündert haben. Während meines Aufenthaltes in Ussuwi hatte ich naturgemäss auch Erkundigungen über Ruanda einzuziehen versucht, doch selbst hier waren alle Nachrichten fabelhaft und offenbar stark übertrieben. Mein Leute durften das Meiste, was ich in Erfahrung brachte, gar nicht hören, und Tofik sowohl, wie Mugussagussa wurden zu strengem Schweigen verpflichtet.

Einige Gerüchte schienen sich aber doch im Zuge verbreitet zu haben, und vielleicht war es sonach die Furcht vor dem Sagenlande Ruanda, die den Araber Abdallah ben Rashid, den Führer meiner Träger aus Dar-es-Salam, plötzlich zu der Erklärung veranlasste, er wäre nur verpflichtet, bis Ussuwi mitzugehen und würde jetzt sammt seinen Leuten umkehren. Ich liess mir den Burschen in mein Zelt kommen: ein Hinweis auf unseren Kontrakt und ein zweiter auf meinen geladenen Revolver stimmten ihn denn auch sofort um, und in der Folgezeit habe ich mich nicht wieder über ihn zu beklagen gehabt.

Die folgenden Marschtage führten uns durch einen schmalen Streifen bergigen Landes, das nominell zum Gebiete von Karagwe, einer anderen, von Wahuma beherrschten, staatlichen Gemeinschaft gehört.

Das Folgende entnehme ich wieder meinem Tagebuch:

Donnerstag, den 26. April. Wir überschreiten heut eine Wasserscheide: mehrere versumpfte Flussläufe, die nur mühsam mit Mauleseln und Vieh passirt werden, sollen einem See im Osten zufliessen. Einmal versinkt mein Reitthier, und beim Abspringen falle ich gerade mit dem Gesicht in den Sumpf. An den Ufern stehen mächtige Laubbäume mit glatten Stämmen. Später geht es wieder über grasige Hügel. Ueberall steht Thonschiefer an. Die Kräfte der des Tragens ungewohnten Wassuwi hatte ich offenbar überschätzt. — Wir sind schliesslich gezwungen, auf sumpfigem, ungesundem Boden zu lagern. 60 Ziegen werden vertheilt, wir selbst nehmen ausnahmsweise 1 Gramm Chinin prophylaktisch zu uns.

Freitag, den 27. April. Es dauert noch eine geraume Zeit, bis wir aus dem Sumpf herauskommen; das Thal, in dem wir Tags zuvor haben lagern müssen, war durch den ausgetretenen Kasingeyne-Fluss unter Wasser gesetzt worden. Eine dichte Vegetation umrahmt ihn.

Dicker Nebel lag über dem Thal, als wir uns mühsam und bis über die Kniee watend, wohl eine Stunde lang hindurcharbeiteten. Aber über den am Boden hängenden Nebel hinaus erhoben Phönix-Palmen ihre eleganten Kronen, und die Morgenbeleuchtung bei aufgehender Sonne war so reizvoll, dass wir uns noch oft und gerne dieses Sumpfmarsches erinnern werden. Dann gab es wieder verschiedene Höhenzüge von 300—500 m relativer Höhe[*]) zu erklettern. In die Ufer eines reissenden Baches mussten Stufen gehauen werden, und ein Geländer aus Baumstämmen erwies sich als nöthig, um den schwerbeladenen Leuten das Hinaufklettern auf dem ölglatten Lehmboden zu erleichtern. Unser nächstes Lager schlugen wir im Distrikt Mabira in hohem Grase auf.

Alles ist hier mit einer distelartigen Pflanze von 1½ m Höhe bedeckt, die dicke Fruchtknollen oder rosa gefärbte Blüthen hat (Acanthus arboreus?)

Am Nachmittage prasseln wieder einige Gewitterregen nieder, so dass die Eingeborenen aus Furcht vor der Nässe nur wenig Lebensmittel herbeibringen. Ich höre hierbei, dass von den Anwohnern des Kagera alle Kanus bereits fortgebracht worden sind. Im schlimmsten Fall wird sich wohl eine Fähre aus aufgeblasenen Ziegenhäuten konstruiren lassen!

---

*) Ueber einen Gesteinsfund, der einem versteinerten Baumstamm täuschend ähnlich sieht, vergleiche den Anhang.

Sonnabend, den 28. April. Der Regen hat ganz unprogramm-mässig lange angehalten: Alles dampft vor Feuchtigkeit, und dabei giebt es nur wenig Brennholz. Wir sind gezwungen, bis um 11 Uhr zu warten, bis sich endlich der Häuptling Guara, ein 15jähriger Jüngling und Verwandter Kassussuras, entschliesst, etwas Lebensmittel zu bringen. Sie werden rasch vertheilt; dann marschiren wir bis zum Einbruch der Dunkelheit weiter, durch schön bebaute Thäler, über Thonschieferberge hinüber. Die Gesteinschichten fallen überall mit 85 ° ein und streichen nach Süd-Süd-West.

Unsere Wassuwi-Träger plündern hier in der frechsten Weise die Erdnussbeete ihrer Landsleute. Im Lager bei einem der Grenzdörfer Ussuwis erzählt mir ein Mann, dass der König von Ruanda von meinem Anmarsch bereits unterrichtet sei. Der Statthalter der Grenzprovinz Kissaka habe schon Anweisung erhalten, in Erfahrung zu bringen, was ich eigent-lich wolle. Er glaube natürlich, da ich mit 70 bewaffneten Wassuwi-Leuten ankäme, es handele sich um Forderungen von Seiten Kassussuras. Offenbar hat er ein schlechtes Gewissen. Afrikanische Potentaten haben immer ein schlechtes Gewissen. Auch versucht der Führer der genannten 70 Mann fortwährend mir klar zu machen, dass sein Herr die ver-schiedensten Werthobjekte von dem Herrscher Ruandas zu beanspruchen habe, vor Allem Elfenbein, Weiber und Rindvieh.

Sonntag, den 29. April. Nach achtstündigem Marsch durch Gras-steppe mit Laubwald, in der zahlreiche Elephantenfährten zu bemerken waren, lagern wir in einem anmuthigen Thalkessel beim Dörfchen Waka-hando. Um 9 Uhr hatten wir einen Nebenfluss (?) des Kasingeyne, den Ruiga, überschritten und damit das Land Karagwe betreten. Der west-liche Zipfel dieses, von anderen Reisenden hochgerühmten Landes ist recht spärlich bewohnt. Die Ursachen dieser schwachen Bevölkerungszahl sind einleuchtend, wenn man bedenkt, dass Karagwe ein Land ist, in dem fortwährend Thronstreitigkeiten in den herrschenden Wahuma-Familien be-stehen, und dass der von uns passirte Theil einen schmalen, fast ab-gesprengten Streifen bildet, der als Durchzugsgebiet bei allen Kämpfen zwischen den Wassuwi und den Wanyaruanda gedient hat und noch dient. Vorläufig hat Kassussura dort einen seiner Chefs, mit Namen Lupatagwe, eingesetzt, um einen sicheren Etappenposten zu haben; und von Seiten Karagwes, wo ein schwaches Kind, mit Namen Kaketo, der nominelle Herrscher ist, wird kein Einspruch dagegen erhoben.

Wenn ich, angesichts der Thatsache, dass bereits von anderen Reisenden treffliche Schilderungen von den Sitten und Gebräuchen der Leute von Karagwe vorliegen*), nicht näher auf dieses Land eingehe, so möge der Leser mir deshalb verzeihen, weil ich mich bestrebe, möglichst wenig von dem zu wiederholen, was berufenere Vertreter des ethnographischen Wissenschaftszweiges und bessere Beobachter bereits zu allgemeiner Kenntniss bringen konnten.

Montag, den 30. April. Während der Nacht wurden wir vielfach durch Lärm bei der Wache gestört, da unsere Maulesel sich von ihren Stricken losgemacht hatten und im Lager umherrasten. Seit langer Zeit erwachte heute wieder einmal der Jagdeifer. Zwei Nashörner gingen dicht vor der Tête der Karawane auf, sicher vor uns, denn unsere Jagdbüchsen steckten in ihren Lederfutteralen, da wir seit zwei Monaten keinem Stück Wild mehr begegnet waren. Hoch an einer Berglehne, im Distrikt Kwamba, erhoben sich die Zelte, und von hier aus zweigt sich ein Pfad ab, der zur Kagera-Fähre führen soll. Auf ihm werden wir morgen weiterziehen. Als Rekognoszirungspatrouille schickte ich Mugussagussa, Tofik, einen gewandten Träger und einen alten Mhuma-Mann voraus, eine Figur, die zu den schönsten Cooper'schen Indianergestalten gepasst haben würde; in Wakahando hatte er sich uns angeschlossen und erbot sich jetzt, uns als Führer zu dienen. Mugussagussa seinerseits hatte hier keine Ahnung mehr vom Wege und fungirte nur noch als Dolmetsch.

Dienstag, den 1. Mai. Zuerst marschiren wir in einem Thal aufwärts, an Feldern vorbei und durch Bananenhaine, in denen viele Hütten versteckt liegen. Plötzlich schwenken die Wegeführer links um, und wir müssen einen äusserst steilen Berg erklimmen. Oben angelangt, überblicken wir ein weites Grasplateau, dessen Oede an die Massaisteppe erinnert, nur mit dem Unterschied, dass hier verkrüppelte Laubbäume die dortigen Dornengebüsche vertreten.

Vom heutigen Lagerplatz aus, an dem die Karawane ausnahmsweise gut geschlossen eintraf, versuchte ich noch einmal mein Jagdglück. Mit dem Hornisten Pesa moja und dem Ombascha Hamis wadi Ismaili streifte ich lange umher und bekam 4 Nashörner zu Gesicht. Die Thiere hatten fast rothe Hautfärbung von dem lehmigen Boden, auf dem sie sich zu wälzen liebten. Ein Paar verfolgte ich zwei Stunden lang, bis es mir nach

---

*) Vgl. z. B. Stuhlmann, Mit Emin Pascha ins Herz von Afrika.

mühsamstem Klettern, Kriechen und Steigen gelang, auf 100 m Entfernung zu Schuss zu kommen. Es war hoch oben auf einem felsigen Berg. Das eine Thier stürzte getroffen zusammen, rollte, sich zweimal über-schlagend, ein Stück den Abhang hinab, kam aber wieder hoch und ging im Galopp ab. Die plötzlich eintretende Dunkelheit zwang mich, die Verfolgung aufzugeben. Total ermüdet und völlig durchnässt fand ich nur schwer den Weg zum Lager zurück, von dem aus Prittwitz bereits Signal-Schüsse abgeben liess.

Mittwoch, den 2. Mai. Steif gefroren, bei + 9,5° Celsius, brechen wir in dichtem Nebel auf. Gegen 11 Uhr erreichen wir jenseits einer Einsattelung einen Punkt, von dem aus sich ein weiter Blick nach Norden zu eröffnet. Zu unseren Füssen zieht sich das silberne Band eines grossen Flusses durch das Thal. Wir stehen am Kagera-Nil, und drüben vor uns liegen die völlig kahlen Hochflächen des sagenumwobenen Landes Ruanda.

VI. KAPITEL

Ruanda.

Wer die Geschichte der centralafrikanischen Entdeckungsreisen aufmerksam verfolgt, der wird die Wahrnehmung machen können, dass in
den meisten Ländern, die geographisch neu erschlossen werden, schon
früher, lange bevor die Kunde von der Art dieser Gebiete und ihrer
Bewohner in der wissenschaftlichen Welt Eingang fand, irgendwelche
Beziehungen zu der europäischen oder der arabischen Kultur bestanden
haben. Seit Jahrhunderten schon haben portugiesische Händler Karawanenpfade gekannt, die weit ins Innere hinein führten, und von den Sambesi-
Gebieten nach dem atlantischen Ocean und umgekehrt war sicherlich vor

Kapitel-Vignette: An der Kagera-Fähre.

langer Zeit schon der Weg gefunden worden. In Ostafrika sehen wir, dass arabischer Einfluss vorwiegend war, und dass überall hin, nach den Massai-Ländern und zum Victoria-See, nach den Nyassa-Gebieten und zum Tanganyika, von Arabern oder deren Anhängern Elephanten- und Menschenjäger ausgeschickt worden sind, um gewinnbringende Waare zu erbeuten. Jahre lang hielten sich dann die Unternehmer derartiger Raubzüge im Innern auf. Um ihre Wohnplätze herum entstanden Ansiedelungen, von denen aus eine gewisse, in ihrer Bedeutung nicht zu unterschätzende Kultur auf die Umgebung übertragen wurde. Tabora, Udjidji und namentlich die Niederlassungen am Ober-Kongo, deren Macht erst in neuester Zeit durch den Kongo-Staat gebrochen worden ist, entwickelten sich zu solchen Centren. Die Feuerwaffen, deren sich die Araber bedienten, verschafften ihnen überall Eingang und sicherten ihre Machtstellung.

Um so auffallender erscheint demgegenüber die Thatsache, dass wir gerade inmitten der von den Arabern bevorzugten Gebiete ein Land finden, dem es gelungen ist, sich ihrer Invasion vollkommen zu erwehren und sich den Ruf eines unnahbaren und gefahrenreichen Gebiets zu verschaffen.

Die eigene Kraft der Bevölkerung, doppelt wirksam, weil sie in einer beherrschenden Hand vereinigt ist, und in zweiter Linie die günstige geographische Lage haben dazu das Wesentlichste beigetragen. Gleich einer gewaltigen Hochburg, einem Pamir Inner-Afrikas, bildet Ruanda die höchste Erhebung unter den Plateaux, die sich im Westen des Victoria-Sees aufbauen. In ihm scheiden sich die Wasser, aus denen die beiden mächtigsten Ströme Afrikas hervorgehen, der Nil und der Kongo.

Ein ganzer Sagenkreis hatte sich um dieses Land im Laufe der Zeit gebildet, und Alles das, was wir darüber vorher gehört hatten, sei es aus Nachrichten, die anderen Reisenden zugegangen waren, sei es aus Erkundigungen, die wir selbst von näheren oder ferneren Nachbarvölkern eingezogen hatten, war in ausserordentlichem Masse geeignet, unsere Erwartungen auf das Höchste zu spannen.

Blättert man in den Reisebeschreibungen älterer Reisender, so sind die Angaben über Ruanda nur kurz und unbestimmt. Allgemein wurde es als ein mächtiges Reich mit hellfarbiger, tapferer Bevölkerung dargestellt. Unter den neueren Forschern haben, soweit ich feststellen konnte, nur drei über Ruanda Bemerkungen gemacht. Zunächst wird es von Stanley, der in seinem »Through the dark continent« nur wenige Erkundigungen darüber mittheilt, in seinem Werk über die Auffindung Emin Paschas erwähnt. Er erwägt, als er im Begriff steht, vom Albert Edward-See aus nach der Küste aufzubrechen, die Vortheile und Nachtheile der verschiedenen Routen, die er einschlagen kann. Der eine der Wege führt ihn nach Süden durch Ruanda hindurch zum Tanganyika. Diesen verwirft er wegen seiner Länge, unterlässt aber nicht zu erwähnen, dass, bevor der genannte See erreicht werden könne, seine Erfahrung und Geschicklichkeit auf eine scharfe Probe gestellt werden dürfte, da es bei den Arabern beinahe zum Sprichwort geworden, es sei leichter, nach Ruanda hineinzukommen, als wieder hinaus. Eine arabische Karawane sei vor 18 Jahren hineinmarschirt, aber nie von dort zurückgekehrt, und bei einer späteren Gelegenheit habe Mohamed, Tippu-Tibs Bruder, vergeblich versucht, mit 600 Gewehrträgern nach Ruanda vorzudringen.

Diese Angabe deckt sich mit einer Erzählung meines Dolmetschers Tofik. Wie im Anfang meines Berichts bereits erwähnt wurde, hatte dieser in Diensten Mohamed ben Chalfans oder Rumalisas gestanden, eines Araber-Chefs, dessen Macht die kongostaatlichen Truppen noch vor Kurzem empfindlich zu fühlen bekamen. Mit diesem war er von der Nordspitze des Tanganyika-Sees weiter nach Norden vorgedrungen und hatte nach mehreren Wochen, nach langsamen und kurzen Märschen, wie sie arabischen Karawanen eigen zu sein pflegen, ein grosses See-becken erreicht, an dessen Ufer der König von Ruanda wohnte. Rumalisa soll dessen Freundschaft zunächst durch grosse Geschenke erkauft haben, dann aber mit ihm in Streit gerathen sein. Mehrere Araber seien dabei ermordet worden, und als Rumalisa zu einem Angriff zu Wasser überging, da hätten sich die Wanyaruanda-Krieger in die Fluthen gestürzt und die feindlichen Kanus von unten angebohrt, so dass diese versanken. Jedenfalls hat Rumalisa daraufhin, trotz seiner vielen Hundert Gewehre, von weiteren Unternehmungen gegen Ruanda Abstand genommen.

An einer anderen Stelle seines Werkes erwähnt Stanley ein Gespräch, das er mit einem Manne am Albert Edward-See geführt habe. Von diesem wurden er und seine europäischen Begleiter für Vertreter der Wanyawingi, eines hellfarbigen Volksstammes, gehalten; und auf die Frage, wo denn diese Wanyawingi lebten, erhielt er zur Antwort: »In Ruanda, und Ruanda ist ein grosses Land, das sich rundherum von Süd zu Ost bis Süd-Süd-West ausdehnt. Ihre Speere sind nicht zu zählen,

10*

und ihre Bogen sehr lang. Es giebt einige Leute in diesen Gegenden, die Kabba-Rega*) nicht besiegen kann; sie leben in Ruanda, wohin sich selbst der König von Uganda nicht wagt.«

Aehnlich nebelhaft und verschwommen gestaltet sich das Bild, das wir uns aus Dr. Stuhlmanns Reisewerk »Mit Emin Pascha ins Herz von Afrika« von Ruanda machen konnten. Der Pascha war ernstlich mit dem Gedanken umgegangen, das Land zu besuchen, wurde aber dann durch Nachrichten über seine alten Soldaten aus der Aequatorial-Provinz veranlasst, den für ihn verhängnissvoll gewordenen Zug nach dem Nordwesten anzutreten. Stuhlmann erzählt von merkwürdigen Leuten, die aus Ruanda nach Karagwe gekommen wären, eine eigenartige Tracht und ein stolzes Benehmen zur Schau getragen und sich sogar geweigert hätten, ohne Erlaubniss ihres Herrn, des Königs Kigeri, Geschenke anzunehmen.

Alle übrigen Informationen endlich, die ich von weitgereisten Leuten, namentlich in Uschirombo (s. oben) eingeholt hatte, waren vollends ins Reich der Fabel zu verweisen und sind nur insofern bemerkenswerth, als auch sie die Thatsache der bisherigen, völligen Weltabgeschlossenheit Ruandas beleuchten. Nicht zum Wenigsten mag an dieser geheimnissvollen Abgeschiedenheit und an dem respektvollen Schrecken, den schon der blosse Name »Ruanda« verbreitete, der Misserfolg der sonst überall siegreich vordringenden Araber die Schuld tragen; ferner die kriegerischen Erfolge, die seine Beherrscher stets über ihre Nachbarn davongetragen haben; und endlich der Umstand, dass Mirambo, der einstige Schrecken des inneren Ostafrika, und dann die Schaaren nach Norden vordringender Zulustämme an den Grenzen Ruandas hatten Halt machen müssen.

Dazu kamen dann die Berichte eingeschüchterter oder verlogener Händler, Gerüchte von einem Berge, dem unter Donnern Feuer und Rauch entströmen und der einen rothen Schein weithin über das Land verbreiten solle; kurz, all' dies war dazu angethan, den Grund zu einer Mythenbildung zu geben, bei der die lebhafte Phantasie der Neger allerdings in der weitgehendsten Weise mitspielte. Fabeln von zahllosen Amazonenheeren, von Zwergen mit langen Bärten, auf deren Schultern sich der Landesherr umhertragen lasse und dergleichen mehr, fanden ein gläubiges Publikum. Mugussagussa z. B., der ganz entschieden der

---

*) Der Beherrscher von Unyoro.

Wahuma - Typen.

Kategorie der Aengstlichen und nicht der der Verlogenen zuzurechnen war, erzählte allen Ernstes, es gäbe in Ruanda einen Volksstamm, dessen Angehörige ganz schwache Beinchen und riesige Köpfe hätten, so schwer, dass sie öfters das Gleichgewicht verlören und hinpurzelten. Um sich dann wieder aufrichten zu können, bedürften sie der Hülfe Anderer; und um stets in solchen Fällen freundliche Helfer herbeirufen zu können, trüge Jeder eine Flöte bei sich.

Nächst diesen Ausgeburten der Negerphantasie wären noch Angaben eines dritten Europäers zu erwähnen, die freilich bereits von weit nüchterner Art sind, uns jedoch damals nur zum Theil bekannt waren und unsere Neugierde daher kaum abgeschwächt haben. Ihr Urheber ist Dr. O. Baumann, der auf seinem Zuge durch Urundi einen Abstecher von wenigen Tagen über den Akanyaru-Fluss nach Norden machte und auf diesem Wege zwar nicht das Innere Ruandas, aber doch eine unter der Oberhoheit des Kigeri stehende Grenzprovinz berührt hat. Anfangs freundlich aufgenommen, war er zum Schluss genöthigt, zu den Waffen zu greifen, weil der Ortschef ihn ohne vorherige Erlaubniss seines Oberherrn nicht wieder aus dem Lande hinauslassen wollte. Besonders fiel ihm der reine Wahuma- (Watussi)-Typus auf, ferner die vorzüglich angelegten Kulturen, im Gegensatze zu Urundi, und ein grosser Reichthum an Rindvieh.

Mit den also geschilderten Vorkenntnissen über Land und Leute von Ruanda ausgestattet, langten wir am 2. Mai 1894 auf den Höhen am Südufer des Kagera-Nils an, und der Leser wird es begreiflich finden, wenn wir erwartungsvoll genug den Ereignissen der nächsten Tage entgegensahen.

Da, wo wir der Wasserfläche zuerst ansichtig wurden, drängen sich die schmutzig braunen Fluthen durch einen felsigen Engpass hindurch und bilden zwei Wasserfälle von ca. 5 m Höhe. Auf dem diesseitigen Ufer reicht der Laubbusch bis an das von Papyrus bestandene Ueberschwemmungsgebiet heran, in dem einige vereinsamte Palmen stehen. Der Fluss mag bei seinem damaligen Wasserstande 250 m breit gewesen sein; doch sind davon höchstens 35 m auf die freie, nicht verschilfte Wasserfläche zu rechnen. Drüben steigt das Land zuerst sanft an und trägt einige ärmliche Hütten; bald aber wird die Steigung stärker, und das nun beginnende Hochplateau präsentirte sich uns zunächst wie der Wall einer Riesenfestung, oben fast geradlinig abgeschnitten und gänzlich baumlos.

Zwei Stunden vor unserer Ankunft am Fluss waren wir bereits Mugussagussa begegnet, der die überraschende Meldung brachte, dass am anderen Ufer eine harmlose, überdies von Hungersnoth heimgesuchte Fischerbevölkerung lebe, die ihre Fährboote, ausgehöhlte Baumstämme, gutmüthig zur Verfügung stellen würde. Tofik war gleich drüben geblieben und suchte noch mehr Kanus beizutreiben, denn die beiden vorläufig vorhandenen trugen zusammen nur vier Lasten und ebenso viel Leute.

Im Laufe des Tages erhöhte sich die Zahl der Kanus auf fünf, so dass am Vormittage des 4. Mai der Uebergang des gesammten Expeditionskorps beendet war.

Dieses Uebersetzen in schwanken Einbäumen ist für ungeübte Leute nicht ohne Gefahr. An den Ein- und Ausladestellen wurden kundige Unterführer postirt, die dafür zu sorgen hatten, dass Lasten und Leute im Kanu in geeigneter Weise vertheilt waren, um dessen Gleichgewicht nicht zu gefährden. Selbstverständlich hatte ich für das Uebersetzen der verschiedenen Abtheilungen eine genaue Reihenfolge vorgeschrieben, derart, dass zuerst ein Zug Askari überging, um für alle Fälle einen Punkt am jenseitigen Ufer, sowie die Kanus festzuhalten; sodann folgten die Träger, dazwischen wir Europäer, und der zweite Zug Askari gegen Mittag des zweiten Tages. Den Schluss bildeten die Askari des dritten Zuges und das Vieh. Maulesel und Rinder wurden hinten an die Kanus angebunden und schwammen hinüber, während das Kleinvieh gefesselt in den Fahrzeugen verstaut werden musste.

Die lange Wartezeit vertrieben wir uns mit Ausflügen flussauf- und abwärts. Wir fanden, dass der Fluss von Nilpferden förmlich wimmelte, denen die Eingeborenen mit Fallgruben und schweren, an Bäumen aufgehängten Harpunen nachstellen. Bei einem mehrstündigen Marsch stromaufwärts fand Kersting die oben erwähnten Wasserfälle. An Flugwild ergab die Jagd: wilde Gänse, Enten, Rebhühner, einen schwarzen Reiher und eine grosse, grau und schwarze Eule.

Es war ein merkwürdiger Zufall, dass ich gerade in dem Augenblick, als ich den Fuss in das Kanu setzte um überzufahren, den auf lange Zeit letzten Gruss von europäischer Seite erhielt. Ein Bote aus Uschirombo, ein hübscher, junger Mhuma, der das Kreuz der Mission am Halse trug, kam athemlos an das Ufer gestürzt und überreichte mir ein Packet Briefe. Leider war es keine Post aus der Heimath, sondern nur ein freundlicher Gruss von P. Capus nebst einem Schreiben aus

Tabora. In dem letzteren theilte mir der deutsche Stationschef Sigl mit (als Antwort auf einen Brief, den ich bereits von Irangi aus nach Tabora geschickt hatte), dass er seit drei Monaten keine Nachrichten von der Küste habe, und dass in Folge dessen auch für uns keine Post angekommen sei. Er schickte ferner die erbetenen Auszieher für unsere Mausergewehre mit und sprach die Hoffnung aus, uns bei unserer Rückkehr in Tabora begrüssen zu können.

Mit dem Betreten des linken Kagera-Ufers waren wir auf dem Boden von Ruanda angelangt, denn seit kurzer Zeit ist aus dem früher selbstständigen Lande Kissaka eine unterworfene Provinz geworden. Der eingeborene Häuptling, Lavikinga, wurde verjagt, und die arme Fischerbevölkerung am Fluss wird fortwährend von den Statthaltern des Königs ausgeraubt.

Noch an demselben Nachmittag erschien der erste dieser Chefs im Lager, ein langer, gut gewachsener Mhuma mit Namen Mdugu, in seinen Gesichtszügen unserem Somali Elmi auffallend ähnlich.

Anders wie die stets bewaffneten Wassuwi, kamen er sowohl, wie seine Begleiter unbewaffnet. In freundlichster Weise erbot er sich, mir den Weg zu seinem auf dem Plateau liegenden Wohnsitz zu zeigen und mir durch seine Leute einen Theil der liegenbleibenden Lasten hinaufschaffen zu lassen. Die von Kassussura gestellten Leute wurden nämlich hier abgelohnt, wobei es sich herausstellte, dass sich 35 Mann dem Empfangen der versprochenen Stoffe während der Nacht durch Flucht entzogen hatten. . . . Unbegreiflich, aber wahr!

Während des Marsches am 4. suchte ich zu verschiedenen Malen von Mdugu Aufschlüsse über die Gesinnung seines Herrn zu erhalten. Er drückte sich indessen sehr unbestimmt und diplomatisch aus und verrieth mir eigentlich nur so viel, dass er selbst unter dem Ober-Manangwa (Statthalter) Kavahigi von Kissaka stünde und ferner, dass Kigeri nicht der Name, sondern der Titel des Königs von Ruanda sei. Der jetzige Kigeri heisse Luabugiri.

Der Anstieg zum Plateau, dessen aufgewulsteten Rand die Dulenge-Berge bilden, war ausserordentlich ermüdend. Als wir jedoch oben am Hauptdorf angelangt waren, da eröffnete sich uns nach Süden zu eine prachtvolle Aussicht auf das Thal des Kagera-Nils. Gerade zu unseren Füssen bildete der Fluss eine verschilfte, seeartige Erweiterung; in südöstlicher Richtung, etwas oberhalb unserer Uebergangsstelle, bemerkte man das einmündende Thal eines Nebenflusses, der als Ruvuvu bezeichnet wurde. Der grössere Kagera kam direkt von Westen her und sollte oberhalb unseres Standorts den Nyavarongo und den Akanyaru in sich aufnehmen. Auch von Bergen im fernen Norden mit Donner und Feuerschein wussten Mdugus Leute zu erzählen, nur gingen ihre Angaben über deren Entfernung stark auseinander. Frug ich nach dem Kigeri, so hiess es einmal, er wohne an einem grossen See im Nordwesten, den man Kivu nenne, dann wieder, er wohne am Fusse der Virunga-Berge; von meinem Kommen aber wisse er noch nichts. Das Letztere erschien uns schon damals durchaus unwahrscheinlich, und der Verlauf unseres Weitermarsches bestätigte auch unsere Vermuthung. Schon bei Mdugu begannen die Wanyaruanda mit einer Politik des Hinhaltens meines Vormarsches, aus der gar bald eine gewisse Unsicherheit über den Zweck meines raschen und unangemeldeten Eindringens in ihr Land, verbunden mit Neugierde auf Seiten des Kigeri, herauszufühlen war. Später wird hierauf noch zurückzukommen sein.

Volle 2½ Tage gebrauchte Mdugu, um 40 Leute zum Tragen zusammenzubringen; doch zeigte er sich im Uebrigen recht freigebig und liess eine Menge von Ziegen und Bananen herbeischaffen.

Man wird leicht begreifen, dass unsere Empfindungen über diesen offenbar beabsichtigt freundlichen Empfang an den Grenzen Ruandas ziemlich gemischter Art sein mussten. Denn wenn der Mythus von der Unnahbarkeit des Landes wirklich so rasch geschwunden war, so war es mehr als wahrscheinlich, dass nichts von Allem, was uns dieses als ein so begehrenswerthes Ziel hatte erscheinen lassen, auf Thatsachen beruhen werde. Vielleicht gab es gar keinen See im Lande, so gross, dass man viele Tage gebrauchte, um ihn zu durchfahren, vielleicht war auch der Feuerberg nur ein Märchen, der Phantasie irgend eines Karawanenmannes entsprungen! — Auf der anderen Seite verhehlten wir uns nicht, dass wir, gesund, kräftig und leidlich bewaffnet, wie wir waren, recht gern einmal unsere Stärke mit einem ernsten Gegner gemessen hätten. Es erschien uns immer unbegreiflicher, weshalb auf anderen Reisen der Patronenverbrauch im Vergleich zu dem unsrigen so gross gewesen war. Und so bedauerten wir fast das unterwürfige Benehmen der Manangwas König Luabugiris.

Gleichwohl konnten wir uns mit dem Gedanken zufrieden geben, dass gerade dieses freiwillige, unerwartete Eingehen der Landesbewohner

auf unsere Wünsche die Aussicht auf ein ungestörtes und weniger mühe-
volles Reisen eröffnete; und das war gerade in einem Gebirgslande doppelt
hoch zu schätzen, wo für das Auge prächtige Naturschauspiele zu erwarten und für die Wissenschaft die wichtigsten hydrographischen und
orographischen Fragen zu lösen waren. Und ferner: war ein Land, wie
Ruanda, einmal bestimmt, unter deutsche Herrschaft zu kommen, so
konnten wir uns nur freuen in dem
Gedanken, dass seine Bewohner
gleich in den ersten Vertretern der
weissen Rasse überlegene und dabei friedfertige Menschen kennen
lernen würden.

Wie ich bereits bemerkte, war
über den wahren Aufenthaltsort des
Kigeri vorläufig nichts Sicheres zu
erfahren; auch die Angaben über
den Kivu-See waren äusserst unbestimmt, und nur über das Vorhandensein der Virunga-Berge war
bald Gewissheit zu erlangen. Ich
konnte demnach die nordwestliche
Marschrichtung, die wir seither verfolgt hatten, im Grossen und Ganzen
beibehalten.

Schon am ersten Tage betraten
wir ein von den bislang durchzogenen Gebieten völlig verschie-
denes Land. Wir befanden uns auf

Tänzerin aus Ruanda.

einer fast baumlosen Hochebene,
1700—1800 m über dem Meeresniveau. Diese wird von einer grossen
Anzahl, zum Theil sehr schroff abfallender Schluchten nach verschiedenen
Richtungen hin durchschnitten, wie sie die Gewalt der Wasserläufe allmählich in den Boden eingerissen hat. Die Hauptthäler verlaufen meri-
dional. Die zwischen dem Schluchtengewirr stehen gebliebenen Schollen
müssen sich aus der Vogelperspektive wie einzelne Würfel mit stark gerundeten Kanten ausnehmen; oben sind sie ganz flach, und man hat von
ihnen einen weiten Ueberblick.

Die dunklen Hänge, sowie der Grund einer solchen Schlucht und die Einsattelungen sind meist mit üppigen Bananenhainen oder Feldern von Sorghum, Bohnen und Erbsen bedeckt, zwischen denen zahllose Rundhütten zu sehen sind. Oben auf den Hochflächen wächst niedriges Gras, inmitten dessen eine gelbe Komposite (Gnaphalium?) in solchen Mengen vorkommt, dass das ganze Land gelb gefärbt aussieht. Hier und da ragt aus dem schieferigen Boden eine Kandelaber-Euphorbie oder ein anderer grossblätteriger Wolfsmilchbaum empor, und in der Nähe der Behausungen begegnet man häufig dem Rindenstoffbaum, einer Ficusart, aus deren breitgeklopftem Bast die Wanyaruanda, ebenso wie die Waganda und andere Völker, den Stoff für ihre Kleidung herstellen. Neben den Hütten, die vielfach an der Vorderseite eine Umzäunung haben, sind ausserdem Kürbis- und Tabakbeete angelegt. Vieh sah man weniger, als wir erwartet hatten: auch hier schienen Seuchen geherrscht zu haben.

Die zahlreiche Bevölkerung hatte ihre Behausungen verlassen und strömte in Schaaren an unseren Weg heran; deutlich war überall die ureingesessene Negerbevölkerung von den herrschenden Wahuma zu unterscheiden.

Wir waren fortwährend Gegenstand der begeistertsten Ovationen. Die Männer warfen sich zur Begrüssung vor uns auf die Erde, klatschten in die Hände und führten Tänze auf; die mit Ziegenfellen bekleideten und oft nicht unschönen Weiber drängten sich in die vordersten Reihen, schoben die Männer bei Seite und stiessen ein schrilles Geschrei aus. Wenn die Begeisterung in dieser Weise angehalten hätte, so wäre unser Marsch ein wahrer Triumphzug geworden. Aber schon nach wenigen Tagen wurde es anders. Die Bevölkerung drängte sich zwar immer noch neugierig heran, verhielt sich aber ehrfurchtsvoll schweigend, und ich möchte daraus, dass sich gleich von Anfang an die vornehm thuenden Wahuma nie an den allgemeinen Freudenäusserungen persönlich betheiligten, den Schluss ziehen, dass wir anfänglich als eine Art von Befreiern von deren Herrschaft angesehen wurden, dass aber bald, bei dem straffen, einheitlichen Regiment, das dieses Land charakterisirt, von oben herab Ruhe geboten wurde.

Mehrfach hatten wir Gelegenheit, die Gehöfte einiger Wahuma-Gutsherren aus der Nähe zu beschauen, wobei uns eine höchst kunstvolle Pallisadirung aus Palmrippen und Bastseilen besonders in die Augen fiel.

Am zweiten Tage nach unserem Abmarsch von den Dulenge-Bergen wurde bei unfreundlichem Wetter der Kibaya-Bach erreicht, der jetzt ein 50 m breites Papyrusdickicht unter Wasser gesetzt hatte. Zu den Strapazen des Emporklimmens auf steilen und schlüpfrigen Bergpfaden gesellten sich die Schwierigkeiten einer Sumpfpassage, so dass Mensch und Vieh oftmals stecken blieben.

Oben auf der jenseitigen Höhe zeigte man uns, allerdings abseits von unserer Marschrichtung gelegen, die Hütten des »grossen« Kavahigi, dem die Provinz Kissaka unterstellt ist. Er liess uns ersuchen, doch nicht in der Nähe seiner Gehöfte zu lagern; er habe eine Anzahl von Frauen und Sklavinnen des Kigeri in seiner Obhut und fürchte dessen Zorn, wenn diesen ein Leid geschähe.

Wahuma-Hütte in Kissaka.

Da ich seinen Wunsch ganz begreiflich fand und zudem gar keine Lust verspürte, bei dem anhaltenden Unwetter von unserem Wege abweichend einen Umweg zu machen, so lagerten wir oben auf der Höhe, wohl zwei Kilometer vom Hauptort entfernt und erwarteten hier den Besuch Kavahigis. Leider hatte Mugussagussa durch thörichtes, furchtsames Benehmen bei der Verhandlung mit einem der Abgesandten des Manangwa das Gerücht hervorgerufen, dieser wolle uns mit Waffengewalt entgegentreten; wie unbegründet es war, ihm diese Energie zuzumuthen, zeigte sich bald, als er selbst mit grossem Gefolge unser Lager besuchte und einen die Höhe unseres grossen Zeltes fast erreichenden Berg von Bananen und Bataten (süssen Kartoffeln) vor uns anhäufen liess. Dazu kamen noch 30 Ziegen und — als werthvollste Gabe — 30 Lasten Brennholz. Denn es hatte den ganzen Morgen geregnet; die Leute froren auf der nach allen Seiten den Winden ausgesetzten Höhe sehr empfindlich, und Holzbestände gab es nirgends im Lande. Die dortigen Eingeborenen lehrten uns, getrocknete Grasbüschel zum Feuermachen zu verwenden, verkauften aber das wenige, von weither herangeschleppte und mühsam gesammelte Holz nur zu hohen Preisen. Fortan bildete die Beschaffung von Feuerungsmaterial eine der Lebensfragen für die Expedition.

Kavahigi selbst ist ein schön gewachsener, noch junger Mann von edlem, fein geschnittenem Gesichtstypus, ganz heller Hautfarbe und kurzem, schwarzen Kinnbart. Sein Benehmen war ausserordentlich lebhaft; gewandte, ja elegante Manieren zeichneten ihn aus. Er trug ein langes, togaartig um die Schulter geworfenes Gewand von dunkelblauer Färbung. Die Art und Weise, mit der er eine Mütze von gleich gefärbtem Stoff zu tragen wusste, erinnerte uns an die Darstellungen alt-assyrischer Königsgestalten. Am linken Arm trug er wenigstens 100 Stück ganz feiner Kupfer- oder Messing-Armbänder, und an jedem dieser Ringe hing eine blaue oder weisse Glasperle. Bei dem Gespräch, das wir mit ihm führten, fiel uns besonders der melodische Tonfall der Landessprache, des Kinyaruanda, auf; viele Worte werden nämlich fast singend ausgesprochen, und die Betonung ein und desselben Wortes scheint je nach dessen Bedeutung oder Stellung im Satzbau zu wechseln. So z. B. hörte ich oft den Titel Luabugiris »Kigéri«, »Kígeri«, oder auch »Kigerí« mit der Betonung auf der Endsilbe aussprechen. Den Kagéra-Nil nennen die Leute von Kissaka abwechselnd Kagéra, Kágera oder Kagerá. Mein Dolmetscher Tofik, der lange Zeit mit Rumalisa in Urundi zugebracht hatte, verstand das Kinyaruanda ganz gut, und auch von Anderen wurde mir die Sprache als eine Art Kirundi-Dialekt bezeichnet. Schon ein Vergleich weniger Wörter des Kinyaruanda mit den gleichen Wörtern im Kisuaheli zeigt uns, dass wir es hier mit einem Bantu-Idiom zu thun haben.

Ich lasse deshalb nachstehend eine Reihe gesammelter Vokabeln folgen:

Deutsch:	Kisuaheli:	Kinyaruanda:
Mann	mtu	umútu
Männer	watu	avÁntu
dieser Mann	mtu huyu	umúnt-huyu
Frau	mke	mgole
Frauen	wake	wagole
essen	kulia	kuria
ich esse	ni na-kula	ndi kondalia
wir essen	tu na-kula	tulikoturalia
Herr	bwana	mtware

Deutsch:	Kisuaheli:	Kinyaruanda:
ich	mimi	sewe
du	wewe	wewe
wir	ssissi	twewe
Ohr	ssikio	kútwi
Ohren	massikio	mátwi
Feuer	moto	mliro
Messer	kisu	mbanda
Regen	mvua	imvura
Stern	nyota	inyota
Jahr	mwaka	mwaka
Gott	mungu	imana
Zauberer	mganga	watschwesi
Wind	pepo	imbeho
1	moja	ímwe
2	mbili	ibiri
3	tatu	itatu
4	inne	inne
5	tano	tano
(6?) 7	ssaba	itandato
8	nane	manana
9	kenda	ischenda
10	kumi	ikumi
11	kumi na moja	ikumi na imwe
ich gehe	na kwenda	ndikonda-genda
geh!	twende	tu gende
kaufen	ku-nunúa	ku-gura
Sorghum	mtama	masaka
Rind	ngombe	inka
Huhn	kuku	inkoko
Ziege	mbusi	mpenne
Schaf	kondoo	mtama
Schafe	kondoo	intama
Vater	baba	data
Mutter	mama	koío
Morgens	assubúi	mukitondo
Abends	ussiku	isoro
morgen	késcho	ésso
heut	leo	ugumusi
nein	hapana	ð-yá
ja	indio	núk
guten Tag	yambo	uvakéye

Auch soll die Sprache mit dem Kinyoro Vieles gemein haben. Dagegen ist von hamitischem Element, von einer Ursprache der Wahuma, nur noch wenig zu finden: die einwandernden Eroberer haben sich — wie in so manchen ähnlichen Fällen — in sprachlicher Hinsicht den Eingesessenen untergeordnet.

Nach längerer Unterhaltung empfahl sich Kavahigi mit dem Versprechen, mir am folgenden Morgen 20 Träger zu stellen. Mehr Leute brauchte ich damals nicht mehr, denn ich hatte den Inhalt von ca. 30 Lasten auftheilen lassen und auf diese Weise die Verpflegungsgelder auf mindestens zwei Monate im Voraus ausgegeben. Dieses Aufräumen mit den Lasten hatte ich angeordnet, um nicht fortwährend von der grösseren oder geringeren Bereitwilligkeit der einzelnen Häuptlinge, mir Träger zu stellen, abhängig zu sein, und um so schnell marschiren zu können, als es mir beliebte. Allerdings riskirte ich bei der bekannten Verschwendungssucht der Neger, dass die Meisten nicht einen, geschweige denn zwei Monate mit ihrem »Poscho« auskommen würden. Und gerade hier war die Versuchung, Ausgaben zu machen, besonders gross, denn vielfach wurden uns Kinder von 5—8 Jahren im Preise von 24 Ellen Baumwollstoff zum Kauf angeboten.

Am nächsten Morgen verstrich wieder eine lange Zeit, bis Kavahigi die versprochenen 20 Mann zusammengebracht hatte. Er hielt sich für verpflichtet, mir bis zum nächsten Lagerplatz, der bereits in einer anderen Provinz lag, das Geleit zu geben und zog mit einer grossen Schaar von langen Wahuma-Jünglingen hinter uns her. Völlig erschöpft erreichte der verweichlichte und des Gehens ungewohnte Mann unser Lager, zog sich aber sogleich in eine nahe Hütte zurück, um sich zu erholen, und zeigte sich nicht mehr unseren Blicken.

Die Provinz, in der wir uns damals befanden, wird von einem nahen Verwandten des Kigeri, mit Namen Kaware, verwaltet; die Grenzgebiete dieser beiden Provinzen zeichnen sich durch weit ausgedehnte Bananenpflanzungen aus, so dass einige meiner Leute Vergleiche mit Uganda anstellten, die aber in Folge der gesunden, fieberfreien Höhenluft zu Gunsten Ruandas ausfallen mussten.

Ein tüchtiger Tagemarsch führte uns in die Nähe des Herrensitzes Kawares. Er selbst war abwesend und, wie man uns mittheilte, zu wichtigen Berathungen zum Kigeri berufen worden. Seine Behausung lag am Südende eines langgestreckten, schmalen Seebeckens, Mohasi genannt, an dessen Ufern wir während der folgenden Tage entlang marschirten.

In Ruamagana, einer der vielen Residenzen des Grosskönigs, wo ebenfalls ein Harem unter strenger Bewachung gehalten wird, erhielt die Karawane ganz unerwartet einen interessanten Zuwachs. Als Statthalter regierte hier ein Sohn des Kigeri, Schirangawe mit Namen, ein junges, aufgewecktes Bürschchen von 10—12 Jahren. Geistig schon fertig entwickelt, war er sich trotz seiner Jugend seiner Würde völlig bewusst. Sein Körperbau war auffallend zart, und aus einem kleinen Kopf blickten ein Paar unverhältnissmässig grosser, kluger Augen.

Kersting und ich kehrten gerade von einer Jagdpartie auf Wasserwild vom Mohasi-See zurück, als Schirangawe sich uns vorstellte. Mit kindlicher Neugierde besah er die innere Einrichtung unseres Zeltes und erklärte dann, uns den Weg zu seinem Vater zeigen zu wollen. Er hatte offenbar seine bestimmten Instruktionen erhalten, aber welcher Art diese gewesen sein mögen, ist uns nie recht klar geworden. Da er versicherte, dass wir Luabugiri nicht allzu weit von dem Feuerberge, dessen Existenz nunmehr von Allen auf das Bestimmteste behauptet wurde, finden würden, so ersuchte ich ihn, uns zunächst zu diesem zu führen.

Er willigte ein, hat aber im Verlauf der Reise fortwährend versucht, mein Vorrücken zu verlangsamen. Zu diesem Zwecke gebrauchte er allerhand Vorwände und erklärte an einem Tage, vor uns gäbe es auf Stunden weit kein Wasser; am nächsten Tage wurde er angeblich selbst krank, und dann wieder versuchte er uns klar zu machen, dass sein Vater ihn tödten würde, wenn wir ihm keine Zeit liessen, in ausreichendem Masse für unsere Marschverpflegung zu sorgen.

Sein temperamentvolles Wesen gefiel uns allmählich ganz gut. Stundenlang konnte er in unserem grossen Zelte sitzen und den Klängen einer Spieldose lauschen, und täglich musste Tofik, mit dem er enge Freundschaft geschlossen hatte, ihn ermahnen, sich endlich zu empfehlen und die weissen Männer nicht länger zu stören. Auf den Märschen und beim Lagern wahrte er auf das Nachdrücklichste seine Stellung als Sohn des grossen Kigeri. Rücksichtslos wurde jeder einigermassen kräftige Landmann, der sich neugierig am Wege sehen liess, von seinen Begleitern eingefangen, um uns oder ihm Trägerdienste für den betreffenden Tag zu leisten, und manchmal griff er selbst mit zu und züchtigte Widerspenstige mit einem Stock, der länger war als er selbst.

Ebenso rücksichtslos wurde in der Nähe des Platzes, auf dem wir unser Lager aufschlugen, für ihn Quartier gemacht. Die Bewohner der gewählten Behausung mussten hinaus, und Schirangawes Reisegepäck, zwei Matten und ein grosser, schön geflochtener, oben im Deckel spitz zulaufender Korb, wurden hineingebracht. Während dann seine Begleiter alles nicht sorgfältig versteckte Vieh requirirten, sah er zu, wie unsere Zelte aufgeschlagen wurden.

Dieses Requisitionssystem wurde von der Landbevölkerung, den Wahutu (Hörige), wie sie von den Wahuma genannt zu werden pflegt, mit ziemlichem Gleichmuth hingenommen. Die Leute suchten nur zu

flüchten, aber zu einer ernsten Gegenwehr, gegen die langen, mageren und unbewaffneten Wahuma konnten sich die kräftigen Ackerbauer niemals entschliessen. Wie wir später sahen, mussten sie sich glücklich preisen, nur den Sohn des Kigeri und nicht diesen selbst bei sich zu sehen.

Ich fühlte mich vorläufig nicht berufen, in diese Landessitten irgendwie einzugreifen. Schirangawe sorgte meist dafür, dass für jede Last zwei Mann verfügbar waren und bat mich, meinen Soldaten zu verbieten, die Leute zu schlagen. Im Allgemeinen war sonach der Dienst der Letzteren

Schirangawes Reisekorb.

leicht und nach 1—2 Tagen wurden sie beschenkt von mir entlassen.

An diesem systematisch betriebenen Träger- und Ziegenfang betheiligten sich — vermuthlich aus rein sportlichem Interesse — zwar alle die jungen Begleiter Schirangawes, neben diesen aber fungirten einige fremdartig aussehende, kräftige Gestalten mit besonderem Abzeichen, das in einem ledernen Stirnband mit nach hinten zurückgestrichenen langen Affenfellhaaren bestand, in offizieller Weise als Gensdarmen. Diese Leute werden allgemein »Batwa« genannt und bilden eine Art Elite-Polizeikorps im Lande. Jedem Statthalter und jedem kleinen Distriktschef stehen mehrere dieser Polizisten zur Verfügung, und wir konnten konstatiren, dass sie in so vorzüglicher Weise die Ordnung unter dem Volk aufrecht erhielten, wenn dieses in dichten Massen unser Lager umdrängte, wie nur irgend ein Berliner Schutzmann in ähnlichen Fällen.

Auf solche Weise gelangten wir ziemlich schnell vorwärts, immer nach Nordwesten zu, wo das Land mehr und mehr gebirgig wurde und wo an klaren Vormittagen endlich die langersehnten Virunga*)-Berge hoch über den Wolken sichtbar geworden waren. Das war zum ersten Male am 11. Mai im Lager bei Kawares Residenz der Fall gewesen, von wo aus man in der Ferne die Spitze eines Kegelberges in Richtung Nord - 40° - West bemerken konnte. Einzelne Beobachtungen glaube ich im Folgenden noch genauer ausführen zu müssen.

Ruamagana, den 12. Mai. Auf dem heutigen Marsch beunruhigte mich die Wegerichtung einigermassen, denn wir gingen fortwährend genau westlich, passirten ein versumpftes, nach Süden verlaufendes Thal und lagern jetzt ca. 6 Kilometer südlich eines Zipfels des schmalen Mohasi-Sees. Nach Angaben unserer Führer soll dieser im Nyavarongo, dem erwähnten Nebenfluss des Kagera-Nils, einen Abfluss haben. Andere bestreiten das, und auch mir scheint für die letztere Behauptung die ganze Konfiguration des Geländes zu sprechen, obwohl die betreffenden Niveau-Unterschiede**) der ersten Annahme nicht zuwiderlaufen.

Schirangawe macht unbestimmte Aussagen über den Aufenthaltsort seines Vaters. Sollte dieser mir ausweichen wollen, so marschire ich zunächst, unbekümmert um ihn, auf den westlichsten der Vulkane zu. Ob Schirangawe schon morgen mitkommt, ist höchst unsicher; ich habe mir deshalb selbst einen Wegeführer verschafft, in der Person eines Mannes, der im Lager mit Hühnern Handel getrieben und sich dabei mit einer Beschwerde an mich gewendet hatte. In der That stellte es sich heraus, dass zwei Träger ihn bestohlen hatten. Die corpora delicti wurden zurückerstattet, die beiden Uebelthäter erhielten je 25 Hiebe, der Mann aber wurde ersucht, bei uns zu bleiben, um uns zum Dank für die empfangene Genugthuung morgen zu führen.

Auf den Weiden bemerken wir heute zahlreiche Rinderheerden (Sanga-Rinder mit riesigen Hörnern). Unten am See wimmelt es von Enten, Gänsen, Reihern und Ibissen. Stachelschweine müssen, den vielen umherliegenden Stacheln nach zu urtheilen, hier sehr häufig sein.

---

*) Bisher Mfumbiro-Berge genannt, obwohl mit Ufúmbiro nur der östlichste der Kegel bezeichnet wird, während die Wanyaruanda die ganze Kette durchweg »Virunga« nennen.

**) Der Spiegel des Mohasi-Sees wurde auf 1460 m Höhe über dem Meere, der des Nyavarongo auf 1370 m, und der des Kagera, da, wo wir ihn überschritten, auf 1330 m mit Hülfe von Aneroïden und einem Siedeapparat von Fuess (Berlin) bestimmt.

11*

Nachdem schon um 2 und um 4 Uhr Regenschauer niedergegangen waren, setzt jetzt am Abend abermals schlechtes Wetter ein. Für die Nacht werden drei Wachtposten ausgestellt: zwei Mann zur Bewachung der eingeborenen Träger, der dritte beim Vieh, das jetzt stets in dem nächsten Gehöft untergebracht werden muss, da es uns an Holz mangelt, um einen Kraal zu bauen.

Kischadi, den 13. Mai. — Der seit gestern anhaltende Regen veranlasste uns, erst am Nachmittag aufzubrechen. Vorher haben die eingeborenen Träger einen Fluchtversuch gemacht und fünf sind auch in der That entkommen. Schirangawe stellte mir Ersatzmänner. Im Lager wird durch Umpacken einer Proviantkiste, eines Patronenkoffers und durch Freimachen eines fast leeren Verbandkastens die Zahl der Lasten abermals um drei vermindert. Der Gesundheitszustand in der Karawane ist ausgezeichnet, unter den Landesbewohnern aber scheinen viel Augenentzündungen vorzukommen, wohl eine Folge des Feuerns mit Gras oder grünem, stark qualmendem Holz.

Am Mohasi-See, den 14. Mai. Heute gelangten wir nach längerem Marsch, erst bei Nebel und dann bei sengender Sonnengluth, auf einem nach beiden Seiten steil abfallenden Höhenrücken wiederum an den See, der nach vorläufiger Schätzung mindestens 30 Kilometer lang sein muss. Mit seinen vielen Zungen und einspringenden Buchten gleicht er an Gestalt dem Vierwaldstätter See.

Die Bevölkerungsdichtigkeit ist hier ausserordentlich gross. Für das Vieh wird hier sehr gut gesorgt, denn verschiedentlich sahen wir schöne Tröge zum Tränken der Rinder in den Lehmboden hineingearbeitet. Schirangawe ist uns gefolgt; er schenkt mir einen weissen Stier, 35 Schafe, Butter und Brennholz. Die aufgereihten Knochen, die er als Halsschmuck trägt, sollen von Leoparden herrühren.

Kibara-Lager, den 15. Mai. Wir haben unser voriges Lager erst um 2 Uhr verlassen, weil ich den Vormittag zu einer Fahrt auf dem See benutzen wollte. Das kleine Faltboot trug Kersting und mich ganz vorzüglich. Wir ruderten über das nur 800 m breite Wasser hinüber, nahmen Lothungen vor (10 m) und erlegten einen Pfauenkranich, sowie mehrere Taucherenten. Die Fahrt war uns ein herrlicher Genuss: man athmete auf dem glatten, freundlichen Spiegel dieses Bergsees ordentlich auf, nachdem man seit Monaten, abgesehen von den braunen Fluthen des Kagera, nichts als schmutzige Wassertümpel zu Gesicht bekommen hatte.

Schirangawe, der Sohn des Kigeri.

Auch heute lagern wir wieder am Mohasi, aber hoch über ihm, in prächtiger Gebirgsgegend, die fast Erinnerungen an Oberbayern wachrufen kann. Leider störte uns noch am Abend ein heftiger Streit zwischen dem Ombascha Hamis und seiner Frau Hassina in der friedvollen Betrachtung der schönen Abendlandschaft. Das zärtliche Paar, dessen bessere Hälfte die durchgegangene Sklavin eines Sansibar-Arabers war, ward schliesslich dadurch getrennt, dass der Gatte für diese Nacht auf Wache geschickt wurde.

Ich interpellire Schirangawe wegen des Gerüchts von Amazonenheeren in Ruanda und erfahre, dass die Frauen ihre Männer allerdings oft auf Kriegszügen zu begleiten pflegen, aber keineswegs selbst am Kampfe theilnehmen. »Gerade wie in Deiner Karawane,« meint er.

Von weiterem Interesse ist die Nachricht, dass der grosse Nyavarongo zweimal von uns überschritten werden muss, wenn wir die Virunga-Berge erreichen wollen, und von einer Höhe aus hat uns Schirangawe eine seeartige Wasserfläche in der Ferne gezeigt, wo der Nyavarongo mit dem Akanyaru zusammenfliessen soll. Die Frage bleibt offen, ob der Kagera aus Nyavarongo und Akanyaru entsteht, oder ob beide nur als Nebenflüsse anzusehen sind, und zwar als Nebenflüsse des Wasserlaufes, den wir von den Dulenge-Bergen aus zu unseren Füssen erblickt hatten.

Lager am Nyavarongo, den 18. Mai. Von einer hohen Bergkette herabsteigend sehen wir im leichten Nebel ein breites Flussthal, in dem sich der Nyavarongo in den kühnsten Windungen durch ein ausgedehntes Sumpfgebiet hindurchschlängelt, im Allgemeinen nord-südliche Richtung einhaltend. Wir passiren einen grossen Bestand von blühenden Kandelaber-Euphorbien und richten uns an einem bananenbedeckten Seitenthal für den morgigen Uebergang ein. Zwei grosse, 12—15 Mann fassende Kanus sind vorhanden. Schirangawe erhält zur Feier des Tages einen rothen Mantel als Geschenk. Am Ufer steht Thonschiefer an; die Schichten streichen Nordnordost—Südsüdwest und fallen mit 60° nach Westsüdwest ein. Das Wetter ist anhaltend gut.

Kuyugense, den 23. Mai. Wir lagerten noch immer am Nyavarongo; denn es war Hoffnung vorhanden, Gewissheit über den Aufenthalt des Kigeri zu erhalten. Ich habe Mugussagussa mit einigen Eingeborenen auf Kundschaft ausgeschickt. Da er aber noch nicht zurück ist, so beabsichtige ich, morgen, sehr zum Aerger Schirangawes, den Vormarsch in nordwestlicher Direktion fortzusetzen.

Der Flussübergang hatte bei der Grösse der Kanus nur den Vormittag des 19. beansprucht; dann folgten für uns genussreiche Jagdtage, da sich Wasserwild jeglicher Art im Sumpfgebiet des Nyavarongo tummelte. Bei der geringen Tiefe des Flusses (4—5 m) trieben die Fährleute das Fahrzeug mit langen Stangen lautlos vorwärts, und so betrug die Strecke am ersten Tage 31 Stück Wasserwild, darunter 2 Arten wilder Gänse, 4 Arten Enten, ferner Strandläufer, Beccassinen, Pfauenkraniche, schwarze und weisse Ibisse etc.

Ein mächtiges Krokodil, auf das Prittwitz und ich auf 80 m Entfernung Feuer gaben, verschwand schleunigst im Wasser.

Wir waren so glücklich, unseren Jagdeifer nicht mit nachfolgendem Fieber büssen zu müssen, aber das Umherwaten im Sumpf bis an die Kniee und im Wasser bis an die Brust hatte doch den Doktor veranlasst, uns wieder Chinin zu verordnen. Ich führe dies nur deshalb an, um auf unsere Mässigkeit auch im Chininverbrauch hinzuweisen, und weil ich Menschen in den Tropen kennen lernte, die sich einbildeten, ohne mindestens eine tägliche Dosis Chinin überhaupt nicht gesund bleiben zu können. Bei uns gehörte der Genuss von Chinin ebenso zu den Ausnahmen, wie der Genuss von Alkohol.

Ausser durch diese Jagdausflüge suchte man sich die Wartezeit noch anderweitig zu vertreiben. Durch eine roh ausgeführte Routenkonstruktion konnte ich feststellen, dass der Mohasi-See mindestens 55 Kilometer lang sein musste. Ferner gab uns die Nachricht, dass wir den Nyavarongo noch einmal überschreiten sollten, dass dieser also wahrscheinlich weit südlich entspringt und einen mächtigen Bogen nach Norden macht, viel Anlass zur Besprechung der hydrographischen Verhältnisse Ruandas. Der Nyavarongo scheint nach übereinstimmenden Aussagen von der Grenze Urundis herzukommen. Als Quelle wird der Berg Kuruhuhe angegeben. Wenn wir daneben seine Wassermenge hier oben im Norden, jetzt, wo der Wasserstand ein tiefer, höchstens ein mittlerer war, mit der des Kagera-Nils an unserer Uebergangsstelle verglichen, so konnten wir glauben, dass der alte Fährmann, der uns über den Nyavarongo überfuhr, am Ende ganz im Recht sein mochte, wenn er den Fluss gar nicht »Nyavarongo«, sondern »Kagera« nannte.

Muagissense, den 24. Mai. Als wir heute in nordwestlicher Richtung weiter vordrangen, überraschte uns ein auffallender Wechsel in der uns umgebenden Natur. Durch wundervoll bebautes Land, über Berghänge,

Der erste Uebergang über den Nyavarongo.

deren Erklimmen nur selten mit Schwierigkeiten verbunden gewesen, durch endlos erscheinende, tief dunkle Bananenhaine und dann wieder über saftige Wiesen waren wir bisher vorgedrungen. Die Dichtigkeit der Bevölkerung, die wohlbestellten Bohnenfelder mit grossen Reisern, welche die Stelle der Bohnenstangen vertraten, dann wieder Sorghumpflanzungen, in denen Vogelscheuchen — Nachbildungen bogenschiessender Männer — aufgestellt waren, all' dies hatte unsere Bewunderung hervorgerufen. Jetzt standen wir auf einmal vor mächtigen Bergketten, deren Kuppen dicht

Landschaft in „Nord-Ruanda.

in Wolken gehüllt waren und deren Hänge ein tiefes Schwarz als Färbung zeigten. Es bedurfte nur geringer Phantasie, um anzunehmen, dass die in den Wolken verborgenen höchsten Spitzen von Schnee bedeckt seien und wir uns inmitten der herrlichsten Hochgebirgslandschaft befänden. Die silbernen Streifen von Giessbächen und Wasserfällen verstärkten diesen Eindruck. In solcher Gegend, wo man selbst durch das packende Landschaftsbild für die mühevollen Strapazen des Kletterns entschädigt wird, bedauert man unwillkürlich den armen Neger, dem derartige Eindrücke völlig fremd sind, dem jeglicher Sinn für Naturschönheit abgeht. Einen Trost für sein rein materielles Empfinden konnte er hier wenigstens in der Wahrnehmung finden, dass grosse Heerden auf den Hochweiden zu sehen waren, und dass selbst an den steilsten Hängen Feldbau betrieben wurde, was die Eingeborenen durch Anlage künstlicher Böschungen ermöglichten, wie es bei uns in den Weinbergen geschieht. Es sah aus, als seien die Felder gleich riesigen Treppenstufen über einander aufgebaut.

Wir überschritten auf einem 2130 m hohen Pass die Indisi-Kette, wobei wir in Schluchten emporklettern mussten, in denen sich einsam stehende Dracaenen besonders malerisch ausnahmen. Am Boden lag viel reiner Glimmer in thalergrossen Stücken umher. Oben auf der windigen Kammhöhe rasteten wir ¹⁄₂ Stunde lang, und der Blick schweifte zurück auf ein regelloses Bergland und auf dichte Wolken, die uns zu Füssen schwebten.

Vor uns erhob sich eine neue Bergkette wie ein riesiger Wall, und auf den Abhängen erblickte man überall lodernde Flammen und dicke Rauchwolken von brennenden Dörfern. Schirangawe erklärte triumphirend, das sei sein Vater, der die Abgaben der Einwohner eintreibe und die Widerstrebenden bestrafe. Neben Schirangawe aber wehte die schwarz-weiss-rothe Flagge und winkte so den ersten, drohenden Gruss der Civilisation hinüber zu den Vertretern der rohen Barbarei. . . .

Messer der Wanyaruanda.

VII. KAPITEL.

Der Kigeri.

Es waren ereignissvolle Tage, denen wir entgegengingen, reich an Hoffnungen und Erwartungen. Mugussagussa war zu uns zurückgekehrt, nachdem er am Hoflager des Kigeri sehr gnädig empfangen worden war. Wunderbarer Weise hatte er dort den alten Mhuma mit dem Indianergesicht wiedergesehen, der sich uns damals in Karagwe anschloss, um uns an den Kagera zu führen; es bestätigte sich somit, dass wir es mit einem Spion und Kundschafter des Königs zu thun gehabt hatten.

Zwischen der Bergkette, von der aus wir am 26. Mai die Anwesenheit des Kigeri festgestellt hatten, und dessen derzeitigem Wohnsitz lagen noch verschiedene tief eingeschnittene Thäler, die wir unmöglich in einem oder zwei Tagen durchmessen konnten. Ein mehrstündiges, halsbrecherisches Hinabklettern auf felsigem Gebirgspfad brachte uns wiederum an den Nyavarongo, der hier von Süden nach Norden fliesst. Schirangawe versuchte, mich abermals mit allen möglichen Ueberredungskünsten zu veranlassen, am folgenden Tage noch nicht überzugehen, so dass ich neuer-

Kapitel-Vignette: König Luabugiri von Ruanda.

dings auf die Vermuthung kam, er habe eindringlichere Anweisungen in diesem Sinne erhalten. Der arme Junge war auch schliesslich ganz unglücklich und soll bittere Thränen vergossen haben, als ich trotzdem befahl, den Uebergang zu beschleunigen. Aber jedes Zögern wäre gerade jetzt, unter den Augen Luabugiris, durchaus unangebracht und für unser Ansehen äusserst nachtheilig gewesen.

In Anbetracht der frühen Stunde, zu der am anderen Morgen mit dem Einschiffen begonnen werden sollte, begaben wir uns früh zur Ruhe und lagen schon um 9 Uhr in festem Schlaf. Ungefähr um 10 Uhr wurde ich plötzlich durch den Gefreiten der Wache, Juma Ngosi, geweckt, der mit dem Ruf: »Der Himmel brennt, Herr!« in mein Zelt gestürzt kam. Ein freudiger Gedanke durchzuckte mich: »Der Vulkan!« Aber dann, beim Ankleiden — denn es war eine bitterkalte Nacht — dachte ich enttäuscht an das Brennen und Sengen des Kigeri, der sein Werk wohl auch bei Nacht fortsetzen mochte.

Ich trat aus dem Zelt heraus, und fast hätte ich einen lauten Freudenruf ausgestossen; denn diese leuchtende, glühende Röthe am Himmel rührte nicht von brennenden Hütten her! Eine andere, weit mächtigere Feuerquelle musste dort vorhanden sein, und jeder Zweifel, dass die Virunga-Berge noch thätige Vulkane seien, musste angesichts dieses Naturschauspiels schwinden. Der westlichste der Kegel, Kirunga tscha gongo genannt, schien in voller Ausbruchsthätigkeit zu stehen. Ich weckte sofort Prittwitz und liess das Alarmsignal für die Askari durch das Lager ertönen. Von allen Seiten stürzten diese herbei, bekleidet oder unbekleidet, wie sie waren, nur mit Gewehr und Munition versehen, und dann zeigte ich den erstaunt blickenden Leuten den Schein am Himmel und erklärte ihnen, dass wir nun endlich unser Ziel, nach dem wir seit Monaten strebten, in greifbarer Nähe vor uns hätten. Dann kommandirte Prittwitz: »Ganzes Bataillon kehrt! Wegtreten!« Wir Drei aber drückten uns noch die Hand; und bald war das Lager wieder in tiefe Stille versunken. Nur unten vom Thal herauf drang das ferne Rauschen des Nyavarongo an unser Ohr.

Ebenso flott, wie das erste Mal, vollzog sich auch am folgenden Morgen der zweite Uebergang über den hier 30—40 m breiten Fluss. Es war deutlich zu sehen, dass die Mannschaft bereits auf das Manöver eingeübt war. Infolgedessen brauchten wir uns nur wenig um das Ein- und Ausschiffen zu bekümmern und konnten auch hier für die Versorgung

Unterhäuptling aus Ruanda.
(Wahutu-Typus.)

unserer Küche mit Wildenten und Gänsen ein Uebriges thun. Bei unserer Rückkehr zum Lager fanden wir den Uebergang beendet: wir nahmen noch unsere Mittagsmahlzeit ein, dann ging es wieder hinauf in die Berge.

Dieses Mal waren wir von einer nach vielen Hunderten zählenden Menge von Wilden begleitet, die abseits vom Wege neben uns herliefen und trotz hohen Grases und felsiger Passagen gleichen Schritt mit uns zu halten wussten.

Der Lagerplatz, den ich für die Nacht auswählte, war von der dunklen Bergkette, an deren Abhängen wir die brennenden Behausungen gesehen hatten, nur noch durch den reissenden Satinye-Bach getrennt. Oben auf dem Kamm aber konnte man jetzt mit dem Fernglase deutlich einen Komplex von einigen grossen Rundhütten unterscheiden: die augenblickliche Residenz Luabugiris.

Der Abend verstrich ohne besonderen Zwischenfall; die Mannschaften sassen frierend um die kleinen, aber zahlreichen Feuer herum, aus denen, in Folge des schlechten Brennholzes, ein ausserordentlich dicker und augenbeizender Qualm aufstieg. Während wir Europäer es kaum eine Minute lang an diesen Feuern ausgehalten haben würden, schien der Rauch merkwürdiger Weise auf die Leute wenig Eindruck zu machen, obwohl er sicherlich der Grund der zahlreichen Augenentzündungen war, die in diesen Wochen in der Karawane auftraten. Der Koch und mein Diener Swedi waren davon befallen worden und hockten traurig vor dem Küchenzelt. Auch mein anderer Zeltdiener, Isa, konnte nur schwer seine gute Laune wiederfinden. Er hatte sich trotz strengen Verbots vor circa acht Tagen für einige Ellen Stoff eine Sklavin gekauft, und auf dies Vergehen stand, wie schon erwähnt wurde, strenge Strafe, weil sonst der Tross meiner Karawane bald ins Unendliche angewachsen wäre. Isa hatte demgemäss beim Abendappell die verdienten 25 Peitschenhiebe erhalten.

Am folgenden Morgen — es war der 29. Mai — fanden wir uns wieder in dicken Nebel eingehüllt. Die Zelte trieften vor Feuchtigkeit und lasteten durch ihr vermehrtes Gewicht schwer auf den Trägern, die schon durch die steilen und dabei überaus schlüpfrigen Wege mühsam genug vorwärts kamen.

Auf halber Höhe, am Ende eines langgestreckten Bergrückens, liess ich noch einmal ein Lager beziehen, bevor wir zum Kigeri hinaufstiegen, weil Schirangawe gar so flehentlich bat, ihn doch vorauseilen zu lassen, damit er seinem Vater von uns erzählen könne. Ich hielt es diesmal für richtig, seinen und der Abgesandten Bitten zu willfahren, weil es mir nur zu Statten kommen konnte, wenn Luabugiri aus dem Munde seines Sohnes von unserer Macht sowohl, als von unseren friedlichen Absichten Kenntniss erhielt.

So kletterten wir denn erst am nächsten Tage den steilen Abhang zum Hauptkamm des Gebirgszuges empor. Wieder war es kalt und regnerisch. Ein eisiger Wind fegte über die Berge hin, und die Nebelmassen, die aus den Thalschluchten emporgejagt wurden, verhüllten unseren Blicken ein sicherlich prächtiges Hochlandspanorama.

Der Gebirgskamm, auf dem wir jetzt standen, an 2300 m über dem Niveau des Meeres, war keineswegs felsig, wie wir anfangs geglaubt hatten. Er bestand oben aus einer fortlaufenden Reihe niedriger, abgerundeter Kuppen, auf denen üppiger Graswuchs gedieh. Auf einer dieser Kuppen sahen wir beim Näherkommen eine Anzahl sauber gebauter, grosser Rundhütten mit glatt geflochtenen Einfriedigungen.

Auf der Kuppe vorher liess ich noch einmal Halt machen, weil Schirangawe uns entgegenkam und mir mittheilte, sein Vater sei noch nicht bereit, uns zu empfangen. Mir war das nicht unlieb. Je mehr Zeit dem Kigeri blieb, um so interessanter musste sich, wie ich annahm, das Schauspiel gestalten, das uns bevorstand; denn der prächtige Empfang und die Truppenaufstellung bei Kassussura von Ussuwi waren uns Allen noch lebhaft in Erinnerung. Um wie viel grossartiger musste, mit jener verglichen, die Umgebung des weit mächtigeren Luabugiri sein!

Auffallend war es allerdings, dass wir hier nur wenige Leute, schlechtbewaffnete Wahutu, gewahrten, die durch ihre Haltung und ihr Aeusseres in Nichts die Nähe des Grossherrn ahnen liessen.

Schliesslich ward uns doch die Zeit zu lang; ich bat Prittwitz und Kersting mit mir zu kommen, stellte zwei Züge Askari an die Tête, und unter Paukenschlag ging es über einen freien Platz vor dem Hauptgehöft hinüber auf die Eingangspforte los.

Wir sind eben im Begriff, von unseren Mauleseln abzusteigen, als uns eine merkwürdige Gestalt entgegentritt: ein hochgebauter Mann, gleich imponirend durch seine Körpergrösse, wie durch seine geschmackvolle Tracht. Die mächtigen Glieder sind überreich mit Perlenschnüren geschmückt; nur die Hüften umhüllt ein fein gegerbtes Fell.

Dieser Riese — offenbar eine Art Seneschall oder Ceremonienmeister — tritt auf mich zu und bedeutet mich mit gebieterischer Ge-

berde, indem er mit einem weissen Stab zur Erde zeigt, Halt zu machen.
Als ich ihn lächelnd ansehe und an ihm vorüber reite, malt sich sprach-
loses Erstaunen auf seinen Zügen. Als dann gar noch einige meiner
Leute in lautes Lachen ausbrechen, eilt er in grossen Sätzen wieder in
den Hofraum zurück, um seinem Herrn diese unerhörte Missachtung
seiner Autorität zu melden.

Inzwischen sind wir abgesessen und haben den Hofraum betreten,
den wir zu unserem Erstaunen völlig leer von Menschen finden. Nirgends
zeigen sich geschmückte Krieger oder Musikanten, nur draussen sammelt
sich eine schlecht bewaffnete Volksmenge an und gafft neugierig meine
Träger an, die die Weisung erhalten haben, ausserhalb der Pallisaden
zu bleiben. Mit uns sind die Askari und Diener in den Hofraum ein-
marschirt und haben sich zu beiden Seiten des Hofthors aufgestellt.

Im Innern tritt der erwähnte Ceremonienmeister abermals auf mich zu,
diesmal aber in Begleitung eines Kollegen, der ihn an Körpergrösse
noch überragt. Unsere dargebotenen Hände werden unter Zittern erfasst, dann verschwinden die beiden Enakssöhne wiederum in einer
grossen, ganz neuen und wohlgeflochtenen Rundhütte.

Ich weiss in der That nicht, ob uns mehr ein Staunen über diese
riesenhaften, an die Märchen- und Sagenwelt gemahnenden Gestalten
bewegte, oder das Gefühl des Komischen angesichts des eigenthümlichen
Kontrastes, der zwischen der körperlichen Riesenhaftigkeit und der
scheuen Angst dieser Naturkinder lag, die an hoheitsvolles Befehlen
gewöhnt waren und nun plötzlich ganz fremdartigen, ihre Würde völlig
ignorirenden Wesen gegenüberstanden.

Wir lassen uns unterdessen unsere Feldstühle bringen und setzen
uns, umgeben von den Dienern, gerade vor dem hochgewölbten Eingang nieder.

Nach einer Weile treten noch mehrere Würdenträger aus dem Innern
der Hütte heraus, und schliesslich erscheint, gebückt wegen der geringen
Höhe der Eingangswölbung, zögernd und scheu auf uns blickend, der
gefürchtete Kigeri selbst.

Ein niedriger Schemel, völlig mit rosa und weissen Glasperlen be-
stickt, wurde vor ihn hingestellt, und schwerfällig liess sich der Riese auf
ihm nieder. Schirangawe kauerte sich zu seiner Rechten und Tofik, der
eine gewisse Aengstlichkeit heute nicht zu verbergen vermag, zu seiner
Linken auf den mattenbedeckten Boden.

12*

Während einige Krüge Pombe*) vor dem Kigeri zurechtgestellt werden, haben wir Musse, ihn und seine Umgebung genauer zu mustern.

Luabugiri und seine nächsten Verwandten sind sicherlich den grössten Menschen zuzuzählen, die es unter der Sonne giebt, und würden, nach Europa gebracht, ausserordentliches Aufsehen erregen. Wir hatten schon öfters Gelegenheit, die Körperlänge der Wahuma zu betonen; aber, während im Allgemeinen die Angehörigen dieses Hirtenvolkes hager und oft erschreckend dürr von Gestalt zu sein pflegen, fanden wir hier wundervoll proportionirte und volle Körperformen. Die Hautfarbe ist ein ganz lichtes Braun, dem durch sorgsames Einfetten ein heller Glanz verliehen wird. Das einzige, für Ruanda übrigens charakteristische Kleidungsstück dieser Riesen besteht in einem wunderbar fein und weich gegerbten, langen Streifen von Ziegenfell, der zweimal um die Hüften herumgeschlungen wird, und von dem vorn mehrere braun und weisse Schnüre bis fast auf den Boden herabhängen.**) Der Hüftschurz des Königs war nahezu gänzlich von Perlenstickerei in äusserst geschmackvoller Farbenanordnung, weiss, roth und blau, bedeckt. Amulette um den Hals, sowie zahllose fein geflochtene Armspangen und Knöchelringe vervollständigten die Bekleidung. Das Haupthaar war fast wegrasirt, nur ein wulstiger Kamm, ähnlich der Raupe auf den alten bayrischen Helmen, war auf dem Kopf stehen geblieben.

Luabugiris Gesichtszüge waren von eigenthümlicher Schönheit. Um die Stirn trug er einen Kranz von grünen Blättern, und sein sinnlich blickendes Auge, sowie ein grausamer, um den Mund spielender Zug erinnerte unwillkürlich an die Köpfe gewisser römischer Cäsaren. Seine Bewegungen waren schwerfällig, und der ganzen Gestalt merkte man es an, dass sie des Gehens fast gänzlich entwöhnt war und meistens getragen zu werden pflegte.

Wir warteten ruhig ab, bis Luabugiri, seiner Gewohnheit getreu, angefangen hatte, mit Hülfe einer dünnen Röhre Pombe zu saugen; dann begannen wir ein ceremonielles Gespräch, das Jener des Oefteren unterbrach, um sein Erstaunen über unsere weisse Hautfarbe durch grunzende Töne auszudrücken. Er wollte mehrere Male unsere Knie besehen, da es ihm nicht glaublich erschien, dass unser ganzer Körper gleichfarbig sei.

*) In diesem Fall ein Gebräu aus Bananen.
**) Siehe vorige Abbildung.

Sein Sohn Schirangawe war, als er uns zum ersten Male gesehen, weit weltmännischer in der Aeusserung seiner Verwunderung gewesen. Galanterweise hatte er uns damals sogar gesagt: wenn in unserem Lande die Frauen eine ebenso weisse Farbe hätten und eine solche käme nach Ruanda, so würde man sie »auf den Händen durch das ganze Land tragen.«

Man sieht, dass der junge Mann unbewusst der Civilisation schon ein gutes Stück näher gerückt war, als seine Landsleute. Sein grosses Verständniss und Interesse für Alles, was er von europäischer Kultur bei uns sah, und sein aufgeweckter Sinn machen es wahrscheinlich, dass es bei einer künftigen Besetzung des Landes von Vortheil sein würde, wenn er dereinst Nachfolger Luabugiris werden könnte. Ohne Feindseligkeiten und Proteste ist jedoch seine Nachfolge in der Regierung schwerlich zu erwarten. Luabugiri, der noch im besten Mannesalter steht, besitzt nämlich die recht achtbare Zahl von 90 Kindern. Während unserer Anwesenheit sass Schirangawe ganz demüthig geduckt zu seines Vaters Füssen; er athmete sichtlich auf, als ich mich zum Gehen anschickte und die Forderung stellte, mir einen guten Lagerplatz zu zeigen.

Die nächste der erwähnten runden Hügel-Kuppen erschien zu diesem Zwecke geeignet, und bald waren wir dort auf das Beste installirt.

Bisher hatte regnerisches Wetter geherrscht; jetzt aber zerriss ein frischer Wind die Nebeldecke und die Strahlen der Sonne beleuchteten ein herrliches Bergland.

Von unserem grossen Zelt aus konnten wir bei weit zurückgeschlagenen Zeltthüren in ein grosses Thal mit sauber gehaltenen Bauernhöfen und saftigen Bananenhainen hinabschauen, und es erschien uns höchst merkwürdig, dass Luabugiri gerade die höchste und unwirthlichste Höhe seines Landes erwählt hatte, um sich eine neue Residenz darauf zu erbauen.

Offenbar hatten wir ihn mitten in dieser Bauthätigkeit überrascht, denn die ganze Anlage war noch neu und zum Theil unfertig. Die Schilfstengel, aus denen man sein Wohnhaus erbaut hatte, waren noch fast grün, und das wenige Gefolge, das er hier oben um sich versammelt hatte, schaffte sich erst in den Tagen unserer Anwesenheit sein Unterkommen. Die Hütten wurden jeweils an den Stellen, wo sich Schilf oder Holz fand, gleich geflochten und so, in fertigem Zustande von 20—50 Mann, die von innen und aussen gleichzeitig zufassten, auf

den Berg hinaufgeschafft. Aus der Ferne gesehen, glichen diese
wandelnden Dächer riesigen Schalthieren mit zahllosen Extremitäten.

Um Luabugiris Vertrauen zu stärken, beschloss ich ihn nochmals
aufzusuchen, und zwar mit grossem Gefolge in Festgewändern, wie damals
bei Kassussura in Ussuwi. Es lag mir daran, so viel als möglich über
das Land zu erfahren, aber der König selbst wandte sein Interesse so
ausschliesslich unserer Person und unserer Ausrüstung zu, dass wenig
genug von ihm zu erfahren war. Als er uns dann seinerseits im Lager
aufsuchte, wurde er vollends neugierig wie ein Kind und schien auf unsere
Kosten Witze zu machen, über die sein Gefolge jedesmal in pflicht-
schuldiges Lachen ausbrach.

Seine Bekleidung war bei dieser Gelegenheit eine andere als bisher:
er trug diesmal eine Art Diadem mit Perlenstickerei, das oben mit langen,
weissen Affenhaaren besetzt war; vom unteren Rande dieses Stirnbandes
aber hingen eine Menge Perlenschnüre über das Gesicht herab, so dass
er kaum hindurchsehen konnte. Das Gesicht erschien nicht mehr so
aufgedunsen und hatte etwas Indianerhaftes an sich. Seinen verwöhnten
Körper schützte er vor dem wieder unaufhörlich niederströmenden Regen
durch Stoffe, die er aus Karagwe erhandelt haben mochte.

Seine baumlangen Verwandten — der Längste von ihnen war Kaware,
dessen Provinz wir an den Ufern des Mohasi-Sees durchzogen hatten —
benahmen sich bei diesem Besuch ziemlich ungenirt, so dass mir schon
damals die Vertraulichkeit etwas zu »dick« wurde. Luabugiri selbst aber,
der Gefürchtete, Blutige, zeigte sich uns bald von einer ganz anderen Seite.

Im Besitze einer despotischen Allgewalt, an die nach der Aussage
von Landeskundigen selbst Ugandas Macht nicht entfernt heranreichen
soll, hatte er es nicht für nöthig befunden, sich mit einer schützenden
Kriegsmacht zu umgeben. Von der Beschaffenheit und Wirkung der
Gewehre hatte er noch keine Vorstellung, und so schwand denn die
Furcht vor dem Fremdartigen, die ihm seine von jeglicher Kultur noch
unberührte Wildheit anfangs eingegeben hatte.

Er trug sich alsbald mit dem Gedanken, möglichst ausgiebigen
Nutzen von den ungebetenen, fremden Gästen zu erzielen. Kaufmännische
Ideen begannen in ihm lebendig zu werden, und er beschloss deshalb,
mit seinen Gastgeschenken eine abwartende Haltung einzunehmen. Die
7 Krüge Pombe und 44 Ziegen, die gleich nach unserer Ankunft überbracht worden waren, reichten noch nicht annähernd für unseren Bedarf

und waren überdies im Vergleich zu der Macht des Gebers ein ganz erbärmliches Geschenk. Zu kaufen gab es aber auf diesen kahlen Höhen hier oben nichts, und so war ich denn, wollte ich noch länger bei dieser interessanten Residenz verweilen, auf den Kigeri angewiesen.

Auf mein mehrfaches Ersuchen um Lieferung von Lebensmitteln liess er die Antwort ertheilen, er sei es gewohnt, zuerst zu empfangen und dann zu geben, ein Princip, von dem er um so weniger abweichen wollte, als er wohl von seinem Sprössling Schirangawe allerhand über die Menge der von mir mitgeführten Schätze gehört haben mochte.

Das Hin- und Herparlamentiren zog sich noch einen ganzen weiteren Tag hin, so dass meine Leute anfingen, unruhig zu werden. Sie schickten eine Deputation von Unterführern zu mir, die mich durch Bitten zum Nachgeben zu bewegen suchten. Natürlich gab ich nicht nach und machte der Abordnung klar, dass unsere Position, selbst im Falle kriegerischer Verwickelungen, eine durchaus günstige und überlegene sei. Dem Araber Abdallah, der sich am Furchtsamsten benahm, musste ich noch besonders deutlich auseinandersetzen, dass er ein ganz jämmerlicher Feigling sei. Er that auch, als nähme er sich diesen Vorwurf sehr zu Herzen, denn er kam später heimlich zu mir in mein Zelt, um mir feierlichst und in echt arabischer Uebertreibung zu erklären: »Ich bin nicht feige; denn wenn Du mir befiehlst, Herr, meine Hand in ein Feuer zu halten, so thue ich es unverzüglich.« Ob der Treffliche wohl jemals von einem gewissen Mucius Scävola gehört haben mochte!

Wenn ich vorhin von möglichen kriegerischen Verwickelungen sprach, so lagen diese vorläufig noch in weitem Felde. Freilich würde eine Salve auf die kaum 500 m von uns entfernt liegende Residenz genügt haben, um den Kigeri in unsere Hände zu bringen, und wer weiss, ob uns nicht die tyrannisch unterdrückte Landbevölkerung als Befreier jubelnd begrüsst haben würde!

Sodann aber gab es noch eine schwache Seite in dem Gefühlsleben auch dieses mächtigsten afrikanischen Potentaten: das war sein Aberglaube und im Besonderen seine Scheu vor dem unheimlichen Feuerberge in seinem Lande.

Meine gelegentlich geäusserte Absicht, diesen zu besteigen, hatte er mitleidig belächelt: nun schien ein günstiger Zeitpunkt gekommen zu sein, ihm unsere Macht über den »Feuerzauber« unmittelbar vor Augen zu führen.

Zwei gewöhnliche Leuchtraketen, die ich am Abend emporsteigen liess, genügten schon, ihn gefügiger zu machen. Zwei Abgesandte erschienen, um sich im Namen ihres Herrn besorgt zu erkundigen, was ich denn vorhätte; zugleich versprachen sie Verpflegung und Gestellung von Trägern für den folgenden Tag. Am Morgen besuchte uns Schirangawe noch ein Mal, um sich die zu erwartenden Gegengeschenke anzusehen; und dann, gegen Mittag, meldete sich eine neue Gesandtschaft mit 2 Rindern, 64 Ziegen und 29 Trägern. Die Beziehungen waren somit wieder angeknüpft und wurden noch besser, als mir auf meine Gegengaben hin noch zwei mächtige Elephantenzähne und eine Milchkuh überwiesen wurden.

Dann rüsteten wir zum Abmarsch. Denn einmal übte der Vulkan mit seinem allabendlich erglühenden Feuerschein eine erklärliche Anziehungskraft auf uns aus, und ferner litten meine Leute auf dem windigen Gebirgskamm ausserordentlich unter der feuchten Kälte.

Immerhin schieden wir nicht ohne Bedauern von dem Ort. Hatten sich auch die vielen zum Theil grotesken Erzählungen über den Kigeri als phantastische Gebilde erwiesen, so hatte doch die Erscheinung dieses mächtigen Potentaten in ihrer ganzen Ursprünglichkeit einen starken Eindruck auf uns gemacht.

Luabugiri ist eine der letzten Säulen der alten, innerafrikanischen Despotenherrlichkeit. Seine ererbte Nomadennatur hat er sich erhalten, und als echter Beherrscher eines Volkes, das einst ein Hirtenleben führte, zieht er noch heute — wie im frühen Mittelalter die deutschen Könige — im ganzen Lande umher, lebt nie länger als zwei Monate an ein und demselben Orte und baut sich alljährlich neue Residenzen.

Ob es Absicht von seiner Seite oder Zufall war, dass wir oben im Hochgebirge mit ihm zusammentrafen, weiss ich nicht zu sagen. Jedenfalls gab die wildromantische Natur des Berglandes einen äusserst pittoresken Rahmen ab, aus dem sich die Riesengestalt dieses Bergkönigs fast märchenhaft grossartig in unserem Gedächtniss abhebt.

Ehe ich nun über unseren Weitermarsch berichte, sei es mir gestattet, noch einige allgemeine Angaben aus meinen Notizen über Land und Leute von Ruanda hier anzufügen.

*　　*　　*

Ruandas Geschichte ist dunkel und sagenhaft. Die Hauptschwierigkeit, auf die man bei allen Erkundungen nach früheren Zeiten und Ereignissen stösst, ist das mangelnde Verständniss der Eingeborenen für Zeitbegriffe. Wir erfahren so zwar von grossen Wanderungen hamitischer Völker aus Abessinien und den Galla-Ländern, die mit zahllosen Heerden grosshörniger Rinder nach Südwesten zogen und sich die Länder zwischen den grossen Seen unterwarfen. Ob aber diese Umwälzungen 200, 500 oder 1000 Jahre zurückliegen, wird sich sehr schwer oder gar nicht feststellen lassen.

Ein mächtiges Reich, Kitara, von dem schon Speke erzählt, hat jedenfalls bestanden. Sein Mittelpunkt ist ungefähr im heutigen Unyoro zu suchen. Die dort herrschende Dynastie nannte sich die Wakintu, von denen auch die Könige von Uganda ihre Herkunft ableiten. Und wenn wir nun aus den alten Sagen der Waganda hören, dass der erste Kintu von Norden her kam, dass er in allen seinen Massen eine übermenschliche Erscheinung war,[*] müssen uns da nicht unwillkürlich die riesigen Gestalten des Kigeri und seiner Grossen in den Sinn kommen, dieser Leute, die in ihrer äusseren Erscheinung so ganz anders sind, als die Bewohner des Landes, das sie beherrschen, und die mit ihren Körpermassen in unsere heutige Zeit gar nicht mehr zu passen scheinen?

Ferner hören wir von drei Herrschern vom Geschlecht der Ruhinda, von denen der Erste die Länder Karagwe und Mpororo, der Zweite Ihangiro, der Dritte Ussuwi besass. Ruhinda von Ussuwi, den wir bereits in einem früheren Kapitel erwähnten, dehnte seine Eroberungen nach Süden bis auf die Wassumbwa-Staaten aus. Urundi, das im Westen an Ussuwi grenzt, fiel dem Geschlecht der Mwesi zu.

Alle diese Staaten sind aber im Laufe der Zeit mehr oder weniger zerfallen, sei es durch Aussterben der Herrscherfamilien, sei es durch gewaltsame innere Umwälzungen oder Angriffe von aussen her. Nur Ruanda hat unter der Herrschaft des Geschlechts der Wahinginia[**] seine Machtstellung nicht nur nicht eingebüsst, sondern vergrössert sie noch jetzt von Jahr zu Jahr.

Ob es einst einen Theil des Reiches von Kitara bildete, oder ob es unabhängig neben diesem bestand, ob ferner die Ahnherren des Kigeri zu den Ruhinda und Wakintu in verwandtschaftlichen Beziehungen

---

[*] Vergl. Dr. C. Peters »Die deutsche Emin Pascha-Expedition«.
[**] Nach anderen Nachrichten auch »Waschambwa«.

standen, muss dahingestellt bleiben. Luabugiris Vater hiess Mtara. Bei seinem eigenen dermaleinstigen Tode wählen die Grossen des Landes einen Nachfolger unter seinen Angehörigen: zu unserem Bedauern aber erfuhren wir, dass die Aussichten unseres Freundes Schirangawe, unter seinen 89 Geschwistern als Thronfolger erkoren zu werden, sehr schlechte seien. Vielmehr bezeichnete uns der Kigeri selbst seine rechten Brüder Rubega und Lutavagisch als muthmassliche Thron-Kandidaten.

Dass die Verwandten des Herrschers vielfach als Statthalter im Lande umher sitzen, wurde bereits festgestellt; die übrigen Wahuma bekleiden die Stellungen von Unterchefs, oder sie leben als Besitzer von Gehöften und kleineren Gütern lediglich der Viehzucht.

Neben dieser herrschenden Klasse finden wir als grosse Masse die seit uralten Zeiten angesessene, ackerbauende Landbevölkerung, die Wahutu, einen Bantunegerstamm, der früher verschiedene Ländchen bewohnte und demgemäss verschiedene Namen führte, wie z. B. die Wakiga in der heutigen Provinz Lukiga, die Wakissaka in der Provinz Kissaka*).

Den Flächeninhalt des heutigen Ruanda kann man auf 15 bis 20 000 Quadratkilometer schätzen. Als Landesgrenze nach Osten zu muss man den Lauf des Kagera-Nils bezeichnen, im Süden betritt man beim Ueberschreiten des Kagera, beziehungsweise des Akanyaru das Gebiet von Urundi. Nach Westen zu erstreckt sich Luabugiris Machtbereich bis über den Kivu-See und den grossen centralafrikanischen Graben hinüber, während im Norden, noch jenseits der Virunga-Vulkane, Wälder liegen sollen, in denen die Jäger des Kigeri den Elephanten nachstellen.

Im Grossen und Ganzen umfasst Ruanda die höchsten Flächen, die von den Schiefergebirgen des Zwischenseengebietes gebildet werden, ein ganz herrliches Land, das den schönsten und vor Allem den fruchtbarsten Gebieten Afrikas zugezählt werden muss. Und wenn sich in tropischen Ländern oft genug mit dem Begriff »fruchtbar« der Begriff »ungesund« untrennbar verbindet, so macht Ruanda hiervon eine rühmliche Ausnahme. Höhenlage und Klima sind hierbei ausschlaggebende Faktoren. Bei der durchschnittlichen Seehöhe des Landes (1800—2000 m) muss dieses als durchaus fieberfrei angesehen werden, und unsere Erfahrungen bestätigten diese Behauptung durchaus. Dass man selbst im

*) Vergl. die Karte.

gesündesten Lande Stellen von geringer Ausdehnung findet, wo stagnirende Gewässer oder gelegentliche Ueberschwemmungsgebiete als Krankheitserreger wirken können, das beobachten wir schliesslich überall und nicht zuletzt in unserem gesegneten Europa.

Gerade so, wie man im Südwesten Deutsch-Ostafrikas, im Norden des Nyassa-Sees, erst in jüngster Zeit auf Gebiete aufmerksam geworden ist, die in absehbarer Zeit deutschen Ackerbauern und Viehzüchtern reiche Felder erspriesslicher Thätigkeit gewähren werden, so haben wir hier im Nordwesten ein Land von unschätzbarem Werth, das freilich durch seine grosse Entfernung von der Meeresküste jetzt noch schwer zu erreichen ist, das aber vermöge seiner Fruchtbarkeit, seines kühlen Klimas und seiner dichten Bevölkerung ein kostbarer Besitz sein wird, wenn erst einmal bequeme und billige Verbindungen geschaffen sein werden.

Was nun die Ergiebigkeit des Bodens in seiner Gesammtheit angeht, so konnte ich in dieser Richtung naturgemäss nicht zu einem abschliessenden Ergebniss kommen. Zu einem eingehenderen Studium über die Bodenbeschaffenheit, die Arten der Produkte, die Ertrags-Aussichten bei rationeller Landbebauung würden zum Mindesten ebenso viele Monate erforderlich sein, als uns zum Durchziehen ganz Central-Afrikas zu Gebote standen. Meine Angaben können deshalb nothgedrungen nur ein skizzenhaftes Gepräge tragen. Wenn es aber erlaubt ist, von der Dichtigkeit der Bevölkerung auf die Fruchtbarkeit eines Landes zu schliessen, so wird Ruanda zweifellos zu den reichsten unter den innerafrikanischen Staaten zu rechnen sein. Da reiht sich Gehöft an Gehöft, und man findet dazwischen kaum ein Stück Boden, das nicht für irgendwelchen Feldbau oder als Weideland nutzbar gemacht worden wäre.

Die Reliefgestaltung des Landes bedingt hier gewisse Verschiedenheiten. Während nämlich die östlichen und südlichen Gebiete, die mehr den eigentlichen Charakter von Hochebenen tragen, annähernd zum vierten Theile mit den üppigsten Bananenwäldern bedeckt sind, treten diese weiter im Nordwesten, wohin das Terrain merklich ansteigt, mehr in den Hintergrund. Den schrofferen Gebirgsformationen entsprechend sind hier die Stellen, die nutzbar gemacht werden konnten, von beschränkterer Ausdehnung, und wo sie nicht als Hochweiden Verwendung finden, baut man auf ihnen Bohnen, Bataten, zuckerhaltigen, rothen Sorghum, vorzugsweise aber Erbsen an.

Der Himmel selbst sorgt hier in liberalster Weise dafür, dass Alles auf das Ueppigste gedeihe. Ruanda muss als regenreiches Land bezeichnet werden. Die Niederschlagsmengen scheinen ziemlich gleichmässig über das ganze Jahr vertheilt zu sein. Eine eigentliche Regen- und eine Trockenperiode wird nicht unterschieden. Frische Gebirgswinde wehen dem Wanderer auch während der heissen Mittagsstunden angenehme Kühlung zu, und die Abend- und Nacht-Temperaturen[*]) erinnern an die angenehmsten Herbsttage in der deutschen Heimath.

Was uns beim Durchmarsch durch dieses gesegnete Land besonders auffiel, war das Fehlen von Dörfern und der Mangel an Holz zum Bauen und Brennen. Beides mag miteinander im Zusammenhang stehen. Denn

Vorrathskorb aus Ruanda.

was zu allen Zeiten die Menschen veranlasste, sich zu Dorfgemeinden zusammen zu schliessen, war das Bedürfniss nach Schutz vor äusseren Feinden. Hierzu bedarf es vor Allem eines kräftigen Baumaterials zur Herstellung schützender Pallisaden, und gerade daran gebricht es in Ruanda. Nur die Grossen des Landes sammt den Bewohnern der westlichen Randgebirge, auf deren Kämmen wir Bambuswaldungen fanden, gestatten sich den Luxus sauber hergestellter Umfriedigungen, die jedoch mehr zum Einhegen der Viehheerden, als zur Vertheidigung bestimmt zu sein scheinen.

Ob die eingesessene Bantubevölkerung, die Wahutu, in alten Zeiten Dorfgemeinden bildeten, wage ich nicht zu entscheiden. Jedenfalls lag es dann im Interesse der eindringenden Wahuma, diese aufzulösen, und zu veranlassen, gleich ihnen, den Viehzüchtern par excellence, in vereinzelt liegenden Gehöften und Hütten zu wohnen.

Wahrscheinlich haben diese heutigen Herren des Landes auch noch niemals einen Eindringling als Gegner kennen gelernt, der sie zu grösseren Sicherheitsmassregeln genöthigt hätte. Zwar sind sie ein kriegerisches Volk, aber der Kigeri befriedigt diese Kriegslust seiner Unterthanen nur ausserhalb der Landesgrenze und unterwirft sich ein Grenzland nach dem anderen. Im eigentlichen Ruanda haben sich Herren und Unterworfene

---

[*]) Von mittleren Zahlenangaben kann bei einem so raschen Durchmarsch natürlich nicht die Rede sein. Ueber einige Temperaturen siehe im Anhang.

in Sitten und Gebräuchen schon fast gänzlich assimilirt. In Bewaffnung und Kleidung ist der Mhuma von den Ackerbauern meist nicht zu unterscheiden. Die Lanzen, die wir fanden, sind ausserordentlich schlecht gearbeitet; die lanzettförmige Spitze zeugt von wenig vorgeschrittener Schmiedekunst, und der Schaft ist meistens krumm und knotig, was bei dem Holzmangel begreiflich ist. Eine grössere Sorgfalt wird auf die Herstellung hölzerner Schwertscheiden verwendet. Die Bogen sind von mässiger Grösse, die Pfeile haben einfache lanzettförmige Spitzen. Im Grossen und Ganzen bekamen wir aber auffallend wenig Waffen zu sehen.

Als charakteristisch für Ruanda kann ein sichelförmiges, als Waffe oder als Werkzeug zu gebrauchendes Messer (siehe Schlussvignette von Kap. VI.) angesehen werden, ohne das selten ein Mann seine Hütte verlässt. Der Handgriff ist aus Holz oder aus Eisen, oft mit Kupferringen verziert und meist sehr lang. Ich besitze ein derartiges Messer, das eine Länge von 1½ m hat.

Die Kleidung der Männer besteht aus Rindenstoffen oder Häuten, die über die Schulter geschlagen oder durch einen Riemen zusammengehalten werden. Der schöngearbeitete Lendenschurz mit herabhängenden Schnüren, wie wir ihn beim Kigeri sahen, scheint das Festgewand zu sein und wird auch von den Wahutu getragen. Nach meinen Baumwollenstoffen war allseitig das Begehren gross. Die Weiber sind ausnahmslos mit gegerbten Fellen bekleidet. Viele unter ihnen

Schwert aus Ruanda.

trugen einen breiten, hellgelben Baststreifen um den Kopf gewunden, und man sagte uns, dies sei der Schmuck aller derer, die ihre Niederkunft erwarteten.

Im Familienleben der Wanyaruanda scheint die Frau eine sehr viel einflussreichere Stellung einzunehmen, als sonst gewöhnlich bei innerafrikanischen Völkern. Gleich in den ersten Tagen unseres Aufenthalts drängte sich uns diese Wahrnehmung auf, als die Weiber uns in zudringlichster Weise begrüssten; ohne Umstände schoben sie ihre Männer einfach bei Seite, um uns vor diesen ihre Huldigung kniend und mit erhobenen Händen darzubringen. Der Familiensinn ist gleichwohl nicht sehr entwickelt; wenigstens wurden meinen Leuten fortwährend Kinder zum Kauf angeboten.

Mann und Frau verrichten die Feldarbeit mit der Hacke gemeinsam. Halbwüchsige Jungen hüten die Rinderheerden der Wahuma und die Ziegen oder Schafe der wohlhabenderen Wahutu. Die Hörner der Rinder sind oft von so gewaltiger Länge, dass man kaum versteht, wie die Thiere sie zu tragen vermögen. Leider hat auch hier im Land die Rinderpest gewüthet und den Reichthum an Heerden bedeutend zurückgehen lassen.

Ueber das Seelenleben der Wanyaruanda erfuhren wir nur wenig. Eine eigentliche Gottesverehrung besteht nicht; ihre ganze Religion ist die abergläubische Furcht vor einem höheren Wesen. Jedermann trägt Amulette um den Hals, um tückische Krankheiten abzuwenden. Zauberinnen ziehen im Lande umher, um böse Geister zu beschwören. Eine dieser Damen, eine abschreckend hässliche, alte Hexe, suchte uns eines Tages im Lager auf, war aber nur darauf bedacht, uns durch ihre Zaubermittel zur Herausgabe kleiner Geschenke zu veranlassen. Sie empfahl sich erst, als ich meinerseits einen grossen »Zauber« in Szene setzte und den Photographenapparat aufstellte.

Von dem höheren Wesen aber, dem ein Einfluss auf die Naturereignisse zugeschrieben wird, scheint man sich keinen deutlichen Begriff zu machen. Wir fanden jedoch hier eine Uebereinstimmung mit den Vorstellungen unserer Küstenneger. Wie diese damals, gelegentlich des Erdbebens am Bubufluss, die »Ochsen Gottes« für dieses Naturereigniss verantwortlich machen wollten, so erklärten die Wanyaruanda das donnernde Getöse, das vom Vulkan her zu hören sein sollte, für ein Brüllen gewaltiger Rinder. Uns wird diese Auffassung erklärlich sein, wenn wir uns vergegenwärtigen, dass im Besitz grosser Rinderheerden der Inbegriff des Reichthums, der Macht für den Schwarzen liegt. Kein Wunder also, wenn übernatürliche Rinder als Attribute des mächtigsten, höchsten Wesens angesehen werden.

Die nachstehenden Aufzeichnungen enthalten die Schilderung unserer weiteren Erlebnisse bis zur Ankunft am Fusse des Feuerberges.

Freitag, den 1. Juni 1894. Wir lagern in den Tschingogo-Bergen. In der letzten Nacht unseres Aufenthalts beim Kigeri ist ein leichter Regen niedergegangen. Von 2 Uhr Morgens ab ertönte von drüben her Trommelklang, aber nicht dumpf und monoton, sondern klangvoll hell, und schliesslich entwickelte sich ein durchaus melodiöses Concert auf den harmonisch abgestimmten Pauken. Mit Vergnügen hörten wir von unseren Betten aus zu und ärgerten uns durchaus nicht über diese Störung unseres Schlafs.

Bei Sonnenaufgang brachen wir auf. Luabugiri und Schirangawe mochten wohl noch ihren Rausch ausschlafen, wenigstens sahen wir nichts mehr von ihnen.

Der nun beginnende Marsch war mit furchtbaren Anstrengungen verknüpft. Im Anfang verliefen wir uns mit der Tête, da der vom Kigeri versprochene Führer zu spät erschien. Dieser war kein Anderer, als Burahanda, der dicke Ceremonienmeister, der uns damals vor dem Gehöft Luabugiris so gravitätisch empfangen hatte. Die Gegend nahm zusehends immer wilderen Charakter an. Felskuppen aus Quarz zeigten sich allenthalben. Die Wege wurden immer schlechter, alle Bäche waren hoch angeschwollen. Die Bananenhaine hörten plötzlich ganz auf, und der Boden war mit meterhohen Adlerfarren bedeckt. In den Thälern zeigten sich — ein lang' entbehrter Anblick — wieder grosse Bäume und in der Ferne Waldbestand mit Bartflechten behangen. Die ärmlichen Gebirgsdörfer sind von Ricinus-, Erbsen- und Tabakpflanzungen umgeben. Ihre Pallisadirung besteht aus schönen Bambusstangen. Die Bevölkerung zeigt einen auffallend kräftigen Menschenschlag.

In unserem Lager, 8000 Fuss über dem Meeresspiegel, hüllen wir uns in dicke, gestrickte Jacken und Mäntel und frieren dennoch. Ein Glück, dass wir hier wieder reichlich Brennholz vorfinden. Wahrscheinlich kommen wir morgen noch höher in die Berge; und dann soll es, wie uns gesagt wird, steil hinabgehen. Offenbar befinden wir uns auf dem Ostrand des grossen »Centralafrikanischen Grabens«.

Montag, den 4. Juni. Die Schilderung der beiden letzten Märsche muss ich aus besonderen Gründen zusammenfassen. Wir lagern heute an den Grenzen des Landes Bugoie, also unten und schon jenseits der hohen Randgebirge, aber die Karawane steht in Folge fast übermenschlicher Strapazen am Ende ihrer Kräfte.

Prittwitz und ein grosser Theil der Mannschaften sind immer noch nicht aus den Bergen heraus, und zwar hat das folgenden Grund: Am Sonnabend hatten wir das Tschingogo-Lager um 9 Uhr Vormittags verlassen und waren dann, immer höher steigend, auf den Kamm gelangt, dem die Eingeborenen den Namen der Mirongero-Berge gegeben haben. Eine merkwürdige, hochinteressante Vegetation tritt uns hier entgegen: zu unserer Ueberraschung finden wir dichte, dunkelgrüne Bambuswälder vor. Vermoderte Stämme liegen, gleich langen Stangen, quer über dem Elephantenpfad, dem wir folgen, so dass Messer und Aexte der Askari

in ununterbrochener Thätigkeit bleiben. Der zähe Schlamm lässt uns fortwährend bis an die Kniee einsinken. Von 1 Uhr ab beginnt der Abstieg.
Aber das Bambusdickicht will kein Ende nehmen. Um 3 Uhr wird der
Abstieg so steil, dass wir in einem Gemisch von Schlamm und Wasser
buchstäblich abwärts rutschen. Mit Besorgniss denke ich an den
langen Zug der Leute hinter mir. Die Frage nach einem trockenen Lagerplatz wird immer ernster, denn der Tag neigt sich schon seinem Ende
zu. Es steht ausser allem Zweifel, dass mindestens die Hälfte der Mannschaft liegen bleiben muss. Der Weg hört nun völlig auf, und wir folgen,
nur um hinabzukommen, dem Bett eines rauschenden Wildbaches, dessen
eisiges Wasser uns bis an die Kniee spritzt. So geht es noch eine
Stunde lang weiter. Unbekümmert um die Karawane dringe ich jetzt
mit der Vorhut vorwärts, denn vor Allem gilt es, einen freien Platz in
das Dickicht für das Nachtlager zu hauen, grosse Feuer anzufachen, um
den etwa verlaufenen Leuten ein Signal zu geben, und endlich eine Boma
zu erbauen, damit die Reste unserer Heerde zusammengehalten werden
können. Alle diese Arbeiten müssen im Dunkel der Nacht ausgeführt
werden, und dabei sind die Glieder fast erstarrt vor Kälte. Auch wir
sind ohne Zelte, denn die völlig erschöpften Träger treffen nur mit ungeheueren Abständen ein, nachdem sie sich langsam durch den Wald
durchgetastet haben, von Trompetensignalen und Schüssen geleitet. Um
1 Uhr Nachts langt der Doktor endlich im Lager an und berichtet, dass
der grösste Theil der fehlenden Mannschaft noch oben auf der Höhe sei
und dort lagern müsse.

Bei Morgengrauen breche ich, da die Entfernung der nächsten Ansiedelungen den Führern nicht bekannt ist, mit allen verfügbaren Leuten,
etwa 200 Mann, auf; Kersting übernimmt die Nachhut dieser neuformirten
Kolonne. Prittwitz lasse ich mit zwei Zügen Soldaten vorläufig zurück,
um die Nachzügler zu sammeln und dann geschlossen nachzuführen.

Wieder geht es durch hochstämmigen Bambuswald langsam vorwärts. Die dunkelgrünen, glatten Stämme und die silbergrauen, 25 m
hoch über dem Boden befindlichen Blattkronen bieten einen imponirenden
Anblick. Aber uns fehlt die Stimmung zur Betrachtung von Natur-
schönheiten. Ein kalter Regen strömt wieder herab; die Kräfte der
Träger lassen bedenklich nach, und auch die Soldaten beginnen müde
zu werden; denn ausser der Hauarbeit zum Freimachen eines Weges
müssen auch die 20 eingeborenen Träger scharf bewacht werden. Für

Der Bambuswald auf den Mirongero-Bergen.

mich selbst wird das Peilen und Skizziren der Wegrichtung, eine Arbeit,
die niemals ausgesetzt werden darf, fast zur Unmöglichkeit, denn der
Regen durchweicht mein Krokirbuch, und selbst in den Kompas ist
Wasser eingedrungen.

Auf einer Lichtung hefte ich für Prittwitz ein schriftliches Ersuchen
an einen Baum, hier zu lagern, falls nicht aussergewöhnliche Umstände
ihn zu anderen Massnahmen veranlassen sollten. Wir Anderen würden
die Ebene zu erreichen suchen, um die Verpflegung sicher zu stellen.

Endlich, gestern um 3 Uhr, haben wir bebautes Land erreicht.
Prittwitz ist erst heute um 11 Uhr eingetroffen. Der vorläufig fest-
zustellende Verlust ist bedeutend geringer, als ich gefürchtet hatte; es
fehlen eine Last mit Glasperlen und 30 Ziegen; das ist wenig genug,
aber Alles ist so durchnässt, zerbrochen und mit Schlamm bedeckt, dass
grosse Reparaturen nöthig sein werden. Viele Vorderladergewehre, deren
Träger gestürzt waren, sind bis an die Mündung mit Schlamm gefüllt.
Und bei alledem strömt der Regen nach wie vor ohne Unterlass hernieder.

Dienstag, den 5. Juni. Heute ist Ruhetag. Der Distrikt, in
dem wir uns befinden, gehört zur Provinz Bugoie und heisst Keschero.
Die Bewohner sind anfangs scheu, dann aber so frech mit ihren Preisen,
dass ich verbieten muss, ihnen etwas in Stoffen zu bezahlen. Abdallah
wird angewiesen, kleine, rothe Perlen als Zahlungsmittel auszugeben.

Das Land ist mit zuckerhaltigem Sorghum, Bataten und einigen
Bananen bepflanzt. Letztere hören in der Höhe ungefähr da auf, angebaut zu werden, wo der Bambus anfängt. Höher als 1900 m haben
wir sie nirgends gefunden.

Die Gegend hat den Hochgebirgscharakter wieder völlig verloren.
In westlicher Richtung liegt der Kivu-See, von dem einige Buchten schon
vorgestern mit bewaffnetem Auge zu erkennen waren, über dessen Grösse
sich jedoch einstweilen noch keine Vorstellung gewinnen lässt. Genau
im Norden aber leuchtet des Nachts wieder, einer Feuersäule gleich,
unser Zielpunkt, der mich veranlasst, vorläufig den See zur linken Hand
liegen zu lassen.

Mittwoch, den 6. Juni. Lager bei Mukanam in flacher Landschaft, auf der viel Tuffgestein und verwitterte Laven angehäuft sind.
Wir haben also vulkanischen Boden betreten. Auch ein Stück vom Kivu-
See ist wieder zwischen den Hügeln sichtbar geworden. Die Formen
des Vulkans aber sind immer noch in Nebel- und Dunstmassen gehüllt.

Mit Bedauern stellen wir fest, dass wir seit drei Wochen an der Reihe der Virunga-Berge entlang marschiren, ohne jemals mehr als zwei der sicherlich sehr markanten Kuppen sehen zu können. Weder Sonne noch

Vorrathshütte in Ruanda.

Sterne wollen sich blicken lassen, so dass mir seit Langem die Möglichkeit fehlt, eine astronomische Ortsbestimmung zu machen. Auch heute wieder rieselt ein feiner Landregen herab; ferner sind, wie schon am Tage vorher, einige schwache Erdstösse zu verspüren.

Donnerstag, den 7. Juni. Ein sechsstündiger Marsch in nördlicher Richtung führt uns an den Fuss des mächtigen, vor uns liegenden Vulkans, und zwar auf dessen Südostseite. Während wir bisher von den Eingeborenen verschiedene Namen für den Berg gehört hatten, wird er jetzt übereinstimmend Kirunga tscha gongo genannt. Auch über die Bedeutung dieses Wortes wurden uns Angaben gemacht: »Kirunga« soll soviel als »rund« bedeuten, und, da die ganze Kette der Vulkane »virunga« genannt wird, so sind möglicherweise die runden Kraterformen für diesen Namen bestimmend gewesen. »Gongo« scheint einen Ort, an dem Opfer dargebracht werden, zu bedeuten.

Oestlich vom Kirunga wurden zeitweilig noch zwei andere Kegelberge sichtbar, von denen der eine in der Landschaft Kissigali liegen und Karissimbi heissen soll. Er erscheint uns höher als der Kirunga, mit spitzeren und zackigeren Formen und ist oben offenbar mit Schnee bedeckt.

Gestern Abend wieder war die Röthe über dem Vulkan ausserordentlich intensiv; aber merkwürdiger Weise scheint die Lichtquelle seitwärts, im Westen des Gipfels, zu liegen.

Jetzt schwebt über dem Kirunga eine dicke, weisse Dampfwolke. Der Berg selbst ist kohlschwarz gefärbt. Zu unserer Linken, im Süden, erblicken wir zwischen zahlreichen Hügeln, alten Kratern, breite Streifen Wassers, die in den schönsten Farben eines glühenden Abendroths schimmern. Drüben aber, im Westen, erscheint uns, ganz in bläulichen Dunst gehüllt, eine riesige Bergkette, die sich von Norden nach Süden zieht und so die Ebene, in der wir uns befinden, nach Westen zu abschliesst. Sie läuft den Bergen, die wir in den letzen Tagen überschritten haben, parallel, und es unterliegt jetzt keinem Zweifel mehr, dass wir auf der Sohle des »central-afrikanischen Grabens« angelangt sind.

Während des heutigen Marsches war auch das Wetter glimpflicher mit uns verfahren, als während der letzten Schreckenstage in den wildromantischen Mirongero-Bergen: es hat nur wenig während des Nachmittages geregnet, aber die Luft ist noch feucht und dunstig. Der Weg führt über alte Lavafelder hin, an kleinen Kraterbildungen vorbei, und zwischen grossen Trümmerhaufen von Tuffgesteinen hindurch. Fast überall liegt eine dünne Humusschicht auf, auf der Wiesen mit liederlich gehaltenen Sorghum-Feldern abwechseln. Auch die Hütten der Einwohner machen einen ausserordentlich verwahrlosten Eindruck. Wegen Mangels an anderem Baumaterial werden sie aus halbvermoderten

Sorghumstengeln erbaut. Die Thüröffnungen sind auffallend gross. Um zwei bis drei Behausungen herum läuft jeweils eine Umzäunung, und in diesem kleinen, so entstandenen Hofraum steht überall eine grosse Vorrathshütte mit bauchigen Formen. Wenn diese ärmlichen Gehöfte von Bananenpflanzungen umgeben sind, so werden die einzelnen Stauden vielfach durch Bastseile vor dem Umfallen bewahrt. Die zahlreiche, neugierig zusammenströmende Bevölkerung ist mit Ziegenhäuten bekleidet, die an Riemen über den rechten Schultern zusammengehalten werden.

Ein uns führender Mhuma-Dorfchef hatte an Stelle der Ziegenhaut ein Leopardenfell umgeschlungen und führte, was wir zum ersten Male in Ruanda sahen, einen ovalen Schild aus Rohrgeflecht mit einem Holzbuckel in der Mitte. Einer seiner Begleiter trug ein muldenförmiges Musikinstrument mit acht Saiten.

Das Lager liegt etwas ungesund und soll morgen, wenn Prittwitz und ich uns aufgemacht haben, um den Vulkan zu besteigen, von Kersting an eine höher gelegene Stelle verlegt werden.

Die Vorbereitungen für den morgigen Tag erforderten mancherlei Veränderungen in unserem Gepäck. In Folge dessen herrscht im grossen Zelt eine malerische Unordnung: auf dem grossen Tisch liegen in buntem Durcheinander die Tagebücher, ein Prismen-Kompas, Aneroïde, Patronen, spiritusgefüllte Gläser für Sammelzwecke, Greens englische Geschichte, der »heilige Antonius« von Wilhelm Busch, eine Schachtel Naphtalin u. s. w.

Während ich schreibe, lässt Prittwitz draussen Gewehrgriffe machen und revidirt die Waffen; Kersting aber untersucht den Gesundheits- und Kräftezustand von 20 Leuten, die ich ausgewählt habe, uns morgen zu begleiten, um eines der grössten und interessantesten Räthsel im »dunkelsten« Afrika zu lösen.

VIII. KAPITEL

Der Kirunga.

Da lag er nun vor uns, der geheimnissvolle Berg, von dem die Eingeborenen behaupteten, er bringe Jedem den Tod, der ihn zu besteigen wage. Ohne Schwierigkeiten, fast auf direktem Wege, hatten wir unser Ziel erreicht, genau 5½ Monate seit unserem Abmarsch von der Küste und schneller, als ich jemals zu hoffen gewagt hatte.

Vielleicht war es die eben erwähnte Sage von der Unersteigbarkeit des Berges, die uns den Kigeri so friedfertig und gefügig hatte finden lassen. Er mochte wohl im Stillen hoffen und glauben, dass auch uns das Schicksal dort oben ereilen werde. Leider ist es mir selbst nicht mehr vergönnt gewesen, ihm zu erzählen, wie wir die Spitze des Berges gefunden; aber dass uns die Besteigung gelungen ist, hat er selbstverständlich erfahren und in echt afrikanischer Weise daraus seine Schlussfolgerungen gezogen. Wenige Monate nach uns nämlich machte eine Abtheilung der deutschen Besatzung am Victoria-See von Bukoba aus

Kopfleiste: Der Kirunga-Vulkan von Südosten aus gesehen.

einen Streifzug nach Ruanda. Ihr Chef, der Kompagnieführer Langheld, berichtet darüber*), dass er den Kigeri nicht habe sehen können, weil man ihn aus abergläubischer Furcht falsch geführt habe; dagegen sei das Ansuchen an ihn gestellt worden, den Feuerberg, den »andere weisse Männer ausgelöscht hätten«, wieder in Brand zu setzen. Daraus geht zweierlei hervor: erstens, dass unsere Besteigung das Ansehen der europäischen Macht im Lande wesentlich gehoben hat, und zweitens, dass die vulkanische Eruptionsthätigkeit bald nach unserem Abzug bedeutend nachgelassen haben muss.

Ich würde es ausserordentlich bedauern, wenn es nach uns Niemandem mehr vergönnt sein sollte, dasselbe zu schauen, was wir damals sahen, wenn wir zufällig gerade Zeugen der letzten Anstrengungen gewesen sein sollten, die das flüssige Erdinnere machte, um die erstarrte Rinde des Planeten hier im Herzen des afrikanischen Kontinents zu durchbrechen.

Unsere damaligen Erlebnisse und Empfindungen leben noch unverwischt in meinem Gedächtniss fort, — gerade heute am 8. Juni 1895, dem Tage, an dem ich diese Zeilen schreibe, ist genau ein Jahr vergangen, seit sich die kleine Kolonne von unserem Hauptlager bei Kamuhanda aus in Bewegung setzte, um die Besteigung des Kirunga zu versuchen.

Prittwitz und ich waren von 18 ausgesuchten Trägern begleitet — je zwei Mann für eine Traglast —, ferner von dem Gefreiten Hamis wadi Ismaili, der einst mit Dr. Stuhlmann den Runssoro bestiegen hatte, sowie von den Soldaten Mambo und Pesa moja. Als Führer dienten uns zwei vom Ortschef uns zugewiesene Batwa, untersetzte kleine Kerle mit Bogen und Pfeilen, aber ohne auffallende Merkmale, die sie von der übrigen Wahutu-Bevölkerung streng unterschieden hätten; bemerkenswerth an ihnen war nur der Umstand, dass sie nicht vom Ackerbau, sondern allein von der Jagd zu leben angaben. Ferner befand sich eine Persönlichkeit in unserer Begleitung, die sich in den letzten Wochen schon vielfach als Viehhirt, Dolmetscher oder Gewehrträger nützlich erwiesen hatte. Es war dies ein junger Mhuma aus Uschirombo, Namens Tschiamba, derselbe, der uns die letzte Post an der Kagera-Fähre überbracht hatte. Sein etwas melancholisches Gesicht und sein sanftes, bescheidenes Wesen passten vortrefflich zu dem Kreuz, das er — als Schüler der katholischen pères — am Halse trug.

*) Siehe »Deutsches Kolonialblatt« vom 1. Februar 1895.

— 202 —

Unser Gepäck bestand aus folgenden Gegenständen: ein Zelt für uns, drei kleinere Zelte für die Mannschaft, Decken, Reservekleider, eine Last Proviant, eine Kiste mit Essgeschirr, Büchern etc.; ferner wurden mitgeführt: ein grosser Photographenapparat, ein Kodak-Momentapparat, der Theodolit, das Hypsometer, ein Aneroïdbarometer (das andere blieb im Lager, um von Kersting zu verabredeten Zeiten abgelesen zu werden), zwei Thermometer, vier Gewehre, ein Seil, zwei Aexte, ein Fernrohr, zwei Feldstühle, eine Mappe mit Pflanzenpapier zum Sammeln. Jeder Mann führte ferner einen Mundvorrath für drei Tage und etwas Wasser bei sich.

Also gerüstet brachen wir auf, überschritten zuerst mehrere Hügel vulkanischen Ursprungs und betraten dann eine völlig flache, 5—6 km breite Ebene.

Ehe wir in diese hinunterstiegen, kamen wir an einem von Bananenpflanzungen umgebenen Dörfchen vorbei. Dann begann rissiger Lavaboden. Die vielen Spalten und die merkwürdig aussehenden Runzeln und Wülste, zu denen die einst flüssigen, sich übereinanderschiebenden Massen erstarrt sind, waren beim Marschiren gerade keine Annehmlichkeit. Wir folgten einem von Elephantenjägern ausgetretenen Pfade, der in vielfachen Windungen in nordnordwestlicher Richtung an den Fuss des Berges hinanführte.

Rings umher, beiderseits von unserem Wege, sprossten zahlreiche Blumen und Gräser, die in den Spalten und Löchern Wurzel hatten fassen können; denn noch war die Lava nicht verwittert genug, um den Pflanzen überall einen Nährboden zu gewähren.

Meinem Plane gemäss sammelten wir hier, sowie später in allen Höhenlagen des Berges, möglichst viel Vertreter der Flora. Niemand von uns war genügend botanisch vorgebildet, dass ein fortwährendes Sammeln von Pflanzen auf unserer ganzen Reise von Nutzen gewesen wäre, denn schwerlich hätten wir Bekanntes und Unbekanntes unterschieden. Ich hatte mir aber vorgenommen, wenigstens von hier, als von einem der interessantesten Punkte Innerafrikas, soviel mit heimzubringen, als zu einer allgemeinen Charakterisirung des dortigen Florengebietes nöthig sein würde*).

Um halb drei Uhr begann langsam der Anstieg. Vorher schickten wir unsere Maulesel, denen das Klettern durch die Lavaspalten viel Mühe machte, mit den Somali zurück und betraten alsbald dichtes Gestrüpp,

---

*) S. Anhang.

das sich, je weiter wir vordrangen, immer mehr zum eng verwachsensten, lianenbehangenen Urwald entwickelte. Bald umgab uns völlige Dunkelheit.

Mit einem Male hörte der Pfad auf, und gleichzeitig waren auch schon unsere Führer, einen unbewachten Moment benutzend, im dichten Busch verschwunden.

Nun begann ein mühsames, schrittweises Vorwärtsarbeiten mit Axt und Messer. Aber ich merkte bald, dass es ganz unmöglich sei, die Einsattelung, die den Hauptkraterkegel von einem nach Süden vorgelagerten und bedeutend niedrigeren Nebenkrater trennte, noch vor Einbruch der Nacht zu erreichen. Wäre uns das gelungen, so hätten wir auf halber Höhe lagern können, und es wäre Aussicht vorhanden gewesen, am folgenden Tag bis zum Gipfel zu gelangen. So aber steckten wir mitten im undurchdringlichsten Wald und waren genöthigt, uns erst einen Platz frei zu machen, auf dem wir die Zelte aufschlagen konnten. Nachdem das geschehen war, legten wir uns um 9 Uhr zur Ruhe nieder.

Am nächsten Tage liessen wir die Zelte und Träger zurück und arbeiteten uns zunächst mit den drei Askari weiter. Unsere Jagdmesser bewährten sich dabei vorzüglich, noch besser aber die Seitengewehre*) unserer Soldaten. Es war ein wahres Vergnügen, die Aeste und Lianen unter den Hieben rechts und links zur Seite fliegen zu sehen; aber dennoch ging es nur langsam vorwärts, weil oft genug so ein Hieb in das Dorngestrüpp gleich wieder neue Ketten von Lianen und Ranken herabriss. Zum Glück war die Steigung nicht sehr bedeutend; auch die Richtung nach der erwähnten Einsattelung glaubten wir im Grossen und Ganzen innegehalten zu haben.

Unter solchen Schwierigkeiten legten wir fünf Männer in neunstündiger Arbeit einen Weg von ungefähr zwei Kilometer Länge frei. Mühevoll genug, aber doch genussreich waren diese Stunden, denn eine ganz neue Natur that sich uns hier auf. Wundervolle Blumen, Pflanzen mit phantastischen, riesenhaften Blättern, wie wir sie nie zuvor gesehen, zeigten sich unseren Blicken. Gummilianen, wilder Pfeffer, dazu zahllose Moose, Flechten und Schwämme an den vermoderten, uralten Stämmen, das Alles bildete ein wirres Durcheinander, und über unsere Köpfe hinweg flatterten mit lautem Kreischen graue Papageien, die ersten Vertreter einer neuen Fauna.

--

*) Es waren dies die kurzen, vor einigen Jahren in der deutschen Armee eingeführten, bald aber wieder abgeschafften Seitengewehre, mit denen die Leute am liebsten zu arbeiten pflegten und mit denen sie Bäume schneller fällten, als mit Aexten.

Unsere Wassukuma-Träger im Kirunga-Urwald.

Um die Mittagsstunde waren wir zu einer Ruhepause nach den Zelten zurückgekehrt. Von hier aus wurde — der unerwartet veränderten Situation entsprechend — Tschiamba mit einem Brief an Kersting abgefertigt, worin ich diesen über unsere Lage und die wahrscheinlich gewordene, längere Dauer unseres Fernbleibens orientirte und ihn zugleich ersuchte, uns eine kleine Kolonne mit Wasser, Proviant und Ziegen nachzuschicken.

Am Abend sassen wir mit unseren Leuten am Feuer und liessen uns von dem Einen oder Anderen seine Lebensschicksale erzählen. Fast Alle waren schon als Kinder von Sklavenhändlern aus dem Innern zur Küste gebracht worden; und nun waren sie stolz auf dieses Sklaventhum, stolz darauf, zu den »Gebildeten« zu gehören und keine »Wilde« mehr zu sein. Mit einer Mahlzeit, die aus gebratener Ziegenleber, Milch, Bataten und Thee bestand und bei deren Zubereitung Prittwitz seine ganze gastronomische Kunst entfaltete, beschlossen wir den zweiten Tag.

Auch am folgenden Morgen wird tüchtig weiter gearbeitet und die Bahn auf weitere zwei Kilometer freigelegt. Bakari, der Lampenjunge, begleitet uns heute mit der Pflanzenmappe. Die Vegetation ist noch verschlungener und noch dichter, als Tags zuvor. Dabei liegen häufig mächtige Baumstämme quer vor uns hindernd im Wege, die einmal überklettert, dann wieder umgangen werden müssen; und jede solche Umgehung erfordert härtere Arbeit, je steiler der Abhang wird, an dem wir emporstreben. Wir arbeiten mit halbstündlicher Ablösung; gleichwohl lassen unsere Kräfte zusehends nach. Wenn wir nicht bald ins Freie kommen, werden neue und zahlreichere Pioniere vom Hauptlager herbeigeholt werden müssen; aber das bedeutet wieder einen vollen Tag Verzögerung! Also vorwärts! Weiter!

Mit dem vollen Gewicht unserer Körper legen wir uns in die unentwirrbare Pflanzenmasse förmlich hinein, um sie niederzudrücken und zur Seite zu drängen, wenn die Messer die Hauptstränge der rankenden Schlingpflanzen durchschnitten haben. Oft spritzt milchiger Saft unter den Hieben hervor, dessen ätzende Schärfe unsere Augen gefährdet; dazu wird uns die Haut von zahllosen Dornen blutig geritzt und die Armmuskeln schmerzen von der ungewohnten Arbeit immer heftiger.

Aber was thut das Alles! Haben wir doch von unten schon ganz deutlich die obere Grenze des Urwalddickichts wahrnehmen können, und zeigen uns doch unsere Barometer, welch' beträchtliche Höhe wir bereits erreicht haben. Das ersehnte Sattelplateau kann nicht mehr weit sein, vorausgesetzt, dass wir die richtige Direktion innegehalten haben.

Endlich um 10 Uhr treffen wir auf einen Wildpfad, der auch von den Holz und Honig suchenden Wilden begangen zu sein scheint. Aus seiner Richtung gewinne ich die Ueberzeugung, dass die Hauptschwierig-keiten hinter uns liegen, und beschliesse nun, zunächst mit Prittwitz zu unserem Zelt zurückzukehren, am Nachmittag aber von Neuem mit allen Leuten und Lasten aufzubrechen, um möglichst hoch oben ein zweites Nachtlager aufzuschlagen. Hamis und Mambo sollen den gefundenen Pfad noch zwei Stunden weiter verfolgen, um zu sehen, wohin er sich wende.

Um 2 Uhr trifft die erbetene Proviantkolonne mit Wasser, Ziegen, Mehl, vier Ersatzträgern und drei Ersatz-Askari bei uns im Waldlager ein, ausserdem schickt uns Kersting zwei neue Führer zu, die im Walde Bescheid wissen sollen. Obwohl sie unseren ersten Führern, den beiden Batwa, verdächtig ähnlich sehen, bestreiten sie doch, diesem Stamme anzugehören. Indessen folgen auch sie bald genug dem Beispiel ihrer Amts-Vorgänger und benutzen den ersten unbewachten Augenblick, um sich seitwärts in die Büsche zu schlagen und im Dunkel des Waldes zu verschwinden. Sie hatten Bogen und Pfeile getragen, und wir bemerkten dabei zum ersten Male eine Bogensehne aus Bast von der Rotang-Palme, ein charakteristisches Merkmal bei Waldvölkern.

Nachdem Hamis und Mambo mit der erfreulichen Meldung zurück-gekehrt sind, dass sie die obere Urwaldgrenze nach 1½ Stunden erreicht hätten, und dass dann weiter hinauf bis zum Gipfel jede Vegetation auf-höre, wird das kleine Lager abgebrochen und noch vor Sonnenuntergang etwas oberhalb der Stelle, wo wir am Vormittage den betretenen Pfad er-reicht hatten, wieder aufgeschlagen. Vorher schon ist eine zweite Wasser-und Proviantkolonne vom Hauptlager für den folgenden Tag hinauf be-ordert worden.

Trotz der gespannten Erwartungen auf den nächsten Tag, die unser Sinnen lebhaft beschäftigen, schlafen wir fest bis um 6 Uhr Morgens; um 7 Uhr setzen wir uns mit 12 ausgesuchten Leuten wieder in Marsch.

Die Morgenluft ist noch erfrischend und kühl; am Himmel stehen nur wenig Wolken, aber ein leichter Dunst liegt über dem Wald, der uns keine gute Aussicht für die Witterung verspricht. Schon nach ein-stündigem Steigen lichtet sich der üppige Laubwald. Die saftigen grünen

Blätter verschwinden, das Gestrüpp nimmt eine graubraune, vertrocknete Färbung an. Der Boden unter uns wird rissiger und erschwert uns das Gehen, denn die weiche Humusschicht fehlt hier, und die nackte Lava tritt zu Tage. Distelartige Pflanzen und Ericasträucher herrschen vor, während hier und da rothe, unreife Brombeeren aus dem Gestrüpp herausleuchten. Um ¹₄9 Uhr stehen wir endlich auf der Einsattelung am Fusse des steil ansteigenden, fast völlig kahlen Hauptkegels, dessen Gipfel dichte Wolken einhüllen. Nach Süden zu vorliegend erhebt sich, nur wenig höher als unser Standort, eine Art Terrasse, auf der wir nun deutlich die eingestürzten, zerklüfteten Ränder eines Kraterkessels wahrnehmen können. Aber starr und todt sind dort die Lavamassen: die Thätigkeit dieses Nebenkraters ist längst erloschen, und Alles ist schon von dichtem Gestrüpp überwuchert.

Einige Minuten gönnen wir uns Erholung, die ich benutze, um Hypsometer, Aneroïd und Thermometer abzulesen[*]). Dann geht es an der Südseite des Kegels über scharfes Gestein gerade hinauf.

Mit jeder Minute wächst die Schwierigkeit des Emporklimmens, weil ganze Wälle und Mauern von Laven überklettert werden müssen und weil die zahllosen Trachytblöcke und -Trümmer die Füsse wund reissen. Die Barfüssigen unter den Leuten beginnen zu jammern und verwünschen vermuthlich im Innersten ihres Herzens unseren unbegreiflichen Forschertrieb, der uns vorwärts drängt. Mein Zeltdiener Isa muss zurückbleiben. Unsere Lungen und Pulse schlagen immer höher; alle 20 Minuten muss Halt gemacht werden, damit wieder Athem geschöpft werden kann. Das zerklüftete, fast schwarze Gestein müsste auf uns einen öden, fast schauerlichen Eindruck machen, wenn nicht hin und wieder die gelbgrünen Farben eines verkümmerten, grotesk geformten Senecio (Johnstoni) Abwechselung in das Bild der Umgebung brächten. Unter und über uns ist jetzt Alles in dicken Nebel eingehüllt, zwischen dem auf wenige Sekunden schmale Streifen blauen Himmels hervorlugen, wenn der Wind die Dunstmassen zertheilt. Von arbeitender, vulkanischer Thätigkeit zeugt nirgends eine Spur, nur manchmal glauben wir ein leises Rollen, wie fernen Donner, zu vernehmen. Meine anfangs gehegte Besorgniss, der Wind würde uns von oben herab erstickende Schwefeldämpfe entgegenjagen, scheint unbegründet zu sein.

---

[*]) Vergl. die Höhentafel im Anhang.

Vor mir her klettert, Hände und Füsse zugleich gebrauchend, der Träger Mabruk. Plötzlich sehe ich, wie er stehen bleibt und seinen Arm emporhebt. Er scheint zu rufen, aber ein gewaltiges Donnern tönt uns entgegen und lässt den Ruf seiner Stimme ungehört verhallen. Ich stürze mit Aufbietung meiner ganzen Kräfte auf ihn zu, aber neben ihm anlangend pralle ich zurück vor dem Anblick, der sich mir darbietet. . . .

Wie eine riesige Arena, ein verzehnfachtes Kolosseum, liegt ein Kraterkessel zu meinen Füssen. Fast senkrecht stürzt sich die Wand, auf deren äusserstem Rande wir stehen, in die Tiefe hinab; der Grundton ihrer Farbe ist tiefstes Schwarz; nur die Ränder der unzähligen Risse, von denen sie durchzogen ist, sind rosaroth gefärbt.

Im ersten Augenblick ist die ganze Arena mit Wolken und Dampf angefüllt, gleich als befürchte die Natur, dass Sinn und Augen der ersten Menschen, denen es vergönnt war, eines ihrer grossartigsten Geheimnisse zu schauen, nicht auf einmal den ganzen mächtigen Eindruck zu fassen vermöchten. Aber ein Windstoss fegt die Wolken rasch hinweg, so dass auch der jenseitige Rand des Kraters sichtbar wird. Dann blicken wir hinab, aber nicht in einen dunkelen, unergründlichen Schlund, sondern auf eine helle, völlig eben erscheinende Fläche, die wie marmorirt in den verschiedensten Farbentönen heraufschillert. Und in der nördlichen Hälfte dieser Bodenfläche sehen wir die Oeffnungen zweier Schachte, so glatt und regelmässig geformt, als seien sie von Menschenhand hineingemauert worden. Ununterbrochen strömen aus der einen gewaltige Dampfwolken hervor, und in kurzen, unregelmässigen Zwischenräumen hört man ein halb donnerndes, halb zischendes Geräusch aus der Tiefe heraufdringen, dessen Wiederholung meine staunenden Leute jedesmal erschrocken zurückfahren lässt.

Unsere schwarzen Begleiter aber wissen sich schneller zu fassen als wir. Nichts, was ihnen unerklärlich, übernatürlich erscheint, kann ihnen imponiren; »es ist eben einmal so«, sagen sie sich und denken nicht weiter darüber nach, warum es »so« ist: eine Naivetät der Auffassungsweise, die uns hier in nüchternster, fast brutaler Weise zu Gemüthe geführt wurde. Denn während Prittwitz und ich sprachlos und ergriffen in die mächtige Tiefe hinabblickten und geraume Zeit keine Worte finden konnten, unseren Empfindungen Ausdruck zu verleihen, unterbrach plötzlich der Wassukuma-Träger Pesa das Schweigen mit den geflügelten Worten: »Herr, nun giebt es aber doch ein grosses Trinkgeld?« Wir

Am Hauptkrater des Kirunga.

straften den Sprecher mit einem Blick der Verachtung, waren aber nun unsererseits so weit ernüchtert, dass wir Betrachtungen über Art und Grösse des Kraterkessels anstellen konnten. Bald einigten wir uns in der Meinung, dass wir einen erkalteten Lavasee vor uns hatten, unter dessen Kruste die lebendige vulkanische Thätigkeit noch fortdauert. Auf den Wasserdämpfen, die aus dem einen der beiden Schächte hervorströmen, schien ein rother Gluthschimmer zu liegen. Wenn der Wind uns den Dampf gerade ins Gesicht trieb, so war von Schwefelgeruch so gut wie nichts zu bemerken, doch sind die verschiedenen gelben und rosigen Farbenschattirungen, die dem Boden und den Wänden der Kraterarena ein so malerisches Aussehen verleihen, sicherlich Folgen schwefelhaltiger Exhalationen.

Die Tiefe bis hinab zu der Decke des ehemaligen Lavasees suchten wir annähernd aus dem Schall hinabgeworfener Gesteinsstücke zu ermitteln und fanden die Zahlen 200—300 Meter.

Zu einer Taxirung des Kraterdurchmessers fehlte uns vorläufig jeglicher Vergleichspunkt, und so beschlossen wir denn, einen Rundgang zu versuchen.

Vorher jedoch wurden wiederum die erforderlichen Instrumentenbeobachtungen gemacht und eine beiläufige Seehöhe von 3475 m festgestellt. Nachdem dann noch einige photographische Aufnahmen bewerkstelligt worden waren, brachen wir Beide auf; den Leuten erlaubte ich, ohne uns zum Lagerplatz zurückzukehren, denn sie litten stark unter dem kalten, feuchten Wind und sassen ängstlich zusammengekauert auf dem spitzen Gestein. Zudem hatten die meisten von ihnen wunde Füsse; einige waren wohl auch nicht schwindelfrei genug, um uns auf dem schmalen Kraterrand folgen zu können.

So begaben wir uns denn allein auf die gefährliche Kletterpartie. Zur Linken hatten wir den senkrecht abstürzenden Krater, zur Rechten den äusseren Abhang des Berges, der ebenso schroff und dabei unergründlich tief erschien, weil dicke Wolkenmassen um ihn herum gelagert waren.

Nach etwa zweistündigem Marsch, der uns nur durch unsere mit Bergnägeln beschlagenen Schuhe ermöglicht wurde, waren wir ungefähr wieder an unserem Ausgangspunkt angelangt. Der grösste Durchmesser der elliptischen Krateröffnung liess sich jetzt auf ca. 2000, der kleinste auf ca. 1500 m berechnen.

Ueberaus befriedigt von dem grossartigen Schauspiel hätten wir jetzt den Heimweg wieder antreten können, aber noch blieb die Frage offen, welches denn nun eigentlich die Quelle der allabendlichen rothen Gluth am Himmel sei. Ich drang deshalb darauf, den Weg um den Berg herum noch einmal in entgegengesetzter Richtung, aber mehrere Hundert Meter tiefer, zu machen, unterschätzte dabei jedoch die zurückzulegende Entfernung und unsere Kräfte, denn wir erreichten in Folge dessen das Lager an diesem Tage nicht mehr, da uns die Dunkelheit überraschte, und wir verlebten statt dessen oben am steilen Bergabhang eine fürchterliche Nacht.

Anfangs ging es über schräg geneigte Aschenfelder hinab, auf denen wir bequem vorwärts kamen, obwohl tief bis über die Knöchel der Fuss einsank; je weiter wir aber hinunter gelangten, um so zerklüfteter wurde das Gestein. Manchmal war die Böschung so steil, dass wir uns an den Händen mehrere Meter tief hinablassen mussten.

An der oberen Grenze eines Vegetationsgürtels, der vorwiegend aus Ericasträuchern und Senecien bestand, wurde beschlossen, nicht tiefer hinabzusteigen, sondern nun wieder rund um den Kegel herumzugehen. Aber jetzt brach auch schon der Abend herein. Ehe die Sonne unterging, erhaschten wir noch einen kurzen Blick hinunter nach der Ebene auf der Nordseite des Berges. Auch dort ist ein grosser, mit Busch bedeckter Nebenkrater dem Hauptkegel vorgelagert, während sich in nördlicher Richtung das Auge in einer weiten, welligen Fläche verliert, die vielfach mit Wald bestanden ist. Von einer Ausbruchsstelle flüssiger Lava konnten wir absolut nichts wahrnehmen. War eine solche überhaupt vorhanden, so musste sie in westlicher Richtung zu finden sein*).

Als es finster zu werden anfing, erhob sich ein schneidend kalter Wind, und wir begannen uns nach einem geeigneten Nachtlager umzusehen. Ganze Mauern alter vulkanischer Eruptionsmassen mussten überklettert werden, dann wurden die Ericabestände immer dichter und fast undurchdringlich. Meine Kräfte begannen erheblich nachzulassen, während Prittwitz weniger ermüdet schien. Unser beiderseitiger Zustand war der umgekehrte gewesen, als wir uns auf den zweiten Rundgang begeben hatten, und mir fiel ein, dass ich vorher grössere Quantitäten Kola zu mir genommen hatte, um mich frisch zu erhalten. Die damalige Ueber-

---

*) S. darüber das IX. Kapitel.

schätzung meiner Kräfte, sowie deren ganz plötzliches Nachlassen mehrere Stunden darauf muss ich wohl der Wirkung dieses Reizmittels zuschreiben.

Wir machten uns nun zunächst daran, eine wagerechte Lagerstätte unter einem Strauch herzustellen und dann eine Art Dach darüber und einen Windschutz davor einzuflechten, denn die Kälte nahm in bedenklicher Weise zu und ein feiner Regen begann herabzurieseln. Wir waren nur mit unseren leichten Marschanzügen angethan, im Uebrigen ohne jede Decke, und erwärmende Lebensmittel besassen wir gleichfalls nicht. Ein Bergstock, ein Feldstecher, ein Momentphotographenapparat und — zum Glück — eine Schachtel Streichhölzer waren die einzigen Gegenstände, die wir mit uns führten. So lange die Kräfte reichten, suchten wir uns durch Abbrechen von Ericasträuchern zum Hüttenbau zu erwärmen. Dann wollten wir Feuer anmachen, und als uns das endlich unter Zuhilfenahme von Zeugfetzen, die wir aus unseren Kleidern herausrissen, gelungen war, galt es, die glimmenden, noch ganz grünen Zweige durch anhaltendes Blasen in Gluth zu erhalten. Wärme konnten sie freilich nicht ausstrahlen, aber die anstrengende Arbeit half uns wenigstens die endlose Nacht abkürzen. Wir klapperten förmlich vor Kälte; die Feuchtigkeit drang uns bis ins Mark, die Augen schmerzten vom Qualm der knisternden Ericabüsche, und unsere Lungen arbeiteten immer heftiger in Folge unserer Anstrengungen, das schwache Feuer durch Blasen zu unterhalten; es war eine ganz entsetzliche Nacht! Der Wind schien uns eisiger als der schneidende Nordwind zu sein, der im Winter über unsere schlesische Heimath dahinfegt. Schliesslich aber versanken wir in eine Art Halbschlummer, der aber nur ganz kurze Zeit gewährt haben muss: früher, als gedacht, überraschte uns der anbrechende Morgen, denn so rasch, wie die Sonne in äquatorialen Gegenden am Abend verschwindet, erhebt sie sich auch wieder über dem Horizont ohne das lange Dämmerungsvorspiel, das wir gewohnt sind.

Unverzüglich brachen wir auf, und unsere steif gefrorenen Glieder fanden in kurzer Zeit ihre alte Gelenkigkeit wieder.

Im Osten sahen wir nunmehr die beiden Nachbarn des Kirunga, den Navunge und den Karissimbi*), dunkel und scharf von der Morgenröthe sich abheben; doch blieben sie nur auf wenige Augenblicke sichtbar, dann zog sich der gewohnte Nebelvorhang wieder vor ihnen zusammen.

*) S. Kapitel IX.

Es war 8 Uhr Morgens, als wir endlich nach unsäglich mühsamem Marsch einen Schuss zu hören glaubten, und kurze Zeit darauf gewahrten wir auch auf der Einsattelung, von der aus wir den Hauptkrater Tags zuvor erstiegen hatten, einige menschliche Gestalten. Bald stellte es sich heraus, dass es unsere Soldaten waren, die auf die Suche nach uns ausgegangen waren. Gross war ihre Freude, als sie uns nun endlich fanden, und ungesäumt ging es dann hinab zu unserem kleinen Lager, wo der Rest der Mannschaft unserer harrte.

Hier angelangt, war es mein erstes Beginnen, einen Boten an Kersting abzufertigen und Letzteren bitten zu lassen, ebenfalls heraufzukommen, um sich die Beschaffenheit des Berges näher anzusehen. Wir begegneten denn auch schon am folgenden Tage, früh um 9 Uhr, auf dem Rückmarsch der kleinen Karawane des Doktors, gerade an der Stelle, auf der wir die beiden Nächte in Mitten des Urwaldgestrüpps verbracht hatten. Jedoch hüteten wir uns wohl, dem Doktor von dem gewaltigen Naturwunder, das seiner harrte, etwas zu verrathen, um ihm die Ueberraschung nicht zu verderben.

Was inzwischen im Hauptlager vorgefallen war, konnte uns mit wenigen Worten berichtet werden. Kersting hatte aus sanitären Rücksichten den Lagerplatz gewechselt; ausserdem waren einige belanglose Differenzen mit Eingeborenen dadurch entstanden, dass Tofik in einem Dorfe eine Tracht Prügel bekommen hatte. Von Seiten des Doktors, als des stellvertretenden Lagerkommandanten, war indessen die Angelegenheit in wünschenswerther Weise dadurch geregelt worden, dass er den betreffenden Häuptling eine Zeit lang gefangen hielt und sich ein Sühnegeld in Gestalt einer Anzahl Ziegen ausbedang.

Nach diesen Mittheilungen verliess uns Kersting und hat, Dank den nun gebahnten Wegen, gleich am ersten Abend auf der südlichen Einsattelung sein Nachtlager aufschlagen können. Das Zelt, dessen wir uns bedient hatten, war, sammt einigen Leuten zur Bewachung, für ihn oben zurückgelassen worden. Er ist dann zwei Mal oben am Kraterrand gewesen und hat ebenfalls den Rundgang gemacht, in Begleitung des Unteroffiziers Adam Mohamed, der Diener Abokr und Mohamed August II, sowie des Gefreiten Mkono*).

---

*) Vorgreifend führe ich hier schon an, dass Mkono nicht mit dem Doktor zurückkehrte, und dass wir vorläufig, nachdem letzterer am dritten Tage, dem 15. Juni, wieder im Lager eingetroffen war, annehmen mussten, dass jener, vom Schwindel erfasst, in den Kratercirkus hinabgestürzt war, oder dass er sich in Nacht und Nebel verirrt hatte,

Zwei Stunden nachdem wir den Doktor verlassen hatten, waren wir
in der Ebene angelangt. Auf halbem Wege kamen uns dort die Maulesel, geführt von ihren Wärtern, den Somali, entgegen, und um die
Mittagsstunde erblickten wir wieder die langen Reihen der hellschimmernden
Expeditionszelte. Das bunt bewegte Leben im Lager war deutlich wahr-
zunehmen. Bei unserem Näherkommen lösten sich einige weissgekleidete
Gestalten, die Trägerführer, von dem Schwarme los und eilten uns mit
freudestrahlenden Gesichtern entgegen. Die Soldaten standen still und
stramm unter präsentirtem Gewehr in zwei Reihen. Kaum aber war das
Kommando »Gewehr ab« ertönt, als Alle Reih' und Glied verliessen und
auf uns zustürzten. Soldaten und Träger drängten sich an uns heran,
um uns die Hände zu drücken und zu küssen, gleich als wollten sie sich
leibhaftig davon überzeugen, dass der geheimnissvolle Berg uns nicht ver-
schlungen habe. Man konnte all' den braven Leuten die helle Freude
über unsere glückliche Rückkehr ansehen. Die ganze Scene, das Benehmen der Mannschaft und ihre Anhänglichkeit, rührten mich tief. Aber
sie hatten freilich auch Grund zur Freude: unsere Rückkunft vom Feuerberg bedeutete ja für sie die Heimkehr, die Heimkehr zur Küste, reichen
Lohn für die geleisteten Dienste und in Folge dessen ein Leben voll süssen
Nichtsthuns auf lange Zeit! Denn noch ahnten sie nicht, dass es einen
ganz anderen Weg zum »grossen Meere« gab, einen Weg, der nach wie
vor nach Westen wies und der sie dennoch, vielleicht rascher und bequemer als in umgekehrter Richtung, aus diesen rauhen Bergen heraus nach
den sonnigen Küstenplätzen Deutsch-Ostafrikas führen konnte.

Noch am Abend versammelten sich die Führer und Trägerältesten
vor dem grossen Zelt und baten mich in einer Unterredung um Auskunft,
wohin es nun ginge. Meine Antwort lautete, ins Deutsche übersetzt,
etwa so:

»Ihr seid zu mir gekommen, um Euch zu erkundigen, auf welchem
Wege wir wieder zur Küste zurückkehren werden. Ihr thut Recht daran,
denn Ihr seid für Euere Leute verantwortlich!

»Ihr wisst, dass Ihr durch Vertrag gebunden seid, mir zwei Jahre
lang überall hin zu folgen, wohin es mir zu ziehen gefällt.

»Auch ich will zurück zu den Meinen, zur Küste.

»Auch wir Europäer wollen nicht zu Grunde gehen, und deshalb
werde ich Euch so führen, dass wir Alle, so Gott will, die Küste bald
wiedersehen werden.

»Aus meinen Papieren (Karten) habe ich immer den geraden Weg gefunden, wie Ihr wisst, und jetzt sehe ich, dass es drei Wege giebt; den einen wieder zurück durch Ruanda, wo wir herkommen, den anderen im Westen um einen See herum, der nahe bei uns liegt; wir kommen dann nach Monatsfrist wieder an einen grossen See, den Tanganyika, und können dann über Tabora, das Euch Allen bekannt ist, das Meer erreichen.

»Den dritten Weg kenne ich auch aus meinen Papieren; er führt aber an ein anderes grosses Meer, und auf Schiffen können wir dann heimkehren.

»Nun wisst Ihr aber, dass ich immer neue Länder kennen lernen will, und Ihr seht alle Tage, dass ich Berge, Flüsse und Alles, was ich sehe, aufschreibe.

»Wie könnte ich also auf dem gleichen Wege zurückgehen wollen, von dem wir herkommen? Ich habe deshalb beschlossen, weiter zu gehen, bis an den See, von dem uns die Eingeborenen erzählen und den wir vielleicht schon morgen sehen werden.

»Und dann werde ich wieder überlegen, welches der beste Weg für uns sein wird.

»Und Ihr könnt mir vertrauen, denn bisher habt Ihr immer gesehen, dass auch die grössten Häuptlinge uns Ziegen und Bananen gaben, wie Sklaven ihren Herren.«

Mit diesen Worten entliess ich die Braven und befahl den Abbruch des Lagers für den ersten Morgen nach der Rückkehr des Doktors.

Dieser Morgen war der 16. Juni, ein glühend heisser Tag. Nachdem ein Kommando von fünf, sich freiwillig meldenden Leuten zur Aufsuchung des vermissten Mkono abgeschickt worden war, stiegen wir abermals in die Lavaebene hinab, wendeten uns aber halblinks und nahmen unsere Richtung auf die südlichen Ausläufer des Kirunga zu. Eine grosse Menge kleiner Kraterbildungen und Hügel wurde passirt, auf denen wogende Sorghumfelder und Erbsenanlagen zu sehen waren. Dann aber betraten wir eine Zone, in der sich Bananenhain an Bananenhain reihte. Dazwischen lagen ärmliche Gehöfte von Eingeborenen versteckt. Wenn wir frugen, wo wir Trinkwasser finden könnten, so verwiesen sie uns auf den wässerigen Saft, den sie aus den schwammigen Stämmen der Bananen pressen, oder sie deuteten nach Süden und sagten das Wort »Kivu«.

Erst um 1 Uhr Nachmittags erreichten wir die Grenze der Bananenhaine. Dann ging es noch durch eine Reihe üppig gedeihender, fast zur
Ernte reifer Sorghumfelder hindurch, und plötzlich standen wir auf dem
felsigen Ufer einer gewaltigen Wasserfläche.

Eine frische Seebrise wehte zu uns herüber, und tosende Brandung,
wie die des Meeres, rauschte uns entgegen.

Der Wasserspiegel erstreckte sich unabsehbar und unbegrenzt für
unser Auge weithin nach Süden.

Zu den beiden bisher von uns geschauten Wundern dieser herrlichen
Länder, zum Kigeri und Kirunga, hatte sich ein drittes gesellt, der Kivu.

Tabaksbeutel aus Ruanda.

IX. KAPITEL.

Am Kivu-See.

Sonnabend, den 16. Juni 1894. Unser
Lager liegt ideal schön, hart am Nordgestade
des Kivu-Sees*); die Zelte stehen nur wenige
Meter vom Ufer entfernt, und wenn wir die Zelt-
thüren zurückschlagen, so durchzieht eine frische
Seebrise den sonst so dumpfen und heissen Raum.
Der Boden unter unseren Füssen ist ein weicher Grasteppich, aber dicht
am Wasser tritt ausgewaschener Fels zu Tage und umzieht, so weit man
sehen kann, den blauen Wasserspiegel mit einer blendend weissen Kante.
Oft wird diese Linie an kleinen vorspringenden Landzungen von grünem
Laubbusch unterbrochen, dessen Aeste bis zum Spiegel des Wassers
hinunterhängen. Uns zur Rechten steht ein dunkeler Hain hoher, blühender
Kandelaber-Euphorbien, während sich vor uns, nach Süden zu, wo die
Wasserfläche sich ins Unendliche verliert, die verschwommenen Formen
einiger Inseln am Horizonte abheben. Die Berge, die im Osten und
Westen den See einrahmen, scheinen sehr steil zum Seespiegel abzufallen.
Ihr Anblick lässt die Erinnerung weit zurückschweifen, denn ähnliche Landschaftsbilder waren unserem Auge damals geboten worden, als wir in
rascher Fahrt an den Seen Oberitaliens vorbei der Mittelmeerküste zu-
eilten, um Europa zu verlassen.

*) S. das Titelbild des Buches.
Kapitel-Vignette: Der Küchenjunge Kissassi.

Die klare Fluth ladet auch zum Baden ein, und trotzdem die Eingeborenen allerhand unbestimmte Angaben über das Vorkommen von Krokodilen laut werden lassen, tummelt sich bald eine ganze Schaar von Schwimmern und Schwimmerinnen im Wasser umher.

Wir sehen schönen, genussreichen Tagen entgegen, und wie wir so bei Sonnenuntergang, vor unseren Zelten sitzend, an dem felsigen Strande der Ruhe pflegen, möchten wir um keinen Preis unser primitives »Seebad« mit dem fashionabelsten Badeort des alten Europa vertauschen.

Aber bald genug sollen wir unsanft daran gemahnt werden, dass wir uns im Herzen des schwarzen Erdtheils befinden.

Wir haben uns gerade, kurz nach Eintritt der Dunkelheit, zu Tische gesetzt, um die Abendmahlzeit einzunehmen, als plötzlich im Lager rasch hintereinander mehrere Schüsse fallen.

Wir stürzen aus dem Zelt heraus, rufen nach unseren Gewehren und eilen nach unseren Posten auf den drei Seiten des Lagers. Das Geschrei der Männer und das Kreischen der Frauen wird immer stärker, aber vergeblich bemühe ich mich, den Grund des Wirrwarrs und des Schiessens zu erkennen, denn von einem Gegner ist bei der herrschenden Dunkelheit vorläufig nichts zu bemerken. Das Rufen der Leute und das Knattern des Gewehrfeuers übertönt anfangs unsere Stimmen; ungehört verhallt jedes Kommandowort. Endlich stossen wir, etwas ausserhalb der Lagergrenze, auf den Unteroffizier Adam, dessen Zug vollzählig und schön gerichtet angetreten ist und nach dem Kommando seines Führers Salve auf Salve feuert. Hier erfahre ich denn endlich, nachdem das Feuern eingestellt worden, den angeblichen Sachverhalt.

Die leicht erregbaren Somali scheinen die ersten Alarmschüsse abgegeben zu haben, und zwar, wie sie behaupten, auf einige bewaffnete, um ihre Zelte herumschleichende Wilde. Dann seien plötzlich von allen Seiten grosse Massen von speerschwingenden Eingeborenen aus den umliegenden Sorghumfeldern aufgetaucht, die natürlich bei den ersten Schüssen das Weite suchten. In der That wird auch ein durch einen Speerstich verwundeter Mann beigebracht, und einige Pfeile stecken in den Zelten.

Mehr lässt sich für diesen Abend nicht mehr feststellen; die Erregung der Leute ist zu hochgradig, als dass ihre Phantasie ihnen nicht alle möglichen Bilder von eingebildeten Gegnern eingeben sollte. Wir warten deshalb das Weitere bis zum Anbruch des nächsten Tages ab. Vorläufig lasse ich, um bei erneuten Angriffen grössere Unordnung zu vermeiden,

nur noch einige Alarmirübungen anstellen und ersuche Prittwitz, die Wachen
zu verstärken. Das Vieh, das in einem nahen Gehöft untergebracht war,
wird in den Umkreis der Wachtfeuer getrieben. Dann versinkt das Lager
wieder in tiefe Ruhe. Man hört nur, wie die Posten sich von zehn zu

Nächtlicher Ueberfall.

zehn Minuten anrufen und wie die Brandung mit einschläfernder Regel-
mässigkeit ans Ufer rauscht und wieder zurückfluthet.

Sonntag, den 17. Juni. Der wahrheitsgetreue Hergang des gestrigen
Ueberfalls ist uns auch heute noch nicht ganz klar geworden. Dass eine
grosse Anzahl bewaffneter Eingeborener da gewesen war, steht unzweifel-

haft fest, denn noch heute früh wurden Pfeile und Speere gefunden, die in unser Lager geschossen worden waren, und mehrere Leichen lagen in den nahen Sorghumfeldern. Blutlachen und zertrampelte Sorghumstengel zeigten uns den Standort der Angreifer. Die nächst gelegenen Ortschaften scheinen jedoch nicht daran betheiligt gewesen zu sein; denn ebenso ruhig, wie gestern, kamen heute Weiber und Männer zu uns, um ihre Landeserzeugnisse zu Markte zu bringen. Vielmehr halte ich es für höchst wahrscheinlich, dass irgend eine grössere Bande thörichter Eingeborener, die uns vielleicht von weither nachgezogen war, es darauf angelegt hatte, uns bei Nacht und Nebel zu bestehlen; denn da sie Speere und Bogen nicht bei uns sahen, Gewehre aber offenbar nicht als Waffen kannten, so hielten sie dies Beginnen vermuthlich für ganz ungefährlich.

Prittwitz ist heute früh mit dem dritten Zug Askari aufgebrochen, um zu sehen, ob und wie weit Bissangwa, der hiesige Vertreter des Kigeri und Statthalter von Bugoie, an der Sache betheiligt sei. Die Untersuchung ergiebt jedoch, dass dieser ebenso überrascht gewesen zu sein scheint, wie wir. Er verspricht, am folgenden Tage mit Geschenken unser Lager zu besuchen.

Während Prittwitz unterwegs war, hatte ich mit astronomischen Beobachtungen und mit Festlegung einer Basis von ca. 400 m Länge, behufs genauerer Aufnahme des neu entdeckten Sees begonnen. In der Abendkühle brachten wir auch unser kleines Faltboot zu Wasser, um einige Lothungen vorzunehmen, aber schon ziemlich nahe am Ufer reichte die 53 m lange Lothleine nicht mehr aus, um die Tiefe zu ermitteln.

Als wir dann bei der Abendmahlzeit sassen und uns an einem gekochten Wels delektirten, den Kerstings neuer Diener, Mohamed August II, mit seiner Angel gefangen hatte, fuhr eine ganze Flottille langgeschnäbelter Kanus über die spiegelglatte Wasserfläche an uns vorüber. Ich beschloss, mir morgen von Bissangwa mehrere solcher Kanus stellen zu lassen, um den See damit befahren zu können.

Montag, den 18. Juni. Der Marktverkehr im Lager ist ausserordentlich rege; besonders wird viel Sorghum gebracht, in Mehl- oder Körnerform, so dass meine Küstenleute herrlich und in Freuden leben können. Klares Seewasser zum Baden, wenig oder gar keine Arbeit und als Nahrung einen Brei aus Sorghum-Mehl und Wasser mit etwas Fleisch als Zukost — mehr begehrt ihr Herz nicht.

Prittwitz macht einen Ausflug nach der Nordwestspitze des Sees und konstatirt dort eine ganze Anzahl kleinerer Felseneilande. Meine Basismessung ist beendet, und ich verbringe den ganzen Nachmittag mit Winkelmessungen nach allen am See sich abhebenden Landspitzen und Inseln.

Dienstag, den 19. Juni. Nachdem schon vorgestern die Patrouille, die den vermissten Gefreiten Mkono aufsuchen sollte, unverrichteter Sache zurückgekehrt war, trifft der Verlorengeglaubte heute plötzlich halb verhungert im Lager ein. Wie er berichtet, ist er drei Tage am Bergabhang im Urwald umhergeirrt und dabei mehrfach auf Elephanten gestossen. Er behauptet, sich einmal nur dadurch vor dem Zertrampeltwerden auf dem schmalen Pfade gerettet zu haben, dass er dem vordersten Elephanten eine Ladung Schrot No. 6 (er trug nämlich Kerstings Flinte) auf den Kopf schoss, worauf die ganze Heerde Kehrt gemacht habe. Dann sei einmal aus dem Busch heraus mit Pfeilen auf ihn geschossen worden, schliesslich aber habe er eine Hütte erreicht, wo mitleidige Wilde ihm Nahrung und einen Führer gegeben hätten. Der Letztere wurde reich beschenkt und Mkono selbst den pflegenden Händen seiner Frau überantwortet.

Mittwoch, den 20. Juni. Heute ist endlich Bissangwa mit grossem Gefolge und Geschenken im Lager eingetroffen. Er macht einen sympathischen Eindruck, ist ebenso ängstlich, wie bescheiden, lässt sich aber ohne Widerstand photographiren. Sein Kostüm ist das Festgewand der Grossen von Ruanda, wie wir es bei der Umgebung Luabugiris kennen lernten. Seinen späten Besuch entschuldigt er mit der Schwierigkeit, die von mir verlangten Kanus zu beschaffen, denn der Kigeri sei vor wenigen Tagen am Ostufer des Sees erschienen, habe die sämmtlichen vorhandenen Kanus aufgeboten, und sei nun mit dieser grossen Flottille aufgebrochen, um Bunyabungu, ein Land im Südwesten, mit Krieg zu überziehen. Er, als Oberhäuptling am See, sei dabei für die Gestellung der erforderlichen Kanus verantwortlich gewesen, und deshalb seien die vier, die er mitbringe, augenblicklich Alles, was er mir zur Verfügung stellen könne.

Diese vier Einbäume, die inzwischen auf den Strand hinaufgezogen worden waren, sahen allerdings wenig genug vertrauenerweckend aus. Aber es würde allzu viel Zeit gekostet haben, wenn ich erst nochmals nach anderen hätte suchen lassen. Und da ich so des Raummangels wegen darauf verzichten musste, die Fahrt in Gesellschaft eines meiner beiden Reisegefährten zu machen, beschloss ich, unverzüglich aufzubrechen, um wenigstens durch Besuchen verschiedener Buchten und Inseln ein Dreiecksnetz für meine Triangulirungsarbeiten zu gewinnen.

Acht des Ruderns kundige Askari wurden bestimmt, an der Fahrt theilzunehmen, und angewiesen, sich auf vier Tage mit Proviant zu versorgen; länger gedachte ich auf keinen Fall meine Fahrt auszudehnen.

Noch am Nachmittag brachen wir auf, nachdem ich Prittwitz ersucht hatte, das Lager am folgenden Tage abzubrechen und es nach einem Marsch um das Nordende des Sees herum, an einem weit sichtbaren Punkte der nordwestlichen Küste wieder aufzuschlagen, um dort meine Rückkehr abzuwarten.

Die Fahrt auf der spiegelglatten, klaren Wasserfläche war wundervoll. Das grösste der Kanus trug ausser mir noch den Somali Mohamed Elmi, den Küchenjungen Rissassi, den Gefreiten Hamis wadi Ismaili, den Manyema-Askari Ssabaha, drei eingeborene Ruderer und den mir von Bissangwa gestellten Katoto, als land- und seekundigen Führer.

Zunächst fuhren wir quer über die nordöstliche Ausbuchtung des Sees hinüber und liefen dann mehrere Felsvorsprünge an. Ueberall wurde das Universalinstrument zur Vornahme von Winkelmessungen aufgestellt. Als die Sonne unterging, passirten wir eine kleine Insel, die von Enten und Tauchern völlig bedeckt war und uns die beste Gelegenheit gab, unseren Mundvorrath durch wenige wohlgezielte Schüsse zu verstärken.

Auf einer kleinen, einsamen Landzunge liess ich das Zelt für die Nacht aufschlagen. Die Kanus wurden festgemacht und von einem Posten bewacht. Die Ruder, die einen meterlangen Stiel und ein länglich-herzförmiges Blatt hatten, fanden ihren Platz in meinem Zelt, und um jeden Fluchtversuch der eingeborenen Ruderer zu verhindern, wurden diese sämmtlichst auf Ansuchen ihres Führers Katoto gefesselt, eine Massregel, die merkwürdiger Weise bei ihnen selbst die grösste Heiterkeit hervorrief.

Donnerstag, den 20. Juni. Bei Tagesgrauen wird die Küstenfahrt fortgesetzt. Wetter und Landschaft könnten wahrlich nirgends entzückender sein. Ssabaha zeichnet sich als vorzüglicher Ruderer aus und singt dazu melodische Lieder aus seiner Heimath, die irgendwo westlich vom Tanganyika-See liegt. Sein Eifer spornt auch die Insassen der übrigen Kanus an, und so entsteht bald ein regelrechtes Wettrudern. Bald genug freilich lässt dieser edle Eifer wieder nach; denn die Sonne ist inzwischen höher gestiegen und versendet glühende Strahlen. Alle paar Minuten legt einer der Leute das Ruder bei Seite und schlürft das frische, süssschmeckende Seewasser, das er sich mit den Händen schöpft.

Wir halten uns durchschnittlich 1 km vom Ostufer entfernt, das ziemlich steil zu sein scheint. Auf den Wiesen an den Abhängen erkennt man deutlich grosse Heerden von Rindvieh, die Wasserfläche ist hie und da von Fischerbooten belebt, welche durch lange, weit überhängende Spieren zum Befestigen der Angeln eigenthümlich aussehen. Gegen Mittag lasse ich wieder zwei kleine Inseln anlaufen, die ich bereits vom Lager aus anvisirt hatte. Es gelingt mir dort, für unsere Küche zwei Pfauenkraniche zu erlegen, deren Fleisch ganz vorzüglich, ungefähr wie Rehrücken schmeckt.

Vom Südende des Sees ist nichts zu sehen. Frage ich meine Ruderer, wie lange man noch fahren müsse, um das Ende zu erreichen, so antworten sie, um mich womöglich abzuschrecken, so weit noch zu fahren: »Oh, mindestens sechs Monate!« Wenn ich ihnen aber dann ernsthaft versichere, falls es so weit sei, dann müsse ich erst recht hin, so lassen sich diese grossen Kinder flugs zu einer Division durch 180 herbei und erklären: »In einem Tage, Herr, werden wir am Ende sein.«

Man ersieht daraus wieder einmal, mit wie grosser Vorsicht man geographische Erkundungen durch Eingeborene aufzunehmen hat!

Am Nachmittag erreichen wir die Insel Mugarura und gehen in einer schattigen, paradiesisch schönen Bucht an Land. Die Ufer bestehen aus schneeweissen Felsen, die zu der dichten, grünen Vegetation und zu dem tiefblauen Wasser einen grellen Gegensatz bilden. Zahlreiche überhängende Bäume und Büsche stehen in schönster Blüthe, vielfach mit hochrother Färbung, violette Winden und andere Kletterpflanzen ranken sich an den Stämmen empor, und zahllose Lianen und Luftwurzeln erhöhen den graziösen Reiz der Landschaft. Eine reichgefiederte Vogelwelt belebt die Baumkronen; Papageien und weisse Reiher suchen erschreckt und laut kreischend das Weite, als wir herannahen.

Während meine Leute einen Platz für das Zelt frei machen, suche ich einen erhöhten Standpunkt auf der Insel zu gewinnen. Von oben eröffnet sich mir ein freier Ueberblick nach Süden zu. Ich sehe bei dem klaren Wetter, wie die Berge in der Ferne näher zusammen zu kommen scheinen, aber wie weit noch das Ende des Sees zu suchen ist, darüber vermag ich kaum eine Vermuthung auszusprechen.

Vogelleben auf den Inseln des Kivusees.
(Pfauenkraniche.)

Die Insel, auf der ich stehe, ist etwa ein Quadratkilometer gross. In ihrer südlichen Hälfte bemerke ich eine Wiesenfläche, auf der einige schneeweisse Rinder geweidet werden. Katoto erklärt mir, diese Rinder seien Privateigenthum des Kigeri und würden hier auf dieser einsamen Insel nur von zwei Hirten bewacht.

Aus Gesprächen mit Katoto kann ich allmählich mit einiger Genauigkeit feststellen, dass wir noch drei Tage bis zum Südende des Sees gebrauchen würden, dass also erst zwei Fünftel des Weges hinter uns liegen. Da ich aber einige Winkelmessungen erhalten habe, so geht mein Plan dahin, zunächst einen westwärts gelegenen Inselarchipel zu besuchen, um wenigstens die Breite des Sees genau festzulegen.

Freitag, den 22. Juni. Katoto hegt anfangs grosse Bedenken gegen eine Fahrt quer über den See und hat allerlei Einwände; da aber das Wetter günstig ist, so brechen wir auf und erreichen schon nach dreistündigem anhaltendem Rudern die erste der erwähnten Inseln, mit Namen Itanga. Ein Hügel in ihrer Mitte gewährt mir wieder einen Rundblick. Itanga, so viel kann ich übersehen, liegt ungefähr in der Mitte des Sees, denn nach Osten sowohl, wie nach Westen sind die Linien der Randberge gleich scharf mit bewaffnetem Auge zu erkennen. Im Süden liegt die grosse, bergige Insel Kwijwi vor uns, auf der sich eine Residenz des Kigeri befinden soll. Auf dem nächsten Eiland wird das Nachtquartier für heute aufgeschlagen. Hier erhalten wir den Besuch von Fischern, die sich jedoch erst nach längerem Zureden herangetrauen. Sie bestreiten, von uns schon gehört zu haben und antworten auf meine Frage, ob sie immer unbewaffnet gingen, dass sie ja keinen Grund hätten, Waffen zu tragen, so lange der Kigeri nicht Krieg in ihrem Lande führe.

Sonnabend, den 23. Juni. Wir brechen zu gewohnter früher Stunde, bei Sonnenaufgang, auf. Gegen 7 Uhr beginnt das Wasser sich zu kräuseln und ein frischer Wind erhebt sich. Ich signalisire dem kleinsten Kanu, das so wie so schon leck geworden ist, sich dicht bei uns zu halten, und lasse mit aller Kraft rudern, denn allmählich entwickelt sich ein nicht zu verachtender Seegang, und auch in meinem grossen Kanu kommt bedenklich viel Wasser über. Doch bewähren sich auch jetzt die Fahrzeuge vorzüglich und gleiten pfeilschnell über die Wellenkämme hinüber. Ich bedauere im Stillen, keine besseren Boote zu haben, denn die erfrischende Brise, das Rauschen der sich brechenden Wogen übt einen wohlthuenden Einfluss auf meine Sinne und Nerven aus. Kann man sich doch auch kaum einen grösseren Gegensatz denken, als unsere gestrige Fahrt bei sengender Sonnengluth zwischen der farbenprächtigen Inselwelt hindurch, deren Anblick allein zu Träumereien anregen kann, und unsere heutige, wo Wind und Wetter uns durchkälten, als führen wir auf der Ostsee, und wo alle Sinne und Kräfte angespannt werden müssen, um die schmalen, schwanken Einbäume sicher durch die tosenden Wellen hindurchzubringen.

Gegen 11 Uhr liegt die Westküste auf 2000 Meter Entfernung vor uns. Sie ist vielleicht noch buchtenreicher und steiler abfallend, als das Ostufer. Die Vegetation erscheint hier in dem grauen Wetter dem Auge ganz dunkel, und wenn mich am Ostufer das tiefe Blau des Wassers und der violette Dunst, der auf den Bergen lagerte, an italienische Küstenlandschaften erinnert hat, so müssen hier die Gedanken unwillkürlich nach den herrlichen Gebirgsseen des Bayernlandes zurückschweifen.

Auf einer kleinen Insel, die einer grossen Bucht vorgelagert ist, wird Mittagsrast gemacht. Nachdem ich mich durch ein Bad erfrischt habe, nehme ich einige Sonnenhöhen und vervollständige meine Skizze vom Seeufer. Dann wird bis zum Abend weiter gerudert. An Land wird Katoto fortgeschickt, um unseren gänzlich auf die Neige gegangenen Mundvorrath zu ergänzen, und es gelingt ihm auch, einige Eingeborene zu veranlassen, uns eine Ziege, Mehl und Bananenbier zu bringen.

Sonntag, den 24. Juni. Nachdem des Nachts etwas Regen gefallen, herrscht heute wieder prachtvolles Wetter. Bei der Weiterfahrt nach Norden werden wir vielfach von Eingeborenen beobachtet, die an den steilen Abhängen ihre Felder bestellen. Zum ersten Male sehen wir eine im Kongostaate übliche Trageweise von Lasten: Weiber schleppen Lebensmittel auf dem Rücken, in grossen Bastkörben, die von einem um die Stirn laufenden breiten Riemen oder Strick gehalten werden.

Gegen Mittag haben wir beinahe das Nordufer des Sees erreicht, ohne etwas vom Hauptlager der Karawane entdeckt zu haben, als sich plötzlich der See auf unserer Linken zu einer weiten Bucht erweitert, in die wir durch eine schmale Meerenge hineinfahren. Die beiden vorspringenden Felsspitzen, die diese Meerenge bilden, sind nur wenige Hundert Meter von einander entfernt. Wir fahren dicht an der nördlichen vorüber, einem 100 Meter hoch, ganz senkrecht abfallenden Vorsprung, von dem das Wasser ununterbrochen Theilchen losbröckelt. Das Ganze besteht wohl aus alten Tuffen oder vulkanischen Schlamm-

massen; entweder hat hier ein gewaltsamer Durchbruch des Sees stattgefunden, oder die feuerflüssigen Massen haben sich in alten Zeiten in
den See gestürzt und sich hier gestaut.

Die zerrissene Felswand wird heute von zahlreichen wilden Gänsen
belebt, die oben in den Löchern und Spalten nisten und mir willkommene
Gelegenheit zur Jagd bieten. Es gelingt mir, drei von ihnen aus der
Luft herunter zu holen und die laute Bewunderung meiner eingeborenen
Ruderer zu erregen, nicht nur durch die Treffresultate, sondern auch
durch das donnernde Echo, das den Schüssen folgt.

Am Ende der Bucht, in westlicher Richtung, entdecken meine Leute
dann bald unser Zeltlager, dicht am Wasser, auf einem vorspringenden
Hügel. Nach zweistündiger Ruderarbeit nähert sich meine kleine Flottille,
in Linie geordnet, dem Ufer, Schüsse werden zur Begrüssung gewechselt,
und wenige Minuten darauf sitze ich mit Prittwitz wieder am grossen
Tisch im Zelt und lasse mir von den Erlebnissen der Karawane erzählen.

Diese war ohne besondere Zwischenfälle hierher gelangt, hatte aber
drei tüchtige Märsche machen müssen, um die Nordwestspitze des Sees
zu umgehen. Prittwitz ist jetzt allein hier, da Kersting sich aufgemacht
hat, um noch einmal den Kirunga, und zwar an seinen westlichen Ausläufern zu besuchen.

Montag, den 25. Juni. Ereignissloser Ruhetag. Wir erwarten
Kersting erst morgen. Wir lagern seit gestern am Ort Mukitovu im
Land Buyungu. Von einem weiter westlich liegenden Oso-See (nach
Stanley) weiss Niemand etwas.

Dienstag, den 26. Juni. Den Vormittag verbringt Prittwitz mit
dem Umpacken von Kisten, während ich mich daran mache, meine Triangulirung des Kivu-Sees zu Papier zu bringen. Zu meinem Bedauern
muss ich jedoch diese Arbeit bald aufgeben, da unser grosser Tisch sich
als viel zu klein erweist, um die Konstruktion auftragen zu können.

Um 2 Uhr trifft Kersting ein. Sein Ausflug ist so ergebnissreich
gewesen, dass ich im Folgenden einige Stellen aus seinem Tagebuch
anführen will. Er erzählt:

»Unser zweites Lager nach Graf Götzens Abfahrt hatten wir abermals am Ufer des malerischen Kivu-Sees aufgeschlagen, dicht unterhalb
des Dorfes Kumasa, auf erstarrtem Lavaboden. Nach Einbruch der
Dunkelheit sehen wir wiederum westlich vom grossen Kirunga tscha gongo
den intensiven Feuerschein am Himmel.

Ich steige deshalb noch spät am Abend in das Dorf auf den Hügel hinauf und werde dort durch den Anblick eines bisher nicht von uns bemerkten und ziemlich niedrigen Kegels überrascht, dessen breit abgestumpftem Gipfel eine rothe Lohe entflammt, welche die Erklärung für den in den letzten Wochen gesehenen überaus starken Feuerschein abgiebt.

Da ich diese neue Eruptionsstelle in 1—1½ Tagen erreichen zu können glaubte, und Graf Götzens Seefahrt so wie so noch 2—3 Tage in Anspruch nehmen musste, so beschloss ich, mir dieses neue Naturwunder etwas näher anzusehen, während Herr von Prittwitz noch einen Tagemarsch am Seeufer weiterziehen und dann auf unser Beider Rückkehr warten wollte. Meine Begleiter waren diesmal meine beiden Suaheli-Diener, August II und Mualimu, die Askari Kiroboto und Musa, drei Träger mit Decken, Zelt und Mundvorrath, ferner mein Maulesel und der Hund Teck.

Oben im Dorf Kumasa riss zunächst die ganze Einwohnerschaft aus, als sie hörte, wir begehrten einen Führer zum Feuerberg. Nach langem Parlamentiren mit einem zurückgebliebenen Greise gelang es mir endlich, einen Mann herauszulocken und durch ein kleines Geschenk von Glasperlen zu bewegen, uns wenigstens auf den richtigen Weg zu bringen.

Nach einer Stunde begegneten wir, mitten im dichten Busch, einem perlengeschmückten, rothbraunen, schönen Mhuma-Jüngling mit fünf Wahutu-Begleitern. Wir begrüssten uns und liessen uns zu einem Schauri (Berathung) nieder. Kahese, so hiess unser neuer Bekannter, hatte bereits von uns gehört und war gekommen, uns im Namen seines Häuptlings willkommen zu heissen. Ich suchte ihn durch Vorzeigen von Perlen und Zeug für mich zu interessiren und veranlasste ihn schliesslich, uns den Weg zu zeigen. So marschirten wir rasch in nördlicher Richtung in die Steppe hinein.

Nach einigen Kreuz- und Querzügen, die einige Meinungsverschiedenheiten über die richtige Direktion zwischen mir und Kahese hervorriefen, ging es mehr westlich, quer durch den Buschwald, und um 5 Uhr Nachmittags sah ich blauschwarzen Boden mit flachen Wellen und Falten zwischen den Bäumen hindurchblinken.

Als wir näherkamen, fanden wir, wo der Wald aufhörte, die Blätter der Bäume welk, wie bei uns im Herbst, und die Stämme verkohlt.

So weit das Auge nach Nord und West reichte, erstreckte sich, gleich einem getheerten Gletscher, ein mächtiger Lavastrom, der an der Oberfläche erstarrt, unten aber, noch gluthflüssig, in Bewegung war. Durch allerhand Risse und Spalten stiegen noch weissliche Dämpfe auf und leuchtete Feuerschein hervor. Kahese meinte, dass ich weiter nach Osten, dem Lavastrome entlang, näher an den Feuerberg herankommen würde..

Wir folgten daher einem schmalen Pfade, kamen aber bald von der Lava ab und mussten wegen der hereinbrechenden Dunkelheit an einer lichten Stelle des Waldes lagern, allerdings höchstens 5 km von dem Krater entfernt, den Kahese Namlagira ya gongo nannte. In der Nacht leuchtete es dicht vor uns über den schwarzen Waldbäumen flammend roth bis in den Zenith hinauf, ein wunderbares Bild in dem einsamen, schweigenden Walde.

Meine Diener kochten mir ein passables Essen aus Ziegenfleisch und Bananen. Kahese und seine Genossen sahen Allem, was vorging, neugierig zu.

Wir hatten unterwegs in den Spalten des Gesteins Feuerstellen gesehen und beim Eintritt in den Wald einige sich scheu zurückziehende, zwerghafte Gestalten bemerkt, mit denen Kahese gesprochen hatte. Er erzählte mir jetzt, dass »die kurzen Leute« im Busch lebten und »Batwa« hiessen. Gute Jäger seien sie nicht, sie ässen besonders die Leichen auf, die die Wahutu nicht zu beerdigen, sondern in den Wald zu werfen pflegten. Wir sahen auch Bogen, die aus mehreren Stäben zusammengebunden waren, mit Rotangsehne, und Pfeile mit nicht vergifteten Holzspitzen und nur einseitigen Widerhaken.

Am nächsten Morgen machte ich vor Sonnenaufgang einen Versuch, durch den Wald hindurch den Namlagira zu erreichen. In meiner Begleitung befanden sich dabei nur Kiroboto und Mualimu: unsere Wilden fürchteten sich, noch weiter mit uns zu kommen. Theils auf den zahlreichen ausgetretenen Elephantenpfaden, theils mit den Messern direkt durch das Dickicht dringend, strebten wir zwei Stunden lang vorwärts. Dann sah ich ein, dass ich vor Abend nicht zurück sein würde und machte Kehrt. Sodann gingen wir mit allen unseren Leuten an den Lavastrom zurück, und ich versuchte alsbald, mit dem Sudanesen Musa und mit August II über die Lava hin den Berg zu erreichen.

Für mich, den Neuling auf vulkanischem Boden, war es eine höchst interessante Wanderung. Die scharfe Oberfläche der Lava greift zwar

Stiefel und Sandalen gehörig an; im Ganzen kommt man jedoch ziemlich rasch vorwärts auf der, theils in zarten Fältchen, theils zu starken Wellen und Kämmen erstarrten Masse. Da und dort waren Blasenräume von 20 bis 100 Meter Ausdehnung gesprungen und eingestürzt. Aus den Rissen und Spalten, deren Ränder mit gelben, nadelförmigen Schwefel-Krystallen überzogen waren, strömte weisslicher, stickiger Dampf aus. Auch durchsichtige, amorphe, glasartige Beschläge von brennendem Geschmack und stechendem Geruch fanden sich vielfach an diesen dampfenden Stellen. Anderwärts gab es höhlenartige, halboffene Räume unter der festen Oberfläche, deren Umrandungen mit schön gelben Schwefelkrystallen behängt waren und deren Innenwände mit ihren Zacken und Vorsprüngen in so prächtig leuchtendem Feuerroth erstrahlten, wie es die kühnste Farbenphantasie kaum auszudenken vermag.

So schritten wir wohl zwei Stunden lang vorwärts und kamen etwa bis zum ersten Drittel der Höhe des Namlagira, der im Ganzen nicht mehr als 600 m relat. Höhe haben dürfte und flach, als breitbasige Kuppe, ziemlich genau im Nordwesten des Kirunga tscha gongo, der Sohle der centralafrikanischen Grabensenkung aufsitzt.

Der Lavastrom, über den ich marschirt bin, hat bis an das untere Drittel des Berges eine Breite von ca. 12 km, von dort bis hinauf auf die flache Höhe etwa noch 5—6 km. Seine allgemeine Richtung geht ungefähr nach SW., und seine Länge schätze ich auf mindestens 25 km. Im Osten und Westen ist der Berg zunächst mit Wald, weiter hinauf mit Gestrüpp (Erica?) bewachsen.

Etwa zwischen W. und SW. quillt die Lava vom obersten Rande des Namlagira herab. Ob sich oben ein Kraterkessel befindet, ob auch nach Norden Lava abfliesst, konnte ich aus Mangel an Zeit leider nicht feststellen, denn meine Leute hatten keine Nahrung und kein Wasser mehr, und wir waren noch mindestens sechs Stunden von den nächsten Ansiedelungen entfernt. Ich kehrte deshalb um und war um 3 Uhr wieder am Rande der Lava bei meinen Leuten angelangt.

Kahese, der mir noch erzählte, dass neun Tage weit der Ususee (?)*) liege, übernahm jetzt die Führung. Rasch ging es eine weite Strecke durch das Gestrüpp, wo der Batwapfad bereits unter einer breiten, an den Rändern rothglühenden Zunge langsam vorrückender Lava verschwunden war.

*) Wohl der Albert Edward-See?

Wir konnten mit Lanzen aus den rothen, dicken Massen, die sich in den Wald vorschoben, zähe, plastische Fetzen herausreissen. Ich steckte eine Rupie in solch' ein knetbares Lavastück und sah sie rasch zerschmelzen. Das eingeschmolzene Silber mit seiner Lavahülle hob ich mir als Andenken auf. An mehreren Stellen brannte der Wald, wo er mit dem gluthflüssigen Mineral in Berührung gekommen war. Später zog ein Gewitter herauf, und der auf der Lava verdampfende Regen hüllte Alles in weisses Gewölk.

Wir marschirten noch sechs Stunden lang, zuletzt in völliger Finsterniss, Kahese voraus, auf Pfaden, die wir ohne ihn in wenigen Minuten verloren haben würden. Einige Male, als wir an dunkelen Felsennischen vorüberkamen *), rief er »unsichtbaren Zwergen, die dort schlafen sollten«, etliche kurze Worte zu. Endlich lichtete sich der Wald, wir durchschritten eine ausgedehnte Bananenanlage und befanden uns bald mitten in einem Dorf.

Kahese weckte den erschrockenen Häuptling, der uns sofort mit allen möglichen Lebensmitteln beschenkte und ein Weiteres für den nächsten Morgen versprach. Um ein grosses Feuer sitzend verbrachten wir den Rest der Nacht. Bei Morgengrauen nahmen wir Abschied, beschenkten unsere Führer mit Perlen und Zeugstücken und langten nach einem achtstündigen Marsch im Hauptlager bei Mukitovu an, wohin auch bereits Graf Götzen von seiner Seefahrt zurückgekehrt war.«

Soweit Dr. Kerstings Bericht.

*   *   *

Ehe wir die Länder verlassen, die augenblicklich der Herrschaft des Kigeri von Ruanda unterworfen sind, sei es mir gestattet, sie in ihrer Gesammtheit kurz zu charakterisiren, da sie in einem Masse, wie kaum ein anderes Gebiet der deutsch-ostafrikanischen Interessensphäre, die Vorbedingungen einer gedeihlichen Entwicklung und einer dereinstigen Besiedelung durch deutsche Kolonisten in sich vereinigen **).

---

*) Diese Beobachtung Kerstings klingt doppelt interessant, wenn man sich einer Stelle im Aristoteles erinnert (historia animalium VIII, 2): »Die Kraniche ziehen bis an die Seen oberhalb Aegyptens, wo der Nil herkommt. Dort wohnen die Pygmäen, und zwar ist das keine Fabel, sondern es ist wahr. Menschen und Pferde sind, wie man sagt, klein und wohnen in Höhlen.« Bisher hörte man nur von den zwerghaften Waldvölkern, die sich Hütten aus Blättern bauen.

**) Vergl. die beigefügte Karte.

Schon in den voraufgehenden Kapiteln wurde wiederholt darauf hingewiesen, dass das Hochland von Ruanda die höchsten Erhebungen des sogenannten Zwischenseenplateaus in sich einschliesst, dass dieses Plateau an seinem Westrand stark aufgewulstet ist, und dass es dort steil nach einer weiten Ebene zu abfällt. Diese Ebene ist ihrer geologischen Gestaltung nach als die Sohle einer gewaltigen Senkung anzusehen, die in halbmondförmigem Bogen das äquatoriale Ostafrika nach Westen hin begrenzt. Die Nordspitze des Bogens liegt am Nordende des Albert-Nyansa, die Südspitze fällt ungefähr mit dem Südende des Tanganyika-Sees zusammen. Die Figuration dieses »centralafrikanischen Grabens« ist überaus verschiedenartig. Seine höchste Erhebung fanden wir am Nordufer des Kivusees.

In dessen Becken sammelt sich das Regenwasser, das von den Virunga-Bergen herabkommt. Das Niveau seines Wasserspiegels hat nach meinen Messungen[*] mit dem Hypsometer eine Höhe von ca. 1485 m über dem Meere. Seine Ausdehnung ist eine gewaltige, denn bei meiner Seefahrt sah ich die tiefblaue Wasserfläche in weiter Ferne im Dunst verschwinden; ihre allgemeine Richtung liegt Nord zu Süd, ich vermag aber nicht zu sagen, wie weit sie sich nach Süden erstreckt und ob dem See eine Länge von 80, 100 oder noch mehr Kilometern zuzumessen ist.

Die Erforschung der Südgestade des Kivusees bleibt einer späteren Reise vorbehalten. Sie wird erst dann zur Nothwendigkeit werden, wenn die definitiven Grenzen zwischen deutschem und kongostaatlichem Gebiet festgesetzt werden sollen. Bis zum heutigen Tage ist uns nur soviel bekannt, dass in das Nordende des Tanganyika-Sees ein verschilfter Fluss einmündet, der Russisi genannt wird und aus Nordnordwesten kommt. Ohne Zweifel haben wir in ihm den südlichen und zugleich einzigen Abfluss des Kivusees zu suchen, der demnach, seit Auffindung der Verbindung zwischen dem Tanganyika-See und dem Kongo, dem Stromgebiete des Letzteren zugezählt werden muss.

Eine interessante Frage harrt hier noch ihrer Lösung. Vergleicht man nämlich das Niveau des Kivusees (1485 m)[**] mit dem des Tanganyika (810 m nach Wissmann), so erhält man die Differenz von 675 Metern. Nimmt man nun für den Kivusee eine Länge von 80 Kilometern an, so

[*] Vergl. im Anhang die Höhentabelle.
[**] Anzeichen dafür, dass das Niveau des Sees in früheren Zeiten höher oder tiefer gelegen hat, wurden nicht gefunden.

Das Nordende des Kivusees.

hätte die Luftlinie von seinem Südende bis zur Nordspitze des Tanganyika eine Länge von ca. 90 Kilometern. Diese Strecke überwindet der Russisifluss mit dem ganz ausserordentlich starken Gefälle von 1 : 133. Trotzdem nun alle Erkundungen, die ich über diesen Fluss einziehen konnte, einstimmig dahin lauteten, dass er schiffbar sei, dass man mit Kanus, dicht am Ufer hinfahrend, die wenigen Stromschnellen leicht passiren könne, so ist man wohl, falls man nicht ganz andere hydrographische Verhältnisse voraussetzen will, zu der Annahme berechtigt, dass diese Angaben unrichtig sind und dass der Fluss vielmehr in gewaltigen Katarakten den bedeutenden Unterschied der beiden Seehöhen überwinden muss.

Freilich erscheint es bei dieser Annahme auffallend, wenn von anderen Reisenden der Russisifluss an seiner Mündung als ein verschilftes, träge schleichendes Gewässer geschildert wird?

Die Lieblichkeit der Inselwelt im Kivusee sucht ihres Gleichen. Die schneeweissen, von Reihern und bunten Pfauenkranichen belebten Felsenufer fallen senkrecht in die Tiefe ab. Stets weht ein frischer Wind über den See und kühlt mit erquickendem Hauche die Luft; nur selten erhebt sich eine starke Brise, die die Brandung am Ufer hoch aufspritzen lässt, und vor der die leichten Fischerkanus eilig in einer der vielen Buchten Schutz suchen müssen.

Wenden wir den Blick vom Kivusee nach Norden, so finden wir hier, wie eine riesige Sperre, den Kirunga tscha gongo und, neben diesem nach Osten zu, die Uebrigen der Virunga-Berge, den Navunge, Karissimbi, Kissigali, Vihanga und Ufumbiro vorgelagert. Wir betreten hier ein rein vulkanisches Gebiet.

Die geologischen Störungen, die zu der grossen Grabenbildung geführt haben, sind von gewaltigen Eruptionserscheinungen begleitet gewesen; diesen verdankt wohl auch der Kivusee seine Entstehung*). Wir finden diese Eruptionsstellen jetzt als Kegelberge der Grabensohle aufgesetzt, ohne jede Verbindung mit den Urschieferbildungen der Grabenränder.

Aehnliche Erscheinungen stiessen uns bei der Formation der ostafrikanischen Grabensenkung auf: auch dort fanden wir einen der Grabensohle aufsitzenden, freilich erloschenen Vulkan, den Gurui; aber

---

*) S. im Anhang die Besprechung der gesammelten Gesteine.

während dort eine ganze Anzahl von Eruptionskegeln als Reihen-Vulkane, vom Gurui an bis zum Rudolfsee, parallel laufend den Westrand der grossen Längsspalte begleiten, sind die Virunga-Berge, soweit mir bekannt, hier im »centralafrikanischen Graben« die einzigen Aeusserungen vulkanischer Thätigkeit*). Sie bilden eine quer vorliegende Kette, den Pfeilern einer Brücke von Grabenrand zu Grabenrand vergleichbar, denen nur die verbindenden Bogen fehlen.

Ein Blick auf die geographische Vertheilung der Vulkane auf der Erdoberfläche zeigt, dass sich die meisten — mit ganz geringen Ausnahmen — in der Nähe der Meeresküsten befinden.

Aus diesem Grunde ist wohl eines der für die Wissenschaft interessantesten Momente an der Auffindung des Kirunga-Vulkans seine grosse Entfernung vom Meere. Und wenn bei Betrachtung der Vertheilung der Vulkane auf der Erde der Begriff der Meeresküste als zu eng verworfen und durch den der grossen Linien der geologischen Bodenveränderungen ersetzt wird, so stützt die Lage des Kirunga diese Theorie allerdings in wesentlicher Weise. —

Die vulkanischen Erscheinungen an unserem Berge wurden an zwei verschiedenen Punkten beobachtet: auf dem Gipfel des grossen, abgestumpften Kegels ein Hervorströmen mächtiger Wasserdämpfe, am Namlagira ein Ausbrechen gluthflüssiger Lavamassen, sowie eine deutliche Thätigkeit schwefelhaltiger Solfataren.

Ob beide Höhen, der Namlagira und der Kirunga, als einem und demselben Bergstock angehörend zu bezeichnen sind oder nicht, ist eine ziemlich gleichgiltige Frage; die Zusammengehörigkeit beider erscheint mir aber in Anbetracht der geringen Höhe des Namlagira und seines im Verhältniss zu den Entfernungen der anderen Virunga-Kegel kleinen Abstandes vom Kirunga tscha gongo eine durchaus begründete Annahme.

Hinsichtlich der geologischen Zusammensetzung des Kirunga sei es mir gestattet, auf die während unserer Besteigung gemachten, freilich bei der Kürze der Zeit wenig reichhaltigen Gesteins-Sammlungen hinzuweisen. Ein Gleiches mag für die Flora gelten,**) die den Berg und seine Umgebung bedeckt.

---

*) Der Behauptung Stanleys, dass der Runssoro im Norden des Albert Edward-Sees ein Vulkan sei, widerspricht Dr. Stuhlmann.

**) Vgl. die Besprechungen im Anhang.

Der Fachmann wird hier überraschende Beziehungen zu den Floren Abessiniens und des Kilimandscharo erkennen, weniger zu der des bereits genannten Runssoro-Gebirges im Norden des Albert Edward-Sees.

Was die Vertheilung des Pflanzenwuchses am Abhang des Berges anlangt, so lässt sich eine Urwaldzone und darüber eine fast bis zum Kraterrand reichende Zone unterscheiden, auf der eine alpine Flora, sowie Senecien und Erica in grossen Mengen vorkommen. Doch zieht sich diese Urwaldzone keineswegs wie ein Gürtel um den ganzen Bergstock herum, vielmehr hat sie — vermuthlich durch jüngere Eruptionen — vielfache Unterbrechungen erlitten.

Vom Gipfel des Kirunga aus blickten wir nach Norden zu in ein welliges Hügelland hinab. Aber vergebens strengten wir unsere Sehkraft an, um durch die nebelfeuchte Atmosphäre hindurch den dritten der grossen Seen zu entdecken, die auf der Sohle des »Grabens« liegen, den Albert Edward-See. Hatte Dr. Stuhlmann auf seiner Reise mit Emin Pascha von dort aus, freilich bei klarer Luft, die Virunga-Berge gesehen, so durften wir von der Höhe aus sicherlich ein Gleiches in umgekehrtem Sinne erhoffen, wenn uns damals ein besseres Wetter beschieden gewesen wäre. So aber waren wir schon froh, nach Norden wenigstens bis in die Ebene hinabblicken zu können, während uns der Kivu-See im Süden völlig verhüllt blieb.

Wenn, wie Dr. Stuhlmanns Karte vermuthen lässt, der Fluss Rutschurru, den er bei Vitschumbi in den genannten See einmünden sah, am Fusse des Kirunga entspringt, so sind alle Nilquellensucher vollberechtigt, auch hier eine solche zu finden, denn der Albert Edward-See fliesst durch den Albert-See zum Nil hin ab. Schon Speke hat ja in den Virunga-Bergen, deren Spitzen er von Karagwe aus sah, die höchsten Erhebungen der alten »Mondberge« zu sehen geglaubt, und phantastische Köpfe bringen vielleicht die Röthe, die vom Kirunga und vom Namlagira ausstrahlt, mit der altarabischen Erzählung in Zusammenhang, dass der Nil an einem kupfernen Berg und einer kupfernen Stadt seinen Anfang nehme. —

Es erübrigt noch, einen kurzen Blick auf die »Ränder« des Grabens zu werfen. Diese fallen nach den Aussenseiten ganz allmählich ab, der westliche jedoch bedeutend rascher, als der östliche; denn während des letzteren Hinterland den Plateaucharakter beibehält, und der Spiegel des Victoria-Sees immer noch auf 1180 m liegt, finden wir in der

Götzen. 16

gleichen Breite am Kongo bereits Höhen von 500 m über dem Meeresniveau. Die beiden Ränder laufen nur an wenigen Stellen einander
parallel. Oft nähern sie sich einander so weit, dass man, wie z. B. am
Nordende des Kivu-Sees, mit bewaffnetem Auge, bei klarem Wetter, von
den Ausläufern des einen den Kamm des anderen sehen kann.

Der Ostrand biegt südlich der Virunga-Berge scharf nach Osten zu
um. Eine ähnliche »Ecke« in derselben Linie beschreibt Dr. Stuhlmann
und erklärt den Runssoro für die höchste Aufwulstung dieses Randes.
Wilde Hochgebirgsnatur mit dunklen, hochstämmigen Bambuswäldern,
niedriger Temperatur und ausserordentlich feuchter Atmosphäre charakterisiren hier die beiden Gebirgskämme. Wo wir auf Verschiedenheiten beider Naturen stossen, da beruhen dieselben auf der Zugehörigkeit
zu zwei verschiedenen Zonen. Vom »Ostrand« fliessen, der aufgehenden
Sonne entgegen, die Wasser auf deutsch-ostafrikanischem Gebiet zum
Victoria Nyansa ab. Am Westrand entspringen die Ströme, deren
Richtung der untergehenden Sonne zugewandt ist, so dass sich ihre
Wassermassen mit denen des Kongo vereinigen. Auf dieser Seite ein
stolzes Nomadenvolk, das die freien Hochflächen liebt, auf der anderen
eine scheue Waldbevölkerung von ganz anderer Rasse und Lebens-
gewohnheit.

So erschien uns, die wir als die Ersten diese Länder sahen, der
»Graben« als die Scheide zwischen zwei grossen Gebieten, als die
gegebene und natürliche Grenze zweier Interessensphären, und der herrliche
Kivusee als der Treffpunkt, an dem sich die Kolonisten zweier Länder,
Deutschlands und des Kongostaates, die Hände reichen können zu
friedlicher Kolonialarbeit.

*　　*　　*
*

Inzwischen war, am 26. Juni 1894, dem Tage unserer Wieder-
vereinigung im Lager von Mukitovu, eine wichtige Entscheidung gefallen.
Unsere Heimkehr auf einem Wege zur Westküste Afrikas und somit der
Marsch nach dem Kongo waren endgültig beschlossen worden! Es sei
mir gestattet, bei diesem Entschluss, der nach seiner glücklichen Durchführung unsere Reise zu einer sogenannten »Durchquerung« Afrikas
machte, einen kurzen Augenblick zu verweilen, besonders, da das
Telegramm, das der Vorsitzende der Gesellschaft für Erdkunde zu

Berlin in der Sitzung vom 8. Dezember 1894 folgendermassen verlesen konnte: »Gesellschaft Erdkunde, Berlin. Matadi via Ruanda, Urwald, Lowa gesund erreicht. Vulkan thätig, Kivu gross, Oso Fluss. Publiciren. Götzen.« und das somit unsere glückliche Ankunft an den Ufern des Atlantischen Oceans meldete, in den Kreisen unserer Freunde und der geographischen Welt ein gewisses Aufsehen erregt hat.

Dass dies der Fall war, hat wohl hauptsächlich seinen Grund darin, dass der Punkt, an dem wir wieder mit der Civilisation Europas in Berührung traten, ein ganz anderer war, als man erwartet hatte, dass er an der Westküste und nicht an der Ostküste lag.

In früheren Kapiteln wurde schon angedeutet, wie der Gedanke an diese Weiterführung unseres Unternehmens mir schon oft vorgeschwebt hatte, anfangs nur als eine Art Fata Morgana, dann aber immer greifbarer in seinen Umrissen und in seiner Ausführung immer weniger unmöglich scheinend. So weit mir noch erinnerlich ist, habe ich weder vorher in Europa, noch später in meinen Reisebriefen von derartigen Plänen gesprochen. Es bestand auch thatsächlich von Haus aus kein anderer Plan, als der einer Erforschung der noch unbekannten nordwestlichsten Gebiete Deutsch-Ostafrikas und der Entscheidung der Frage, ob an den Bergen, die von Speke westlich von Karagwe und von Stuhlmann südlich des Albert Edward-Sees gesehen worden waren, jede Spur noch wirkender vulkanischer Kräfte verschwunden sei oder nicht. Erst dann, als uns der Einmarsch in Ruanda so über Erwarten geglückt war, begann ich die Frage eines Weitermarsches nach Westen mit meinen Gefährten ernstlich und eingehender in Erwägung zu ziehen. Die glückliche Entdeckung des Kirunga-Vulkans und des Kivu-Sees brachte dann den Plan vollends zur Reife.

Waren auch die Nachrichten, die ich über die Länder jenseits der westlichen Randberge des Kivu-Sees eingezogen hatte, gänzlich unsicher und so nebelhaft, dass es ganz unmöglich war, sich irgend eine Vorstellung von dem zu machen, was uns dort bevorstehen würde, so befand sich dafür mein Expeditionskorps in einem Zustande, das mich berechtigte, noch die grössten Leistungen von ihm zu erwarten. Sämmtliche Leute waren in Folge unseres sechsmonatlichen Marsches gut im Training. In der klaren Höhenluft Ruandas hatte sich der Gesundheitszustand der Karawane vollkommen gebessert, und wenn auch die Märsche

16*

über die Tschingogo-Berge ihre Kräfte arg mitgenommen hatten, so wirkten dafür die schönen Lagerplätze am See wieder erfrischend und stärkend auf Leib und Seele. Dazu war das Land am Kivu so reich und fruchtbar, dass unsere Leute dort niemals Mangel litten, sondern in allen möglichen Genüssen schwelgen konnten.

Schon der Umstand allein, dass der Magen vollauf und mehr fand, als er gebrauchte, war für sie Grund genug, von der Gegenwart auf die Zukunft zu schliessen und die letztere in rosigem Lichte zu sehen. Dazu kam, dass unsere bisherigen Erfolge allen Eingeborenen gegenüber, sowie die Auffindung und vor Allem die Besteigung des Feuerberges ihr Vertrauen zu unserer Führung und Ueberlegenheit wesentlich gesteigert hatten.

Wenn die Führer und Aeltesten meiner Leute dennoch damals, als ich vom Kirunga zurückgekehrt war, besorgt nach meinen Absichten bezüglich unserer Rückkehr gefragt hatten, so mag das wohl im Gefühl einer gewissen väterlichen Verantwortlichkeit für die gesicherte Heimkehr ihrer Leute geschehen sein. Dass bei Manchem persönliche Furcht und Besorgniss um die Sicherheit der eigenen werthen Person mit im Spiel war, ist bei der bekanntlich feigen und schwachherzigen Charakteranlage des Negers leicht begreiflich; doppelt begreiflich hier, wo die Eingeborenen auf Fragen nach den umliegenden Ländern entweder gar keine Antwort zu geben wussten oder allerlei geheimnissvolle Gerüchte von undurchdringlichen Wäldern, Hungersnoth und Menschenfressern in Umlauf setzten.

Um meine Unterführer allmählich an den Gedanken an einen Vormarsch nach Westen zu gewöhnen, hatte ich bisher unbestimmte und hinhaltende Antworten gegeben, und mit aus diesem Grunde hatte ich auch das Lager so rasch auf die Westseite des Kivu-Sees verlegen lassen. Wir standen jetzt auf kongostaatlichem Gebiet, und brauchten nur die vor uns liegenden Gebirgskämme zu ersteigen, um von dort in das Kongobecken, nach dem westlichen Afrika, hinabzublicken.

So rief ich denn bald nach der Rückkehr von meiner Seefahrt abermals meine schwarzen Unterführer zusammen und theilte ihnen meine definitive Entschliessung mit.

Ich war dabei auf ernsten Widerspruch gefasst gewesen; um so grösser war meine Freude, als auf meine Erklärung nur einige etwas bedenkliche Fragen erfolgten. In einer halbstündigen Auseinandersetzung gelang es mir ihre Einwände zur vollen Befriedigung Aller zu beantworten. Der Inhalt meiner Worte lautete, aus dem Kisuaheli kurz ins Deutsche übersetzt, etwa wie folgt:

»Wovor habt Ihr eigentlich Angst? Doch nur vor Dingen, die die Wilden Euch vorreden; und Ihr wisst doch, dass die Wilden stets lügen!

»Glaubt Ihr, dass nicht auch wir Europäer gesund zurückkehren wollen?

»Glaubt Ihr denn nicht, dass ich besser weiss als Ihr, dass wir auch im Westen das Meer und ein Schiff finden werden?

»Ich verspreche aber, Euch und Euere Frauen zu Schiff in die Heimath zu befördern und Euch dafür Nichts von Euerem Lohn abzuziehen.

»Folgt mir also, denn wer umkehrt, den werden die Wanyaruanda tödten, und wenn auch einer glücklich durchkommt, so trifft ihn als Kontraktbrüchigen an der Küste schwere Strafe.«

Damit waren alle Bedenklichkeiten der Leute zerstreut. Die Besorgnisse freilich, die ich hegte, und die ich vorläufig nicht zu zerstreuen vermochte, hatte ich ihnen wohlweislich verschwiegen. Sie konnten das nicht wissen, was wir noch in Europa vom Kongo erfahren hatten. Ein blutiger Krieg, ein Existenzkampf zwischen Arabern und Belgiern verwüstete damals die Länder am oberen Kongo.

Als wir Pangani verliessen, war die letzte telegraphische Meldung, die wir gelesen hatten, die Kunde von der Behauptung der Station an den Stanley-Fällen und von der Einnahme der Araberansiedelungen von Kirundu*) durch die kongostaatlichen Truppen gewesen.

Zwar hatten die belgischen Waffen am Kongo die Oberhand behalten, aber es war mehr als wahrscheinlich, dass die Banden der geschlagenen Araber nach Osten, woher sie gekommen waren, zurückfluthen würden. Der Schauplatz dieser Kämpfe lag aber fast genau westlich von uns, und somit war eine Begegnung mit Jenen wahrscheinlich genug, die schwerlich eine friedliche sein konnte. War doch auch der schlechtbewaffnete und fast erblindete Emin, der gleichfalls den Kongo zu erreichen gesucht hatte, ihrer Wuth zum Opfer gefallen!

---

*) Fünf Tage oberhalb der Stanley-Fälle, auch Kibonge genannt.

Dazu kam eine zweite Schwierigkeit: die Wahrscheinlichkeit, an der Kongomündung ein Schiff zu finden, das uns nach der Ostküste zurückbrächte, war ausserordentlich gering, denn mir war bekannt, dass eine direkte Dampferverbindung nicht bestand, und dass der Kongostaat zu solchen Transporten Dampfer in Europa zu chartern pflegte.

Zur Ueberwindung dieser beiden möglichen Schwierigkeiten standen mir aber gewichtige Bundesgenossen zur Seite, denen ich mich unbedenklich anvertrauen konnte: fünfzehntausend scharfe Patronen — und das Glück, das uns bisher stets treulich begleitet hatte.

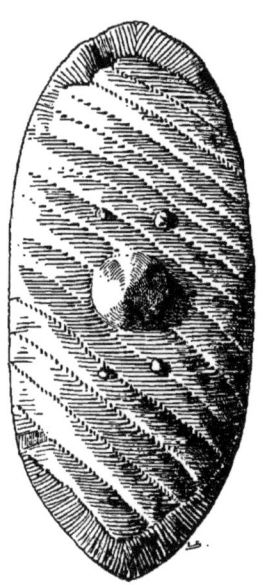

Schild vom Kivu-See.

X. KAPITEL.

—

Die Waldgebiete am oberen Kongo.

Am 26. Juni 1894 wurde von Mukitovu aus die letzte Post nach Europa abgefertigt. Die Gelegenheit hierzu bot sich dadurch, dass Mugussa-gussa, Tschiamba, sowie zwei aus Uschirombo stammende Träger uns nunmehr verliessen. Die armen Burschen waren über die Wahl des Rück-weges in der grössten Verlegenheit, denn sie befürchteten, am östlichen Seeufer würde man an ihnen Rache dafür üben, dass bei dem neulichen

—

Kapitel-Vignette: In Butembo.

Ueberfall mehrere Eingeborene von uns getödtet worden waren. Nach langem Hin- und Herreden entschieden sie sich endlich für einen Weg nach Norden bis zum Albert Edward-See; von da aus wollten sie auf begangenen Pfaden durch Mpororo und Karagwe Uschirombo zu erreichen suchen*).

Am folgenden Tage liess ich das Lager abbrechen und den Vormarsch nach Westen antreten. Dicht verschleiert lag die Zukunft vor uns. Betrachtete ich damals die westlich von uns liegenden Gebiete auf der Karte, so blickte ich auf ein leeres, weisses Blatt. Höchstens fanden sich dort einzelne Vermuthungen oder Erkundungen anderer Reisenden verzeichnet.

Wir wussten, dass wir nunmehr bald in jene gewaltig ausgedehnte Niederung hinabsteigen würden, die wohl einst ein riesiges, innerafrikanisches Binnenmeer gebildet haben mag, und die jetzt vom Kongo und seinen Nebenflüssen entwässert wird. Heute sind diese Landstriche zum grössten Theil mit Wäldern bedeckt, in deren Schatten die zahllosen, grossen und kleinen Flussläufe ihre Wasser zum Hauptstrom hinabsenden. Das grösste Areal geschlossenen Waldes, d. h. eines Waldes, der nicht von Grasebenen oder lichten Savannen unterbrochen wird, befindet sich unstreitig in dem Gebiet, das im Westen durch den Lauf des Kongo von den Stanley-Fällen bis Nyangwe und im Osten durch den Rand des »centralafrikanischen Grabens« begrenzt wird.

Diese ungeheuere Landmasse war vor uns nur von zwei Europäern durchzogen worden: von Stanley und von Emin Pascha. Emin drang vom Ituri aus nach Südwesten vor und suchte Kirundu am oberen Kongo zu erreichen. Er gerieth, wie allgemein bekannt sein dürfte, zehn Tagemärsche von seinem Ziel entfernt, mitten in die Wirren der Araberkriege und fand dabei sein tief tragisches Ende. Leider ist der grösste Theil seiner Aufzeichnungen verloren gegangen; demgemäss sind die Angaben, die wir über die von ihm zuletzt berührten Gegenden erhalten können, ausserordentlich gering und lückenhaft.

Stanleys phantastische Schilderungen des »grossen Urwaldes« dagegen sind weltbekannt geworden. Auch uns waren sie sehr wohl gegenwärtig, und oft genug haben wir sie bei unserer Wanderung mit unseren Erleb-

---

*) Als Beispiel, wie schnell einzelne Leute im Innern Afrikas Briefe befördern können, sei erwähnt, dass einer meiner damals geschriebenen Briefe bereits Anfang November die Runde durch die deutsche Presse machte.

nissen verglichen. Im Uebrigen halte ich mich nicht für berechtigt, das, was Stanley uns erzählt, für richtig oder falsch zu erklären, denn mein Weg führte mich weitab von dem seinen, und zwar mehr als 300 Kilometer südlicher, zum Kongo, und ich betrachte es als ein Hauptergebniss meiner Reise, seine Vermuthungen im Gegensatz zu denen Anderer bestätigt zu haben, dass dort, in dem beschriebenen Theil des Kongobeckens, die Wälder nicht nur in schmalen Streifen, als sogenannte Galleriewälder, an den Flüssen entlang laufen, sondern dass thatsächlich auch die ungeheueren Flächen zwischen den Flussläufen mit Wald bedeckt sind.

Wenn wir uns nun damals, unter dem Eindrucke von Stanleys Beschreibungen, enttäuscht fanden, als sich vor uns keine schaurig gewaltige — wie wir sie erwartet hatten —, vielmehr eine tödtlich langweilige Natur aufthat, so verfielen wir in den gleichen Fehler wie er: wir schlossen von einem Theile auf das Ganze; denn wer Stanleys fesselnde Schilderungen des grossen Waldes*) kennt, wird mir darin beistimmen, dass man aus ihnen den Eindruck gewinnt, als hätten sie auf das ganze Waldgebiet Bezug, dem er selbst ein Areal von 832 000 qkm zuweist, und nicht nur auf den schmalen Streifen, den er, am Aruwimifluss hinaufziehend, kennen lernte.

Ist das aber der Fall und ist der Charakter der Waldländer zu beiden Seiten des Lowa derselbe, wie an den Ufern des Aruwimi — was ich aus hydro- wie aus orographischen Gründen für wahrscheinlich halte — wie verschieden muss dann unsere Gemüths- und Nervenverfassung von der Stanleys gewesen sein, dass wir damals so ganz andere Eindrücke empfingen! Dann beneide ich ihn um seine Empfänglichkeit für die Grossartigkeit, für die Schönheiten, wie für die Schrecknisse jener Natur und bedauere in meinem Interesse, wie in dem meiner Leser, dass ich, als endlich nach siebenmonatigem, anstrengendem Marsche die Waldländer erreicht wurden, in meinem Empfinden bereits total abgestumpft war und mich der Empfindungslosigkeit meiner schwarzen Begleiter schon in gewissem Grade assimilirt hatte.

Dazu kommt noch ein weiteres Moment: Als nämlich Stanley bei Yambuya am unteren Aruwimi eintraf, um von dort aus die Waldgebiete zu betreten, wusste er nichts über die vor ihm liegenden Länder, als dass

---

*) Siehe Stanley, Im dunkelsten Afrika.

er, immer ostwärts marschirend, schliesslich den Albert-See erreichen müsste, und ich wusste nichts Anderes, als dass mehrere hundert Kilometer westlich der Kongo von Süd nach Norden strömte. Aber, während Stanley sich damals am Anfang seines Landmarsches befand, war ich bereits seit sieben langen Monaten unterwegs. Sein Ziel lag also noch vor ihm; meine Aufgabe aber hatte ich bereits erfüllt, und die Parole lautete für mich: »Rasch nach der Heimath!«

Ferner: während Stanley nach seinen eigenen Schilderungen eine disciplinlose Horde kommandirte und mehr Traglasten zu befördern hatte, als ihm Leute zu Gebote standen, so dass er gerade die schlimmsten Gegenden mehrere Male passiren musste, hatte ich eine wohldisciplinirte, trainirte Mannschaft und mehr Menschen hinter mir, als ich Lasten zu transportiren hatte.

Diese Vergleichspunkte führe ich deshalb hier an, weil sie mir mit dazu dienen, den Unterschied unseres beiderseitigen psychischen und auch physischen Zustandes und aus diesem heraus die Verschiedenheit der Eindrücke erklärlich zu machen, die das glänzende Schilderungstalent und die lebhafte Phantasie des Einen mächtig anregten, während sie den Anderen nur selten aus einer gewissen Apathie herauszureissen vermochten. —

Wenn ich nach dieser kurzen Abschweifung nunmehr auf die Begebenheiten unseres Marsches vom 28. Juni bis zum 21. September, dem Tage, an dem wir die Fluthen des Kongo vor uns sahen, näher zu sprechen komme, so gedenke ich dabei möglichst genau meinen täglichen Aufzeichnungen, wie ich sie in meinen Tagebüchern finde, zu folgen.

Während wir nämlich bisher, in Unyamwesi, in Ussuwi und vor Allem in Ruanda, oft meilenweit das Land hatten übersehen können und mit seinen Bewohnern doch in soweit in Berührung traten, dass wir nicht nur über unseren schmalen Weg, sondern auch über das durchzogene Gebiet im Grossen und Ganzen ein Urtheil gewinnen konnten, so führte von nun an unser Pfad durch derart bewachsene Gegenden hindurch, dass uns anfangs im Lande Butembo nur selten, später im Lande Bulegga aber niemals ein Ueberblick möglich war. Was beiderseits unseres Weges, nur wenige Meter entfernt lag, musste fast immer unseren Blicken nothwendiger Weise verborgen bleiben. Und so werden sicherlich spätere Reisende, die vielleicht unsere Pfade kreuzen, noch Vieles von der wilden Ursprünglichkeit jener Waldgebiete und ihrer Bewohner in Erfahrung bringen. Erst dann, wenn eine ganze Reihe sich schneidender Reisewege mit einander verglichen werden können, wird eine zusammenfassende Land- und Volksbeschreibung eine mögliche und dankbare Aufgabe sein.

*　　　*　　　*

28. Juni. Lager in Karunga. Gestern haben wir das Seeufer verlassen und sind in westlicher Richtung, in die Berge hinein, weiter-marschirt. Es gelang uns, einen kleinen, fröhlich aussehenden Mann zu finden, der zum Stamm der Walegga gehören soll und uns über die Berge in das Land Butembo führen will. Er nennt uns den Namen »Luwa«, womit er ein Gewässer bezeichnet — ein Lichtblick für uns, denn »Luwa« kann wohl identisch sein mit »Lowa«, und Lowa ist ein Strom, dessen Mündung in den Kongo bereits auf den Karten eingetragen worden ist. Heute brachen wir mit einem Viehbestand von 10 Rindern und 40 Schafen auf, angestaunt von einer gaffenden Menge, unter der mehrere Individuen aus Fell gefertigte Mützen trugen. Aber kaum waren wir unterwegs, da begann auch schon die Unsicherheit unseres zuerst so zuversichtlichen Walegga-Wegweisers. Ich beschloss, für die Zukunft in unsicheren Fällen immer den Weg zu wählen, der mich am genauesten nach Westen zu führen versprach. —

Schwarzer Schlamm und hohes Gras waren uns ausserordentlich hinderlich beim Marschiren gewesen, so dass ich froh war, heute bereits nach zwei Stunden wieder ein Lager zu beziehen. Die Fruchtbarkeit des Landes und die Gelegenheit, Proviant für den Marsch über das Gebirge aufzukaufen, liessen diese plötzliche Marschunterbrechung vortheilhaft erscheinen.

Die Einwohner empfingen uns mit geschwungenen Speeren und mit Kriegsgesang, erwiesen sich aber bald als harmlose, kindische Leute.

Mit dem Gesundheitszustand der Karawane habe ich allen Grund, zufrieden zu sein. Eigentlich sind nur Fusswunden zu behandeln, aber Verbandzeug und Sublimat nehmen leider reissend ab. Uns Dreien geht es vorzüglich; von der in den Tropen oft eintretenden Schlaflosigkeit empfinden wir gar nichts. Trotzdem aber der Körper noch kräftig und die Nerven noch gut sind, kann ich nicht umhin, dann und wann philosophischen Meditationen über die Herrlichkeiten Europas nachzu-hängen.

29. Juni. Bedauerlicherweise ist heute Nacht unser Führer entflohen, so dass wir hier einen weiteren Tag liegen bleiben müssen. Der
schuldige Askari, Manyagalika mit Namen, dem der Entwichene zur Bewachung übergeben worden war, wird strenge bestraft, denn von einem
brauchbaren Führer kann jetzt unser aller Leben abhängig sein.

1. Juli. Nach beschwerlichen Märschen (täglich 8—9 Stunden) sind
wir gestern und heute zum Kamm des Gebirges emporgestiegen, das
als westlicher Rand den »centralafrikanischen Graben« begrenzt. Anfangs
war es 3 m hohes Gras, dann wieder ein undurchdringliches Bambusdickicht, das uns viel zu schaffen machte und mich zwang, ein starkes
Pionierkommando vorauf zu schicken. Laut erkrachten die von den Hau-
messern und Aexten getroffenen und gefällten hohlen Stämme, und ein
deutliches Echo hallte im Walde wieder.

Im Lager sinkt bei Nacht die Temperatur bereits bis auf + 6° Celsius
herab, so dass wir unsere Lodenanzüge hervorgesucht haben. Vom
schönen Kivu-See hatten wir schon auf immer Abschied genommen, als
sich gestern plötzlich der Nebel theilte und tief unten zu unseren
Füssen der klare Wasserspiegel sichtbar ward, der sich in der Ferne
verlor.

Unsere Aussichten, bald wieder bebaute Gegenden zu finden, waren
jetzt ausserordentlich gering. Die schneidende Kälte trug auch nicht
gerade dazu bei, uns in heitere Stimmung zu versetzen, und es bedurfte
schon des wundervollen Beleuchtungseffekts, den die zwischen den dunklen
Bambusstämmen brennenden Lagerfeuer hervorzauberten, um unseren
Lebensgeistern etwas von der nöthigen Anregung zu geben.

Es war kein Wunder, wenn jegliches Thierleben aus unserer Nähe
verschwand; bei Tage ward Alles durch den hellen Klang der Aexte und
Haumesser, bei Nacht durch den Schein der lodernden Feuer verscheucht,
und es war nur ein Zufall, wenn wir gestern von der Tête unserer
langsam vordringenden Kolonne aus, in weiter Ferne zwei mächtige
Büffel erblickten. Leider stellte sich der dichte Graswuchs dort jeglichem
Abweichen vom Pfade hindernd entgegen: eine Verfolgung der Thiere
war somit ausgeschlossen. Sie wäre vielleicht aussichtsvoller im Bambuswald gewesen, denn hier konnte sich ein einzelner, unbelasteter Mensch
noch rasch genug zwischen den Stämmen hindurchwinden; auch bot hier
der Boden keine allzu grossen Schwierigkeiten, denn er war meist mit
weichem Rispengras bedeckt, zwischen dem in grossen Mengen eine

Strohblume (Helichrysum?) wuchs, vermuthlich dieselbe, deren Vorkommen Dr. Stuhlmann in den grossen Höhen des Runssoro beschreibt. An sonstigen Vertretern der Flora bemerkten wir Geranium, drei Arten Farren und eine Umbellifere.

3. Juli. Das vierte Lager im Waldgebirge — und noch immer keine menschlichen Niederlassungen, trotz neunstündigen Marsches! Die Langsamkeit, mit der wir uns vorwärts arbeiten mussten, war fast zum Verzweifeln. Und dabei befinden wir uns noch gar nicht einmal in dem grossen, gefürchteten Urwald der Kongoniederung, sondern stecken noch hoch oben im Gebirge! Dazu trat auch noch Wassersnoth ein, als es eben zum Lagern Zeit war! Nirgends fand sich in den nächsten Thälern ein Bach. Aber das Schicksal meinte es heute gnädig mit uns: ein furchtbares Unwetter mit Hagelschlag brach los, und in einer halben Stunde hatten wir einen genügenden Vorrath Wasser gesammelt, das in Strömen von den Dächern der Zelte herabfloss.

4. Juli. Immer noch stecken wir mitten im dichtesten Gestrüpp; aber wir haben wenigstens wieder Wasser. Die Bachbetten sind hier ausserordentlich tief eingerissen und müssen bereits dem Stromgebiet des Lowa bezw. dem des Kongo angehören. Stellenweise erhebt sich die Landschaft zu einer gewissen Grossartigkeit. Mächtige Baumfarren bis zu 5 m Höhe, schlanke Rubiaceen, die das Buschwerk überragen, und Sträucher mit riesigen, lederharten Blättern erregen unser Entzücken. Um ein vielstämmiges Gerüst von Baumwollbäumen winden die Lianen ihr zähes Netz. Dazwischen aber führt der kaum erkennbare Wildpfad bald auf die steilsten Kuppen hinauf, bald wieder in gerader Linie bergabwärts, so dass das Aechzen und Stöhnen unserer beklagenswerthen Träger kein Ende nehmen will. Ein Lastesel stürzt bei diesem beschwerlichen Klettermarsch den Abhang hinunter und bricht das Genick.

Auf dem engen Lagerplatze müssen erst mühsam horizontale Ebenen hergestellt werden; mein Bett beispielsweise steht mit dem Kopfende auf einer Patronenkiste. Das Schlimmste aber ist, dass unser Vorrath an Schlachtvieh angegriffen werden muss: 35 Schafe, wenig genug für 300 hungernde Menschen, müssen ihr Leben lassen. Von den Anstrengungen, die das Hindurchtreiben des Viehes durch das Pflanzengewirr gekostet hat, weiss die Nachhut zu berichten, die erst um 5 Uhr Nachmittags am Lagerplatz anlangt.

Gestern habe ich Tofik und Sef ben Karego, einen tüchtigen Pangani-Mann, der sonst meinen photographischen Apparat zu tragen pflegt, als Kundschafter in westlicher Richtung vorausgesandt; eben kehren sie mit hoffnungerregenden Meldungen heim. Sie haben ein hügeliges Grasland, Butembo genannt, gefunden, und auch ein ärmliches Dorf erreicht. Im Geheimen freilich theilt Tofik mir mit, dass auf Nahrung dort nicht zu rechnen sei.

8. Juli. In den letzten Tagen haben wir einen annähernden Begriff von dem Charakter des Landes Butembo und dem gegenwärtigen Zustand seiner Einwohnerschaft bekommen. Es mag früher ein ganz blühendes Land gewesen sein, aber was wir jetzt noch von menschlicher Kultur erblicken, sind, nur Ruinen.

Man denke sich ein regelloses Hügelland mit tief eingeschnittenen Thälern, ein Land, das an Ruanda erinnern könnte, wenn auf den Kuppen an Stelle des festen, 4 m hohen Schilfgrasbestandes saftige Weiden das Auge erfreuten, und wenn in den Thälern statt wirren Urwaldgestrüpps üppige Bananenhaine gediehen. Und sehen wir genauer hin, so will es uns bedünken, als sei das Land früher, vor recht langer Zeit, einmal ebenso reich und fruchtbar wie Ruanda gewesen, denn aus vielen dunklen Thalgründen leuchten uns noch jetzt einzelne hellgrüne Bananenstauden entgegen, freilich verwildert und keine oder schlechte Früchte tragend, aber doch ein Zeichen früherer Kultur.

Oben aber, auf vielen der zahlreichen Hügel, tritt uns dieser Unterschied zwischen Einst und Jetzt noch deutlicher vor Augen: denn allenthalben stösst man dort auf Reste von niedergebrannten Hütten, die zum Theil schon von Gras und violett blühenden Winden überwuchert sind. Da und dort finden sich auch wohl noch Spuren einer Bohnenpflanzung. Die Bevölkerung scheint zum grössten Theil ausgewandert oder ausgerottet zu sein.

Als das Land noch bewohnt war, haben sich die einzelnen Gemeinden zusammengethan und ihre Dörfer mit starken Pallisaden umgeben, um sich äusserer Feinde zu erwehren. Dieser Feind kam von Westen her in ihren Gau, während nach Osten von den Bergen, die wir eben überstiegen hatten, keine Verbindung bestanden zu haben scheint. Er kam wohl nicht in übermächtiger Zahl, aber ausgerüstet mit Pulver und Blei, und ging ganz methodisch nach dem Grundsatz vor: *Divide et impera*. Die Watembo bezeichneten uns diese Eindringlinge als Wassamba, und wir erkannten in ihnen leicht die sklavenraubenden Horden, die im Manyema-Lande*) und am Kongo im Solde von Arabern stehen und auf ihren Beutezügen nach Elfenbein und Sklaven Verwüstung, Raub und Mord bis hierher getragen haben. Mit diplomatischem Geschick haben sie ein Ländchen gegen das andere, eine Dorfgemeinde gegen die benachbarte ausgespielt, um allmählich alle der Reihe nach zu überfallen und ihrer Habe zu berauben.

Deutlicher, als hier, trat wohl noch selten irgendwo die Thatsache zu Tage, dass ein Land, das unter einheitlicher, starker Herrschaft steht, eine unvergleichlich grössere Widerstandsfähigkeit gegen äussere Feinde besitzen muss und dadurch zu weit höherer Blüthe gelangen kann, als ein Land, das in Hunderte von Gemeinden und Ländchen zersplittert ist, wo Jeder den Nachbarn befehdet und wo man, wie es uns geschah, auf die Frage nach dem Herrn und Häuptling fünfzig verschiedene Namen als Antwort erhält.

Die landgesessene Bevölkerung von Ruanda seufzt zwar unter dem Druck des Kigeri und einzelner Wahuma-Herren, aber dort hat doch Jedermann sein tägliches Brod, seine wärmende Hütte; und die Sicherheit, das Vertrauen zur staatlichen Ordnung ist so gross, dass Niemand bewaffnet einhergeht oder es für nöthig hält, sich mit den Nachbarn zusammenzuthun, um dann die Gehöfte mit schützenden Pallisaden zu umgeben und Dorfgemeinden zu bilden. Deshalb konnte auch dieses monarchisch regierte Land, als die Araber dort Fuss zu fassen versuchten, sich ihrer ohne grosse Mühe erwehren.

Butembo dagegen, ein Muster jammervoller und erbärmlicher Kleinstaaterei, ist das Opfer wenig zahlreicher, aber seine Schwächen geschickt ausnutzender Banden geworden und heute ein ruinirtes Land.

Hin und wieder stiessen wir heute und gestern auf Hüttenkomplexe, die augenscheinlich zur Zeit noch bewohnt waren. Indessen konnte es Niemand den Bewohnern verdenken, dass sie vor uns die Flucht ergriffen hatten. Trugen doch meine Leute dieselben weissen Gewänder und dieselben geheimnissvollen »Stöcke«, die Rauch und Blei zu speien vermochten, wie die »Manyema«, die von Westen kamen.

Nur einzelne Individuen getrauten sich nach langem Parlamentiren und Gestikuliren heran oder wurden von meinen Patrouillen aufgegriffen,

---

*) Man hat sich gewöhnt, diese Söldlinge oder Sklaven der arabischen Grosshändler mit dem Ausdruck »Manyema« zu bezeichnen, mögen sie dieses oder anderen Stammes sein.

um als Führer zu dienen. Von ihnen erfuhren wir, dass weiter westlich grössere Ansiedelungen mit reicheren Feldern von den Manyema verschont geblieben seien, weil deren Bewohner »Freunde« der »Wassamba« geworden und sie, ihre Freunde und Stammesgenossen, hier verrathen hätten.

Für uns war diese günstige Nachricht eine wirkliche Erleichterung, denn die Verpflegungsschwierigkeiten wurden von Tag zu Tag peinlicher. Erst zwei Tage vorher hatten wir Ruhetag halten müssen, um tagsüber nach allen Richtungen hin starke Fouragirabtheilungen auszusenden, die in den Thälern die übriggebliebenen, unreifen Bananenbüschel sammeln oder die halbüberwachsenen Mais- und Bohnenfelder nach Feldfrüchten durchsuchen sollten. Manche kehrten auch reich beladen heim, Andere mit leeren Händen; aber der Vorrath reichte doch stets nur eben hin, um den dringendsten Hunger einigermassen zu stillen. Ausserdem war zu befürchten, dass bei andauerndem Genuss der wässerigen, unreifen Früchte die Kräfte der Leute nachlassen würden. Zu allem Unglück mussten wir Europäer eines Tages auch noch das unerklärliche Verschwinden der letzten beiden, für uns zurückbehaltenen Schafe konstatiren, so dass wir für eine Weile ganz ohne Fleischnahrung blieben; denn die letzte Reserve, das Rindvieh, durfte noch nicht angetastet werden, so lange uns noch eine Entfernung von mindestens zwei Monaten Marschdauer vom Kongo trennte.

In solchen entbehrungsreichen Zeiten galt es vor Allem, Manneszucht zu halten durch strenge Bestrafung von Leuten, die sich aus Unachtsamkeit verlaufen hatten; und durch eine Ansprache an die versammelte Mannschaft suchte ich dem Aufkommen einer trüben Stimmung und gleichzeitig einer Lockerung der Disciplin vorzubeugen.

Den 11. Juli. Abermals bleiben wir eine zweite Nacht auf demselben Lagerplatz liegen, weil wir nicht nur ohne Nahrung, sondern auch ohne Führer sind. Der oben erwähnte Askari, Manyagalika, hat nämlich zum zweiten Mal auf Posten Nachts geschlafen und die Wilden, die uns zu leiten hatten, entschlüpfen lassen. Das erfordert eine doppelt strenge Bestrafung, und so wird der Schuldige alsbald zum Träger degradirt.

Weit und breit ist nichts von Ansiedelungen zu sehen, und wenn meine Patrouillen heute keine Eingeborenen antreffen, so weiss ich nicht, wohin ich mich wenden soll. Pfade verlaufen genug im Gebüsch, aber nach Westen zu liegen tiefe Schluchten vor uns, drüben auf der Höhe sind nicht einmal Bananenpflanzen zu entdecken, und wer weiss, ob wir morgen noch über die Höhe hinaus zu gelangen vermögen; denn zu allem Unheil gesellte sich noch regnerisches Wetter, so dass der lehmige Boden ölglatt wird und das Gehen mit Lasten fast unmöglich macht. Ich selbst bin gestern nicht weniger als zehn Mal zu Boden gestürzt. Wenn wir unter diesen Umständen am Tage drei Kilometer Luftlinie zurücklegen, so sind wir schon reichlich zufrieden. Bescheidenheit ziert ja den Mann! —

Um 11 Uhr kommt endlich der Ombascha Hamis zurück. Wie immer, ist sein Bemühen erfolgreich gewesen, denn in seiner Begleitung betreten 20 Eingeborene den Lagerplatz. Sie behaupten, theils zum Stamme der Walegga, theils zu dem der Watembo zu gehören und spazieren bald ganz ohne Scheu im Lager umher. Um den Hals tragen sie lange, mehrfach umgeschlungene Ketten, die Rosenkränzen gleichen und aus aufgereihten Waldfrüchten bestehen. An ihren Armen hängen kleine Amulette. Um den Unterleib sind feine, aus Draht geflochtene Schnüre geschlungen, über die sie ein Stück Rindenbaststoff derart durchgezogen haben, dass es vorn und hinten als faltiger Schurz herabhängt. Ihrem wohlgenährten Aeussern nach zu urtheilen, kommen sie aus einer Gegend, die noch unverwüstet und reich an Lebensmitteln sein muss. Sie sind klein von Statur, dick und fett. Das wollige Haupthaar ist rasirt, bis auf ein kreisrundes Stück in Mitten des Kopfes: die umgekehrte Mönchstonsur!

Zu unserer Freude wissen die Leute auch allerhand über die westlichen Gebiete zu erzählen. Am »Luovo« würden wir den Volksstamm der Wabira treffen, und dorthin kämen des Oefteren die »Wassamba«, (Manyema) unter ihrem Führer »Kaware-Ware«. Vom Kongo oder einem See mit Namen »Oso« ist ihnen aber nichts bekannt.

Den 15. Juli. Wie nach den Angaben der Watembo zu erwarten war, fanden wir die Bebauungsverhältnisse des Landes, das wir in den letzten Tagen durchzogen, bedeutend besser. Die Sklavenjäger sind wohl im eigenen Interesse so klug gewesen, gewisse Länderstriche zu schonen, um bei ihrer Rückkehr nicht selbst Mangel leiden zu müssen.

Leider kommen wir aber auch jetzt nur unglaublich langsam vorwärts: Hügel auf Hügel, Schlucht auf Schlucht muss in stundenlanger Kletterarbeit überwunden werden. Dieses schneckenhafte Vorwärtsdringen ist eine wahre Tortur. Die Dörfer, deren wir in den letzten Tagen mehrere passirten, liegen ausnahmslos auf den von Gras gereinigten und geebneten Hügelkuppen. Sie bestehen meist aus 20—30 Hütten von der Gestalt eines der Länge nach halbirten Eies. An dem spitzen Ende liegt der mit Brettern verschlossene Eingang. Die Hütten selbst bestehen aus einem sich wölbenden Holzgestell mit Schilfgrasgeflecht und sind regellos um den Dorfplatz gruppirt, in dessen Mitte sich eine grössere Hütte mit vier Ausgängen und einer Anzahl Schemel — vermuthlich das »Rathhaus« — befindet. Im Innern der Wohnhütten bemerkten wir ebenfalls Holzschemel, ferner Bastkörbe mit Bananenresten, mannshohe, rechteckige Holzschilde mit geringer Wölbung, Holzlöffel, sowie Klöpfel zum Stampfen von Rindenstoff.

Wenn wir uns solch einen steilen Berg durch einen Hohlweg hinaufgearbeitet und durch das Pallisadenthor, das so eng war, dass man sich hindurchzwängen musste, den sauberen Dorfplatz betreten hatten, so liess sich zuerst keine menschliche Seele blicken. Die ganze Einwohnerschaft hielt sich versteckt in der Nähe und kam erst zum Vorschein, wenn sie die Gewissheit gewonnen hatte, dass wir nur friedliche Absichten hegten. Alsbald pflegte sich ein schwunghafter Bananenhandel zu entwickeln. Auch während des Marsches, auf dem in besseren Tagen jeglicher Handel und sonstiger Aufenthalt streng verboten war, gestattete ich jetzt den Einkauf von Lebensmitteln; wussten wir doch nie, ob wir vor uns bewohntes oder unbewohntes Gebiet liegen hatten. Perlen wurden gern als Zahlmittel genommen, Stoffe aber bevorzugt.

Zweierlei fiel uns schon in diesen Tagen auf: wir sahen niemals Waffen in Händen der Männer und niemals ein weibliches Wesen. Dieses Fehlen zweier im Leben der Männerwelt so wichtiger Faktoren war wohl nur als augenblickliche Folge der letzten Manyema-Einfälle anzusehen. Das Wenige an kostbarem Eigenthum, das noch im Besitz der Leute geblieben war, wurde sorgsam unseren Blicken entzogen.

In unserem Lagerleben vollzog sich in jenen Tagen Alles in der gewohnten Weise. Meistens standen unsere Zelte auf alten Feuerstellen oben auf den Bergkuppen.

Bei der Wahl des Platzes vermied ich nach Möglichkeit, noch bewohnte Dörfer zu belegen, um meine Leute nicht der Pockengefahr auszusetzen; auch waren die schon verlassenen Dörfer nur selten so stark von Pflanzen überwuchert, dass das Freimachen des Platzes mit besonderen Schwierigkeiten verknüpft gewesen wäre.

Die Märsche dauerten meistens bis über die Mittagszeit hinaus. Der Himmel meinte es gnädig mit uns: er schickte seinen Regen jetzt seltener herab, wie in den letzten Wochen, und gewöhnlich erst dann, wenn sich bereits das schützende Zeltdach über uns ausspannte. Nur am 13. Juli finde ich ein Unwetter mit starkem Hagelschlag verzeichnet; die Hagelkörner erreichten die Grösse von Taubeneiern, so dass die Leute, laut schreiend vor Schmerz, unter ihre Zeltdächer oder Hütten flüchteten.

Unsere Unterhaltung bewegte sich naturgemäss zumeist in Betrachtungen über das kläglich langsame Vorwärtskommen, über die Grenze des sogenannten »grossen Waldes«, über die geringe Wahrscheinlichkeit der Existenz des Stanley'schen Oso-Sees u. dgl. m. Ein Ausblick auf das in feuchten Dunst gehüllte Land liess noch wenig Besserung, d. h. ein Ebenerwerden des Bodens erhoffen, und Monate konnten noch vergehen, ehe wir den Kongo erreichten.

Täglich setzten wir uns, wenn die Sonne als glühend rother Ball hinter den Dunstmassen im Westen hinübergesunken war, zum Bananenessen nieder. In 15 bis 20 facher Form wurden uns, Dank der grossen Erfindergabe des Dr. von Prittwitz, die Früchte servirt. Fleisch gab es in diesen Tagen nicht mehr. Aber wir suggerirten uns selbst alle erdenklichen Herrlichkeiten, und die Bananen mussten je nach den verschiedenen Formen und Zuthaten wie Suppe, Fisch, Braten, Gemüse, Mehlspeise oder Obst schmecken, je nachdem sie als erster, zweiter, dritter, vierter oder fünfter »Gang« auf den Tisch kamen. Während der Nacht entstand regelmässig Lärm bei der Wache, den die Fluchtversuche der Führer hervorriefen. Am gestrigen Abend misslang das Experiment, weil der Wilde, ein Kerl, der mit einem Gorilla verteufelte Aehnlichkeit hatte, in der Dunkelheit über die Stricke meines Zeltes stürzte.

19. Juli. Lager im zerstörten Dorfe Mandinga. Schon gestern konnten wir die Wahrnehmung machen, dass wir nun bei den eigentlichen Waldländern angelangt sein müssen. Die Gegend ist zwar gebirgig, aber durchweg mit Baumbeständen bedeckt, zwischen denen die riesigen Farren für malerische Abwechslung sorgen. Waldfrüchte liegen zahllos am Boden; in den Baumwipfeln kreischt mitunter ein Affe oder ein Papagei. Der Wald ist licht und die Sonne schimmert durch die Kronen der Bäume hindurch. Der Pfad zieht sich in den merkwürdigsten Windungen von Dorf zu Dorf; aber alles ist menschenleer

17*

und verlassen, und wir sind jetzt direkt gezwungen, uns in den kleinen Bergdörfern einzuquartiren, weil ausserhalb davon thatsächlich keine einzige, auch nur einigermassen horizontale Fläche zu finden ist. Gleich hinter dem Dorfthor muss dann unsere lange Kolonne, jedesmal ein Mann hinter dem anderen, schon wieder eine steile Schlucht hinabklettern. Unten angekommen geht Alles schimpfend, stöhnend, jammernd über Baumstämme hinüber, durch Bachläufe hindurch, und drüben beginnt dann wieder der Anstieg. So geht es zehn, oft zwanzig Mal am Tage. Immer länger wird der Zug, ein einziger gestürzter Mann hält die ganze Kolonne auf; es entsteht ein Schreien, Schieben und Drängen, Kisten rollen den Abhang hinab, bis endlich einige Soldaten zur Hülfe zurückgeschickt werden, um Stufen in die Lehmböschung zu hauen, die anfangs leicht gangbar war, sich aber durch jedes folgende Auftreten von Füssen verschlechtert und schlüpfriger wird. Dabei arbeiten vorn die Soldaten unermüdlich mit Axt und Messer; sie lösen sich gegenseitig ab, denn der ausruhende Theil muss jeweils die Führer sorgsam bewachen.

Noch länger als vorn bei der Vorhut sind die Marschverzögerungen hinten bei der Nachhut. Jedes Stocken pflanzt sich nach rückwärts in verstärktem Masse fort. Säumige und Faule fangen an zurückzubleiben, so dass die nachdrücklichsten Ermahnungen und Treibereien erforderlich werden. Kranken und Schwachen lässt Kersting die Lasten abnehmen und sie durch Soldaten ersetzen. So geht es Tag für Tag weiter, ohne Aussicht auf bessere Wege und kräftigende Nahrung! — —

Einige ethnographisch interessante, in den Hütten gefundene Gegenstände erregten gestern unsere Aufmerksamkeit; man brachte uns eine ganze kleine Sammlung davon an: eine etwa 1 Fuss lange, kunstvoll durchbrochen gearbeitete Fischreuse, mehrere leidlich scharfe Rasirmesser in Holzscheiden, eine Menge auf einer Schnur aufgereihter, getrockneter Frösche, 1,5 m lange, dünne Holzlanzen mit einer Spitze, deren drei Theile mit einseitigen Widerhaken versehen sind, und die zum Fangen von Ratten dienen sollen; ferner einen kleinen, vermuthlich als Kinderspielzeug dienenden Bogen mit Rotangsehne und schliesslich — das erste Zeichen westlicher Kultur — mehrere Hosenknöpfe. Die letzteren kamen mir sehr zu statten, um einzelnen muthlosen Leuten greifbar vor Augen zu führen, wie nahe wir bereits dem Kongo seien.

Merkwürdigerweise sind drei Träger desertirt. Sie werden freilich inmitten dieser wildesten Wildniss nicht weit kommen, und die Vermuthung liegt nahe, dass sie sich nur ihrer Verpflichtung zum Lasttragen entziehen wollen und in gesichertem Abstand der Karawane aus der Ferne folgen werden. —

Auch unter den Thieren sind Verluste zu verzeichnen: der Doktor musste heute seinen Maulesel durch einen Schuss ins Gehirn tödten, da das Thier an irgend einer Infektionskrankheit erkrankt und nicht mehr vorwärts zu bringen war; das ist eine sehr empfindliche Einbusse; denn wenn auch seit langer Zeit jedes Reiten unmöglich ist, so gilt Maulesel-

Dorfvertheidigung in Butembo.

fleisch doch als schmackhaft, und wer weiss, ob wir nicht noch Tagen entgegengehen, in denen auch auf diese letzte Reserve zurückgegriffen werden muss. Einstweilen geht es noch leidlich. Auf unserer heutigen Speisekarte z. B. steht: Mauleselbouillon, dann Mauleselsteak, zum Schluss: gegohrenes Bananenmuss mit Zucker. Der Hund Teck wird auch nur mühsam am Leben erhalten; er lehnt jegliche Bananennahrung ab und muss künstlich »genudelt« werden.

Den 25. Juli. Morgen, so behaupten unsere Führer, sollen wir an einen grossen Fluss Namens Luóho oder Luógo gelangen, der seine Wasser mit denen des Lowa vereinigt. Jenseits liege das Land Bulegga.

In den letzten Tagen sind uns auch wieder mancherlei Gerüchte über den Westen zu Ohren gekommen. Wir verdanken sie dem Häuptling Kitalawa, einem winzig kleinen, äusserst beweglichen Männchen, dessen wohl 100 Hütten zählendes Hauptdorf, Muwanga, wir am 20. erreichten. Er scheint öfters mit den Manyema-Arabern in Berührung getreten zu sein, denn seine Nachrichten über den Aufenthaltsort der Araberchefs Kaware-Ware und Kingombe lauten leidlich bestimmt.

Ich habe mich entschlossen, den direkten Weg nach deren Ansiedelung zu suchen, um auf diese Weise am schnellsten in Erfahrung zu bringen, wie sich das Verhältniss zwischen Arabern und Belgiern am Kongo gestaltet hat.

Uebrigens war der Aufenthalt in Kitalawas Land auch in anderer Hinsicht von hohem Interesse. Seine Unterthanen, ein Unterstamm der Watembo, bezeichnen sich selbst als Wanyasaïko. Ihre auffallend kleine Gestalt könnte die Vermuthung nahelegen, dass wir hier Vertreter der Zwerge vor uns haben, wie sie von Schweinfurth, Stanley und Stuhlmann gesehen und näher beschrieben worden sind. Betrachten wir das Volk aber genauer, so finden wir, dass ihm keine der Eigenschaften eigenthümlich sind, die als charakteristisch für das Pygmäenvolk angegeben werden: die hellbraune, mit einem weichen Flaum bedeckte Haut, das heimtückische, scheue Wesen, die Beschäftigung mit Jagd und Fallenstellen fehlen den Watembo gänzlich; vielmehr zeichnen sie sich gerade durch offenes, freundliches Benehmen und heitere Gemüthsart vor Anderen aus. Sie sind ausschliesslich Ackerbauer und kultiviren Bananen, Mais und Bohnen; auch behaupten sie, früher, ehe die Manyema ins Land kamen, zahlreiche Viehheerden besessen zu haben. Wirkliche Zwerge solle es nur im Norden geben. —

Die Art und Weise, wie Kitalawas Unterthanen ihre Dörfer zu Festungen umgestalten, war dazu angethan, unsere Aufmerksamkeit in hohem Grade zu fesseln. Wie bereits erwähnt wurde, liegen die kleinen Gemeinwesen stets auf der Kuppe eines Hügels, dessen Abhänge zum Theil urbar gemacht worden sind. Ringsumher ist Alles mit Wald bedeckt. Aus diesem heraus führen gewöhnlich zwei schmale Pfade auf entgegengesetzten Seiten in das Dorf hinein, und zwar sind diese Zugänge entweder ganz steil gerade ansteigend, oder sie bilden Windungen und endigen in einem künstlichen, dicht vor dem Thore angelegten Hohlweg von so geringer Breite, dass man sich nur einzeln, Mann für Mann, hindurchzuzwängen vermag. Dann gelangt man vor ein mit Bohlen fest-

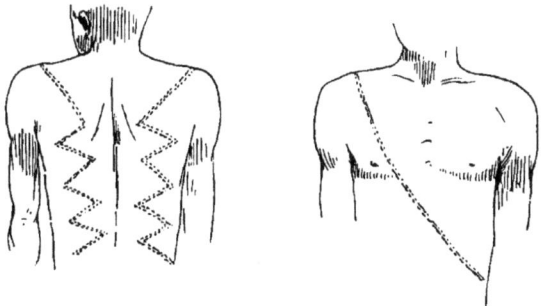

Tättowirungen in Butembo.

verbarrikadirtes Doppelthor. Doch dürfte es dem Angreifer, der nicht mit Feuerwaffen versehen ist, schwerlich gelingen, bis dorthin vorzudringen; denn über den Thoren oder an besonders vorspringenden Stellen der Pallisadirung sind weit überragende, hohe Warten aus Balken bastionenartig herausgebaut. In Kitalawas Hauptdorf bestiegen wir mehrere dieser Wartthürme und genossen von ihnen eine prachtvolle Aussicht auf das Waldgebirge der Umgebung. Neben diesen Ausbauten lagen, in Haufen geschichtet, Felsblöcke und Balken mit im Feuer gehärteten Spitzen: das Vertheidigungsmaterial, das die Dorfbewohner auf kühne Angreifer hinabzuschleudern pflegen. (S. Seite 261.)

Wir erkundigen uns mehrfach, ob dieses Vertheidigungssystem von Alters her bestanden habe, und ob man auch Bogen, Pfeile und Lanzen besässe, aber die Antworten, die wir erhalten, sind widerspruchsvoll. Am wahrscheinlichsten erscheint es mir, dass die Watembo früher eiserne Waffen besessen haben, dass ihnen dieselben aber grösstentheils von den Manyema geraubt wurden; und wenn sie in Folge dessen ein Verfahren und Waffen gewählt haben, die an die altgermanische Urzeit erinnern, so adoptiren sie damit, der Noth gehorchend, ein System, das ihre Dörfer gegen Angriffe von Wilden uneinnehmbar gemacht hat.

Im Innern der Ansiedelungen fanden wir auch hier schöne, freie Plätze; die Hütten waren von einer mehr länglichen Form als bisher und hier und dort mit grossen Phryniumblättern gedeckt. Zwischen ihnen bewegte sich eine feilschende und handelnde Schaar von Eingeborenen umher, die jedesmal, sobald sie ihren ganz geringen Bananenvorrath ver- . handelt hatten, geheimnissvoll im Walde verschwanden, um ihre Bast- körbchen mit neuen Früchten zu füllen.

Verschiedene Exemplare dieser Wilden waren auf dem Rücken und in der Magengegend in mancherlei Mustern tättowirt, während grosse, kohlschwarze Flecken als Schmuck der Gesichtshaut dienten.

Wenn wir in der Nähe oder im Innern einer solchen grösseren Dorf- gemeinde unser Lager aufgeschlagen hatten, so erschienen uns die Stunden, die wir auf den luftigen, sauber gehaltenen Plätzen verbrachten, als eine wahre Wohlthat gegenüber dem körper- und geistermattenden Auf- und Abklettern an den Vormittagen. Der Wald war während der letzten Tage immer langweiliger, immer eintöniger geworden. Hätten nicht die steilen Schluchten oder die vielen Wasserläufe Abwechslung in die Umgebung hineingebracht, so müssten wir dem ziemlich licht stehenden Laubwald jeden Reiz absprechen. Aber mit wieviel Mühen, Anstrengungen und Seufzern war nicht diese Abwechslung verbunden! — Nur mit Schrecken denke ich an diese Märsche zurück. —

Den 28. Juli. Hier, im Lande der Walegga, umgiebt uns un- endlicher Wald, aber das Terrain ist wesentlich ebener geworden.

Vorgestern überschritten wir den ersten grösseren Fluss, den Luóho, auf einer schwanken, aus Lianen und Aesten konstruirten Hängebrücke. (S. Abb.) Eine prächtige Tropenflora umsäumte die Flussufer, und wir er- blickten endlich wieder einmal ein Bild, an dem sich unser Auge weiden konnte.

Der Uebergang auf den schwankenden Baumstämmen ging ausser- ordentlich langsam von Statten. Trotz aller beim Hinüberschaffen jeder einzelnen Last beobachteten Vorsicht hatten wir leider einen traurigen

Der Uebergang über den Lueho.

Unglücksfall zu verzeichnen. Marufu, einer meiner Kofferträger, verlor auf der Brücke das Gleichgewicht und verschwand in den tosenden Fluthen. Einigen gewandten Somali, die gerade Vieh und Maulesel an langen Leinen unterhalb der Brücke hinüberbugsirten, gelang es nur den Koffer und Marufus Turban aufzufischen.

Wir waren kaum am westlichen Ufer angelangt, als die vorausgesandten Patrouillen mit der Meldung zurückkehrten, dass wir den Weg zu den nächsten Walegga-Dörfern verfehlt hätten und somit den Uebergang nach rückwärts nochmals machen müssten. Dieses Umkehren erschien aber bedenklich, weil es auf die Mannschaft entmuthigend gewirkt hätte; es wurde deshalb beschlossen, zunächst zu warten und nochmals Kundschafter in verschiedenen Richtungen auszuschicken. Zum Glück kam denn auch bald die Meldung zurück, dass vor uns ein Pfad in alte Bananenkulturen hineinführe, und so konnte es denn wieder vorwärts gehen.

Ehe wir aber den Luóho verliessen, suchte ich mit dem Hypsometer die Seehöhe des Flussbettes festzustellen. Sie beträgt ca. 760 m. Ich bemerke hierzu, dass wir bereits am sechsten Tage nach unserem Abmarsch von der Küste ebendieselbe Höhe über dem Meeresspiegel erreicht hatten, die wir hier inmitten des Kontinents wieder fanden. Nur noch so wenige Meter hatten wir also hinabzusteigen, um das Niveau des atlantischen Oceans zu erreichen, und doch konnten noch viele Monate verstreichen, bis wir thatsächlich ans Meer gelangten! Der plateauartige Charakter Ostafrikas im Gegensatz zur Struktur der Kongoniederung wird hierdurch drastisch illustrirt.

Die Felsen im Luóho bestehen aus glimmerführendem Thonschiefer, ein Gestein, das uns seit Ussuwi nicht mehr verlassen zu wollen scheint. Die Schichten fallen fast senkrecht und streichen Westnordwest—Ostsüdost.

Gestern Vormittag erreichten wir nach 1½ stündigem Marsch die bereits angekündigte Bananenpflanzung, an der ich abkochen und fouragiren liess. Die »Ernte« betrug je 20 unreife Bananen pro Kopf. Wir liessen uns nur das Oberdach*) des grossen Zeltes aufschlagen und fühlten uns darunter während unserer mehrstündigen Rast ganz behaglich und wohl. Um 12 Uhr ward der Marsch fortgesetzt. Wir folgten dabei stets den Zeichen, Baumeinschnitten oder abgehauenen Aesten, die von der voraus-

---

*) Unsere vier Zelte waren in der Weise mit doppeltem Dach versehen, dass zwischen diesen Dächern die Luft ungehindert hindurchstreichen konnte und dadurch die Temperatur im Innern der Zelte erheblich herabdrückte.

eilenden Patrouille am Wege gemacht worden waren. Um ¹⁄₃3 Uhr tauchten im Dunkel des Waldes wiederum einige Bananen auf, und ich beschloss daher, Lager für die Nacht zu beziehen.

Die Unsicherheit unserer Lage sollte aber noch länger andauern, denn unsere sogenannten Wegeführer erklärten plötzlich, diesen Pfad überhaupt nicht zu kennen. Abermals musste ein langer Halt gemacht werden, bis endlich die eine der beiden Patrouillen mit zwei Walegga zurückkehrte, die sich bereit erklärten, uns nach einem grossen Dorf zu geleiten. Der Führer der Kundschafter, die die beiden Eingeborenen im Walde aufgetrieben hatten, war wiederum der Gefreite Hamis wadi Ismaili gewesen.

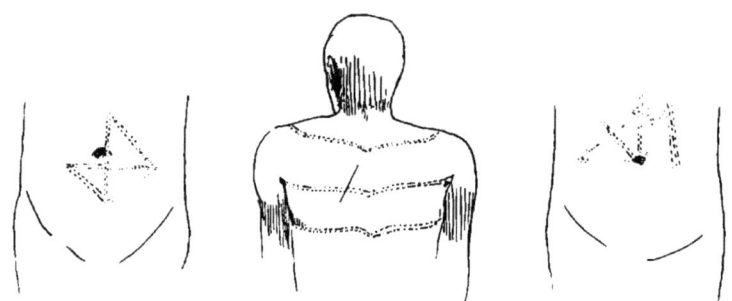

Tättowirungen aus Wamiyanas Dorf.

Den 31. Juli. Nach einem Ruhetag bei einer grossen Ansiedelung lagern wir heute wieder mitten im Walde. Als wir vorgestern das grosse, auf einer Lichtung stehende Dorf erreicht hatten, dessen Häuptling sich Wamiyana nannte, ward uns eine grosse Ueberraschung zu Theil. Zum ersten Male wurde uns der Name Lualaba, bekanntlich die arabische Bezeichnung für den Kongo, genannt, und zum ersten Male hörten wir aus dem Munde von Eingeborenen, dass an diesem Lualaba gewaltige Kämpfe zwischen Arabern und weissen Männern stattgefunden hätten, dass die Letzteren siegreich geblieben wären, und dass bei dem Araberchef Kaware-Ware, dessen Ansiedelung nicht mehr fern sei, bereits Abgesandte dieser weissen Männer erschienen seien, um dessen Unterwerfung zu fordern.

Die Gefühle, die uns beim Vernehmen dieser Nachrichten bestürmten, kann man sich leicht vorstellen. Sollten wir wirklich unserem Ziele schon so nahe sein, wie man uns angab? Sollten unsere Strapazen und Gefahren schon ein Ende haben, ohne dass wir den dunklen Urwalddom, den kein Sonnenstrahl jemals erhellen soll, mit seiner Grossartigkeit und seinen Schrecken, wie er uns aus Stanleys Schilderungen vom Aruwimi lebhaft vorschwebte, kennen lernen durften? Fast hätte ich das bedauert, denn mein Empfinden bedurfte dringend einer Anregung, eines Aufrüttelns aus der Lethargie, der ich mich trotz der unsäglichen Mühseligkeiten und kleinlichen Schwierigkeiten der Märsche nicht zu entziehen vermochte.

Den 2. August. Bugumo-Lager. Als wir gestern in der gewohnten Weise unseren Marsch antraten, geschah es mit der keimenden Hoffnung, dass unsere Mühsal nun bald ihr Ende erreichen würde. Wirklich hatte es den Anschein, als ob die Berge endlich aufhören wollten, unseren Marsch aufzuhalten. Aber schon heute sind wir darüber belehrt worden, dass, wenn auch die Schwierigkeiten, die uns von nun an bevorstehen, anderer Art sein werden, als die bisherigen, eine dauernde Besserung unserer Lage doch noch keineswegs zu erhoffen ist. Augenscheinlich sind wir in eine breite Niederung eingetreten, in der unzählige, versumpfte Wasserläufe, von lichtem Laubwald überschattet, irgend einer grösseren Hauptader zuströmen. Heute haben wir nicht weniger als zehn solcher Flüsschen und Bäche durchwaten müssen. Manchmal kreuzte unser Pfad den Wasserlauf, und dann war es leicht, am jenseitigen Ufer die Spuren des Weges wieder aufzufinden. Oftmals aber mussten wir, mitten im Flussbett stehend, uns nach rechts oder links wenden und dem Laufe stundenlang im Wasser watend, folgen. Hatte dann die mit einem Eingeborenen vorauseilende Vorhut mit Fleiss und Verständniss ihre Zeichen und Marken an den Bäumen angebracht, so war es auch hier nicht schwer, dem richtigen Wege zu folgen. Es lag uns dann nur noch die Beseitigung der überhängenden Aeste ob, damit die uns folgenden Träger, die bei jedem Schritt unten an den Füssen durch zähen Schlamm und Wurzelgewirr festgehalten wurden, nicht auch noch oben mit den Lasten, die sie auf den Köpfen zu tragen pflegten, hängen blieben.

Alle Hundert Meter weit war ein morscher Baumstamm quer über den Fluss hinübergefallen; dann musste jeder Einzelne der Dreihundert seine Last vom Kopfe heben, über den Stamm hinüberschieben und sie dann, wenn er selbst hinüber geklettert war, wieder aufnehmen, um 5 Minuten später dasselbe Manöver von Neuem zu beginnen. An der

Spitze unseres Zuges galt es, mit der gespanntesten Aufmerksamkeit auf die Wegmarken zu achten, die Pioniere anzutreiben, jede Wegkrümmung nach Ablesung von Kompass und Uhr im Itinerarbuch einzutragen, und dabei hatte man einen Boden unter sich, der bei jedem Schritt den Fuss mit klebriger Zähigkeit zurückzuhalten suchte oder nachgab, wenn man allzu fest auftrat.

Waren aber die Bachbetten klar, so dass der Stiefel entweder auf festem Quarzsand oder auf ausgewaschenem Thonschiefer einen Halt fand, so war das Marschiren noch verhältnissmässig angenehm; dann konnten auch die Leute, die aus Ermattung zurückgeblieben waren, den anderen wieder nachkommen. Ein Zurückbleiben hinter der Nachhut, d. h. hinter Kersting mit seiner Mannschaft, wurde niemals geduldet. Der Doktor hatte begreiflicherweise eine schwere Aufgabe, der er mit unerschütterlicher Energie nachkam. Sein ärztlicher Scharfblick setzte ihn in den Stand, Simulanten und wirklich Tragunfähige sofort zu unterscheiden und demgemäss den Einen durch Abnahme der Lasten durch Soldaten Erleichterung zu gewähren, den Andern aber mit Drohungen und nöthigenfalls noch deutlicheren Mitteln vorwärts zu treiben.

3. August. Heute erreichten wir den Luga-Fluss, der da, wo der Pfad auf ihn stösst, durch einen nur 10 m breiten Engpass tost und mit einem schwanken, wohl noch von einer Manyema-Karawane herstammenden Steg überbrückt war. Hart unterhalb davon verbreitert sich der Fluss bis zu 300 m und erschien, soweit man seinen Lauf mit dem Auge verfolgen konnte, mit Felsen und Stromschnellen durchsetzt. Ich war der Karawane mit zehn Mann vorausgeeilt, um den Steg durch gefällte Baumstämme und Taue zu verstärken. So gelangte die Mannschaft ohne Unfall ans jenseitige Ufer. Rinder und Maulthiere wurden einzeln mit langen Seilen an einer ca. 60 m breiten Stelle hinübergezogen.

Die Zelte liess ich dann gegen Mittag an einem Platze aufschlagen, auf dem vor nicht allzu langer Zeit die Manyema gelagert hatten. Schon gestern und vorgestern stiessen wir auf mehrere solcher verlassener Lagerplätze. Die grosse Menge von halbverfallenen und halbvermoderten Blätterhütten liessen auf die Stärke der Kolonnen schliessen, in denen die Manyema umherzuziehen pflegen. Wohl 400—600 Menschen mochten an den verschiedenen Stellen gerastet haben.

Nachmittags überraschte uns ein furchtbarer Gewitterregen. Trotzdem blieb unsere Stimmung eine leidlich gute, denn die Fouragir-

Abtheilungen hatten drei Stunden weiter ein Walegga-Dorf gefunden und kehrten mit Bananen beladen heim. Bald war das Lager in dicken Qualm gehüllt, ein Ergebniss der Feuer, über denen die Bananen auf einem Holzgestell getrocknet wurden, um dann zu Mehl zerstampft zu werden.

Den 7. August. Da wir durch einen Eingeborenen endlich eine zuverlässig erscheinende Nachricht erhalten hatten, der zufolge wir in kurzer Zeit die Ansiedelung Kaware-Wares erreichen mussten, so sind schon vor einigen Tagen der Trägerführer Abdallah, der Gefreite Hamis, Tofik und der Askari Hamsini vorausgeeilt, um als Abgesandte dem Chef der Manyema einen Brief zu überbringen; Hamis sollte mir in Eilmärschen wieder entgegenkommen, um Meldung über den Empfang abzustatten, der ihnen geworden war. Ich hatte mich in dem Brief über meine Absicht, zum Kongo zu marschiren, über den Ausgangspunkt meiner Reise und über meine Wünsche bezüglich Gestellung von Führern und Lieferung von Lebensmitteln ausgelassen und mit der Drohung geschlossen: »Ich weiss, dass ihr am Lualaba mit Wasungus (Weissen) Krieg geführt habt und vielleicht noch führt. Wenn Du Frieden willst, so bin ich Dein Freund und dann sorge für eine gute Aufnahme und für Verpflegung meiner Leute. Willst Du aber Krieg, so ist es auch gut. Wir werden Dich aber und Deine Unterführer zu Gefangenen machen und den Wasungus am Lualaba ausliefern; und diese werden mir dafür dankbar sein.« Diesen Brief hatte ich dem Araber Abdallah diktirt, der ihn mit allen Floskeln und Phrasen arabischer Schreibweise ausgeschmückt hatte.

Man wird sich vielleicht darüber wundern, dass ich hier bei der ersten zu erwartenden Begegnung mit den Banden der Araber meinerseits einen Mann desselben Stammes als Abgesandten vorausschickte, ohne zu befürchten, dass er möglicherweise mit seinen Landsleuten gemeinsame Sache machte; aber einerseits hatte ich ihm den völlig ergebenen Hamis wadi Ismaili beigegeben, andererseits wusste ich, dass Abdallah zu grosse Interessen pekuniärer Art an der Küste hatte, um sich durch einen Verrath seine Rückkehr dorthin freiwillig abzuschneiden.

Die nächsten Tage nach dem Abmarsch dieser Gesandtschaft brachten wenig Veränderung in unsere Lage. Dafür konnten wir ein bedenkliches Abnehmen der Kräfte bei der Karawane konstatiren, dem wir dadurch vorzubeugen suchten, dass so viel Lasten, als nur irgend entbehrlich waren, frei gemacht wurden. Eine Kiste mit allerhand Spielereien, wie

Spiegel, Messer, Mundharmonikas etc. wurde geschenkweise unter die Leute vertheilt. Auch unsere Küchenlasten konnten verringert werden, da wir Nichts mehr hatten. Ferner wurden Perlen und Stoffe in grossen Mengen ausgegeben, damit, falls wir wirklich eine Manyema-Ansiedelung erreichen sollten, Jedermann ein Zahlungsmittel in Händen habe und nicht etwa in seinem Leichtsinn Kleider, Patronen oder gar sein Gewehr verkaufte, um sich in irgend einer Weise für die Strapazen der letzten Monate zu entschädigen. Da mir Stanleys böse Erfahrungen in der Ansiedelung des Manyema-Chefs Kilonga-Longa bekannt waren, wollte ich Aehnlichem vorbeugen und war entschlossen, den ersten derartigen Versuch auf das Rücksichtsloseste zu bestrafen. Ich hatte bekannt machen lassen, dass Jedermann, der ein Gewehr an die Manyema verkaufen würde, sein Leben verwirkt habe und sofort erschossen werden müsse. Unsere kleine Truppe, die für einen Kampf verfügbar gewesen wäre, hatte sich inzwischen auch um 15 Köpfe vermehrt. Durch die erwähnte Reduktion der Traglasten wurden verschiedene Leute frei, aus denen nun eine Art Freikorps gebildet werden konnte. Diese Leute — wir nannten sie zum Unterschied von den Askari die Ruga-Ruga*) — erhielten eine rothe Schärpe als Abzeichen und hatten im Speziellen die Funktion, als Ersatzträger für Kranke einzuspringen und die Askari im Fouragirdienst und Zeltaufschlagen zu unterstützen; vom Wachtdienst dagegen waren sie frei.

Vorgestern sind unbegreiflicher Weise wieder drei Mann desertirt. Ferner ging der junge Hamis Asmani, der auf der ganzen Reise für die Kühlung unseres Getränks, des Thees, durch Schwenken der gefüllten Flaschen in einem nassen Sack zu sorgen hatte, dieses angenehmen Amtes verlustig und wurde nach einer tüchtigen Portion Peitschenhiebe zum Träger degradirt, weil es herauskam, dass er sich seit längerer Zeit an unseren Salzvorräthen bereicherte, um sich dafür allerhand Dinge im Lager einzuhandeln. Er wurde vorläufig neben die Wache gesetzt, um am Entweichen verhindert zu sein, und hatte dort unter einem Busch von Rubiaceen und Phrynium Musse, über die Wechselfälle des menschlichen Lebens nachzudenken. —

Als wir gestern gerade dabei waren, auf einem dicken Baumstamm, 5 m hoch über dem Wasserspiegel, den Ruitufluss zu überschreiten und uns abmühten, für die nicht schwindelfreien Träger ein Geländer aus Seilen

---

*) Ausdruck im Kinyamwesi für Krieger, Soldaten.

herzustellen, meldete sich plötzlich einer unserer Abgesandten, der Askari Hamsini, in Begleitung eines fremdartig aussehenden Burschen. Nyembo, so hiess der Mann, war ein Bote Kaware-Wares, der mich im Namen seines Herrn willkommen hiess. Kräftig, schön gebaut, dazu bekleidet mit einem festgewebten, blauen Stoff und bewaffnet mit einem tadellos gehaltenen Pistongewehr, stach seine Gestalt wohl vortheilhaft genug von meinen zerlumpten und abgemagerten Leuten ab. Sein Geschenk, aus Eiern, Hühnern und Reis bestehend, das er bei Juma für unsere Küche ablieferte, berechtigte zu den schönsten Hoffnungen.

Im Lager berichtete Hamsini Genaueres über den Erfolg der Mission. Die Ansiedelung sei überreich an Reiskulturen, so gross wie eine Stadt und von vielen Hunderten von Menschen bewohnt. Im Uebrigen mache es ihm den Eindruck, als ob Kaware-Ware sich vor mir fürchte.

Nyembo, der ein fliessendes Kisuaheli sprach, brachte uns mancherlei geographisch wichtige Nachrichten, unter denen die interessanteste die war, dass »Oso« nicht der Name eines Sees, sondern der eines Flusses sei, der von rechts her in den grossen Lowa fliesse, ferner, dass von Mkaschi — so heisse Kawares Ansiedelung — ein Weg südwärts nach Nyangwe und einer westwärts nach Kirundu führe.

Den 7. August. Bevor wir uns am folgenden Morgen in Marsch setzen konnten, meldete der Unterführer Scheche, dass der ihm unterstellte Träger Mkadi gelegentlich des Gewitters in der vergangenen Nacht vom Blitz getroffen worden und alsbald gestorben sei. Bei der darauf folgenden näheren Untersuchung des Falles durch Kersting stellte es sich heraus, dass auch die Zeltgenossen des Verstorbenen starke Nervenerschütterungen davongetragen hatten, da der Blitz dicht neben ihnen in den Boden gefahren war. Dass gerade Mkadi starb, war wohl seiner körperlichen Verfassung im Moment des Schlages zuzuschreiben; er hatte sich nämlich derartig vollgegessen, dass schon bei einem leisen Druck auf den Magen der Leiche ganze Mengen von Reis aus dem Munde hervorquollen. —

Der Askari Hamsini und der Gefreite Hamis hätten mir gar nicht erst zu berichten brauchen, dass Kaware-Ware in Furcht und Zittern unserer Ankunft entgegensähe: die Anstrengungen, die er in den wenigen Tagen gemacht hatte, uns die Wege durch den Busch ebnen und verbreitern zu lassen, liessen keinen Zweifel über seine Gesinnung. Gegen 11 Uhr näherten wir uns in geschlossenem Zuge den ersten Anpflanzungen der Manyema. Die Expeditionsfahne war bei dieser Gelegenheit seit

zwei Monaten zum ersten Male wieder enthüllt worden; 30 Askari marschirten mit aufgepflanztem Seitengewehr vorauf. Kawares Ankunft kündete
uns schon von Weitem der dumpfe Schall der Pauken an. Unweit der
ersten Häuser trafen wir mit ihm zusammen. Kaware selbst, umgeben
von vielen weissgekleideten Manyema, kauerte in demüthiger Haltung auf
der Erde und streckte mir, wie ein Bittender, die Hände entgegen. Ich
hiess ihn aufstehen und begrüsste ihn mit ungefähr den gleichen Worten,
wie ich ihm in meinem Briefe geschrieben hatte. Als Antwort brachte er
nur ein mehreremals verlegen herausgestossenes »na kupenda ssana!«
(d. h. ich liebe dich sehr) heraus. Dann zogen wir in Mkaschi ein, das
auf uns ungefähr den gleichen Eindruck machte, wie eine Grossstadt auf
den einfachen Landbewohner. Festgestampfte Strassen, lange Reihen von
Giebelhäusern, deren Vorbauten dicht mit Neugierigen besetzt waren,
offene Hallen, in denen ein lebhafter Marktverkehr herrschte, Menschen-
gewühl und Leben, wo man sich hinwandte, Alles dies schien uns wie
ein Wunder und überraschend grossartig. Auf dem Marktplatze liess ich
aufmarschiren, und gleich darauf donnerten drei Salven über die Köpfe
der erstaunten Bewohner von Mkaschi.

Dann galt es, einen guten Lagerplatz zu finden, der nicht zu weit
ausserhalb der Stadt und dabei beherrschend gelegen war. Auf einer
Art Terrasse an einem der beiden Hügel, zwischen denen Mkaschi sich
erstreckt, fand sich bald eine geeignete Stelle, von der aus wir freien
Umblick hatten. Alle Traglasten wurden, um Diebstählen vorzubeugen,
in die Mitte zwischen unsere Zelte genommen, breite Kommunikations-
wege im Lager angelegt und mehrere Posten damit beauftragt, zu sorgen,
dass kein unnützes Gesindel aus der Stadt das Lager betrat.

Kaware-Ware liess nicht lange mit seinem Besuch auf sich warten.
Mit einem Gastgeschenk von 5 Körben Reis, 2 Ziegen, Pombe, Eiern
und ca. 200 Bananen, von denen die grössten 40 cm Länge massen,
erschien er sammt seinem Gefolge vor unserem Zelt. Er trug ein langes
Gewand aus blauem Baumwollstoff, auf dem Kopf die weisse, gestickte
Suaheli-Mütze. Seine untersetzte, etwas wohlbeleibte Gestalt zeugte von
einem bequemen, ruhigen Leben. Das freundliche, von einem kurzen
Backenbart umrahmte Gesicht war tiefschwarz, die Nase breit, die Lippen
stark wulstig.

Die Ansiedelung, in der wir uns befanden, ist von ihm und seinen
Leuten in siebenjähriger Arbeit angelegt worden. Schritt um Schritt

mussten sie das Terrain dem Walde abringen, denn als sie im Auftrage
des bekannten Tippo-Tib von Nyangwe aus hierher kamen, bedeckte
noch dichter Baumbestand die jetzt reichen Felder. Mkaschi wurde damals
als vorgeschobener Posten im Lande Bulegga gegründet, um als Stapel-
platz für Elfenbein und Sklaven zu dienen, und manche reich beladene
Karawane mag früher von hier aus nach Südwesten abgegangen sein, um
die Magazine der arabischen Herren am Ober-Kongo zu füllen.*) Wie
es jetzt um diese stand, erfuhren wir bald genug aus Kawares eigenem
Munde: der Friede zwischen Belgiern und Arabern war äusserlich hergestellt, die Mehrzahl der arabischen Führer war gefallen oder hingerichtet
worden, die Uebrigbleibenden suchen jetzt mit den Siegern im Einvernehmen zu leben und wollen zufrieden sein, wenn ihnen gestattet wird,
sich wieder anzusiedeln und ihre Existenz durch einen jährlichen Tribut
in Elfenbein zu erkaufen.

Mkaschi war durch die Kriege und durch seine grosse Entfernung
vom Kongo gewissermassen emancipirt worden, bis auch hier eines Tages
aus dem Westen Sendboten in Uniformen, mit Hinterladern und einer
kleinen blauen Fahne mit gelbem Stern, erschienen und im Namen des
»Unabhängigen Kongostaates« Tribut verlangten. Kaware hatte nicht
gewagt, sich dieser Forderung zu widersetzen und erwartete zur Zeit
unserer Ankunft wieder den Brief aus Nyangwe, der ihn an seine Pflicht
gemahnen sollte. Kirundu, das zwischen Nyangwe und den Stanley-
Fällen gelegen ist, sollte von den Belgiern besetzt sein, nachdem Kibonge,
der dortige Chef, in die Wälder am Ituri entflohen war. Wenn nun auch
nach meinen Berechnungen Kirundu für uns schneller als Nyangwe zu
erreichen sein musste, und es deshalb wunderbar erschien, dass nach
ersterem Ort nur mangelhafte, nach letzterem eine gute Verbindung durch
gangbare Pfade bestand, so war doch das, was wir hier erfuhren, von
der grössten Tragweite für unsere weiteren Entschlüsse. Die bisherige
Unsicherheit musste nun aufhören; wir konnten unter wegekundiger
Führung einen Punkt am Kongo zu erreichen hoffen, und dieser Punkt
konnte nur Kirundu sein; denn einmal war es von dort nicht mehr weit
zur Station an den Stanley-Fällen, dem Endpunkte der Kongo-Schifffahrt,
und ausserdem sprach auch die verhältnissmässig kurze Luftlinie von
Mkaschi nach Kirundu für die Wahl gerade dieses Zieles. —

---

*) Ich werde im nächsten Kapitel eingehender auf die arabischen Unternehmungen und
ihr schliessliches Scheitern an der belgischen Macht zurückkommen.

18*

Hoffen wir also, dass die dazwischen liegenden Länder nicht gänzlich durch die Kriege vernichtet, und dass an den mächtigen Strömen, die wir bald zu überschreiten haben werden, noch Kanus vorhanden sind, die uns den Uebergang ermöglichen!

Inzwischen beabsichtige ich, noch mehrere Tage hier zu rasten, damit meine Leute durch Reis und Fleisch wieder einigermassen zu Kräften kommen; denn noch haben wir nicht die Schrecken eines zwar ebenen und bergelosen, dafür aber ewig dunklen und völlig versumpften Urwaldes kennen gelernt! —

Den 9. August. Wenn wir auf unseren täglichen Spaziergängen Mkaschi durchwanderten, wobei Kaware-Ware uns zu begleiten pflegte, so konnten wir interessante Beobachtungen über diesen eigenartigen Sklavenstaat machen. Die Häuser sind dort nach Suaheli-Art gebaut, vielfach weiss gestrichen und mit einer Säulenhalle versehen, unter der der Hausherr seine Gäste empfängt und die Nachmittage verplaudert. Den inneren Hofraum umgeben die Behausungen der Sklaven. Diese führen offenbar ein leidlich gutes Leben und können sich jedenfalls über allzu grosse Anstrengung beim Feldbau oder Mangel an Nahrung nicht beklagen. Die Tüchtigsten unter ihnen werden mit Pistongewehren bewaffnet, erhalten ein Weib aus der Zahl der Sklavinnen und werden oft die gefürchtetsten Peiniger ihrer ehemaligen Landsleute in den Wäldern der Umgegend. Alles beruht in diesem Gemeinwesen auf der Sklaverei. Dasselbe entstand dadurch, dass Kaware-Ware, der selbst früher am Kongo ein Sklave war, mit einzelnen verwegenen Manyema und Küstenleuten in die Wälder zog, sich in einem Dorf, wo die Nahrung reichlich war, mit Hülfe der Feuerwaffen festsetzte und die Eingeborenen zwang oder durch Versprechungen gefügig machte, die eigenen Stammesgenossen, in diesem Falle die Walegga und Watembo, ihm zu überliefern. Die preisgegebenen Dörfer wurden dann überfallen, niedergebrannt,[*] die Männer getödtet, Weiber, Kinder und Elfenbein aber mit fortgeschleppt. Die Weiber kamen in die Harems der Chefs oder der anderen Manyema, die heranwachsenden Kinder wurden zu Haussklaven oder Kriegern erzogen, und das Elfenbein wurde als schuldiger Tribut zum Kongo an die Oberherren gesandt. So unmenschlich und grausam dieses Verfahren auch war, so verdient doch hervorgehoben zu werden, dass das Loos der einmal

[*] S. unsere Beobachtungen in Butembo.

geraubten Sklaven durchaus kein bedauernswerthes ist. Sie sind ja nun »Besitz« und zwar ein »werthvoller Besitz«, und so gut der Besitzer eines guten Pferdes dieses sorgsam pflegt, so trachtet auch der Sklavenbesitzer danach, gut aussehende und arbeitskräftige Sklaven zu halten.

Reisbau und Industrie stehen in Mkaschi in hoher Blüthe. Auf Webstühlen von primitiver Art werden feste Stoffe aus Pflanzenfasern in allen Farben und in recht geschmackvollen Mustern hergestellt. Korbflechtereien und Töpferarbeiten sahen wir auf dem Markte feil halten. Dieser Markt pflegt in einer offenen Halle oder auf dem freien Platz davor abgehalten zu werden. Gegenwärtig stand dort einer meiner Askari mit aufgepflanztem Seitengewehr unter der Menge, um die Ordnung aufrecht zu halten. Sonst sitzt Kaware-Ware selbst und allein dort, um in allen Streitfällen Gericht zu halten. In Verwaltungs- oder Kriegsangelegenheiten aber beruft er einen Rath »der Aeltesten«, wie denn überhaupt seine Stellung einen durchaus patriarchalischen Charakter zu besitzen scheint. Von den Manyema wird er »Msée« (der Alte), von den Sklaven »Bwana« (Herr) titulirt.

Sein Vertreter, zugleich Kriegsminister und Obersklavenjäger, ist Kingombe, ein verbissen aussehender, alter Manyema, der uns einen Revolver zeigte und uns erzählte, dass er diesen Nachts stets unter sein Kissen lege.

Eine eigentliche Ehe existirt in Mkaschi nicht; sämmtliche weibliche Personen gehören dem Sklavenstande an. Ebensowenig giebt es einen öffentlichen, religiösen Kultus. Trotzdem sind alle »Aeltesten« überzeugte Moslems und nehmen selbst an Anderen Bekehrungsversuche vor.

Die wenigen Rasttage sind uns rasch genug verflossen, und wenn wir morgen aufbrechen müssen, so wird, davon bin ich überzeugt, ein Jeder nur mit Bedauern von hier scheiden. Dank der schon erwähnten Massregel, dass Niemand mit leeren Händen in Mkaschi einzog, sind nennenswerthe Diebstähle oder Veruntreuungen nicht vorgekommen. Die Leute haben herrlich und in Freuden gelebt, und wenn manchmal ein hoher Procentsatz von ihnen annähernd oder auch gänzlich betrunken war, so drückte ich gern ein Auge zu und war froh, wenn nur die Wachtmannschaften verwendbar und nüchtern blieben.

Unsere Lasten haben sich um einige vermehrt: hinzugekommen ist einiges von mir erhandeltes Elfenbein, ausserdem zwei Lasten interessanter Waffen.

Den 10. August. Im Lager bei Kawares Landhaus. Der »Alte«
gab uns selbst das Geleit unter Vortritt seiner höchst originellen Leibwache. Diese besteht aus zehn gutgewachsenen Mädchen, die in schöne,
bunte Tücher gekleidet sind. Jede von ihnen trägt ein Gewehr von einer
anderen Konstruktion, meist Hinterlader in unbrauchbarem Zustande,
Winchester, Snider, Henry Martini, die wohl auf den bekannten Handels-
wegen über den Schire oder über Uganda nach dem Kongo gekommen
sein mögen. Die Patronentaschen werden an einem Stirnriemen, auf den
Rücken herabhängend, getragen. Unser Lager haben wir inmitten der
ungeheueren Lichtungen aufgeschlagen, auf denen Kawares Reiskulturen
angelegt sind. Wenn so ein Stück Wald in Angriff genommen wird, so
fällen die männlichen Sklaven die Bäume, deren 1—3 m hohe Stümpfe
ebensowenig wie die liegen bleibenden Stämme beseitigt werden, während
die Weiber mit eisernen Hacken den Boden auflockern. Das regenreiche
Land verspricht dann eine sichere und üppige Reisernte. Als klimato-
logische Notiz sei hier bemerkt, dass uns, obwohl es hier während des
ganzen Jahres regnet, doch die Monate September bis April speziell als
die feuchtesten bezeichnet wurden.

Leider traten auch hier in Folge der Umackerung eines Miasmen
ausdünstenden Erdreichs zahlreiche Fiebererkrankungen auf. Die heutige
Krankenliste nennt 15 solcher Fälle.

*   *   *

Von Mkaschi zum Lowa. Wenn wir auf der Karte, die in Folge
unserer Aufnahmen und Erkundungen konstruirt werden konnte*), das
zwischen Mkaschi und Kirundu liegende Gebiet ins Auge fassen, so muss
uns die ausserordentlich grosse Menge von Wasserläufen, von Strömen,
Flüssen und Bächen auffallen, von denen das Land durchzogen wird.
Sie alle strömen dem Lowa zu, der zwischen Kirundu und Riba-Riba in
den Kongo einmündet. Nach Angabe unseres neuen Führers, Borafia,
konnten wir nach wenigen starken Märschen an seinem Ufer stehen.

Dieser Borafia gehörte zu den Leuten, die beim Vordringen der
Belgier in die Wälder flüchteten und bei Kaware-Ware Aufnahme gefunden hatten. In Begleitung eines Freundes wollte er jetzt nach Kirundu

*) S. Anhang.

zurückkehren und ergriff die gute Gelegenheit, sich unter den Schutz einer bewaffneten Macht zu stellen. Ich nahm ihn denn auch als Führer an, entdeckte aber schon am ersten Tage, dass er mit den Wegeverhältnissen durchaus nicht vertraut war. Er hatte einige unbestimmte Vorstellungen von den grösseren Etappenpunkten, die auf dem Wege liegen mussten; er wusste z. B., dass wir den Lowa, den Oso und einen dritten grossen Strom, den Luvuto, zu passiren haben würden, auch war ihm bekannt, dass damals, als er denselben Weg in umgekehrter Richtung zurückgelegt hatte — allerdings war das schon vor zwei Jahren gewesen —, alle paar Tage eine reiche Manyema-Ansiedelung anzutreffen gewesen war. Wenn wir aber den Pfad verloren oder dieser sich theilte, so wusste der gute Borafia so wenig Bescheid, wie ich selbst: dann waren wir auf unser gutes Glück oder auf die Aussagen irgend eines lügenhaften Walegga- oder Wabira-Mannes angewiesen.

Borafias Angaben über die Entfernung bis Kirundu wechselten zwischen 25, 40 oder 60 Tagemärschen.

Am 11. August hatten wir von Kaware-Ware Abschied genommen und waren 6 Stunden lang in nordwestlicher Richtung weitermarschirt. Vielerorts konnten wir von nun an die zerfallenen Reste grosser Hüttenlager am Wege erkennen; denn wenige Wochen vorher war eine nach mehreren Hunderten zählende, von Arabern befehligte Karawane, die, wie Borafia, jetzt nach Beendigung des Krieges an den Kongo zurückkehren wollte, den gleichen Pfad vor uns her gezogen. Man kann sich vorstellen, dass wir über diese Wahrnehmung nicht sonderlich erbaut waren, da nun voraussichtlich Alles, was damals noch an Lebensmitteln vorhanden gewesen war, aufgezehrt sein musste. Leider sollte sich diese Vermuthung in der Folge nur zu gründlich bestätigen. Vorläufig aber, während der ersten Tage, folgte uns noch eine grosse Menge spekulativer Händler aus Mkaschi, um ihre Produkte im Lager zu hohen Preisen feil zu halten. Auch trat noch ein Ereigniss ein, das wohl geeignet war, den Muth Aller zu heben.

Am zweiten Marschtage nämlich erschien im Lager ein bunt uniformirter Mann, einen breiten Strohhut auf dem Kopf, ein Gewehr im Arm, der mich in stramm militärischer Haltung und in drei Sprachen, auf französisch, englisch und Kisuaheli begrüsste. Unser Erstaunen war nicht gering, zumal wir bemerkten, dass der eine seiner beiden Begleiter eine blaue Flagge mit gelbem Stern, die Farben des Kongostaates, trug.

Salim, so nannte sich der Führer dieser kleinen Patrouille, erzählte, er sei von Nyangwe aus in 20 Tagemärschen durch den Wald nach Mkaschi geeilt, um im Auftrage des belgischen Kommandanten von Mssenge (eigentlicher Name Kaware-Wares) Elfenbein als schuldigen Tribut einzutreiben. Er war unmittelbar nach unserem Abmarsch dort eingetroffen und so verständig gewesen, uns sogleich nachzueilen. Nachdem wir seine Begrüssung erwidert hatten, wurde er ausserordentlich gesprächig, erzählte, am Kongo wisse man bereits durch Rumalisa von unserem Kommen, und der Bwana fimbo mbili (Beiname des Barons Dhanis*) habe ihm Befehl gegeben, uns im Kongostaate willkommen zu heissen.

Die Verbindung mit dem Kongo hatten wir also gefunden, wenn auch von einer ganz anderen Richtung her, als wir erwartet hatten; denn Nyangwe lag weit im Südwesten, während Kirundu, das wir zu erreichen strebten, meiner Berechnung nach westnordwestlich liegen musste.

Diese letztere Richtung behielten wir auch im Allgemeinen bei und erreichten nach 5 weiteren Marschtagen, durch den Sumpfboden aufgehalten, und langsam durch den lichten, einförmigen Laubwald vordringend, die felsigen Ufer des Lowa, der »Mutter« aller der zahllosen Bachläufe, die uns Tag für Tag zu schaffen machten, unsere Leute bis zum Umfallen ermatteten, uns selbst täglich durchnässten und bewirkten, dass unsere Stimmung gedrückt wurde und unsere Ausrüstung allmählich in der feuchten Atmosphäre zu verschimmeln und zu modern anfing, so dass z. B. unser Schuhwerk bereits die Formen von riesigen Morcheln angenommen hatte.

Unterwegs hatten wir eine grosse Lichtung passirt, die von einem Manne Kawares, Namens Ssenga, bebaut wurde. Während an unserem Pfade entlang von Dörfern der eingeborenen Waldvölker nichts zu sehen war, so dass unmöglich ein Schluss auf die Bevölkerungsdichtigkeit in den Waldgebieten gezogen werden konnte, machten wir wenigstens die Bekanntschaft einiger Eingeborener vom Stamme der Wabira, fanden jedoch, da sie vermuthlich schon seit lange als Sklaven der Manyema sich diesen in Sitten und Gebräuchen genähert haben, als einziges besonderes Merkmal dieses Volkes einen stark entwickelten Bartwuchs auf der Oberlippe.

Bei Ssenga erfuhren wir auch, dass am Lowa Einbäume zum Ueberfahren vorhanden wären. Als aber die Spitze unserer Kolonne zwei Tage

---

*) Baron Dhanis war damals bereits nach Europa abgereist. Salims Erzählungen stellten sich später als eitle Flunkereien heraus.

später aus dem Walde trat und plötzlich und unvermittelt hart an seinem südlichen Ufer anlangte, da war von Kanus oder Fährleuten nichts zu erblicken. Eine schon vorher von mir stromaufwärts entsandte Patrouille kam mit der Meldung zurück, dass sie sieben Stunden weit zwar ein Kanu gefunden habe, dieses aber nicht über eine Reihe gefährlicher Stromschnellen habe hinunter bringen können. Kaum aber hatte ich einige Leute mit der drohenden Anfrage, wo die versprochenen Kanus seien, an Ssenga abgefertigt, so wurde von einigen Askari mehrere Hundert Meter unterhalb unseres Standortes ein kleines Fahrzeug entdeckt und nun konnte der Uebergang beginnen.

Da jedoch das Kanu mehr als fünf Mann mit Lasten nicht zu fassen vermochte, wurde zu-

Urwald-Idyll.

nächst ein starkes Seil aus Lianen gedreht und über den ca. 100 m breiten Fluss gespannt. Dann wurden die letzten vier Ziegen geschlachtet und deren Häute von den Sudanesen so geschickt zugebunden und aufgeblasen, dass sie, unter ein Holzgestell gebunden, eine ganz brauchbare Fähre abgaben, die bequem von einem Mann an dem Seil hin und her gezogen werden konnte.

Die mit Renthierhaar gestopften Polster unseres schadhaft gewordenen und deshalb zerschnittenen Faltbootes erhöhten die Tragfähigkeit dieses »Trajektbootes« noch um ein Beträchtliches.

So vollzog sich denn der Uebergang über den Lowa in weniger als einem Tage, ohne Unfall und ohne sonderliche Anstrengungen. Zwar hatte der Strom am nördlichen Ufer eine reissende Geschwindigkeit, aber die zahlreichen Felsenriffe, die unter- und oberhalb unserer Ueberfahrtsstelle zu sehen waren, bewirkten rückläufige Strömungen, so dass die Rudermannschaften durch geschicktes Manövriren noch Nutzen aus diesem Wechsel des Fahrwassers ziehen konnten.

Während so die Fähre langsam eine Bootsladung nach der anderen hinüberbeförderte, hatten wir am Nordufer ein Lager aufgeschlagen. Wir brauchten dabei die Nähe des Flusses nicht zu fürchten, denn sein Bett war felsig, und da, wo das Wasser eine kleine Bucht in das Ufer hineingearbeitet hatte, lag schöner Quarzsand zu Tage. Von Verschilfung und Versumpfung, die böse Fieber hätte erzeugen können, war nichts zu bemerken.

* * *

Vom Lowa zum Oso-Fluss. Am 18. August verliessen wir das Ufer des Lowa und marschirten auf dem jetzt plötzlich fast genau nördlich ausbiegenden Waldpfad weiter. Leider hatten sich doch, entgegen unseren Erwartungen, wieder eine ganze Anzahl von Fieberkranken als tragunfähig gemeldet, Kranke, an denen sich das Chinin fast wirkungslos zeigte, und wenn ich die Mannschaft im Ganzen betrachtete, so konnte ich mir nicht verhehlen, dass trotz der guten Tage von Mkaschi doch eine bedeutende allgemeine Kräfteabnahme vorhanden war.

Die Zahl Derer, die durch Fusswunden tragunfähig wurden, wuchs trotz sorgsamster Behandlung von Tag zu Tag. Auf den mit Riedgras bedeckten, steilen Abhängen der Hügel von Butembo nämlich hatten täglich 10 oder 20 Leute vom Doktor verbunden werden müssen, die sich scharfe Spitzen giftiger Grasstengel in die Füsse getreten oder gestossen hatten. Diese Wunden heilten dann, als wir die Wald- und Sumpfregion von Bulegga betreten hatten, nur ausserordentlich schwer; Binden und Bandagen waren gleich durchweicht oder lockerten sich im ersten Sumpf, den die Leute passirten, und so waren Infektionen aller Art nicht zu vermeiden. Es wurde immer schwieriger des Morgens, wenn es weiter gehen sollte, alle Lasten unterzubringen; trotz der vielen Verminderungen in unserem Gepäck (auch die Bootslasten fielen jetzt fort) fehlte es oftmals an tragfähigen Leuten. Auch der Fall des Trägers Mkadi, der sich, wie ich erzählte, für die Enthaltsamkeit der vorangegangenen Zeit bei Kaware durch Verschlingen sinnloser Mengen von Nahrung zu entschädigen suchte und seinen Leichtsinn mit dem Tode hatte büssen müssen, war nicht vereinzelt geblieben. Andere Leute waren desertirt, um nach Mkaschi zurückzukehren, und warteten vermuthlich in einem Versteck ab, bis wir weiter fort gezogen waren und sie nicht mehr zu befürchten brauchten, zurückgeholt zu werden.

In der That waren auch die Tage, die dem Uebergang über den Lowa folgten, nur allzusehr geeignet, die Herrlichkeiten der hinter uns liegenden Manyema-Ansiedelung in besonders glänzendem Lichte erscheinen zu lassen. Zum Glück war das Land jetzt wenigstens völlig eben geworden, so dass die athem- und kräfteraubenden Steigungen in Wegfall kamen; dafür aber stagnirten hier zahllose Gewässer zu stinkenden Sümpfen, und allnächtlich wurden die Wassermengen noch durch Gewitterregen vermehrt.

Diese Gewitter konnten wohl ein ängstliches Negerherz erschrecken, denn die Donnerschläge waren oft von ohrenbetäubender Stärke, oder sie rollten und krachten ununterbrochen durch den Wald hin, begleitet von Blitzerscheinungen, wie sie wohl nur die Tropenluft, und vielleicht auch diese nur in solchen unendlichen und von Feuchtigkeit triefenden Waldgebieten, zeitigen kann. Stundenlang stand dann der Himmel wie in Flammen, und noch lange, nachdem das Unwetter nachgelassen hatte, schwängerte ein scharfer Ozongeruch die Atmosphäre.

Der 21. August — wir waren gerade wieder mit den Lebensmitteln, mit denen wir uns in Mkaschi verproviantirt hatten, zu Ende — war wieder ein Freudentag, da wir an diesem abermals an eine reich bebaute und stark bewohnte Manyema-Ansiedelung gelangten. Man bezeichnete uns den Ort als Tupalo und als seinen Herrn den Manyema Kiweke, der jetzt aber abwesend war und bei den Europäern in Kirundu sein sollte. Die eingesessenen Waldvölker, die von den Manyema in völliger Abhängigkeit leben, gehören hier dem Stamme der Wakumu an, und ihr Gebiet soll sich über den Oso- und den Luvutofluss bis zum Kongo hin erstrecken. So willkommen uns nun auch bewohnte und bebaute Länderstriche sein mussten, so schwierig und mühevoll war es, an sie heranzugelangen. Wir bemerkten schon, dass die Waldpfade, soweit sie trocken blieben, verhältnissmässig leicht zu passiren waren; Unterholz war dort wenig zu finden, und wenn wir selbst in den lichtesten Partieen nur langsam vorwärts kamen, so lag das daran, dass wir auf den Pfaden, auf denen sonst nur der leichtflüssige Wilde rasch durchzuschlüpfen pflegt, mit hochbepackten Leuten vorwärtsdrangen, für die erst unzählige Aeste, Baumstämme, Ranken und Wurzeln beseitigt und abgehauen werden mussten. Wenn wir uns aber menschlichen Ansiedelungen näherten, so konnten wir mit Sicherheit darauf rechnen, unseren Marsch um das Zehnfache verlangsamt zu sehen. Dieses Gewirr von durcheinandergestürzten Baumstämmen und einer dicht verschlungenen Vegetation von allem möglichen Rankenwerk ist einfach unbeschreiblich. Und von solchen Hindernissen fanden wir ausnahmslos jede Ansiedelung umgeben — ob nun zum Schutz gegen Angriffe von aussen her, oder deshalb, weil das Fortschaffen der gefällten Stämme zu viel Arbeit verursacht hätte, blieb mir unaufgeklärt.

Tupalo Kiweke muss vor Zeiten ein stattlicher Ort gewesen sein. Steinerne einstöckige und weissgetünchte Häuser leuchteten uns entgegen, mit geschnitzten Thürpfosten und kühlen Vorhallen; Alles aber trug die Merkmale des Verfalls. Viele von den Häusern schienen überhaupt nicht mehr bewohnt zu sein. Die Bevölkerung bestand auch hier in der Ueberzahl aus wohlgenährten Sklaven und einer kleinen Anzahl von Manyema-Mischlingen, deren Väter wohl noch an der ostafrikanischen Küste gross geworden, dann aber mit ihren arabischen Herren nach dem Kongo gezogen waren, um von dort aus in die Wälder verschickt zu werden und Elfenbein und Sklaven zu erwerben. Die meisten von ihnen sprachen noch das heimathliche Kisuaheli und trugen das lange, weisse Hemd der Küstenleute. Sie wussten, dass ihre Herren von einer mächtigeren, weissen Rasse überwunden waren und erzählten, Kiweke sei deshalb an den Kongo geeilt, um dort seine Unterwürfigkeit durch Ueberbringung einiger Elfenbeinzähne darzuthun. Während unsere Leute sich wieder gütlich

Die Umgebung einer Ansiedlung im Urwald.

thaten, und den ganzen Tag über das Markten und Feilschen um Reis,
Zwiebeln, Maniok, Pilze und Sesam nicht aufhören wollte, ging meine
Hauptsorge dahin, Erkundigungen über den Weg und die Entfernung
zum Kongo einzuziehen. Leider schien jede Verbindung dorthin seit den
grossen Kriegen unterbrochen zu sein. Zwar wusste man uns alle möglichen Namen von Manyema-Ansiedelungen anzuführen, aber das Alles
erschien höchst unsicher, und der einzige Mann, der erst vor einigen
Monaten von Kirundu her gekommen sein wollte, behauptete, er sei
20 Tage unterwegs gewesen, aber es sei Alles verwüstet, und wir würden
nur von schlechten Bananen leben müssen. Nur am Osoflusse gäbe es
reichlich Bataten und Maniok, und zum Ueberfahren seien dort Kanus
vorhanden. Ich befahl daher, auf sechs Tage Essen einzukaufen, das
höchste Quantum, das wir unter den damaligen Verhältnissen fortzuschaffen
vermochten, und liess am Morgen des 23. wieder aufbrechen. —

Wenn ich meine Notizen aus den nun folgenden Tagen durchblättere,
so finde ich, dass aus ihnen eine ausserordentlich deprimirte Stimmung
spricht. Die melodischen Worte »Sumpf«, »Morast«, »Steckenbleiben«
bilden das ständige Leitmotiv; und je näher wir unserem Ziele rückten,
um so langsamer ging es vorwärts. Am 25. Abends brachte eine Er-
kundigungspatrouille die Nachricht zurück, dass wir am andern Tage
um Mittag am Osoflusse stehen würden: drei Kanus lägen dort wohl bereit,
aber eine blühende Ansiedelung, die 260 schwache Menschen ernähren
könne, sei dort nicht vorhanden, vielmehr nur ein halbes Dutzend arm-
seliger Hütten mit halbverhungerten Bewohnern.

Der folgende Tag begann gleich sehr hoffnungsvoll damit, dass einem
Träger, dem ein schwerer Medizinkoffer beim Fallen mehrere Finger zer-
schmettert hatte, die halbe Hand amputirt werden musste. Nachdem der
Mann aus der Chloroformnarkose erwacht war, vermochte er ohne Schaden
den folgenden Marsch zurückzulegen. Gegen 11 Uhr erreichten wir eine
Lichtung, und bald darauf standen wir an einem Strom von majestätischer
Grösse: dem Oso.

*   *   *

Vom Oso zum Luvuto. 26. August. Bei herrlichem, lang ent-
behrtem Sonnenschein konnten heute zwei Drittel des Expeditionskorps
übergesetzt werden. Der Oso strömt hier fast nord-südlich, majestätisch

langsam in einem 300 m breitem Bette dahin. Der gegenwärtige Wasserstand soll ein mittlerer sein. Wie alle Zuflüsse des Kongo, ist auch er von reichlichen Stromschnellen durchsetzt und nur streckenweise schiffbar.

Das Dörfchen, in dem die Fährleute wohnen, heisst Ubassa. Die Bewohner behaupten zum Stamme der Wabira zu gehören und erzählen, die Wakumu wohnten am Lowa weiter stromabwärts. Es hat somit den Anschein, dass Wakumu*) und Wabira durcheinander wohnen oder auch,

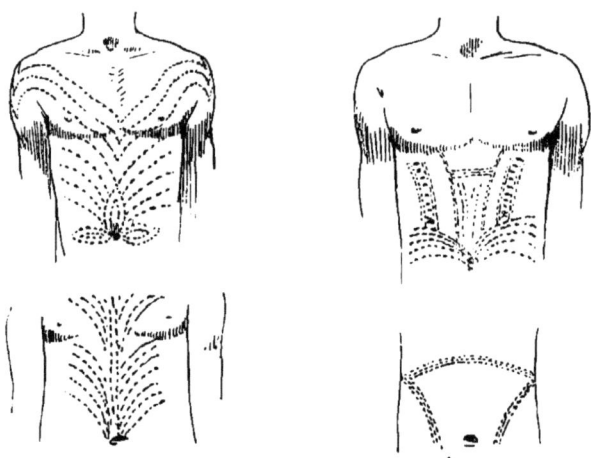

Tättowirungen aus Tupalo Kiweke.

dass dies nur Namen für einen und denselben Stamm sind. Vielleicht bedeuten die Namen schlechtweg »Waldleute«.

27. August. Dicker Nebel lag noch über dem Fluss, als die Arbeit des Uebersetzens wieder in Angriff genommen wurde. Um 10 Uhr stand auch der letzte Mann am Westufer und der Weitermarsch wurde angetreten.

Die Aussichten für die nächste Zukunft waren recht trübe, nachdem sich die Angaben der Leute in Tupalo, dass wir am Oso einen Ueberfluss von Lebensmitteln finden würden, als unwahr herausgestellt hatten. Die ökonomischer angelegten Leute in der Karawane mochten

---

*) Stanley spricht auch von einem Volk der Bakumu am Aruwimi.

wohl noch auf zwei Tage zu essen haben; aber bis zur nächsten Ansiedelung hatten wir zum wenigsten drei Tage zu marschiren, und überdies war es nur allzu wahrscheinlich, dass wir auch dort Alles verwüstet und öde finden würden, denn wir näherten uns jetzt mit jedem Tage mehr und mehr dem Schauplatz der letzten grossen Araberkämpfe.

28. August. Gestern und heute gewannen wir zusammen fast 20 Kilometer in westlicher Richtung, trotz unglaublich versumpfter Pfade. Dieses raschere Vorwärtskommen dankten wir dem Umstande, dass uns ein Theil des Weges durch ein sandiges Flussbett führte, in dem wir mehrere Stunden einherwateten.

Am 29. und 30. August hatten wir wohl ein Dutzend Flussläufe zu passiren. Infolgedessen mehrten sich die Nachzügler in erschreckender Weise. Der Wald war hier licht und ermöglichte es den Leuten, sich vom Wege zu entfernen und nach den sauren Amomum-Früchten, den kirschenähnlichen Phryniumbeeren und Schwämmen zu suchen. Nothgedrungen muss ich ihnen das erlauben, denn die Mehrzahl wird vom Hunger grausam gepeinigt.

Unsere Rettung kann jetzt nur in einem möglichst raschen Vorwärtseilen bestehen, denn rechts und links ist nur Wald und nichts als endloser Wald. Um die Kräfte der Leute und auch unsere eigenen wieder etwas zu heben, erschiessen wir am Abend drei Stück Rindvieh. Aber viel wird auch das nicht helfen, da es seit Wochen auch den Thieren an geeigneter Nahrung fehlt; nach Fleisch und Fett sucht man vergebens an ihnen, und voll Gier streiten sich die Leute um jeden Tropfen Bluts, um Haut und Knochen. Als letzte Reserve bleiben uns jetzt noch zwei zu Skeletten abgemagerte Maulesel und ein kleiner Stier, kaum grösser, als ein starkes Kalb in Europa. Den braven Teck wage ich hier nicht mitzuzählen.

Am 31. erreichen wir eine Lichtung, die mit Bataten und einigen Bananen bestanden ist. Aber nirgends finden sich essbare Früchte vor, und wir sind genöthigt, grosse Mengen von Batatenblättern zu »Spinat« zu zerkochen, um wenigstens die leeren Mägen zu täuschen. Kraft und Nährstoff freilich enthält der grüne Brei nicht.

Am 1. September taucht nach neunstündigem Marsch endlich wieder eine menschliche Ansiedelung auf. Aber dürftig genug sehen die Bewohner aus, die dort eben daran sind, sich eine neue Niederlassung zu gründen. Es sind Leute des Arabers Nassoro, die selbst sehnsüchtig auf die erste

Ernte warten. Sie nähren sich kümmerlich von Bananen, die von Eingeborenen im Walde angepflanzt werden. Ihren Aussagen nach sollen
in der Nähe einige Wakumu-Dörfer liegen, und ich beschliesse deshalb
einen Rasttag zu machen, um in der Umgegend zu fouragiren. Abends
beginnt ein feiner Regen zu fallen.

3. September. Der gestrige Ruhetag hat die Mannschaft wieder
etwas gekräftigt. Die Fouragekolonnen hatten doch wenigstens so viel
mitgebracht, dass jedem Manne acht Bananen ausgetheilt werden konnten.
Gestern habe ich den Gefreiten Hamis und den Askari Ssabaha mit
einem Brief an den belgischen Kommandanten von Kirundu vorausgeschickt. Unter Führung eines der Manyema sollen sie versuchen, sich
durchzuschlagen, und uns dann mit einer dort erbetenen Proviantkolonne
wieder entgegenkommen.

Ich habe freilich keine rechte Vorstellung davon, ob der Weg bis
Kirundu noch 1, 2 oder 3 Wochen weit ist. Einstweilen wissen wir nur
soviel, dass zwischen uns und diesem Ort abermals ein breiter Strom, der
Luvuto, unseren Marsch aufhalten wird.

Mehrere Leute werden vermisst, darunter der Trägerführer Ali
»der Lange«. Nachforschungen bleiben erfolglos.

Am 5. September hat sich die Lage noch verschlimmert. Selbst die
Lichtungen stehen jetzt theilweise unter Wasser. Gegen Mittag wird
wieder eine ehemalige Ansiedelung erreicht, und die Freude ist gross,
als auf den alten, jetzt seit langer Zeit überwucherten Feldern noch
einige Bataten gefunden werden. Dazu wird Prittwitz' Maulthier geschlachtet, da es bedenkliche Symptome gänzlicher Erschöpfung zeigt.
Kein Wunder! denn die armen Thiere müssen unzählige Male aus dem
Schlamm gezogen und dann wieder über querliegende Baumstämme
hinübergehoben werden; ihre Zähigkeit und vor Allem ihre Genügsamkeit
mit der jeweilig vorhandenen Nahrung haben oft unser Erstaunen erregt;
das meinige wenigstens ist noch im Vollbesitz seiner Kräfte.

Die von den Fouragirern eingebrachten, geringen Vorräthe an unreifen Bananen lasse ich jetzt unter strenger Kontrole von sicheren Leuten
tragen, um sie jeden Tag in gerechter Weise austheilen zu können.
Auf diese Weise ist auch Kersting in der Lage, besonders schwachen
Leuten eine Extraportion zukommen zu lassen.

Um einige Leute von ihren Lasten zu befreien, lasse ich 150 Pfund
Patronen heimlich vergraben. Der Gedanke, dass der Luvuto nahe ist,

und dass dort, am jenseitigen Ufer, grosse Bananenpflanzungen liegen
sollen, hält die Leute noch aufrecht. Um mich des dortigen Ueberganges
zu versichern, habe ich schon vorgestern eine starke Patrouille unter dem
Ombascha Mkono vorausgeschickt.

Auch heute werden mir einige Leute als vermisst gemeldet. Da
Kersting, der immer bei der Nachhut geblieben ist, keinen davon
bemerkt hat, so muss ich annehmen, dass sie sich seitwärts in den Wald
zerstreut und den Weg verloren haben; noch wahrscheinlicher ist es
indessen, dass einige sich versteckt halten, um nach dem Vorbeipassiren
der Nachhut auf unserem Wege wieder zurückzukehren. Der Gedanken-
gang in den Köpfen dieser Deserteure war ein sehr erklärlicher: hinter
uns lag, das wussten sie, Tupalo Kiweke, wo es wenigstens einige Verpflegung gab, und weiter zurück Mkaschi, wo alle Herrlichkeiten, die
sich ein Neger wünschen kann, ihrer warteten. Vor ihnen aber lag unbekanntes und unsicheres Land. Was wussten sie auch vom Kongo und
von dem Meer, das West- und Ostafrika mit einander verbindet? Einer
momentanen Eingebung folgend geben sie Alles auf, was sie sonst nach
der ostafrikanischen Heimath zog, und Kaware-Ware wird einen Zuwachs
seiner Mannschaften sicherlich mit Freuden begrüsst haben. Leider haben
die Ausreisser ein Mausergewehr, einen Kleiderkoffer von Kersting, sowie
mein sämmtliches Bettzeug mitgenommen.

Während wir bisher stets den Marken hatten folgen können, die
von unseren vorauseilenden Boten in die Bäume eingeschnitten worden
waren, ereignete es sich am 6. September, dass diese Zeichen plötzlich
aufhörten und der Pfad sich völlig in einer ausgedehnten Lichtung verlor.
Da jedes Suchen nach einer Fortsetzung der Wegspur erfolglos blieb, so
liess ich Halt machen und die Lichtung, die ebenfalls früher angebaut
gewesen war, nach Bataten durchsuchen. Das Ergebniss war jedoch
nur für einen Theil der Mannschaft hinreichend, und wir erwogen eben,
wie es möglich sein würde, die Kräfte Aller bis zur Ankunft am Luvuto
zu erhalten, als mein Diener Swedi plötzlich in einem Busch ein fremdes
Kind aufstöberte, dessen rundes Bäuchlein darauf schliessen liess, dass
ihm Nahrungssorgen in seinem jungen Dasein noch unbekannt geblieben
sein mussten. Mit grossem Stolz erklärte das Kind, es sei kein »Wilder«,
sondern ein »Mungwana«*) und gehöre zu einigen Manyema, die hier in

---

*) Name, mit dem die freigeborenen Küstenleute bezeichnet werden. Von den Manyema
angenommen im Gegensatz zu »Wilder«.

der Nähe vorbeigezogen seien. Seine Angaben erwiesen sich auch als richtig, denn bald darauf erschien Tofik, den ich zurückgeschickt hatte, um eventuell Nachzüglern zu helfen und um nach unseren gestohlenen Sachen zu suchen, in Begleitung zweier mit Pistongewehren bewaffneter Manyema, die uns nunmehr wieder auf den richtigen Weg zur Luvuto-fähre brachten.

Am 7. erreichten wir ein völlig neu angelegtes, jetzt aber verlassenes Wakumu-Dorf. Die zwei Reihen der eiförmigen, mit grossen Phrynium-blättern gedeckten Hütten gewährten uns wenigstens Schutz vor einem ungewöhnlich heftigen Unwetter mit wolkenbruchartigem Regen. Leider fand sich nichts Essbares in der Nähe vor, und selbst die Kräfte der Askari reichten nicht mehr dazu aus, um nach einem neunstündigen Marsch noch weite Fouragirzüge zu unternehmen. So mussten denn die letzten Reservevorräthe angegriffen werden. Sie bestanden aus einem kleinen, ursprünglich für unsere Küche bestimmten Säckchen Reis, einem ebensolchen mit etwas Mais, meinem Maulesel und dem bereits erwähnten kleinen Stier, an dem thatsächlich nur noch Haut und Knochen zu sehen waren. Für diesen Tag konnte Jedermann eine halbe Tasse Reis erhalten.

Ich war mir freilich bewusst, dass, wenn auch am Luvuto keine Lebensmittel zu erhalten waren, mit diesem Aufzehren der letzten Vor-räthe unser Schicksal besiegelt war; aber es gab keine andere Möglich-keit, um die Mannschaft noch für kurze Frist marschfähig zu erhalten. Zudem mehrten sich die Fiebererkrankungen, und fast täglich hatten wir den Verlust von 1 oder 2 Mann zu beklagen. Die mitzuführenden Lasten wurden auf das Allernothwendigste beschränkt und während der Nacht wieder mehrere entbehrliche Patronenkisten eingescharrt.

Am 8. leuchtete uns ein belebender Hoffnungsschimmer. Der Askari Rissassi von der zum Luvuto vorausgeschickten Patrouille kam uns gegen Mittag entgegen und berichtete, dass wir noch zwei Tage zum Luvuto zu marschiren hätten, dass es dort zwar wenig, aber immerhin genügend Bananen gäbe, um uns am Leben zu erhalten. Die meisten der heute im Lager eintreffenden Leute waren aber bereits zu stumpf, um eine Freude über diese Nachricht zu äussern, die unsere Rettung bedeutete. Am Abend wurde der Stier geschlachtet. Jedermann erhielt ein Stückchen Fleisch oder Haut so gross wie ein Handteller, und der Sack mit Mais-körnern reichte gerade so weit, dass eine gefüllte Tasse auf sechs Menschen kam.

Den Genuss der im Wald gefundenen Früchte musste ich auf das Strengste verhindern, denn bei mehreren Leuten zeigten sich bedenkliche Vergiftungserscheinungen.

Am folgenden Tage waren wir genöthigt, zwei Nebenflüsse des Luvuto zu überschreiten, von denen der grössere, der Dïe-Fluss, ca. 30 m breit und sehr reissend war. Seine Tiefe war jedoch so gering, dass mit Hülfe eines gespannten Seiles die ganze Karawane hindurchgehen konnte.

Kurz hinter dem westlichen Ufer trafen wir auf die Ruinen eines steinernen Giebelhauses, die völlig von grünen Rankengewächsen bezogen waren. Alles gemahnte an eine vergangene, jetzt vernichtete Kultur. Ich liess lagern, da wir seit acht Stunden unterwegs und die Möglichkeit vorhanden war, Bataten und Kräuter zu finden. Das Ergebniss an ersteren war gleich Null.

Wenn wir am nächsten Tage nicht den Luvuto erreichten, war ich genöthigt, sämmtliche Lasten zurückzulassen! —

10. August. In der festen Ueberzeugung, dass heute die Hälfte der Leute liegen bleiben würde, brachen wir heute morgen auf. Erreichten wir heute nicht mehr den Fluss, so musste, — als letzter Vorrath, — auch mein braves Reitthier fallen. Aber unser bisheriges Glück blieb uns treu: um 10 Uhr bereits kam uns der Patrouillenführer Mkono entgegen, und eine halbe Stunde später hatten wir das Ufer des Luvuto erreicht.

*   *   *

Vom Luvuto zum Kongo. Mkono war, wie er erzählte, gleich nachdem er den Fluss erreicht hatte, auf das rechte Ufer hinübergefahren und hatte dort einen Manyema, Namens Mavilanga, angetroffen, der auf Verlangen des bereits vor drei Tagen dort durchgekommenen Gefreiten Hamis von seinem Herrn uns entgegengeschickt worden war. Bis zu dessen Ansiedelung sollten es noch zwei starke Tagemärsche vom Flusse aus sein. Die Ungewissheit über die Wegerichtung war also beseitigt; weniger einfach aber stand es mit der weit wichtigeren Verpflegungsfrage.

Mkono hatte mit Hülfe Mavilangas den Häuptling eines zwei Stunden vom Ufer entfernten Wabira-Dorfes veranlassen wollen, durch seine Unterthanen grosse Bananenvorräthe am Luvuto für uns bereit legen zu lassen. Dieser aber, Lukumbi mit Namen, hatte sich dessen aus Misstrauen

geweigert, und da Mkono allein zu schwach war ihn zu zwingen, hatte
er ihn durch Versprechungen dazu gebracht, uns bis an den Luvuto ent-
gegenzugehen. Dort liess ich ihm sofort ein Geschenk von Glasperlen
aushändigen, setzte ihm meine Lage auseinander und verlangte von ihm,
unter Versprechung weiterer Geschenke, mir sofort den Weg zu den
nächsten Pflanzungen zu zeigen. Die wenigen von ihm und Mkono mit-
gebrachten Bananen wurden unverzüglich zur Nachhut an den Doktor
geschickt, um dort Kranken und Schwachen als Ansporn zur Aufbietung
ihrer letzten Kräfte zu dienen.

Nachdem ich Prittwitz ersucht hatte, die allmählich am Ufer eintreffenden Leute übersetzen zu lassen, fuhr ich selbst mit Mavilanga,
Lukumbi, zehn Askari und fünf noch kräftigen und bewaffneten Trägern
zuerst hinüber, um nun unter allen Umständen Lebensmittel zu beschaffen.
Am anderen Ufer angekommen, machte Lukumbi einen Versuch zu ent-
wischen, so dass ich genöthigt war ihn fesseln zu lassen und ihn unter
Drohungen zu zwingen, uns nach seinem Dorfe zu führen.

Es war ein mühseliger Marsch, den unsere kleine Truppe fast im
Laufschritt zurücklegte. Zwei Stunden lang ging es durch das dichteste
Gestrüpp hinweg, so dass meine Kräfte nach dem langen Marsch am
Vormittage und nach all' den Sorgen und Anstrengungen der letzten
Tage zu versagen drohten. Erleichtert athmete ich auf, als wir eine
Lichtung erreichten, auf der einige verlassene, armselige Hütten standen,
und Lukumbi erklärte, hier in der Umgegend gäbe es Bananen in Menge;
das sei eines seiner Dörfer. Nachdem ich mich von der Wahrheit seiner
Angaben überzeugt hatte, wurde er freigelassen, und während meine
Leute sich zerstreuten, um Bananenbüschel zu sammeln, suchte ich am
Feuer unter dem Vorbau einer Hütte sitzend, seine Gunst wieder zu
gewinnen und mich mit ihm zu unterhalten. Er erzählte von einem
grossen Fluss, dem Luvu, der in den Lowa von Süden herkommend ein-
münde, und von Zwergen, die weit im Norden in den Wäldern leben
sollten. Er selbst gehöre zum Wabira-Stamm. Darüber, dass alle seine
Unterthanen die Flucht ergriffen hatten, zeigte er sich sehr indignirt;
desto lebhafter war seine Freude, als ich ein Säckchen voll rother Perlen
vor ihn hinstellte und ihm bedeutete, dass dies sein Eigenthum sei, sobald
meine Leute mit den Bananen zurückgekehrt wären.

Aber auch hier wurde mir wieder einmal klar, dass diese beklagenswerthen Wilden offenbar noch Niemanden kennen gelernt haben, der

sein Wort gehalten und sie nicht betrogen hat. Gleich vielen unserer Wegeführer benutzte auch dieser Bewohner der grossen Kongowälder den ersten
unbeachteten Augenblick, um in grossen Sätzen im Walde zu verschwinden
und seinen Lohn im Stich zu lassen. Wahrscheinlich hat er es nicht für
möglich gehalten, dass man ihn für seine Bananen entschädigen würde. —

Mit ca. 4000 Früchten beladen langten wir, noch ehe die Sonne
unterging, bis zum Aeussersten erschöpft, wieder am Luvuto an. Dort
waren, in Erwartung der ersehnten Lebensmittel, helle Lag^erfeuer ent-
zündet worden, und mit lauter Freude wurde unser Kommen begrüsst.
Für die 100 Mann, die der einbrechenden Dunkelheit wegen noch am
anderen Ufer bleiben mussten, wurden 1500 Bananen hinübergeschickt.
Am Abend starb der Träger Ferhani unter Vergiftungserscheinungen.
Ferner wurden zur Hülfeleistung für drei zurückgebliebene Leute, deren
Traglasten von einigen Askari weiter befördert worden waren, der
Ombascha Abdurrhaman und drei Askari mit Bananen und einer Tragbahre zurückgeschickt. Vom Trägerführer Ali Mrefu wusste einer der
Nachzügler zu berichten, dass er mit einigen Leuten langsam nachkomme,
weil er von Fieber sehr geschwächt sei. Da ich ihm aber Tags zuvor
bereits seine Frau und seinen Diener mit etwas Mais und Bananen, sowie
mit einer Dosis Chinin entgegengeschickt hatte, so war zu erwarten, dass
er uns in den nächsten Tagen wieder einholen würde. — Am 11. September
wurde Rasttag gehalten, und Kersting übernahm diesmal die Führung der
Fouragirabtheilung.

Wenn nun auch nach Ueberschreitung des Luvuto die Unglückstage
ein Ende hatten, so war damit die Karawane noch lange nicht wieder
in dasjenige Stadium der Leistungsfähigkeit eingetreten, das es mir möglich gemacht hätte, nunmehr in Eilmärschen den Kongo zu erreichen.
Die Pein des augenblicklichen Hungergefühls hatte zwar gelindert werden
können; aber unreife Bananen sind keine kraftgebende Nahrung, und
Kräftigung war das, dessen wir Alle in erster Linie bedurften. Ueber
die von uns bis zum Kongo noch zurückzulegende Wegstrecke waren
wir jetzt ziemlich genau unterrichtet, nachdem Mavilanga uns nach der
nächsten, zwei Märsche vom Luvuto entfernten Manyema-Ansiedelung,
Kwa Ssischenyongo, geführt hatte. In längstens einer Woche durften wir
hoffen, Kirundu zu erreichen. Wir hatten jetzt ein Gebiet betreten, in
das schon seit längerer Zeit der Friede wieder eingekehrt zu sein schien.
Die Manyema waren in ihre alten Besitzungen zurückgekehrt und begannen

wieder zu pflanzen und zu bauen, und die einzige Veränderung ihrer Lage war der eingetretene Wechsel ihrer Oberherren: denn während sie früher ihren arabischen Herren und Auftraggebern zu Dienst und Tribut verpflichtet waren, liefern sie jetzt in bestimmten Zeiträumen ihre Abgaben in Elfenbein und Reis an die siegreich gebliebenen Europäer in den Stationen am Kongo und geniessen dafür den Schutz der blau-gelben Staatsflagge.

In Ssischenyongos Ansiedelung war schon wieder ein geschäftiges Leben und Treiben erwacht. Die zerfallenen Lehmhäuser hatte man zum Theil wieder aufgebaut, schön und regelmässig bestellte Batatenfelder waren hinter den Behausungen zu sehen, die im Kreise um einen gleich einer Tenne festgestampften Marktplatz herumlagen. Die Lichtung, die Ssischenyongos Leute hier dem Walde abgerungen hatten, war von bedeutender Ausdehnung; man hatte den Eindruck, als sei man ganz aus dem Walde heraus in offenes Land getreten.

Die Sonne schien nun wieder in voller tropischer Gluth auf uns hernieder und trocknete gründlich Zelte, Kleider, Gepäck und all' unsere sonstigen Habseligkeiten, die, seit Wochen vom Regen durchweicht, durch Sümpfe hindurch geschleppt worden und bereits auf dem Wege waren, zu faulen. Die Leute sonnten sich, auf dem Rücken liegend, auf dem freien Platz, wo unser Lager stand, und hatten bei Gesang und Unterhaltung mit den ihre Muttersprache sprechenden Manyema bald die Strapazen der hinter ihnen liegenden Tage vergessen.

Auf uns Weisse wirkte diese ungewohnte, hohe Temperatur in anderer Weise. Wenn es Etwas gab, was uns das Marschiren im Walde erleichtert hatte, so war es der Schatten und eine verhältnissmässig niedrige Temperatur gewesen. Die Transpiration der Haut hatte fast völlig nachgelassen, aber die Haut hatte ein schwammiges, gelbes Aussehen bekommen. Gleichwohl war, trotz der mangelhaften Kost, unser Kräftezustand ein leidlich guter geblieben, denn das Fieber hatte uns gänzlich verschont. Nun aber bewirkte die Gluth der Sonne ein Zurückgehen unserer Herzthätigkeit, der wir durch Ruhe während der heissen Mittagszeit und durch kalte Abwaschungen*) entgegen zu arbeiten suchten.

---

*) Diese Abwaschungen möchte ich schon allein vom hygienischen Standpunkt aus als durchaus erforderlich auf afrikanischen Reisen bezeichnen. Wir nahmen solche während der ganzen Reise fast täglich (mit Ausnahme der Tage des Wassermangels) in unseren Gummiwannen vor, selbst wenn uns nur ein in der Farbe undefinirbares Sumpfwasser zur Verfügung stand. Ich glaube, dass wir dieser Gewohnheit unser gänzliches Freibleiben von jeglicher der in den Tropen so häufigen Hautkrankheiten verdanken.

Nachdem wir am 16. wieder einen siebenstündigen Marsch zurück-gelegt hatten, erreichten wir die Ansiedelung des Manyema Ssoke-Ssoke und trafen dort endlich unsere Abgesandten Hamis und Ssabaha.

Sie hatten den Kongo erreicht und meinen Brief dem belgischen Kommandanten von Kirundu überreicht, dessen Erstaunen über unser plötzliches Auftauchen nicht gering gewesen sein mag.

Das augenblicklich Wichtigste für uns war indessen die Meldung, dass ein Europäer mit ihnen gekommen sei und nur wenige Stunden entfernt auf einer anderen Ansiedelung auf uns warte. Da ich aber am folgenden Tage abermals Rasttag zu halten gedachte, so schickte ich dem Herrn ein Schreiben, in dem ich ihn bitten liess, zu uns nach Ssoke-Ssokes Dorf zu kommen. Die Mannschaft bedurfte durch-aus noch der Ruhe, um in einigermassen präsentablem Zustande auf den kongostaatlichen Stationen anzukommen. Ich befahl zu diesem Zweck, alle noch vorhandenen Stoffe und Glasperlen, sowie einige Rollen Messingdraht zu verausgaben, so dass Jedermann einen Streifen reinen Baumwollstoffs auf dem Leibe und etwas Geld in den Händen hatte. Die Askari sollten ganz neue Uniformen am Tage unserer Ankunft am Kongo erhalten, und seit mehreren Wochen arbeitete bereits ein halbes Dutzend von Leuten mit Nadel und Faden. Man findet — beiläufig bemerkt — unter den Wasuaheli oft ausserordentlich geschickte Schneider, während die Frauen sich mit solchen Dingen nie-mals abgeben.

Der 17. September war der Tag, an dem wir zum ersten Mal seit über fünf Monaten wieder ein europäisches Gesicht zu sehen bekamen. Gegen 11 Uhr erschien nämlich in Begleitung mehrerer kongostaatlicher Soldaten Herr Simon, Unterbeamter des Kongostaats, um uns im Namen seines Chefs, des Hauptmanns Hanquet, willkommen zu heissen.

Es war uns ganz wunderbar zu Muthe, als wir mit Herrn Simon, den ich aufgefordert hatte, unser Mahl mit uns zu theilen, an einem Tische sassen und uns von all' den Dingen erzählen liessen, die sich am Kongo ereignet hatten: dass der Araberkrieg vollkommen beendet sei, dass zwischen Kirundu und den Stanley-Fällen eine neue Station, Wabundu, gebaut werde, und dass man dorthin bereits Nachricht von unserem überraschenden Erscheinen gegeben habe, um den sofortigen Transport meines gesammten Expeditionskorps nach den Stanley-Fällen per Kanu zu ermöglichen. — So war zu hoffen, dass sich das Gerücht rasch den Kongo hinab verbreiten würde und dass die Unsrigen in Europa bald die gewiss langersehnte Kunde von unserem Wiederauftauchen erreichen würde.

Wir selbst waren seit neun Monaten ohne jede Nachricht von der Heimath; eine Menge von Fragen drängte sich uns auf die Lippen, aber die meisten davon mussten unbeantwortet bleiben, denn seit zwei Monaten wartete man auch in Kirundu vergeblich auf die Post aus Europa.

Seit langer Zeit waren wir nicht so freudigen Herzens aufgebrochen, als am folgenden Morgen; Mr. Simon liess sein Zelt neben den unserigen aufschlagen, während des Marsches ging er voran.

Noch zwei Mal lagerten wir im Walde, wohl hundert Mal mussten wir Sümpfe und schlammige Bachbetten durchwaten, und menschliche Skelette, die am Wege moderten, liessen erkennen, dass auch hier nicht jede Karawane so freudig, wie wir jetzt, ihres Weges gezogen war, aber jegliche Strapaze, jede trübe und dunkle Stunde war vergessen, als am 21. September, Nachmittags 2 Uhr 30 Minuten, unser Führer auf einer kleinen Anhöhe Halt machte und nach Westen wies: vor uns lag, nur wenige Kilometer entfernt, eine breite Wasserfläche, das gewaltige Strombett des Kongo. Wie ein Lauffeuer verbreitete sich diese Nachricht durch die Karawane, und Jedermann drängte vorwärts. Aber zunächst hemmte ich ihren Eifer. Sämmtliche Askari traten heute an der Tête an; es bedurfte keiner Nachhut, denn heute gab es keine Nachzügler, Keinen, der vorwärts getrieben sein wollte; und nicht ohne Stolz blickten wir auf unsere Truppe. Getrost konnten wir jede Kritik von Seiten der Kongostaatlichen aushalten, denn stramm und militärisch war ihre Haltung geblieben, und die neue Uniform, weisse Matrosenjacke mit schwarzem Aufschlag, weisse Knichosen, rothe Mütze und rothe Schärpe, die deutschen Farben, machte sich ausserordentlich gut. Hailala wurde beauftragt, die grosse Masse der Träger geordnet und geschlossen in grossem Abstande uns nachzuführen; wir selbst setzten uns mit unseren festlich gekleideten Dienern an die Spitze der Soldatenkolonne, und vorwärts ging es, anfangs durch reich bebaute Felder hindurch, dann hinab zu einem langgestreckten Dorf.

Mehrere ältere, vornehm gekleidete Araber empfingen uns dort, wir überschritten den freien Platz vor der Versammlungshalle, dann noch wenige Schritte und wir standen am Ufer des Kongo, der in gewaltiger

Breite seine braunen Fluthen nach Norden wälzte. Jetzt ertönte ein militärisches Kommando, drei Salven machten die Luft erzittern und zeigten dem belgischen Kommandanten drüben in Kirundu unsere Ankunft an.

Donnernd kam das Echo über den Strom zu uns zurück.

So wurde genau 9 Monate nach unserem Abmarsch von der Küste diese erste Etappe zur Rückkehr in die Civilisation erreicht.

XI. KAPITEL.

Der
„Unabhängige Staat"
und die Araber.

Als wir uns am 21. September 1894 zum ersten Male auf den Fluthen des Kongo schaukeln durften und mit einer stattlichen Flottille von mehr denn 20 Kanus auf das linke Ufer hinüberfuhren, da konnten wir getrost annehmen, dass unsere glückliche Heimkehr, falls uns nicht gerade noch tückische Krankheiten heimsuchten, von nun an gesichert sei. Mit dem Betreten der Station von Kirundu hatten wir den unmittelbaren Herrschaftsbereich der kongostaatlichen Behörden erreicht, und wenn damit auch eine Beschränkung unserer bisherigen Selbstständigkeit nothwendigerweise eintreten musste, wenn von jetzt an das freie, völlig ungehinderte Schalten und Walten, in dem nun einmal einer der Hauptreize des Reisens im »schwarzen Erdtheil« zu suchen ist, ein Ende nahm, so war doch die Empfindung, wieder mit Europäern und europäischer Kultur in Beziehung zu treten, ungemein wohlthuend und beruhigend. Hatten wir ferner während des langen, nun hinter uns liegenden Marsches

Kapitel-Vignette: Araber vom Ober-Kongo.

Länderstrecken von ungeheuerer Ausdehnung als die ersten Europäer durchzogen und als solche die Pflicht gehabt, so viel als möglich von ihrer Art und Natur kennen zu lernen und sie durch sorgfältige Aufnahme unseres Weges an bekannte Gebiete anzureihen, so begrenzte sich von jetzt an unsere Aufgabe damit, die Kräfte der Mannschaft wieder zu heben, und dann die Küste des atlantischen Oceans mit möglichst geringem Zeitverlust zu erreichen, theils um dem uns Allen gemeinsamen Gefühl der Sehnsucht nach der Heimath Rechnung zu tragen, theils auch, um die Kosten der gesammten Reise nicht allzuhoch anwachsen zu lassen.

Für unseren Heimweg war uns nun, falls er rasch zurückgelegt werden sollte, die natürliche Route gegeben: die Wasserstrasse des Kongo. Wir wussten, dass wir hier von Etappe zu Etappe befestigte Stationen, die Vorposten einer neuen Kultur, finden würden, wir konnten gewiss sein, dass uns die dort wohnenden Europäer mit der grössten Liebenswürdigkeit empfangen würden, und wir wussten überdies, dass die Kongo-Akte dem auf internationalen Abmachungen beruhenden »Unabhängigen Kongostaat« den Schutz wissenschaftlicher Expeditionen, wie der unseren, zur Pflicht macht; verdankte er uns doch die Kenntniss eines ungeheueren, ihm angehörenden und dabei hochwichtigen Gebietes.

Bevor ich jedoch die Schilderung unserer Kongofahrt folgen lasse, sei es mir gestattet, mit einigen Worten auf die allgemeine Lage der Dinge, die wir bei unserem Heraustreten aus den Waldgebieten am Ober-Kongo vorfanden, einzugehen.

Man wird sich erinnern, dass ich gelegentlich der Besprechung derjenigen Faktoren, die bei der Entscheidung für die Heimkehr über die Westküste in Betracht gezogen werden mussten, mehrfach der Kämpfe Erwähnung that, die noch zu Ende des Jahres 1893 zwischen kongostaatlichen und arabischen Streitkräften stattgefunden hatten. Die Geschichte dieser überaus interessanten Verwickelungen ist noch nicht geschrieben worden, und auch die folgenden Zeilen sollen keineswegs eine erschöpfende Darstellung davon geben: die Siege der kongostaatlichen Truppen waren jedoch von so entscheidender Bedeutung, dass sie die gesammte Lage im östlichen Kongobecken in politischer, kultureller und kommerzieller Hinsicht von Grund aus verändert haben und darum höchster Beachtung werth sind. Unsere Ankunft am Kongo fiel gerade mit den Anfängen dieser Neuentwickelung der Dinge zusammen, die den Siegen folgte. Ihrer kurz zu erwähnen, halte ich mich um so mehr für berechtigt, als es sich dabei keineswegs um eine rein interne Angelegenheit des Kongostaates handelt, sondern um Vorgänge, die sich auch für die Entwickelung der deutsch-ostafrikanischen Kolonie als folgenschwer erweisen werden.

Es ist hier nöthig, kurz auf die Vorgeschichte der arabischen Ausbreitung am Kongo einzugehen.*) Die Anfänge der Ausbreitung arabischer Macht im Innern des afrikanischen Kontinents liegen nur wenig über die Mitte unseres Jahrhunderts zurück. Den Ausgangspunkt dieser Bewegung bildet die Insel Sansibar, der einstige Mittelpunkt für Handel und Verkehr an der ostafrikanischen Küste. Hier herrschte nach Vertreibung der Portugiesen eine Dynastie von Maskatarabern, und wenn auch die Insel erst im Jahre 1840 der unbestrittene Sitz der arabischen Oberherrschaft wurde, so war doch schon seit langen Jahren der Einfluss der Araber dort und an der gegenüberliegenden Festlandküste ausschlaggebend gewesen.

Der gesammte Grundbesitz befand sich in ihren Händen und konnte mühelos und gewinnbringend bewirthschaftet werden, denn die Arbeit wurde von Sklaven besorgt, die billig und in beliebiger Anzahl von einzelnen Unternehmern beschafft zu werden pflegten. Die Nachfrage nach Arbeitskräften war besonders seit 1820 gestiegen, dem Jahre, in dem die Gewürznelkenkultur eingeführt wurde und einen ungewohnten Aufschwung in dem allgemeinen Wohlstand der arabischen Grundbesitzer zur Folge hatte.

Der Sklavenhandel nahm demgemäss immer grössere Dimensionen an, und die Fehden der Araber untereinander trugen dazu bei, die Aufmerksamkeit Europas auf die reiche Insel zu lenken.

Schon im Jahre 1839 schloss England einen Handelsvertrag mit Sansibar und setzte 1847 beim Sultan Said Said durch, dass der Sklavenhandel an der Küste nördlich von Barava verboten wurde. In den sechziger Jahren sahen sich die Araber durch weitere Schritte der europäischen Humanitätsbestrebungen bedroht. Zu deren Träger machte sich abermals England, froh der Gelegenheit, für seine Expansionsgelüste ein neues Objekt zu gewinnen. Englische, in den ostafrikanischen Gewässern stationirte Kriegsschiffe kaperten, durch hohe Prisengelder angespornt, einen arabischen Kauffahrer nach dem anderen und störten in

---

*) S. unter Anderen: P. Reichard, Deutsch-Ostafrika 1892.

dieser Weise nicht nur den Sklavenhandel der Araber, sondern auch die übrigen kommerziellen Unternehmungen von Europäern, Eingeborenen und Indern. Den kleineren Plantagenbesitzern war es bald nicht mehr möglich, ihren Bedarf an Arbeitskräften in der bisherigen Weise zu decken, und so griff denn die Missstimmung gegen die fremde Einmischung von Jahr zu Jahr weiter um sich.

Der Vertrag vom Jahre 1873, worin eine englische Gesandtschaft unter Sir Bartle Frere beim Sultan Said Bargasch die völlige Aufhebung des Sklavenhandels durchsetzte, besiegelte den Ruin des bisherigen Wirthschaftssystems der Araber. Als Landwirthe von Beruf und aus Neigung waren sie jetzt gezwungen, sich nach anderen Erwerbsquellen umzusehen, und von da an war es vor Allem die in Europa immer steigende Nachfrage nach Elfenbein, die ihnen Aussichten auf Gewinn und Besserung ihrer Lage zu bieten schien. Waren schon nach den ersten Bedrohungen des Sklavenhandels um die Mitte des Jahrhunderts einzelne Araber nach dem Innern gezogen, so begannen jetzt die ehemaligen Plantagenbesitzer zahlreicher als früher auf dies Auskunftsmittel zu verfallen, und binnen Kurzem gerieth der gesammte Elfenbeinhandel in ihre Hände. Zur Ausrüstung der kostspieligen Handelskarawanen brauchten sie aber Geld. Der geringe Ertrag der Gewürznelkenkulturen wurde deshalb verpfändet und ausserdem Geld und Waaren geborgt. Die bereitwilligen Helfer in dieser Noth waren die zahlreichen, in Ostafrika Handel treibenden Inder, englische Unterthanen, die nun durch Wucherzinsen von unglaublicher Höhe die Araber völlig in ihre Hände brachten.

So mancher von ihren nach Tabora, nach dem Nyassasee oder nach Manyema-Land ziehenden Schuldnern mag seine Schuld gedeckt und sich so viel erworben haben, um behaglich an der Küste leben zu können: ein grosser Theil aber sah sich genöthigt, um den wucherischen Gläubigern zu entrinnen, im Innern zu bleiben und sich dort anzusiedeln. Viele mögen auch an dem üppigen Leben in den neuen, rasch emporblühenden Niederlassungen Geschmack gewonnen und freiwillig darauf verzichtet haben, nach der Küste zurückzukehren.

Im Innern schalteten und walteten sie dann als die unumschränkten Herren, die Zahl ihrer Anhänger vergrösserte sich von Tag zu Tag durch den Zuzug, den sie von der Küste, von den Komoreninseln und aus Unyamwesi erhielten, und mit den schlecht bewaffneten Eingeborenen hatten sie, die Pulver und Blei besassen, ein leichtes Spiel.

Allmählich sehen wir nun gewisse Sammelpunkte der arabischen Herrschaft entstehen. Oestlich des Tanganyika-Sees erhob sich der Handelsplatz Tabora zu angehender Bedeutung, am Kongo blühten grössere Niederlassungen empor, wie Kassongo, Nyangwe, Kirundu, Kissanganya an den Stanley-Fällen, und von diesen aus breitete sich dann, gleichsam strahlenförmig, die Herrschaft der Araber über immer grössere Länderstrecken aus, bis tief in die Urwälder hinein.

Um die unglaublichen Verwüstungen, denen diese Gebiete anheimfielen, einigermassen würdigen zu können, muss man sich vergegenwärtigen, wie die Araber und der Islam überhaupt sich in ihren Anschauungen zu den Einrichtungen der Sklaverei verhielten. Der Koran nämlich verbietet diese keineswegs, und die sittlichen Motive, die die Veranlassung zu unserem Vorgehen bieten, sind schon aus diesem Grunde dem Araber einfach unverständlich. Für ihn ist die Ausrottung und Bekämpfung der Heiden vielmehr ein Gott gefälliges Werk, und er kann daher von seinem Standpunkt aus mit einem gewissen Recht in dem Europäer nur einen gewinnsüchtigen, gefährlichen Konkurrenten erblicken, der ihn an der Küste aus dem Felde geschlagen und dadurch gezwungen hat, sich im Innern eine neue Existenz zu suchen. Allerdings bedienten sich Diejenigen, denen es gelungen war, eine solche zu finden, hierzu eines so barbarischen Verfahrens, dass auch hier der europäischen Civilisation, als sie an die Pforten des innersten Afrika pochte, ausreichender Grund geboten wurde, der arabischen Macht gewaltsam ein Ende zu bereiten und sich selbst in den Besitz der reichen Lande zu setzen.

Die Art, wie die Araber und ihre schwarzen Anhänger vorzugehen pflegten, um in den Besitz von Elfenbein und Sklaven und damit zu Reichthum und Macht zu gelangen, und die ganz verschiedenartigen Wirkungen, die dieses Verfahren auf die davon betroffenen Gegenden ausübte, werden an einem einzelnen Beispiele leicht deutlich werden.

So bot sich uns u. A. in dem Lande Butembo, das wir nach Ueberschreitung der Randgebirge des centralafrikanischen Grabens betraten, überall das traurige Bild einer planmässigen Verwüstung dar. Verkohlte Trümmerhaufen, Reste von blühenden Bananenhainen, eine scheue, versteckt lebende und wenig zahlreiche männliche Bevölkerung, dazu das Fehlen der Personen weiblichen Geschlechts, alle diese traurigen Erscheinungen waren unverkennbare Zeichen dafür, dass die Sklavenjäger und Elfenbeinsucher vor Kurzem hier gehaust hatten. Die waffenfähigen

Flusslandschaft in Aequatorial-Afrika.

Männer pflegen bei solchen Gelegenheiten niedergemacht zu werden, Weiber und Kinder wandern in die Sklaverei und vermehren so den Hausstand irgend eines Grossen unter den Räubern. Die geraubten Knaben wachsen bald heran, erhalten ein Weib, werden mit Gewehr und Pulverhorn ausgerüstet und dienen von nun an nur den Interessen ihres Herrn. Mit Verachtung blicken sie auf ihre ehemaligen Stammesgenossen, die »Wilden«, herab, und gerade diese Sorte pflegt den Menschenraub weit grausamer und barbarischer zu betreiben, als die Araber oder die Wasuaheli von der Küste.

Von Butembo waren wir dann weiter gezogen und hatten Mkaschi, Mssenges (Kaware-Wares) Niederlassung erreicht. Hier waren unsere Wahrnehmungen von den Zuständen, die durch den Einfluss der raubenden Elfenbeinhändler geschaffen worden waren, von ganz anderer Art. Wer derartige Ansiedelungen ganz unvermittelt betritt, wird überhaupt schwer begreifen, wie man die Araber als ein der Kultur und Gesittung feindliches Element betrachten kann. Saubere Strassen, gesunde Lehm- und Steinhäuser mit luftigen Veranden und grossen Höfen, dahinter Gärten und von Fruchtbarkeit strotzende Felder, und in der Ansiedelung Ruhe, Ordnung und Wohlbefinden, ausserdem eine hochentwickelte Töpfer- und Weberindustrie, Schmiedekunst und blühender Handel, — all' das fällt dem Besucher des Landes angenehm ins Auge und muss sein lebhaftes Wohlgefallen erregen. Solchen Thatsachen gegenüber sollte man sich eigentlich der Erkenntniss nicht verschliessen können, dass hier von den Arabern ein tüchtiges Stück Kulturarbeit geleistet worden ist.

Aber die scheinbare Blüthe von Handel und Wandel ist nur ein künstliches Produkt und trägt den Keim des Verfalls ganz deutlich von Anfang an in sich, denn das Brachliegen und das völlige Aussaugen grosser Gebiete zu Gunsten weniger Centren, kurz, ein Raubbau par excellence, erfordert die Besetzung immer neuer Länder, zugleich mit dem Verlassen der alten, nicht mehr ergiebigen. So sehen wir denn Gebiete, in denen Elfenbein und Menschenmaterial noch vor einem Jahrzehnt im Ueberfluss vorhanden war, jetzt von Allem entblösst und verödet.

Wie es bei einer derart zunehmenden Macht konkurrirender Personen nicht anders zu erwarten war, störten bald Eifersüchteleien und Reibereien aller Art den Frieden. Einzelne Unterführer, die wohl vielfach selbst früher dem Sklavenstande angehört hatten, und in deren Adern kein Tropfen Araberblut rollte, errangen allmählich eine fast selbstständige Stellung und betrieben schliesslich Elfenbeinraub und Sklavenfang auf eigene Rechnung.

20*

In diesen Uneinigkeiten lag ein weiteres Moment für die Unhaltbarkeit der Zustände; und wenn auch einzelne Häupter, wie Tippo Tib und Rumalisa, Bwana Nsige und Munie Moharra, oder wie sie sonst heissen mögen, innerhalb ihrer Sphäre dominirenden Einfluss besassen und ihre Macht oft auf mehrere Tausend Gewehre stützen konnten, so war doch vorauszusehen, dass von einem einheitlichen Vorgehen niemals die Rede sein könnte, falls ihnen einmal auch im Innern des Kontinents ein ernster zu nehmender Gegner erstehen sollte, als die wehrlosen, leicht besiegten Wilden. Und dieser Gegner erstand ihnen in der Bildung des »Unabhängigen Kongostaates«, der seine Macht langsam von Westen her den Kongo aufwärts vorschob und über kurz oder lang mit den Arabern in Konflikte gerathen musste.

Wenn bisher immer nur von »Arabern« die Rede war und auch sein wird, so darf man darunter nicht immer Araber im eigentlichen Sinne des Wortes verstehen. Reine Vollblutaraber finden wir nur sehr vereinzelt im Innern; die meisten unter den Sklavenjägern sind Mischlinge, und selbst Tippo Tib, der Einflussreichste von Allen, ist der Sohn eines Arabers und einer Negerin und soll sich früher als armer Fischer in Sansibar seinen Unterhalt verdient haben.

Man würde fehl gehen, wollte man den im Folgenden geschilderten Kämpfen religiöse Motive unterlegen. Davon findet sich in der That keine Spur. Schon der islamitische Fanatismus der Küstenaraber ist ausserordentlich gering entwickelt; im Innern aber ist er überhaupt verloren gegangen. Die Gründe dafür, dass der Kongostaat dennoch so erbitterte Gegner fand, beruhen einzig und allein auf der verzweifelten Lage der Araber. Der Kampf war für sie ein Kampf um ihre Existenz; denn sie konnten im Kongostaat nur einen Konkurrenten im gewinnbringenden Elfenbeinerwerb erblicken, der ihnen, falls er obsiegte, jede Möglichkeit rauben würde, ihre Gläubiger an der Küste befriedigen und dorthin zurückkehren zu können; sie wussten ferner, dass, wenn sie selbst unterlägen, die Sklaverei allmählich unterdrückt werden würde; auf ihr aber beruhte ihre Macht und ihr Wohlbefinden.

So lange der Kongostaat*) nicht die genügenden Streitkräfte und Mittel besass, um offensiv gegen die Araber vorgehen zu können, be-

---

*) Vgl. hinsichtlich der folgenden Aufzeichnungen: »Documents relatifs à la répression de la traite des esclaves publiés en exécution des articles LXXXI et suivants de l'Acte général de Bruxelles 1894, Bruxelles F. Hayez.«

schränkte er sich im Allgemeinen darauf, ihrer weiteren Ausdehnung nach Westen Einhalt zu gebieten; er wies deshalb zunächst seine Beamten und Offiziere an, jeglichem Ueberschreiten einer Grenzlinie, die im Norden

vom Aruwimi, im Westen vom Lomami*) gebildet wurde, energisch entgegenzutreten. Es musste somit das gesammte Gebiet zu beiden Seiten des oberen Kongo, ungefähr von der Falls-Station (an den Stanley-Fällen) aufwärts, den Arabern überlassen bleiben.

*) S. die Kartenskizze.

Dass diese Einschränkung der arabischen Eroberungsgelüste auf bestimmte Gebiete in keiner Weise respektirt werden würde, war von vornherein klar. Der arabischen Herrschaft, die sich auf den Sklavenhandel stützte und die Erwerbung von Elfenbein sich zum Ziel gesetzt hatte, wäre mit der thatsächlichen Durchführung jener Massregel der Lebensnerv durchschnitten gewesen. So kam es denn am Itimbiri, am Lubefu, sowie an anderen Punkten zu fortwährenden kleineren Kämpfen, die wiederum die Vorboten grösserer Verwickelungen waren und die gegenseitige Erbitterung nur immer höher steigerten. Die Niedermetzelung einer belgischen Handelskarawane unter Hodister, die Ermordung zweier Belgier, Michiels und Noblesse in Riba-Riba am Kongo, und die Gefangennahme der beiden kongostaatlichen Beamten Lippens und De Bruyne durch den Araberchef Ssefu, den Sohn Tippu Tibs, in Kassongo erhöhten noch die Spannung der Lage.

Freilich war auf Seiten der Araber von einem einheitlichen, zielbewussten Vorgehen vorläufig nicht die Rede. Die grösseren Chefs waren vielfach mit einander verfeindet, die kleineren aber, die zumeist aus dem Lande selbst stammten, waren leicht geneigt, das Joch ihrer bisherigen Oberherren abzuschütteln und sich Einem zu unterwerfen, der sich stärker als jene erweisen würde.

Diesen Privatfehden der Araber untereinander fiel schliesslich auch Emin Pascha zum Opfer, als er, vom Ituri kommend, die Waldländer durchzog und nahe daran war sein Ziel, Kirundu, zu erreichen. —

Im Mai 1892 kam der Stein endlich ins Rollen. Das erneute Vorgehen eines grösseren, in arabischem Solde stehenden Chefs, Gongo Lutete, vom Lomami aus gegen den Ssankuru-Fluss gab dem belgischen Kommandanten in Lussambo, Hauptmann Dhanis, den Anlass, zur Offensive überzugehen. Dhanis ergriff mit glücklicher Hand diese Gelegenheit und hat mit aussergewöhnlicher Umsicht und Energie die Truppen des Staates von Sieg zu Sieg geführt, bis zur völligen Niederwerfung der arabischen Herrschaft.

Auf dem Theile des Kriegsschauplatzes, auf dem der Kampf begann, diente das befestigte Lager von Lussambo, am Oberlauf des Ssankuru gelegen, den kongostaatlichen Streitkräften als Operationsbasis, während sich ihre Bewegungen von Norden her, den Kongo aufwärts, die in erfolgreichster Weise die von Dhanis geleiteten Hauptoperationen auf dem südlichen Kriegsschauplatze begleiteten, auf das Lager in Bassoko und die weiter abwärts am Kongo gelegenen Stationen, namentlich auf Bangala (Nouvelle Anvers), stützen konnten. —

Die Ereignisse des nun folgenden Kampfes auf dem südlichen Kriegs-schauplatze führten zunächst zu einer völligen Unterwerfung der Länder zwischen Ssankuru und Lomami und damit zur Erfüllung der oben er-wähnten Forderung: ein Ausbreiten des arabischen Einflusses auf dem linken Lomami-Ufer zu unterdrücken.

Gongo Lutete ward zwei Mal, bei Monakialo und bei Batubenge, geschlagen; dann wurde er ein Bundesgenosse der Kongostaatlichen. Zu seinem Schutze wurde eine Abtheilung Soldaten nach Ngandu, seinem Hauptdorf, gelegt; ein Gleiches geschah mit Lupungu, einem weiter süd-lich wohnenden Chef.

Durch dieses geschickte Hinüberziehen Gongo Lutetes auf seine Seite gelang es Dhanis, seine schwachen Streitkräfte wesentlich zu verstärken. Aus einem seiner Berichte ersehen wir die Zusammensetzung der Banden Gongo Lutetes zu Beginn der Feindseligkeiten im Mai 1892. Sie bestanden aus:

300 Frauen, als Leibwache Gongo Lutetes (zum Theil mit Ge-wehren bewaffnet),
600 regulären mit Vorderladern bewaffneten Soldaten,
1400 Frauen dieser Soldaten,
900 Bewaffneten, das Kontingent kleiner, unter Gongo stehender Häuptlinge,
1400 diesen gehörenden Weibern,
4000 mit Pfeilen und Bogen, Lanzen oder Messern bewaffneten Eingeborenen,
400 Weibern
9000 Total.

Diese grossen Menschenmassen mögen allerdings vielfach einem raschen Vordringen hinderlich gewesen sein und dürften nicht geringe Schwierig-keiten hinsichtlich der Verpflegung bereitet haben; jedoch darf man nicht übersehen, welch grosse Anzahl von Gewehren den Kongostaatlichen von nun an zu Gute kam, und ebensowenig die Dienste unterschätzen, die durch Gongo Lutetes Leute als Spione, Kundschafter und namentlich als Träger geleistet werden konnten.

Gongo Lutetes Absagebrief an Ssefu veranlasste diesen im Oktober 1892 zu einer drohenden Antwort, in der er das Verlangen an die Europäer stellte, das Land westlich des Lomami bis fast nach Lussambo hin zu räumen. Zugleich mobilisirte er seine Banden und ging von Nyangwe aus gegen den Lomami vor, an dessen Ostufer er bei Dibwe ein verschanztes Lager bezog.

Nach Empfang dieser Nachrichten hielt es Dhanis, in der richtigen Erkenntniss, dass der Entscheidungskampf bevorstünde, für gerathen, zunächst Verstärkungen von Lussambo heranzuholen und zugleich den Generalgouverneur am Unter-Kongo von der Lage der Dinge zu verständigen.

Anfang November konnten die Operationen ihren Fortgang nehmen. Dem Kommandanten Dhanis standen damals folgende Streitkräfte zur Verfügung:

350 reguläre Soldaten (Schwarze), mit Albini-Gewehren bewaffnet,
1 Krupp'sches Berggeschütz, Kal. 7,5,
3400 Vorderlader Gongos und seiner Verbündeten.

Demgegenüber vermochte Ssefu ca. 6000 mit Gewehren und 10000 anderweitig bewaffnete Leute aufzubringen. Bevor jedoch ein Zusammenstoss stattfand, versuchte Ssefu noch einmal seine Forderungen zu wiederholen und insbesondere den Kopf des abtrünnigen Gongo Lutete zu verlangen. Diese Unterhandlungen wurden belgischerseits durch den Lieutenant Scheerlinck, der Kolomani besetzt hielt, von Ssefus Seite aus durch den in seiner Gewalt befindlichen, streng bewachten Lieutenant De Bruyne geführt. Der Letztere bewies bei dieser Gelegenheit einen Heldenmuth, der nicht unerwähnt bleiben soll. Als er nämlich mit Scheerlinck, der an das linke Lomami-Ufer gekommen war, vom rechten Ufer aus verhandelte, bot sich ihm Gelegenheit, durch ein Durchschwimmen des Lomami sich aus den Händen der Araber zu befreien. Scheerlinck hatte am linken Ufer Scharfschützen im Versteck liegen, um etwaige Verfolger aufs Korn zu nehmen. De Bruyne jedoch weigerte sich, seiner Aufforderung nachzukommen, und erklärte, seinen noch in den Händen Ssefus befindlichen, damals erkrankten Vorgesetzten und Kameraden Lippens nicht im Stich lassen zu wollen. Diese heroische Selbstverleugnung hat er mit dem Tod bezahlt, denn bereits im Dezember wurde bekannt, dass er sowohl wie Lippens von Ssefu ermordet worden seien.

Nach dem Fehlschlagen der Verhandlungen liess Ssefu seine Schaaren bei Tschige über den Lomami setzen. Kaum aber war er am westlichen Ufer angelangt, als seinem weiteren Vordringen ein energisches Halt geboten wurde. Er sah sich plötzlich von einer kleinen Abtheilung unter Lieutenant Michaux, die durch Mannschaften Gongo Lutetes, Lupungus und anderer kleinerer Chefs verstärkt war, angegriffen, und wurde unter ungeheueren Verlusten wieder auf das Ostufer zurückgetrieben. In voller Auflösung flüchteten seine Banden ostwärts nach dem Kongo zurück und veranlassten auch Munie Moharra, den zweiten grossen Araberchef, der endlich zur Unterstützung Ssefus herbeieilen wollte, zur Umkehr. Vom 11. bis 29. November konnte Dhanis seine Streitkräfte nun in Lussuna, halbwegs Nyangwe, vereinigen.

Einem Vorgehen auf den letztgenannten Platz, ein Hauptbollwerk der arabischen Herrschaft, traten noch zu verschiedenen Malen Munie Moharra und dessen Sohn Munie Pembe entgegen, aber stets mit dem gleichen Misserfolg. Die kongostaatlichen Truppen, die hier in wirksamer Weise durch ein kleines, auf dem Heimweg befindliches Detachement der belgischen Expedition Delcomunne unter Cassart Unterstützung erhielten, errangen Erfolg auf Erfolg. Munie Moharra fällt in einem der Gefechte und Ssefu ergreift die Flucht. Am 21. Januar 1893 stehen die Truppen des Staates vor Nyangwe. Nach einer längeren Blokirung der Stadt zieht der Feind am 3. März in südöstlicher Richtung ab, und am 4. flattert die blaugelbe Flagge des Kongostaates auf dem Marktplatz der arabischen Hauptstadt.

Zunächst tritt nun ein Stillstand in den Operationen ein. Dhanis giebt dafür vier Gründe an: einmal bedurften seine ermüdeten Truppen der Ruhe, ferner war es nöthig, Verstärkungen an Leuten und Waffen abzuwarten, drittens musste Nyangwe selbst in vertheidigungsfähigen Zustand gesetzt werden, und endlich galt es, in den neu eroberten Gebieten eine vorläufige Verwaltung einzurichten.

Diese Aufgaben schienen um die Mitte des folgenden Monats erfüllt zu sein, und nachdem von Lussambo 100 Mann unter dem Kommandanten Gillain, sowie Vorräthe an Waffen, Munition und Waaren eingetroffen waren, brach Dhanis mit 300 regulären Soldaten und ca. 2000 Hülfstruppen am 18. April 1893 nach Kassongo auf. Die Zahl der Menschen, die sich damals dort zusammendrängten, soll sich auf 60 000 beziffert haben, denn Ssefu sowohl, als auch die Araber Bwana Nsige, Said ben Abedi, Msserera, Said ben Abibu, Mussungila und Andere hatten sich mit allen ihren Hülfstruppen hier vereinigt. Das Vertrauen auf ihre Kräfte scheint sie jedoch schon damals so ziemlich im Stiche gelassen zu haben, denn sie wichen schon beim ersten Ansturm des Gegners zurück und liessen am 22. April die Stadt in seinen Händen.

Mit der Einnahme von Kassongo war die Grenze dessen, was Dhanis mit den ihm zur Verfügung stehenden Kräften zu leisten vermochte, erreicht. Da nach Nyangwe und Kassongo Besatzungen gelegt werden mussten, blieben ihm keine genügenden Streitkräfte mehr zur Verfügung, um sein offensives Vorgehen fortzusetzen. Zudem waren Schwarze sowohl, wie Europäer durch die Strapazen des langen Feldzuges aufs Aeusserste erschöpft, und es mangelte an Munition und Bekleidung. Dhanis richtete daher auf dem sicheren Wege über Lussambo erneute Bitten um Verstärkungen an das Gouvernement und versuchte nun auch mit dem Norden, mit dem Residenten an der Falls-Station in Verbindung zu treten. Verstärkungen waren denn auch thatsächlich damals schon unterwegs: sie kamen zum Theil über Lussambo, zum anderen Theil jedoch den Kongo aufwärts über die Falls-Station und Kirundu, um so die erstgenannte, stark in Anspruch genommene Etappenstrasse zu entlasten.

Die letztere Kolonne, der sich in Bangala der Hauptmann Lothaire mit 200 Soldaten angeschlossen hatte, war am 25. Juni 1893 unter Führung des Kommandanten Ponthier an der Falls-Station eingetroffen.

Wir müssen nun zunächst auf die Ereignisse zurückgreifen, die sich an letzterem Platze inzwischen abgespielt hatten. Wie bekannt sein dürfte, war Tippo Tib, die eigentliche Seele der Araberausbreitung im Innern Afrikas, auf Veranlassung Stanleys bei dessen Zuge zur Aufsuchung Emin Paschas, als Wali (Gouverneur) an den Stanley-Fällen (Falls-Station) vom Kongostaate eingesetzt bezw. bestätigt worden. Zu schwach, um ihn auf andere Weise in Schranken zu halten, begnügte man sich damit, ihn durch einen belgischen Offizier, einen »Residenten«, gewissermassen kontroliren zu lassen. Im Mai 1890 nun verliess Tippu Tib plötzlich die Station an den Fällen und kehrte »aus geschäftlichen Gründen« nach Sansibar zurück, woselbst er seitdem als Millionär ein behagliches und sorgenfreies Leben führt. Nach einer Unterredung, die ich mit ihm in Sansibar hatte, kann ich bestimmt annehmen, dass er die bevorstehenden Ereignisse voraussah und sich bei Zeiten aus der Affaire ziehen wollte. Als seinen Vertreter an den Stanley-Fällen hatte er seinen Neffen Raschid bestätigen lassen, der anfangs mit dem Residenten und namentlich mit den an den Fällen stationirten Vertretern verschiedener

Handelshäuser im besten Einvernehmen lebte. Allmählich jedoch verschlechterten sich diese Beziehungen, und am 4. April 1893 verlangte er seine Entlassung als Wali der »Fälle«. Die Niedermetzelung der Expedition Hodister hatte die Stimmung der Araber wieder kriegerischer gestaltet, und zu Anfang Mai konstatirte der Resident, Hauptmann Tobback, dass Raschid bedeutenden Zuzug an Bewaffneten von Kirundu her erhielt, so dass es ihm schliesslich geboten erschien, sich diesen Drohungen gegenüber durch Befestigungen vorzusehen. Schon am folgenden Tage jedoch, dem 15. Mai, brachen die Feindseligkeiten offen aus, und vom 15. bis 18. Mai hatte die kleine Besatzung die Angriffe einer erdrückenden Anzahl von Gegnern auszuhalten. Am 18. nahte endlich die Rettung von Bassoko her. Von dort aus war nämlich im April der Hauptmann Chaltin den Lomami hinaufgefahren und hatte die Araber aus ihren Hauptsitzen Bena-Kamba und Jome vertrieben. Auf seinem Weitermarsch nach Osten war ihm dann auch Riba-Riba am Kongo widerstandslos in die Hände gefallen. Gleich bei seiner Rückkehr nach Bassoko erreichte ihn, an der Einmündung des Lomami in den Kongo, die Nachricht von der gefährdeten Lage, in der sich Tobback an den »Fällen« befand; sofort liess er seinem Dampfer die Richtung stromaufwärts geben und sein Erscheinen vor den »Fällen« mit 300 Mann und zwei Geschützen rettete jenen noch im letzten Augenblick aus seiner verzweifelten Lage. Raschid ergriff die Flucht und vereinigte sich mit Kibonge, dem Chef von Kirundu.

Die Station an den Fällen befand sich also wieder in den Händen der Kongostaatlichen, als Ponthier am 25. Juli daselbst eintraf und das Kommando übernahm. Ihm fiel jetzt die Aufgabe zu, die Araber vom Kongo auf der Linie von den Stanley-Fällen bis Nyangwe zu vertreiben, und mit bewundernswerther Schnelligkeit ging er ans Werk.

Schon am dritten Tage nach seiner Ankunft brach er von den Fällen mit 311 Mann und einem Geschütz auf, die Fälle und Stromschnellen wurden umgangen und mit einer Flottille von Kanus Kirundu erreicht. Kibonge und seine Anhänger wichen vor ihm zurück und wurden noch zweimal aufs Haupt geschlagen. Dann gingen sie über den Luvuto und fanden eine Zuflucht im Innern der Wälder.

Wie wir sahen, war ein grosser Theil von ihnen bis nach Mkaschi zu Mssenge (Kaware-Ware) geflüchtet, und diese Flüchtlinge waren es, die damals vor uns her wieder zum Kongo zurückzogen, um nach Beendigung des Krieges freiwillig die Oberhoheit des Kongostaates anzuerkennen. Ihnen hatten wir es zuzuschreiben, dass unsere Expedition nahe daran war, vor Hunger und Entbehrung umzukommen, da sie Alles, was vom Kriege noch übrig gelassen worden war, aufgezehrt oder verwüstet hatten.

Ende August 1893 sehen wir dann Ponthier wieder in Kirundu, während Lothaire nach Bangala zurückgekehrt war. Am 24. traf in Kirundu ein Brief von Dhanis aus Kassongo ein, worin er um Verstärkungen jeder Art dringend ersuchte. Ponthier liess in Folge dessen von den »Fällen« bis Kirundu eine Etappenlinie für Transporte einrichten und begab sich selbst mit 64 Mann nach Nyangwe, woselbst er sich mit Dhanis vereinigte.

Während sich dergestalt die verschiedenen, über das ungeheuere Gebiet hin zerstreuten Abtheilungen der Kongostaatlichen in geschickter und glücklicher Weise in die Hände arbeiteten, bis schliesslich eine Concentrirung an den wichtigsten, bisher von den Arabern behaupteten Punkten, in Nyangwe und Kassongo, vollzogen werden konnte, war weiter im Südosten, an den Ufern des Tanganyika-Sees, in der Person Mohamed ben Chalfans, genannt Rumalisa, ein neuer Gegner aufgetreten. Wir erwähnten seiner bereits als desjenigen Arabers, der mit bedeutender Truppenmacht den Versuch gemacht hatte, in Ruanda festen Fuss zu fassen. In welcher Ausdehnung und in welcher Weise dort Kämpfe und Verwickelungen stattgefunden hatten, haben wir nicht feststellen können; sicher ist nur das, dass Rumalisa am Kivu-See war, dass Luabugiri sich von ihm reich beschenken liess, dann aber Mittel und Wege fand, sich des unbequemen Gastes zu entledigen.

Die Thatsache, dass es dem Araberchef nicht gelang, Ruandas Herr zu werden, trotzdem man dort von Feuerwaffen noch nichts wusste, spricht nicht allzusehr für die Grösse seiner Machtmittel. Wenn er aber trotzdem seiner Zeit als der gefährlichste Gegner des Kongostaates betrachtet werden musste, so sind zwei Umstände hierbei in Betracht zu ziehen. Einmal fand er bei seiner Absicht, Manyemaland, d. h. das Land zwischen Ober-Kongo und dem Tanganyika-See, wieder zu erobern, wirksame Unterstützung von Seiten der bedeutendsten, noch widerstandsfähigen Araberchefs, wie Ssefu, Bwana Nsige, Raschid, Mussungila u. s. w., deren gesunkenen Muth er, als ein persönlich tapferer Mann, wohl wieder zu beleben wusste; vor Allem aber war es die Art der von ihm angewandten Kriegführung, die den Kongostaatlichen in diesem zweiten Theile des Feldzuges

ausserordentlich viel zu schaffen machte. In den Kämpfen nämlich, die
sich vom 13. Oktober 1893 bis Ende März des folgenden Jahres ab-
spielten, vom Abmarsch der Kolonnen Dhanis und Ponthier bis zu ihrer
Ankunft am Tanganyika-See, handelte es sich fast ausnahmslos um die
Wegnahme befestigter Positionen. Die Araber suchten sich überall in
stark geschützten Lagern, sogenannten Bomas, zu verschanzen, deren
Anlage ein nicht unbedeutendes fortifikatorisches Talent verräth (s. Skizze).
Die Operationen auf Seiten der Kongostaatlichen kamen öfters zum

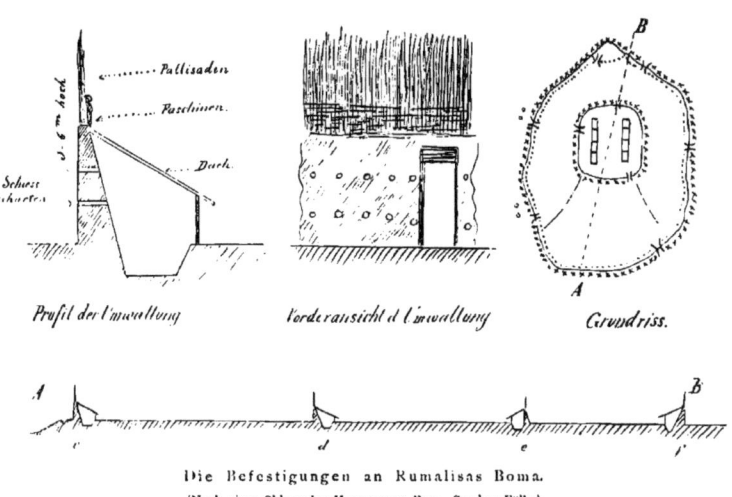

Die Befestigungen an Rumalisas Boma.
(Nach einer Skizze des Hauptmanns Rom, Stanley-Fälle.)

Stillstand, die Verluste beim Kampf vor den Pallisadirungen waren verhältnissmässig grosse. Der Kommandant Ponthier selbst fiel, tödtlich getroffen, und eine Anzahl von Offizieren und belgischen Unteroffizieren
wurde verwundet. Indessen trafen von Norden her allmählich die von
Dhanis erbetenen Unterstützungstruppen ein. Hauptmann Rom führte ihm
von den Stanley-Fällen Ende November 165 Mann zu, und Anfang Januar 1894
traf der Hauptmann Lothaire mit 200 Bangala-Soldaten, abermals von
Nouvelle Anvers kommend, ein. Er blokirte und eroberte Rumalisas Boma.
Die befestigten Lager von Kitumba Moyo, Bwana Nsovu, Kabambarre
fielen der Reihe nach den Kongostaatlichen in die Hände, wobei das
Krupp'sche Geschütz vielfach die Entscheidung herbeiführte. Rumalisa

und Bwana Nsige waren entflohen, Ssefu todt, Raschid, Said ben Abedi und Msserera gefangen. Im Anfang des Monats Februar erreichte Lothaire den Tanganyika-See und vereinigte sich hier mit den Führern der belgischen Antisklaverei-Expeditionen. Diese letzteren hatten bereits seit mehreren Jahren Postirungen am Seeufer inne, waren aber in Folge unzureichender Mittel genöthigt gewesen, im Grossen und Ganzen eine defensive Haltung einzunehmen. Es gereicht ihnen zur besonderen Ehre, sich so lange Zeit allein gegen die Uebermacht behauptet zu haben. Mit der Sicherung der Strasse von der am See liegenden Antisklavereistation Albertville nach Kabambarre — durch Anlage verschiedener Posten —, ferner mit der Einrichtung befestigter Lager in Kabambarre und Kassongo konnten die Kongostaatlichen ihre Aufgabe als erfüllt betrachten.

Der Staat hatte somit mit energischer Hand die Forderungen der Brüsseler Akte erfüllt und der Herrschaft der arabischen Sklavenjäger den Todesstoss versetzt. Als Lohn sind ihm gewaltige Vortheile kommerzieller Natur zugefallen; denn er ist nicht allein der Besitzer von vorläufig noch unerschöpflichen Mengen Elfenbeins und alleiniger Herr in den Waldgebieten geworden, die sicherlich noch mancherlei Reichthümer in sich bergen, sondern er hat auch durch die endgiltige Abrechnung mit einem gefährlichen Konkurrenten ungeheure Absatzgebiete für den belgischen Exporthandel eröffnet, die zum Theil aussergewöhnlich stark bevölkert sind, oder da, wo Verheerung und Krieg das Land entvölkert haben, sicherlich im Stande sein werden, eine grosse Zahl neuer Ansiedler zu ernähren.

Diese gewaltigen Vortheile verdankt der »Unabhängige Kongostaat« in erster Linie der Tapferkeit, Ausdauer und Entschlossenheit der belgischen Offiziere, denen die Führung der schwarzen Truppen anvertraut war. Freilich traten sie minderwerthig bewaffneten Banden gegenüber, denen es an persönlichem Muth gebrach, aber überall war die Ueberzahl der vom Gegner ins Feuer gebrachten Gewehre eine erdrückend grosse, und zuletzt kämpfte dieser um seine Existenz in einem Lande, das er seit Langem als sein alleiniges Ausbeutungsgebiet zu betrachten gewohnt war.

Insbesondere müssen wir auch die ganze Anlage und die Art der Durchführung der militärischen Massnahmen bewundern: das zielbewusste Vorgehen von allen Seiten, das Zusammenarbeiten aller Theile, das Einsetzen der Hauptmacht an der richtigen Stelle, der Nachschub der Reserven, die Behandlung der unterworfenen oder den Arabern abtrünnig gemachten Völkerschaften und die Schnelligkeit der Bewegungen.

Wer die Schwierigkeiten, die der Charakter des Landes und das Klima dem dort lebenden Europäer entgegenstellen, besonders, wenn er grössere Menschenmassen zu bewegen hat, kennen lernen konnte und die soeben aufgeführten Punkte an der Hand der Thatsachen einem genauen Studium unterzieht, der wird den militärischen Leistungen der kongo-staatlichen Truppen während der Araberkriege die Achtung nicht ver-sagen können.

Das energische Vorgehen der Belgier hat jedoch noch eine andere Seite, die besonders uns Deutschen zu denken geben muss: das ist seine Einwirkung auf die Entwickelung der deutsch-ostafrikanischen Kolonie. Was die Araberfrage anbelangt, so ist man damit seit geraumer Zeit im Klaren. Seitdem die Wissmannsche Truppe im Verein mit der Marine im Jahre 1889 den Aufstand der Araber an der Küste mit starker Hand unterdrückte, und diese somit die deutsche Macht ausgiebig kennen gelernt haben, gewöhnen sie sich rasch an ihre neuen Gebieter und sind heute als brauchbares Element im deutschen Schutzgebiet anzusehen, dessen man sich mit Vortheil in deutschem Interesse bedienen kann. Auch der Kongostaat ist nach Beendigung der Kriege dazu übergegangen, sich das kulturfördernde Element, das trotz allem Anderen doch in den Arabern steckt, zu Nutze zu machen. Das unleugbare Talent des Arabers, überall da, wo er sich niederlässt, eine blühende Ansiedelung ins Leben zu rufen, sein Geschick, sich den Neger im schlechten wie im guten Sinn dienstbar zu machen und ihn zur Arbeit zu erziehen, wird auch am Kongo keineswegs verkannt: man hat dort den wenigen übrig gebliebenen, aber fügsamen Arabern gern die Niederlassung in der Nähe der Stationen gestattet, bedient sich ihrer wohl auch oft als Vermittler bei Unter-handlungen mit den Eingeborenen und sucht ihre Ansiedelungen in jeder Weise zu fördern und zu der alten Blüthe emporzuheben.

Gerade darin aber liegt das für unsere Kolonie nachtheilige Moment. Die Araber, die ausnahmslos von der Ostküste her nach dem Kongo zogen, blieben vordem stets in einer gewissen Verbindung mit ihrer einstigen Heimath. Von dort her bezogen sie ihre Lebensbedürfnisse, soweit sie diese nicht im Innern herzustellen vermochten, und — was noch wichtiger ist — nach der Ostküste wanderten die ungeheueren Massen von Elfenbein, die ihnen das Manyema-Land und die grossen

Wälder lieferten. Jetzt aber richten sie ihre Blicke nach Westen, von dort her können sie seit Eröffnung der Dampferschifffahrt auf dem Ober-Kongo auf dieser bequemen Wasserstrasse Alles erhalten, was ihr Herz begehrt, und der »Staat« sorgt dafür, dass auch das wenige Elfenbein, über das er sich die Verfügung nicht von vornherein vorbehalten hat, seinen Weg westwärts nimmt. Man wird mit ziemlicher Sicherheit behaupten können, dass, wenn die europäischen Mächte dem »souveränen« Kongo-staat noch weiterhin eine fast monopolisirte Ausbeutung des Elfenbeins gestatten, der Tag nicht mehr fern ist, falls er nicht schon gekommen sein sollte, an dem kein Elfenbeinzahn mehr ostwärts über die Grenze des Kongostaates gelangt.*) Für Deutschland dürfte sich daraus die Lehre ziehen lassen, dass man gut thun wird, bei Zukunftsplänen, die sich mit einer Nutzbarmachung der Kolonien beschäftigen wollen, insonder-heit bei der überaus wichtigen Schaffung von Verbindungen, seien es nun Eisenbahnen, Wege für Ochsenwagen, oder sonstige Arten von Strassen, den Elfenbeinexport, wenigstens den von Westen her, gänzlich ausser Betracht zu lassen. Die Zahl aber der auf deutsch-ostafrikanischem Boden noch lebenden Elephanten ist nach meiner festen Ueberzeugung eine so geringe, dass es ein grosser Fehler wäre, mit ihr als einem bei der Nutzbarmachung der Kolonie wichtigen Faktor zu rechnen, sei es hin-sichtlich der Verwerthung des Elfenbeins, sei es in der Nutzbarmachung des Elephanten selbst durch überaus kostspielige Zähmungsversuche.**)

---

*) Wenn die Statistik der Elfenbeinausfuhr aus Deutsch-Ostafrika für 1894/95 eine Zunahme gegen frühere Jahre verzeichnet, so widerspricht dies keineswegs meiner Behauptung. Ich ver-muthe, dass dieses Mehr aus denjenigen Elfenbeinvorräthen besteht, welche die Araber 1893 94 beim Vordringen der Belgier noch in Sicherheit d. h. ostwärts des Tanganyika zu bringen suchten.

**) Verfasser besass während seines Aufenthaltes an der ostafrikanischen Küste zwei ge-zähmte Ceylon-Elephanten, die er anfangs mit ins Innere zu nehmen beabsichtigte, lediglich damit sie Reit- oder Transportzwecken dienten. Die Mitnahme scheiterte an den völlig ungeeigneten Persönlichkeiten der Kornaks. Es ist dabei niemals daran gedacht worden, Zähmungsversuche mit wilden Elephanten anzustellen.

Messer der Bangala.

XII. KAPITEL.

Den Kongo hinab zur Westküste.

22. September. Die Militärstation von Kirundu, die wir gestern erreicht haben, besteht aus einer Anzahl alter Steinbauten, an denen uns vor Allem schöngeschnitzte Thürpfosten und Bohlen angenehm ins Auge fielen: die Häuser stammen noch aus der arabischen Zeit und dienen jetzt den kongostaatlichen Beamten als Behausungen oder Magazine.

In einer dieser Wohnungen habe ich die vorige Nacht verbracht; seit langer Zeit stand mein Bett zum ersten Male wieder zwischen vier festen, steinernen Wänden und auf hartem Boden von Lehmschlag, über den man kunstvoll geflochtene Matten gebreitet hatte. Von der Thür aus führt ein breiter Weg an mehreren Schuppen vorbei nach einem anderen grösseren Hause, in dem uns der derzeitige Befehlshaber der Station, Hauptmann Hanquet, gestern Abend gastlich bewirthet hat. Von diesem zuvorkommenden, etwas leidend*) aussehenden Herrn sind wir gestern am Ufer empfangen worden, wobei er lebhaft bedauerte, uns in

---

*) Hauptmann Hanquet ist, wie ich höre, inzwischen gestorben.
Kopfleiste: Die »Ville de Bruxelles«.

seiner Station keinen grösseren Komfort bieten zu können. Diese sollte nämlich als Militärstation aufgegeben werden und Wabundu, das eine Tagesfahrt weiter flussabwärts gelegen ist, an seine Stelle treten.

Kirundu war früher ein bedeutender Handelsplatz. Vor den Kriegen galt es als eins der Hauptbollwerke der arabischen Herrschaft. Als aber der Kommandant Ponthier zur Zeit der Araberkämpfe mit 40 Kanus von der Falls-Station her vor dem Platze erschienen war *), hatte der grösste Theil der 15000 Seelen betragenden Bevölkerung die Flucht ergriffen.

Kibonge, der mächtigste der dortigen Araberchefs, entwich nach dem Ituri **), um dem Strafgericht zu entgehen, das ihn, den eigentlichen Mörder Emin Paschas, bedrohte. Den Galgen, an dem auf Grund kriegsgerichtlichen Spruches fünf seiner Spiessgesellen gehängt worden waren, sahen wir noch vor der Station stehen; doch konnten wir gleich hier konstatiren, dass man den noch übrig gebliebenen Arabern und ihrem Anhang gegenüber eine versöhnlichere Politik eingeschlagen hat und deren Ansiedelung gerne sieht. Seinen früheren Wohlstand freilich hat Kirundu noch nicht wiedererlangt. Mangel scheint zwar nicht zu herrschen, aber die Frequenz des Marktes von Nyangwe, auf dem nach Hanquets Angabe oft an 3000 Verkäuferinnen gezählt werden, wird hier doch noch bei Weitem nicht erreicht.

Die verschiedenartigen, neuen Eindrücke, die ich gestern empfing, waren wohl geeignet, meinen Geist noch bis tief in die Nacht hinein zu beschäftigen und mich lange Zeit keinen Schlaf finden zu lassen.

Als erste Neuigkeit aus Europa hat uns Hanquet mitgetheilt, dass der deutsche Kaiser in Friedrichsruh und Fürst Bismarck in Berlin gewesen war; Carnot war dem Dolch eines Mörders zum Opfer gefallen, und zwischen dem Kongostaat und Frankreich waren die Beziehungen etwas gespannt geworden. In Folge dieses Umstandes waren die Dampfer, die sonst regelmässig zwischen dem Stanley-Pool und den Stanley-Fällen zu verkehren pflegten, durch Truppentransporte stark in Anspruch genommen, und unsere Heimreise musste sehr wahrscheinlicher Weise bedeutende Verzögerungen erleiden. Auf meine Nachfrage, wer über die Dampfer an den Stanley-Fällen zu verfügen habe, wies mich Hanquet an seinen Vorgesetzten, den Kommandanten Lothaire, dem als »chef de la zone Arabe« das gesammte Land oberhalb der Stanley-Fälle zur Ver-

*) S. Kapitel XI.
**) Kibonge ist seitdem ebenfalls ergriffen und hingerichtet worden.

waltung überwiesen sei. Augenblicklich sei er mit dem Ausbau der neuen Station, Wabundu (Ponthierville), beschäftigt, die ich jedoch in einer Tagesfahrt stromabwärts leicht erreichen könne.

Das begreifliche Verlangen, möglichst bald Sicherheit über den Weitertransport meiner Mannschaften zu erlangen, hat mich veranlasst, bereits heute Vormittag Kirundu zu verlassen und mit zwei Zügen Askari und meinen persönlichen Dienern nach Wabundu zu fahren. Prittwitz und Kersting sollen erst morgen mit der grossen Masse des Expeditionskorps nachkommen, denn Hanquet kann dieses noch für einen weiteren Tag verpflegen, während es zweifelhaft erscheint, ob man in Wabundu auf eine so plötzliche Verstärkung der Garnison hinsichtlich der vorhandenen Nahrungsmittel vorbereitet sein wird.

Bei trübem, aber angenehm kühlem Wetter trete ich meine Fahrt an. Hanquet hat mir das grosse Kanu Lothaires zur Verfügung gestellt, von dem aus ich, bequem ausgestreckt, die vorüberziehenden Landschaftsbilder betrachten kann. Ein Dach schützt mich vor den Sonnenstrahlen, die trotz des bedeckten Himmels auf der glatten Fläche des Stromes ein Blenden und Flimmern hervorrufen. Die Vegetation am Ufer gewährt streckenweise einen entzückenden Anblick, an dem wir uns freilich nur dann erfreuen können, wenn wir uns nahe dem Uferrande halten. Treiben jedoch die Ruderer — zur besseren Ausnützung der Strömung — unsere beiden Kanus in die Mitte des Stromes, so entschwinden unseren Augen die pittoresken Formen der Urwaldflora, und die ganze Landschaft macht einen wenig abwechslungsvollen, ziemlich trostlosen Eindruck. Hin und wieder gleitet in einer Umgebung von hochragenden Oelpalmen eine Ansiedelung der zahlreichen Uferbevölkerung vorbei, oder es zeigt sich auf einer Sandbank der träge Körper eines Siesta haltenden Nilpferdes, um bei unserer Annäherung mit lautem Grunzen und Plätschern unter dem Wasserspiegel zu verschwinden. Die Ruhe der Natur, der taktmässige Gesang, nach dem meine zwölf, am Bug und Heck des Kanus gleichmässig vertheilten Wilden ihre Ruder bewegen, wirkt bald einschläfernd auf meine Nerven, und ich versinke auf eine kurze Stunde in angenehmen Schlummer. Als ich erwache — es ist inzwischen 1 Uhr Nachmittags geworden — taucht vor uns schon die Station Wabundu auf. An hohem Uferrand werden allmählich eine Anzahl neuer Ziegelbauten erkennbar, daran anschliessend einige Schuppen und — Alles überragend — ein gewaltiger Mastbaum. Deutlich kann ich sehen, wie

21*

beim Sichtbarwerden meiner deutschen Fahne die Flagge des Kongostaates daran emporsteigt. —

Nach kurzer Begrüssung sass ich bald mit dem Kommandanten Lothaire, dem Lieutenant Lachet und einem Arzt, Dr. Michaux, in angenehmer Unterhaltung unter einer kühlen Halle.

In der liebenswürdigsten Weise sichert mir Herr Lothaire den Transport meines gesammten Expeditionskorps mit dem nächsten, an den Stanley-Fällen eintreffenden Dampfer zu und empfiehlt mir, in der Zwischenzeit — denn 3—4 Wochen könnten bis zu seiner Ankunft wohl vergehen! — meine Leute zusammen mit den staatlichen Truppen im Lager von La Romée, etwas unterhalb der Stanley-Fälle, einzuquartiren, damit sie dort von staatswegen verpflegt werden könnten.

Dieser Vorschlag ist mir — so wenig angenehm mich auch sonst die Aussicht auf eine lange Wartezeit berührt — ausserordentlich erfreulich; denn in Wabundu sind die Lebensmittel knapp, und der Marktverkehr beginnt hier erst langsam wieder einen Aufschwung zu nehmen. Offiziell herrscht ja in der »arabischen Zone« noch Kriegszustand, aber es entspricht durchaus der jetzt verfolgten Versöhnungspolitik, die Eingeborenen in den Umgebungen der Militärstationen nicht allzu sehr mit Abgaben und Naturallieferungen zu belasten. Und eine derartige Belastung musste eintreten, wenn meine Mannschaft die ohnehin schon starken Besatzungen der Stationen Wabundu und Stanley-Fälle noch vermehrte.

Ueberdies ist uns auch die Möglichkeit, unseren Leuten drei Wochen lang Ruhe in der reichen Ansiedelung am Romée-Flüsschen gönnen zu können, wo es Reis, Sorghum und Bataten in Hülle und Fülle geben soll, ganz erwünscht, und ich habe nach alledem gegen den mir gemachten Vorschlag nichts einzuwenden.

Noch am Nachmittag unternahm ich mit dem Kommandanten einen kleinen Rundgang durch die Station. Man hat bei ihrer Anlage den Grundsatz befolgt, die Wohnräume alle einzeln und gesondert zu errichten und demgemäss eine grosse Anzahl kleiner Häuser erbaut, von denen jedes nur ein oder zwei Zimmer enthält. Das Baumaterial liefert ein zweckmässig konstruirter Ziegelofen.

Die Station liegt beiläufig 5—8 m hoch über dem Wasserspiegel, an steilem Uferrand. Der Ausblick auf den Strom, der sich hier zu einem gewaltigen Becken erweitert, wirkt überaus malerisch. Gegenüber, auf dem rechten Ufer, mündet der Leopoldfluss, dicht unterhalb von Wabundu aber verengt sich plötzlich der Kongo bis auf 400 oder 500 m und drängt rauschend seine Wassermassen zwischen Felsen hindurch. Hier finden wir die ersten der langen Reihe von Schnellen, die erst mit den Stanley-Fällen ihr Ende erreichen. Der Umstand aber, dass von Wabundu an flussaufwärts der Strom beinahe bis Nyangwe hin schiffbar wird, ist einer der Gründe gewesen, die bei der Wahl des Ortes zur Station bestimmend mitgewirkt haben. Ein kleiner, 15 m langer, eiserner Hinterraddampfer mit dem geringen Tiefgang von nur zwei Fuss lag bereits auf Stapel, um binnen Kurzem den Verkehr bis hinauf nach Nyangwe zu vermitteln. Wenigstens hoffen die beiden Monteure, die das Zusammensetzen des Fahrzeuges leiten, auf einen so baldigen Stapellauf.

23. September. Am Vormittag ersehe ich aus einigen Zeitungen, dass eine Abmachung zwischen dem Kongostaat und England, wonach letzterem ein 25 Kilometer breiter Streifen im Westen des deutschen Gebietes, zwischen Albert-See und Tanganyika, zugesprochen werden sollte, in Folge eines Protestes von Seiten Deutschlands wieder aufgegeben worden ist. Ich vermuthe, dass man hier im Kongostaat meine Reise mit diesem Vertrag in Zusammenhang bringen wird, da wir die Ersten sind, die diesen Streifen Landes durchziehen, freilich ohne zu ahnen, dass er zu eben derselben Zeit die europäische Diplomatie lebhaft beschäftigte.

Um 3 Uhr erscheint in der Ferne die kleine Flottille, auf der meine beiden Herren Begleiter sowie der dritte Zug Askari und das gesammte Trägerpersonal mit Anhang heute Morgen Kirundu verlassen haben. Ihre Kanus sind von verschiedener Grösse und werden von jeweils 6, 8 oder 12 Mann vorwärtsbewegt. Eine Stunde später sind die Leute bereits unter einem Schuppen, unter dem sonst frischgeformte Ziegel zu trocknen pflegen, untergebracht, und die Freigebigkeit des Kommandanten versorgt sie reichlich mit Lebensmitteln aller Art.

Schon morgen soll es weiter stromabwärts gehen. —

24. September. Die Stromschnellen, die, wie schon erwähnt, dicht unterhalb der Station beginnen, dehnen sich bis zu dem Dörfchen Wabundu hin aus; bis dorthin mussten wir einen kurzen Marsch über Land zurücklegen, während die mir zur Verfügung gestellten 15 Kanus, leer wie sie waren, von den Eingeborenen durch die Schnellen hindurchbugsirt wurden. Der Kommandant Lothaire begleitete uns mit Dr. Michaux bis zum

Dorf Wabundu. Unterwegs erfuhr ich allerhand von seinen Plänen. Er beabsichtigt, einen Zug nach dem oberen Ituri*) und von dort nach dem Albert-See zu unternehmen und hat bereits einen Offizier in dieser Richtung vorangeschickt, um die Verpflegung im Voraus sicher zu stellen. Nach seinen Erkundigungen ist das Land dort stark bewohnt. Für mich hat dieser Plan den Vortheil, dass sich mir eine Gelegenheit bietet, meine Gewehre, Zelte und andere Dinge, deren ich bei der sicheren Stromfahrt jetzt nicht mehr bedarf, zu verkaufen; denn die Ausrüstung, über die Lothaire vorläufig verfügt, bedarf noch sehr der Vervollständigung.

Unterhalb der Schnellen verabschieden wir uns von dem Kommandanten, der uns an den Stanley-Fällen wiederzusehen hofft, und besteigen dann unsere Kanus. Schon nach 1³⁄₄ Stunden sind wir vor den Bamanga-Schnellen angelangt, und hier gilt es abermals alle Menschen und Lasten auszuladen. — Auf Wunsch des Kommandanten überlassen wir den Transport unseres Gepäcks den Eingeborenen der Uferdörfer, die schon von der Araberzeit her daran gewöhnt sind, den Herren des Landes Ruder- und Trägerdienste zu leisten. Sie fielen uns stets durch ihre kräftigen Körperformen auf; die schwersten Koffer und Ballen tragen sie mit Leichtigkeit und mit heiterer Miene. Die Weiber geben hierin den Männern nichts nach und werden besonders zu den Trägerdiensten an Land herangezogen, während das Rudern, der Dienst auf dem Wasser, ausschliesslich Sache der Männer zu sein pflegt.

Unterhalb der Bamanga-Schnellen liegt auf einer Insel ein Dorf, in dem ein kleiner Militärposten stationirt ist; zu dessen Obliegenheiten gehört auch die Instandhaltung eines Hauses, das vorbeireisenden Europäern als Nachtquartier dienen kann. Hier empfängt uns bei unserer Ankunft ein von den Stanley-Fällen her uns entgegengeschickter Unteroffizier, unter dessen Führung wir morgen die Fahrt fortsetzen werden.

*) Wenige Wochen nach unserer Abfahrt trat Herr Lothaire seinen Marsch an. Im Verlauf desselben hat er den Elfenbeinhändler Stokes begegnet und es für gut befunden, diesen zu beseitigen. Auf die Anklagen, welche in Folge dieser That fast die gesammte öffentliche Meinung in Deutschland und England mit Recht gegen ihn erhoben hat, hat er sich noch nicht vertheidigen können, denn in dem Augenblick, in dem diese Zeilen in Druck gegeben werden, befindet er sich noch in Afrika.

Man darf wohl gespannt sein, die Gründe zu hören, welche ihn bewogen haben, den ersten Engländer, den er begegnet, gegen jedes internationale, in Afrika geltende Recht, aufzuknüpfen, nachdem er uns, den Deutschen, soeben erst eine herzliche Gastfreundschaft gewährt hatte.

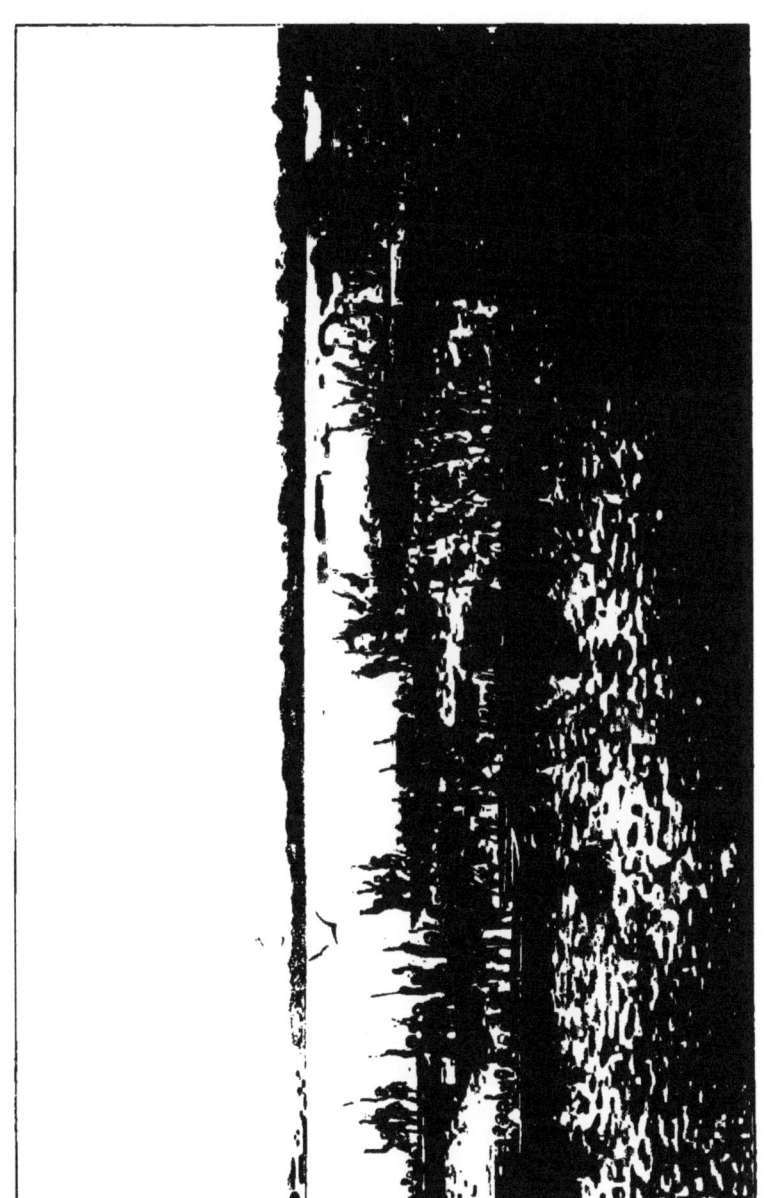

Auf der Fahrt nach den Stanley-Fällen.

25. September. Auf der heutigen, durch besonders drückende Hitze erschwerten Fahrt hatten wir Gelegenheit, das Funktioniren des Transportwesens auf dem Strom zu bewundern. Die am Ufer wohnenden Eingeborenen, allgemein Wagenya genannt, drängen sich förmlich dazu, ein die blau-gelbe Flagge führendes Kanu zu rudern. In Zwischenräumen von 1—3 Stunden landet man bei bestimmten Dörfern und findet dort stets eine Ablösungsmannschaft zum Rudern vor. Das ohrenbetäubende Geschrei, das Singen und Zanken, ohne das es nun einmal bei Negern nicht zu gehen scheint, sowie es sich um eine Wasserfahrt handelt, nimmt bei diesem Personenwechsel oft ein äusserst komisches Gepräge an, zumal die Figuren der rothbemalten, häufig mit Federn geschmückten Wilden hier grotesker und phantastischer sind, als wir sie bisher anderwärts gefunden hatten.

Die Fahrt dauert heute bis 3 Uhr Nachmittags. Wir finden die Uferlandschaft ausserordentlich einförmig; auch fehlt jegliche anregende Unterhaltung, denn aus Bequemlichkeitsrücksichten fährt Jeder von uns in einem besonderen Kanu. Dasjenige, das Prittwitz okkupirt hat, ist breit genug, um Juma, dem Koch, die Möglichkeit zu gewähren, auf dem mit Sand bedeckten Boden ein Feuer anzumachen und ein warmes Frühstück zu bereiten. Die Nacht verbringen wir in einem Dorfe, dicht oberhalb einer neuen Reihe von Katarakten, die unter dem Namen der Wanya-Rukula-Schnellen bekannt sind.

26. September. Während die Leute wiederum auf dem Landwege die Schnellen umgingen, blieben wir diesmal in unseren von sonstigen Lasten befreiten Kanus sitzen, um mit den Wagenya die interessante Fahrt durch die Strudel mitzumachen. Pfeilschnell, aber mit grossem Geschick gelenkt, sausten die schmalen Einbäume zwischen den Felsriffen glücklich hindurch, und lange vor unseren Leuten erreichten wir ein kleines Dorf, in dem gerastet werden sollte, weil ein furchtbares Unwetter hereinbrach. Askari und Träger trafen in grossen Abständen ein, und verkrochen sich, sobald sie angelangt waren, in den Hütten der Wagenya, denn der Regen prasselte mit seltener Wucht hernieder. Als wir wieder aufbrechen wollten, kostete es grosse Anstrengung, die Leute aus ihren Verstecken hervorzutreiben und wieder in die schmalen Kanus zu bringen, in denen sie zu Zweien nebeneinander kauern mussten und sich kaum rühren durften, um die schwanken Fahrzeuge nicht zum Kentern zu bringen.

Aber noch aus einem anderen Grunde gelang es mir heute nicht, die gesammte Mannschaft mitzunehmen: die Anzahl der jetzt zur Verfügung stehenden Kanus reichte dazu nicht hin. Der Trägerführer Ali Kirowascha erhielt deshalb Befehl, mit seinen Leuten vorläufig zurückzubleiben und sich bei den Wanya-Rukula-Leuten einzuquartieren; die leeren Kanus sollten ihm dann von den Stanley-Fällen aus zurückgeschickt werden. Nach einer Fahrt von 2 Stunden erreichten wir die oberhalb der Stanley-Fälle liegende Insel Kissanganya, und ein Marsch von 10 Minuten Dauer brachte uns an eine Stelle, von der wir die Militärstation der Stanley-Fälle jenseits auf dem rechten Ufer des Stromes wahrnehmen konnten. Zum letzten Male wurden nun Menschen und Lasten umgeladen, und noch zu früher Nachmittagsstunde landeten wir vor den stattlichen Gebäuden, die uns auf lange Zeit, auf Wochen beherbergen sollten.

Eine halbe Kompagnie blau uniformirter Soldaten war am Ufer angetreten und erwies uns die Honneurs, während wir in liebenswürdigster Weise von dem derzeitigen Kommandanten der Station, Hauptmann Rom, begrüsst wurden. In seiner Begleitung befanden sich drei Unterbeamte, sowie Herr Langheld, der Vertreter einer belgischen Handelsgesellschaft am Ober-Kongo, die eine Faktorei der Station gegenüber, auf dem linken Ufer besitzt.

Ueberaus angenehm war es, dass man uns ein ganzes, drei Zimmer enthaltendes Haus zur Verfügung stellte. Bequeme Betten, europäische Möbel und gedielte Stuben liessen uns leicht vergessen, dass wir uns noch immer mitten im Herzen Afrikas befanden.

* * *

Die vielen Tage, die wir an den Stanley-Fällen verbrachten, gestalteten sich zu einer ruhigen und wohlthuenden Erholungszeit, die gleichwohl auch Anregungen von mancherlei Art bot. Der grossen Gastfreundschaft der belgischen Herren auf der Station verdanken wir genussreiche Stunden, und nicht minder werden wir stets der herzlichen Aufnahme gedenken, die wir drüben in der Faktorei der belgischen Gesellschaft bei den Herren Langheld und Kühnel jederzeit fanden, so oft uns die Lust ankam, auf das linke Ufer des Stromes überzusetzen, um eine gemüthliche Stunde mit Landsleuten zu verplaudern.

Die Landschaft, in der wir diese ganze Zeit verlebten, habe ich ziemlich genau kennen gelernt, denn einerseits luden die vielen müssigen Stunden zu Spaziergängen auf dem Lande oder zu Fahrten auf dem Strome ein, andererseits verschaffte mir eine ausführliche Triangulirung, die ich auf Grund einer am Ufer gemessenen Basis vornahm, einen guten Ueberblick über die ganze Umgegend.

Wir finden zunächst oberhalb der Fälle, die weniger durch ihre Höhe (ca. 3—4 m), als durch ihre Ausdehnung in der Breite — die fast der des ganzen Stromes gleichkommt — dem Beschauer imponiren, die bereits erwähnte Insel Kissanganya. Diese war in vergangener Zeit der Sitz Tippo Tibs, wird aber jetzt nur von einigen Wagenyas bewohnt. Hart unterhalb der Fälle zwängt sich die ungeheuere Wassermasse des Stromes durch eine von Felseninseln und Riffen durchsetzte Enge, die sich jedoch bald wieder bis zu 800 m verbreitert. Oberhalb und unterhalb der Fälle ziehen sich auf beiden Flussufern langgestreckte Dörfer hin, die von einer vorzugsweise Fischfang treibenden Bevölkerung bewohnt werden.

Am rechten Ufer leben noch einzelne, dem Staat ergebene Araber, deren Behausungen durch einen schmalen und verschilften Kanal oder Flussarm von dem eigentlichen Terrain der Station getrennt werden.

Fast genau dieser letzteren gegenüber liegt, von dunklen Baumgruppen umrahmt, die belgische Faktorei, die aus einem Wohnhaus, einem Magazin für Verkaufsartikel (Stoffe, Perlen etc.) und den Lagerräumen für erhandelten Kautschuk und Elfenbein besteht. Wandern wir von hier aus wieder am Ufer flussaufwärts, so passiren wir zunächst eine schmale Waldparzelle und, an diese sich anschliessend, ein jetzt von Gras und Schlingpflanzen überwuchertes Stück Land, auf dem noch die Ruinen einiger Steinhäuser und die Reste von Hütten sichtbar sind. Hier erhob sich früher die Wohnung des belgischen Residenten, in der noch ein Jahr zuvor der Hauptmann Tobback durch eine wüthende, von Arabern geführte Volksmenge umlagert wurde.

Damals war die Bevölkerung an den Fällen weit zahlreicher als heutzutage, und ein lebhafter Handel und Verkehr zwischen verschiedenen europäischen Handelshäusern einerseits, Arabern und Wagenyas andererseits brachte die Bewohner beider Ufer in unausgesetzte Berührung. Die Kriege haben zweifelsohne hier Vieles vernichtet, aber die Anlage der neuen Station mit ihren ausgedehnten Kaffeeplantagen, sowie die fortgesetzten Bemühungen der Belgier, die ängstlichen Eingeborenen und Araber wieder zu sich heranzuziehen, lassen eine Besserung und ein erneutes Emporblühen dieses so überaus wichtigen Punktes am Kongo erkennen.

Die Bedeutung der Falls-Station liegt in ihrer Lage am Endpunkte des Schiffsverkehrs, der vom Stanley-Pool an aufwärts mit flachgehenden Dampfern zu jeder Jahreszeit unterhalten werden kann.

Die Bauten, die unter der Leitung der Herren Lothaire und Rom dort in Angriff genommen worden sind, lassen auch erkennen, dass man diese Wichtigkeit des Platzes voll erkannt hat. Luftige, bequeme Wohnhäuser, Magazine, Kasernen, ein gemeinsames Speisehaus für die Europäer, Werkstätten, Pulvermagazin und Ziegelöfen waren zur Zeit unseres Aufenthalts bereits fertig oder doch in Angriff genommen. Hauptmann Rom befleissigte sich ausserdem mit besonderer Liebe einer Ausschmückung der Station durch Anlage von Gärten und gerader, fester Wege.

So vorzüglich wir Europäer auch auf dieser Station untergebracht waren, noch besser erging es zur selben Zeit unseren Mannschaften. Ich erwähnte weiter oben den Plan Lothaires, meine Leute, der Lebensmittelfrage wegen, nicht an den Fällen, sondern in einer fünf Stunden flussabwärts gelegenen reichen Ansiedelung, Romée genannt, einzuquartieren. Dieser Plan war auch insoweit verwirklicht worden, als ich zwei Tage nach unserer Ankunft an den Fällen Kersting ersucht hatte, das Gros des Expeditionskorps nach dem genannten Orte zu schaffen und selbst dort seinen Aufenthalt zu nehmen. Nach vierzehn Tagen gedachte ich ihn dann durch Prittwitz abzulösen. Kersting hatte sich am 28. eingeschifft, und wir Anderen waren mit den wenigen noch übrig gebliebenen Lasten, sowie mit einem Zug Askari an den Fällen zurückgeblieben.

Anfänglich war es der Wunsch Herrn Lothaires gewesen, meine Leute in einem nahe beim Dorfe Romée für kongostaatliche Rekruten errichteten Barackenlager unterzubringen. Kersting theilte mir jedoch brieflich mit, die gesundheitlichen Verhältnisse in diesem Lager hätten ihn veranlasst, vorläufig die Gastfreundschaft des Ortschefs von Romée, Kayumba, in Anspruch zu nehmen. Dieser Kayumba und seine Leute waren, wie ich bei meinem darauf folgenden Besuch in Romée erfuhr, fast alle von der ostafrikanischen Küste her eingewandert, ehemalige Anhänger der Araber und jetzt die ergebensten Diener des Kongostaates. Ihre nahen Beziehungen zu meinen, ihnen stammesverwandten Mannschaften bewirkten, dass sie deren Einquartierung unter ganz anderen Gesichtspunkten betrachteten, als wenn es kongostaatliche Soldaten gewesen wären.

Kayumba begleitete mich selbst auf dem Rückwege nach der Falls-Station, und da er sich in keiner Weise über meine Leute beklagte, so waren die Herren Rom und Lothaire mit dieser Lösung der Quartierfrage ohne Weiteres einverstanden. Zudem machte die Verpflegung nicht die geringsten Schwierigkeiten, da die Maniok- und Reiskulturen von Romée fast unerschöpflich sind.

Kersting war auch seinerseits mit dem Aufenthalt in Romée sehr zufrieden, da er Aussicht hatte, auf Büffel oder Elephanten zu Schuss zu kommen.

An den Fällen bot sich uns zu derartigen Pürschgängen, wie überhaupt zu körperlicher Bewegung fast keine Gelegenheit; auf ärztlichen Rath verschafften wir daher unserem an Bewegung gewöhnten Körper alltäglich eine Extra-Motion und übten jeden Morgen nach einem kalten Bade Heilgymnastik. In Folge dessen blieb unser Befinden auch in dieser Ruhezeit ein andauernd befriedigendes. Wir litten nur, so weit ich mich erinnere, unter der hohen Temperatur und vermochten diesem Unbehagen auch durch das Palliativ nicht abzuhelfen, dass wir uns mit der Lektüre von Beschreibungen eisiger Nordpolfahrten beschäftigten. Sonst sehnen sich die Menschen erfahrungsgemäss meist nach anderen Verhältnissen und Umgebungen, als die sind, in denen sie sich gerade befinden. Ich muss aber gestehen, dass ich auch nicht einen Augenblick den Wunsch gehabt habe, die Stanley-Fälle, die fast genau am Aequator liegen, mit Nordgrönland zu vertauschen. —

Am 14. Oktober trat ein Wechsel im Personenbestand auf der Station ein: Prittwitz verliess uns, um den Doktor in Romée abzulösen.

Der 17. brachte dann neue Veränderungen. Der Kommandant Lothaire und Dr. Michaux kamen aus Wabundu herüber. Der Erstere gedachte hier in den nächsten Wochen sein Expeditionskorps zusammenzuziehen und wollte vor seinem Aufbruch nach dem Albertsee nur noch die Post mit Nachrichten aus Europa und vom Unter-Kongo, sowie mit verschiedenen Ausrüstungsgegenständen und Mundvorräthen abwarten.

Durch das lange Ausbleiben eines Dampfers waren hier auf der Station sowohl, wie drüben auf der Faktorei die Vorräthe etwas knapp geworden, und ich war in der glücklichen Lage, den Herren mit Salz und erspartem Cognac für den täglichen Gebrauch aushelfen zu können. Freilich war das nur eine sehr geringe Revanche für die uns gebotene Gastfreundschaft.

Am Montag, den 20. Oktober, früh um 4 Uhr, war Kersting in Herrn Langhelds Kanu angekommen. Wir sassen Nachmittags bei einer Tasse Kaffee unter der Veranda drüben in der Faktorei, als sich plötzlich am anderen Ufer lautes Geschrei erhob. Herr Langheld erkannte sofort die Bedeutung dieser Freudenkundgebung: ein Dampfer war in Sicht. Eine halbe Stunde später donnerten zwei Kanonenschüsse über den Kongo. Die »Ville de Bruxelles«, einer der grossen Staatsdampfer, war an der Station vor Anker gegangen. Vorn am Bug der »Ville de Bruxelles« wehte eine dreieckige Flagge, zum Zeichen, dass ein höherer Beamter an Bord sei. Dieser Herr war der »Inspecteur d'Etat« Paul le Marinel, einst der Begleiter Wissmanns bei dessen zweiter Reise quer durch Afrika und dann Kommandant von Lussambo und als solcher Vorgänger des aus den Araberkriegen uns bekannten Barons Dhanis.

Meine anfänglich gehegte Besorgniss, die unerwartet schnelle Ankunft des Dampfers möchte etwas Aussergewöhnliches zu bedeuten haben, das mich daran hindern würde, die Heimfahrt anzutreten, erwies sich glücklicherweise als unbegründet. Herr Le Marinel hatte den vom Ubangifluss kommenden Dampfer für sich in Anspruch genommen, um stromauf nach Bumba und von dort den Itimbiri aufwärts zu fahren, wo er das Kommando der kongostaatlichen Truppen gegen die Mahdisten am oberen Uëlle übernehmen sollte. Unterwegs hatte er von meiner Ankunft am Kongo Kunde erhalten, war daraufhin an der Itimbirimündung vorbei weiter gedampft und machte mir nun das Anerbieten, mich und meine Leute bis Bumba zu bringen und dort abzusetzen. Er selbst wollte dann seine Reise bis zum Ende der Schiffbarkeit des Itimbiri fortsetzen. Dann sollte die »Ville de Bruxelles« umkehren, mein Expeditionskorps in Bumba wieder an Bord nehmen und bis nach Leopoldville am Stanley-Pool befördern. Der Kommandant Lothaire hatte zwar Befehl erhalten, 200 Rekruten aus dem Lager von Romée nach Equateurville zu senden, verzichtete aber hierbei, eingedenk seines Versprechens, mir die Fahrt mit dem ersten Dampfer zu ermöglichen, auf Benutzung der »Ville de Bruxelles«, die nicht mehr als 300 Mann an Bord nehmen konnte. — Sie ist, wie alle Kongodampfer, in Rücksicht auf die vielen Untiefen der Stromes zur Zeit des niedrigen Wasserstandes, ein ausserordentlich flach gehendes Fahrzeug. Ihr Tiefgang beträgt, bei einer Länge von 26 m, mit voller Ladung kaum 1 m. Die Maschine wird durch Holzfeuerung in Bewegung gesetzt und treibt ein gewaltiges, am Heck angebrachtes Hinterrad. Ueber dem ersten, nur 1—2 Fuss über die Wasserfläche hervorragenden eisernen Deck befindet sich ein etagenartiger Aufbau, auf dem sich nur die Europäer und deren unmittelbare Bedienung aufhalten dürfen. Dünnwandige Kammern, ein kleiner Essraum und eine luftige, um das Ganze herumlaufende Gallerie lassen den Aufenthalt dort ganz erträglich erscheinen.

Am 22. Oktober nahmen wir Abschied von unseren Wirthen, den Herren Lothaire, Rom und Langheld, denen ich aus vollem Herzen für ihr Entgegenkommen meinen wärmsten Dank aussprach. Als ich mich einschiffte, traten zwei Sudanesenweiber auf mich zu und drückten mir laut schluchzend die Hand. Erstaunt über diese mir unerklärliche, gerührte Abschiedsstimmung, frug ich nach dem Grund ihrer Trauer, worauf sie mir erzählten, sie seien mit Emin Pascha an den Kongo gekommen und hätten seit dessen Tode zum ersten Male wieder durch meine sudanesischen Soldaten, die nun auch davonzögen, etwas von ihrer Heimath im fernen Osten gehört. — Dann begaben wir uns an Bord.

Schon um 10 Uhr Vormittag desselben Tages gingen wir bei Romée vor Anker, wo Prittwitz, der durch einen Courier von unserer bevorstehenden Ankunft in Kenntniss gesetzt worden war, die ganze Mannschaft, in Gruppen geordnet, aufgestellt hatte. Jeder Mann, jedes Weib und jeder Knabe wurde mit Namen aufgerufen, damit so der Mitnahme von fremden Weibern oder Sklaven vorgebeugt wurde. Wie klein war doch unser Häuflein geworden, seit wir das deutsche Gebiet verlassen hatten! Ich zählte 227 Menschen und konstatirte dabei, dass auch das üppige Leben bei den freigebigen Landsleuten wieder einige Opfer gefordert hatte. Einige Wenige waren ausserdem zur Desertion verleitet worden, vermuthlich, weil ihnen das Leben in Romée besser zu gefallen schien, als eine Fahrt, die immer noch der untergehenden und nicht der aufgehenden Sonne zuführte, wo doch ihre Heimath lag. Hamis Asmani, unser früherer, wegen Diebstahls seines Amtes entsetzter Mundschenk, und Isas Weib, dessen Ankauf diesem damals empfindliche Peitschenhiebe eingetragen hatte, gehörten zu diesen Verschwundenen.

Unter ermunterndem Gesang und Zuruf, als sei man schon nahe der ostafrikanischen Küste, drängte sich Alles auf das Schiff oder in die beiden längsseit angebrachten Boote; dann ertönte — anstatt wie sonst, wenn im Walde, in der Steppe oder im rauhen Gebirge die Stunde zum Aufbruch gekommen, dumpfer Trommelschlag oder Hornsignale — der schrille und ungewohnt klingende Ton einer Dampfpfeife, und das

mächtige Rad der »Ville de Bruxelles« begann die braunen Fluthen auf-
zuwühlen. —

*   *   *
*

Nur einundzwanzig Tage, eine mehrtägige Unterbrechung auf der
oben erwähnten Station von Bumba eingerechnet, währte die Fahrt,
während der wir die ca. 1750 km betragende Strecke von den »Fällen«
bis Leopoldville zurücklegten, wo wir dann unseren Dampfer verlassen und
abermals einen fast dreiwöchentlichen, mühseligen Landmarsch über Berge
und Thäler antreten mussten, zur Umgehung der Katarakte, mit denen
der Kongo die Randberge Westafrikas durchbricht, um erst wieder bei
Matadi, kurz vor seiner Mündung zu einem schiffbaren Strome zu werden.

Die Ereignisse der nächsten Wochen muss ich nothgedrungen mit
grosser Kürze behandeln, da ich sonst den vorgesteckten Rahmen dieses
Buches allzuweit überschreiten und überdies meistens Dinge schildern
müsste, die für die Mehrheit meiner Leser nicht mehr den Reiz der
Neuheit besitzen. Die Beschreibung meiner Reise aber soll sich gerade
durch das vor Allem rechtfertigen, was sie Neues aus dem an Un-
bekanntem noch so reichen Erdtheil an die Oeffentlichkeit zu bringen
meint; sie hält sich mit Absicht ebenso fern von wissenschaftlichen Detail-
untersuchungen, wie von romanhaft ausgeschmückten, nur der Unterhaltung
dienenden Schilderungen.

Darum stehe ich hier vor dem Ende meines Berichts; denn mit dem
Augenblick, da wir den Fuss auf die »Ville de Bruxelles« gesetzt hatten,
standen wir auch schon wieder halb in der civilisirten Welt. Allwöchentlich
verkehren die Kongodampfer stromauf oder stromab, wohl hundert Mal
sind Fahrten unter ähnlichen Umständen auf dem Riesenstrom gemacht
worden, und zahlreiche Beschreibungen haben den Verlauf einer solchen
Flussreise in weiteren Kreisen bekannt gemacht.

Für uns allerdings hatte dieser letzte Theil unserer Expedition noch
den vollen Reiz des Neuen, und erschienen mir so eine ganze Reihe von
Erlebnissen dennoch der Aufzeichnung werth, die ich in Folgendem kurz
skizzire.

22. Oktober 1894. Eine Stunde vor Sonnenuntergang erreichen wir
die Station von Issangi an der Lomamimündung. Hier müssen alle unsere
Schwarzen an Land gehen, denn die Kongodampfer stellen stets bei
Nacht, des unsicheren Fahrwassers wegen, die Fahrt ein; an Bord aber

würden die Leute keinen Platz finden, um sich zum Schlafen auszustrecken. Unser Kapitän, Herr Schönberg, ist ein jovialer, liebenswürdiger Mann, ein geborener Däne, wie die meisten seiner Kollegen auf der Flottille des Kongostaates. In Begleitung des Herrn Le Marinel befindet sich noch ein Offizier' und ein Arzt. Die Schiffsmannschaft besteht, ausser einem dänischen Maschinisten, aus ca. 30 Schwarzen, lauter Eingeborenen aus Bangala. Diese verhältnissmässig zahlreiche Bemannung erklärt sich aus der Nothwendigkeit, dass das Feuerungsmaterial für die Maschine fast täglich ergänzt werden und oft, wenn vor Einbruch der Dunkelheit kein Militärposten, an dem Holzvorräthe bereitgehalten werden, erreicht werden kann, während der Nacht Brennmaterial im Walde geschlagen werden muss. Ich sagte dem Kapitän für solche Fälle Unterstützung durch meine Leute zu.

23. Oktober. Die Nacht verbringen wir, von Mosquitos geplagt, in unseren Kabinen. Nachdem die Leute vor Morgengrauen unter ohrenzerreissendem Schreien und Streiten um die besten Plätze an Bord verschifft sind, verlässt die »Ville de Bruxelles« um 6 Uhr die Lomamimündung. Um die Mittagszeit wird die Mündung des Aruwimi passirt, und wir erreichen die an dessen rechtem Ufer gelegene grosse Militärstation von Bassoko.

Die mit weissen Rundthürmen und einer starken Batterie versehene Anlage macht einen stattlichen Eindruck. Am Ufer werden wir vom Kommandanten Freytag, zwei anderen Offizieren und einem deutschen Arzt, Dr. Kötz, empfangen. Letzterer führt uns am Nachmittag durch die musterhaft gehaltenen Kaffee- und Kakaoplantagen, mit der sich auf dienstlichen Befehl jede Militärstation zu umgeben hat. Als sich ein Tornado von seltener Heftigkeit erhebt, suchen wir in der Wohnung unseres Landsmannes Schutz und verbringen in dem wie ein Museum mit afrikanischen Raritäten geschmückten Raum eine angenehme Stunde bei Thee und Ananasliqueur.

Ich habe die Beruhigung, dass meine Leute auf diesen Stationen stets gut untergebracht zu sein scheinen. Schuppen, die vor Regen schützen, soll es überall geben. Bei Musik und Gesang verbringen wir die halbe Nacht in der Messe und kehren dann, in der stillen Hoffnung, am folgenden Morgen ohne Kopfweh zu erwachen, auf unser Schiff zurück. Die Zeiten des Temperenzlerthums, da Thee unser tägliches Getränk und höchstens ein Gläschen Cognac die Zugabe an Sonn- und Feiertagen zu sein pflegte,

Götzen.

22

scheinen auf immer vorbei zu sein. Hoffen wir, dass die veränderte Lebensweise uns keine bösen Folgen in Gestalt von Fiebern bringe!

25. Oktober. Die Fahrten von gestern und heute liessen ein sich immer gleichbleibendes Uferpanorama vor unseren Blicken vorbeiziehen — Wald und Inseln, so weit das Auge schweifte. Die vorige Nacht wurde am Posten von Malema verbracht. Da sich Gerüchte über eine Niederlage der kongostaatlichen Truppen durch Derwische des Mahdi am oberen Uëlle verbreitet haben, so bewegt sich unser Gesprächsthema verschiedentlich auf diesem Gebiete. Le Marinel soll nach dem Bomokandi gehen und den Oberbefehl dort übernehmen. Lieutenant Dubreuca, sein Begleiter, ist für den Posten beim Sultan Semio*) bestimmt.

Die Beziehungen zwischen Frankreich und dem Kongostaat scheinen sich wieder gebessert zu haben, denn ich höre, dass die von beiden Seiten am Ubangi concentrirten Truppen wieder zurückgezogen worden sind.

Schon um 9 Uhr Vormittag erreichen wir Bumba und finden dort noch mehrere Europäer vor, die sich Herrn Le Marinel am nächsten Tage anschliessen werden, um ebenfalls an den Bomokandi zu gehen. —

30. Oktober. Der Aufenthalt in Bumba gestaltet sich abwechslungsvoller, als wir anfangs geglaubt hatten. Der derzeitige, stellvertretende »chef de poste«, Herr Verdeuysen, hat in bester Weise für unser Unterkommen gesorgt, und wir fühlen uns recht wohl hier, wiewohl offenbar bei der Anlage dieser Station in geringerem Masse nach sanitären Rücksichten verfahren worden ist, als anderswo auf den Posten des Kongostaates. Bumbas Bedeutung beruht auf seiner Lage nahe an der Mündung des Itimbiri, der kürzesten Wasserstrasse zur Erreichung der oberen Nilgebiete. Die Umgegend ist ausserordentlich stark bevölkert; rechts und links dehnen sich in ununterbrochener Reihe die Uferdörfer kilometerweit aus, und es gehört zu unseren täglichen Unterhaltungen, weite Spaziergänge an dem dicht belebten Ufer zu unternehmen. Die Leute leben hier hauptsächlich von Fischfang; ausserdem sind sie geschickt in der Töpferei, sowie im Flechten von Matten und Körben. Die Männer tragen durchweg eine Art weiter und aufgebauschter Badehosen, während die Frauen und Mädchen nur mit ihrer »Schönheit« bekleidet umhergehen. Der einzige Schmuck, den sich diese schwarzen Damen leisten, besteht in ganz dünnen Halskettchen aus Glasperlen, zumeist von schneeweisser

*) S. Dr. Junkers Reisen.

Farbe und oft so gross an Zahl, dass es von Weitem aussieht, als trügen sie dicke, weisse Pelzkragen um den bronzefarbenen Hals. Ein graziös ausgeführter Tanz, den an hundert bis hundertfünfzig dieser Schönen von Bumba uns zu Ehren, zwischen den nach europäischer Art vor der Station angelegten Blumenbeeten, aufführten, gehörte jedenfalls zu den originellsten Schauspielen, die wir bis dahin gesehen hatten.

Wenn wir von unseren täglichen Spaziergängen am Ufer oder von den — freilich erfolglosen — Streifen auf Büffel gegen Sonnenuntergang zurückkehren, so tritt jedesmal ganz regelmässig ein seltsames Ereigniss ein. Ein fernes Brausen und Rauschen ertönt plötzlich über unseren Köpfen, und allmählich heben sich hoch oben unendliche Schaaren von Vögeln vom Abendhimmel ab. Von Osten und Nordosten her kommt Zug auf Zug heran, um sich dann auf den Inseln, die der Station gegenüber liegen, niederzulassen. Kurz vor Aufgang der Sonne erhebt sich der ganze Schwarm wieder in die Lüfte, um dann bald am Horizonte zu verschwinden. Das Auffallende an dem Vorgange ist einmal die fast nach Minuten zu berechnende Pünktlichkeit, mit der die Vögel herankommen, sodann ihre ungeheuere, wohl nach vielen Hunderttausenden zu zählende Menge, in der sie erscheinen. Herr Verdeuysen vermuthet, dass es Tauben seien; als wir aber versuchten, die Insel, auf der sie zu nächtigen pflegen, zu besuchen, ergab sich zu unserem Bedauern die Unmöglichkeit einer Landung; so dicht war das Ufer von Sumpf- und Schlingvegetation verwachsen.

Mädchen aus Bumba.

Unsere Leute haben hier nicht wenig unter der Feuchtigkeit zu leiden, die allenthalben herrscht. Die Verpflegung ist aber gut, und besonders ist die Nachfrage nach Fischen gross.

Als Zahlmittel gilt hier und am ganzen Kongo das »mitako«, ein dickes Stück Messingdraht von 15—35 cm Länge. Wir erkennen darin ein Uebergangsstadium aus dem Tauschhandel mit Perlen, Stoffen oder Eisendraht, wie wir ihn im ganzen Osten fanden, zum reinen Geldverkehr. Während nämlich dort das Tauschmittel stets als Luxus- oder Gebrauchsartikel eine Verwendung fand, bewahrt der Wilde hier am Kongo, genau

22*

wie bei uns der Landmann früher seinen Thalersack, seine Mitakos haufenweise auf oder vergräbt sie an verstecktem Ort, um sie nach und nach, wie es eben seine Lebensbedürfnisse erfordern, auszugeben, oder sie als Tribut den Stationen des Staates zu entrichten, der ihnen seinen Schutz vor den feindlich gesinnten und der Anthropophagie huldigenden Bewohnern der nahen Wälder gewährt.

Am 27. passirte die »Ville de Bruges«, ebenfalls ein grosser, dem Staat gehörender Dampfer, von den Stanley-Fällen her die Station. Wir

Messer aus Upoto.

waren ihr damals, kurz nach unserer Abfahrt von Romée, bei ihrer Bergfahrt begegnet; sie hatte dann die vom Kommandanten Lothaire abzugebenden 200 Rekruten an Bord genommen und überholte uns jetzt auf ihrer Rückreise. Ich benutzte die Gelegenheit, dem Kapitän, Herrn Jessen, einen Brief an den General-Gouverneur des Kongostaates mitzugeben, in dem ich ihm meine demnächstige Ankunft in Leopoldville anzeigte; ein zweites Schreiben adressirte ich an eine holländische Handelsgesellschaft in Banana und bat, mir in irgend einer Weise die Möglichkeit zu verschaffen, meine Mannschaft nach Ostafrika oder wenigstens vorläufig bis Capstadt zu bringen. Ich hatte nämlich von Herrn Le Marinel erfahren, dass der Gouverneur sich augenblicklich am Stanley-Pool aufhalte und eventuell seine Rückkehr nach dem Unterkongo um einige Tage verschieben würde, falls ihm meine Ankunft rechtzeitig in Aussicht gestellt werde. Unter diesen Umständen wartete ich nur um so ungeduldiger auf die Rückkehr der »Ville de Bruxelles«.

31. Oktober. Unser Dampfer kommt zurück. An Bord befindet sich Lieutenant Verstraeten mit einem Kameraden. Beide kehren nach dreijährigem Aufenthalt im Uélle-Gebiet nach Europa heim. Wir siedeln noch am selben Abend in unsere alten Kabinen über; vorher vertheile ich den letzten Rest von Tauschwaaren, den ich noch im Grunde meines Koffers finde, ein Päckchen mit 7000 Nähnadeln, unter meine Leute.

1. November. Beim Einschiffen entsteht eine hitzige Schlägerei zwischen den Bangala-Matrosen und unseren Somali. Prittwitz' Diener, Hassan Orfar, erhält eine schwere Kopfwunde. — Wir nächtigen in Upoto und besuchen die nahe gelegene Faktorei der »Société Anonyme Belge«.

Der dortige Vertreter, Herr Lontaing, bewirthet uns auf das Freundlichste. Die Eingeborenen sollen heiter und gutherzig von Gemüth sein; denn während sonst am Oberkongo die Leichen Verstorbener oft verzehrt werden, geht man hier in der Fürsorge für sie soweit, dass man eine Röhre durch die deckende Erde leitet und dann zur Labung des Todten alltäglich ein Quantum Palmwein in dessen Mund zu giessen pflegt.

2. November. Die Gegend bleibt gleichförmig. Viele Inseln sind in Folge des hohen Wasserstandes überschwemmt. Nachtlager im Wald. Die Bangala-Leute und meine Askari müssen Bäume fällen, da unser Feuerungsmaterial zu Ende ist. Trotz strömenden Regens wird die Arbeit die Nacht hindurch fortgesetzt.

3. November. Heute herrscht angenehm kühles Wetter, wie an einem rechten Hubertustage. Wir haben unter Kanonendonner »Nouvelle Anvers«, die Bangalastation, erreicht. Am Bug unseres Schiffes weht heute die deutsche Flagge, und das Kruppgeschütz der »Ville de Bruxelles« zeigt unsere Ankunft an. Von einer Strandbatterie wird der Gruss erwidert.

Was Energie und praktischer Sinn bei Anlage von Stationen im Herzen Afrikas zu leisten vermögen, das zeigte uns mit besonderer Deutlichkeit diese Musterstation, in der die Wohnhäuser, Kasernen, Lazarethe, Werkstätten, ferner die Gärten und Plantagen in bewunderungswürdig vortrefflichem Zustande sind. Für den

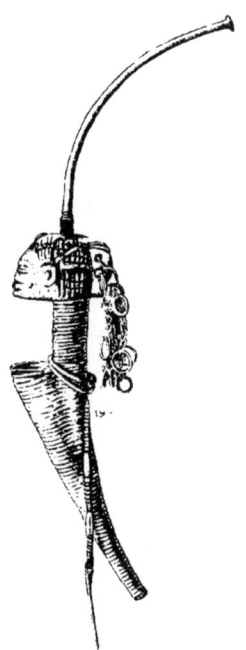

Tabakspfeife
aus dem Ubangi-Gebiet.
(Geschenk des Herrn Blocteur.)

vorzüglichen Zustand der Wege spricht der Umstand, dass einer der Herren in Bangala mit der nächsten Post ein Fahrrad erwartete.

Von Seiten des jetzigen Kommandanten, Herrn Blocteurs, werden uns die schmeichelhaftesten Ehrungen zu Theil. Am Strande und an vielen Häusern wehen die schwarz-weiss-rothen Farben neben den blaugelben, und bei einem Festmahl in der Messe, an dem 23 Europäer theilnehmen, erschallen Hochrufe auf unsere hohen Landesherren, den Kaiser Wilhelm und den König Leopold, dann auf Herrn Blocteur und auf uns.

Eine besondere Ueberraschung ist es für mich, von einer wohl-geübten Musik-Kapelle von Negerjungen die Klänge der »Wacht am Rhein« und das »Heil Dir im Siegerkranz« zu vernehmen. —

Am 5. November, Nachmittags 5 Uhr, langen wir vor der Station Coquilhatville an, woselbst ich zur Sicherstellung der Verpflegung einen Rasttag zu machen gedenke. Der hiesige Distriktskommissar Herr Fiviez, ein energischer und lebhafter Mann, stellt mir in der freigebigsten Weise 3000 Maiskolben und 1000 Tagesportionen Chikwanga, d. h. im Ganzen Nahrung auf sieben Tage, zur Verfügung. Chikwanga sind die landes-üblichen Negerbrote, die im Teig zu dünnen, hier meterlangen Würsten geformt werden und den ungefähren Werth eines Mitako repräsentiren. Am Abend erfreuen wir uns an dem künstlerischen Spiel eines Beamten, Herrn Goetglueck, auf einem Harmonium.

Mein Befinden ist nicht das Beste; eine schwere Mattigkeit liegt mir in den Gliedern,

7. November. Nachtlager im Walde beim Posten Lukolela, der nicht aus militärischen Gründen, sondern wegen seines Reichthums an Teakholz-beständen errichtet worden ist. Wir haben inzwischen die »Ville de Bruges« eingeholt, so dass am Abend die Lagerfeuer von 700 Menschen am Ufer brennen. — Ein Streit und eine grosse, mit brennenden Holz-scheiten geführte Schlägerei entspinnt sich, und in der allgemeinen Ver-wirrung werden meinen Leuten verschiedene Messer, Kochtöpfe und Zelte gestohlen.

8. November. Wir begegnen einem die Tricolore führenden kleinen Dampfer. Das rechte Ufer des Kongo ist hier schon französischer Kolonialbesitz.

9. November. Während eines einstündigen Aufenthalts in Bolobo lernen wir den Vorsteher der englischen Baptisten-Missionen am Kongo, Herrn Grenfell kennen, der bereits auf eine zwanzigjährige Thätigkeit in Afrika zurückblickt und mit einer Schwarzen verheirathet ist.

Unterhalb Bolobos nimmt die Uferlandschaft andere Formen an: der Wald hört stellenweise auf; Grasfluren reichen bis an den Strom heran, und in der Ferne werden Bergzüge, sowie einzelne Kuppen erkennbar, deren langentbehrter Anblick lebhafte Bewegung unter meiner Mannschaft hervorruft.

Gegen Mittag passiren wir die Mündung des mächtigen Kassaï und landen für kurze Zeit an der Mission von Berg St. Marie, wo Kapitän

Schönberg auf Bitten der Patres einen kleinen, unvollendeten, eisernen Dampfer längsseit nimmt, um ihn zur Fertigstellung nach dem Pool hinunterzuschleppen.

Die »Ville de Bruxelles« geht heute mit Volldampf, um morgen den Eingang zu dem grossen Seebecken, »Stanley-Pool« genannt, erreichen zu können.

10. November. Dicht vor der Einfahrt in den Pool gehen wir vor Anker und nehmen nochmals Holzvorräthe an Bord. Meine Mattigkeit hat zugenommen, ein leichter Fieberanfall beginnt mich zu durchschütteln: die Folgen der veränderten Lebensweise zeigen sich also doch. Gegen Abend fällt die Temperatur meines Blutes; Kersting verordnet 1,5 g Chinin.

11. November. Heute ist der Jahrestag unserer Landung an der deutsch-ostafrikanischen Küste. Mein Schwächezustand ist zwar noch nicht gehoben, aber heute darf ich nicht krank sein, denn ich habe Wichtiges mit dem Gouverneur zu besprechen. Der Stanley-Pool, mit seinem schmutzig-gelben Wasser und den flachen Inseln, macht keinen sonderlich schönen Eindruck. Der aufgedunsene Kadaver eines Nilpferdes treibt vorbei.

Auf meinen Wunsch nimmt die »Ville de Bruxelles« zunächst den Kurs auf das französische Ufer zu, wo ich den Chef des holländischen Hauses sehen und sprechen möchte, um einige Geldangelegenheiten und die Möglichkeit des Seetransports meiner Leute zu bereden. In ihm, einem Herrn Anton Greshoff, lernen wir einen Gentleman von seltener Liebenswürdigkeit kennen, dem man seinen 19jährigen Aufenthalt in dem verrufenen Klima nicht ansieht, und wir freuen uns auf die Aussicht, in seiner Gesellschaft die Rückreise nach Europa machen zu können. Er empfiehlt uns Kabinda als Hafenplatz und ein portugiesisches Schiff zur Heimfahrt.

Aber wie soll ich meine Leute nach Ostafrika zurückbringen? Diese Frage drängt sich mir immer wieder von Neuem auf und bleibt vorläufig ungelöst. Eine regelmässig um das Kap herum verkehrende Dampferlinie giebt es nicht mehr, und meine einzige Hoffnung beruht nun darauf, dass der Kongostaat in nächster Zeit ein Schiff chartert, um Arbeiter und Soldaten, die er zum Theil noch immer, sehr zum Schaden der deutschen Kolonie, in Ostafrika anzuwerben pflegt, nach Ablauf ihrer Dienstzeit in die Heimath zurückzubefördern, und dass mir so Gelegenheit geboten wird, mich an diesem Transport zu betheiligen. —

Im Begriff, das französische Ufer wieder zu verlassen, erhält Kapitän Schönberg durch eine von Leopoldville uns entgegengesandte Dampfpinasse den Befehl, unverzüglich dorthin abzufahren, da der General-Gouverneur noch heute den Rückmarsch nach der Küste antreten müsse und nur noch unsere Ankunft abwarten wolle. Er sah unserem Eintreffen offenbar mit Ungeduld entgegen.

Schon eine Stunde später sassen wir unter der kühlen Veranda der Offiziersmesse von Leopoldville mit dem General-Gouverneur des Kongo-staates, Herrn Wahis, zusammen und besprachen mit ihm unsere bis-herigen Erlebnisse und die nächste Zukunft. Ich ergriff die Gelegenheit, ihm, als dem Vertreter des Staates, meinen verbindlichen Dank für das uns entgegengebrachte Wohlwollen auszusprechen.

Inzwischen war an der nach Matadi führenden Strasse die gesammte Garnison angetreten, der Gouverneur ging an der Front hinunter, ver-abschiedete sich von allen Europäern und wünschte uns »auf Wiedersehen« in Lukungu, einer Etappenstation halbwegs nach Matadi.

Herr Wahis hatte, trotz unserer kurzen Bekanntschaft, nicht versäumt, einen Offizier, unseren bisherigen Reisegefährten, Herrn Verstraeten, damit zu beauftragen, uns den Weg zur Küste zu zeigen, und Befehle zu geben, um uns den Marsch und die Verpflegung in dem vor uns liegenden, von Hungersnoth heimgesuchten Lande nach Möglichkeit zu erleichtern.

Der 12. November verging mit Reisevorbereitungen, Vertheilen von Chikwanga auf zehn Tage und mit Besichtigung von Leopoldville unter Führung des Distriktskommissars, Herrn Gorin.

Am Morgen des 13. reihte sich in altgewohnter Weise wieder ein Mann hinter den anderen; an der Tête der Kolonne wurde neben der deutschen Flagge die kongostaatliche entfaltet, und vorwärts ging es wieder in die bergige Landschaft, die uns noch von dem lange ersehnten atlantischen Ocean trennte.

*   *   *

Wohl selten hat sich die Natur so ungnädig gegen die Verkehrs-bedürfnisse der Menschen gezeigt, wie hier an der Berührungsstelle des oberen und des unteren Kongo. Frei und ungehindert vermögen die Dampfboote auf dem breiten, mit majestätischer Ruhe dahinfliessenden Strome, auf der langen Strecke von den Stanley-Fällen bis zum Pool, sowie auf den meisten der Nebenflüsse zu verkehren; sobald sie aber den Pool, von oben kommend, durchfahren haben, tönt ihnen verdächtiges Rauschen entgegen, und unüberwindliche Hindernisse in Gestalt von Stromschnellen und schäumenden, gewaltigen Katarakten verwehren ihnen die Weiterfahrt. Der Kongo hat hier die Randgebirge durchbrochen und ist so zum Abflusskanal des riesigen innerafrikanischen Beckens geworden. Fast sein ganzer Unterlauf ist für die Zwecke der Schifffahrt vollständig untauglich. Die Seeschiffe überwinden zwar vermöge ihrer starken Maschinen die Strudel und die starke Strömung hart oberhalb seiner Mündung, aber

Matadi.

schon bei Matadi, nach zwei kurzen Tagesfahrten, wird ihr Lauf durch Wasserfälle und Riffe gehemmt. Die Ladung wird hier gelöscht, und nun müssen die unzähligen Ballen, Kisten, Geräthe, Pulver, Patronen, Granaten, die Theile zerlegbarer Wohnhäuser oder Dampfer, kurz all' die Tausende von Gegenständen, mit denen Europäer und Schwarze im grossen Kongostaate mehr oder weniger beglückt werden sollen, auf Köpfen und Schultern von Menschen 500 Kilometer weit über die Berge bis nach Leopoldville geschafft werden, von wo aus die zusammengesetzten Dampfboote sie in den verschiedensten Richtungen über das ganze Innere des Kontinents vertheilen. Bedenkt man hierzu noch, welch' schmalen Streifen Landes der hier zwischen portugiesischem und französischem Gebiet eingeengte

Kongostaat sein Eigen nennt, so kann man sich ein Bild von der enormen Belastung der Karawanenstrasse Matadi—Leopoldville machen. In den letzten Monaten belief sich die Zahl der beförderten Lasten durchschnittlich auf 4000 pro Monat.

Die rasche Vollendung der in Angriff genommenen Eisenbahn, welche die beiden genannten Orte verbinden soll, ist deshalb eine Lebensfrage für den »Unabhängigen Staat«.

Die Terrainschwierigkeiten der jetzt noch so stark begangenen Route sind zwar durchaus nicht unüberwindlich und mit denen, die wir in Butembo oder am Kivusee kennen lernten, nicht zu vergleichen, aber das Heranziehen der an der Strasse wohnenden Völkerschaften zu Träger-diensten, die oft unvernünftige Behandlung der Schwarzen seitens unerfahrener, aus Europa kommender Neulinge, sowie schlechte Ernten bewirkten, dass sich die Eingeborenen von der Strasse zurückzogen. Das Land liegt in Folge dessen brach, und Hungersnoth ist in den meisten Fällen der Begleiter der dort ziehenden Transportkolonnen. Da aber, wo sich doch noch ein schwacher Marktverkehr erhalten hat, sind die Preise für Lebensmittel von unerschwinglicher Höhe.

Obwohl nun diese Karawanenstrasse aller Wahrscheinlichkeit nach in wenigen Jahren mit der Fertigstellung des Bahnbaues ihre bisherige Bedeutung verlieren wird, so hat der Staat es sich dennoch angelegen sein lassen, Wegeverbesserungen durch Anlage von Brücken vorzunehmen und durch Erbauung von Unterkunftshäusern auf Entfernungen von vier zu vier oder noch weniger Stunden dafür zu sorgen, dass seine Beamten ohne Zelte zu reisen vermögen und stets einen Raum vorfinden, worin sie vor Unwetter geschützt ihr Feldbett aufschlagen können. Diese Etappen-posten werden jeweils von einem oder zwei Soldaten bewacht und in Ordnung gehalten.

Auch wir haben uns stets dieser Häuser bedient und es uns oft darin wohl sein lassen. Manchmal freilich bereute ich es doch, unsere drei Schlafzelte damals an den Stanley-Fällen, nachdem ich mir von den Einrichtungen auf der Karawanenstrasse hatte erzählen lassen, verkauft zu haben, denn wir waren dadurch an die bestimmten, von Jedermann benützten Lagerplätze gebunden.

Man kann sich aber denken, dass diese mit der Zeit Infektionsheerde der schlimmsten Art werden müssen und in sanitärer Beziehung so gut wie Alles zu wünschen übrig lassen.

In leidlicher Ordnung wurde am 20. Lukungu erreicht. Dieser Platz ist die Centralstelle für die Anwerbung von Trägern und deshalb für den Karawanenverkehr von grosser Bedeutung. Jeder von Leopoldville kommende Beamte erhält hier neue Mannschaft zugetheilt, desgleichen Jeder, der von Matadi heraufzieht. Glücklicherweise aber hatten wir mit diesen Dingen jetzt nichts mehr zu schaffen, denn unser Gepäck war soweit verringert worden, dass trotz der Kranken immer noch 2—3 Mann meiner eigenen Leute auf je eine Traglast gerechnet werden konnten. Mit grossem Danke nahm ich jedoch das Anerbieten des Distriktskommissars an, eine Hängematte mit acht Trägern bis Matadi zu meiner Disposition zu stellen. Die meisten der vom Oberkongo kommenden Reisenden pflegen sich dieses bequemeren Beförderungsmittels zu bedienen.

In Lukungu trafen wir abermals mit dem Gouverneur zusammen; diesmal aber marschirten wir vor ihm weiter, da ihn Geschäfte noch in Lukungu zurückhielten, und ich meinerseits aus mehreren Gründen zur Weiterreise drängte. Denn einmal hatte die Regenzeit eingesetzt und durchnässte uns täglich bis auf die Haut: alle Flüsse schwollen zu reissenden Strömen an, die Wege wurden immer schlechter, je weiter wir in der Jahreszeit vorrückten. Zudem wurde der Gesundheitszustand meiner Leute in Folge der schlechten Unterkunft auf feuchten, inficirten Lagerplätzen immer bedenklicher; und endlich quälte mich selbst unausgesetzt der Zweifel an der Möglichkeit ihres Rücktransports nach der Ostküste.

Ich hatte in einer längeren Unterredung mit dem Gouverneur eine Zusicherung bezüglich der Unterbringung meines Expeditionskorps auch für einen längeren Zeitraum, sei es nun in Boma, dem Sitz des Gouvernements, sei es in Banana, an der Mündung des Kongo, erhalten. Herr Wahis war der Meinung, es sei sehr unwahrscheinlich, dass ich schon in nächster Zeit einen nach der Ostküste bestimmten Dampfer finden würde, erklärte sich aber bereit, mir den Staatsdampfer »Hirondelle« zur Verfügung zu stellen, falls ich die Absicht hätte, meine Mannschaft nach einem der bedeutenderen Küstenplätze, São Paulo de Loanda oder Kabinda, die beide von grösseren Dampferlinien angelaufen würden, überzuführen.

Eile that uns Noth, denn die Berichte, die mir Kersting in diesen Tagen über den Gesundheitszustand der Karawane erstattete, lauteten täglich ungünstiger; nicht weniger als zwanzig Procent aller Leute waren als krank zu betrachten. Der Araber Abdallah war zwar einstweilen der Einzige, der getragen werden musste, die Anderen aber waren durch

Fieber und Dysenterie soweit entkräftet, dass sie sich nur mühsam auf dem schlüpfrigen Pfade vorwärts zu schleppen vermochten. Die unendlichen Regengüsse, die täglich herniederströmten, trugen zur Verschlimmerung dieses Zustandes das Ihrige bei.

Am 28. erreichten wir den Kwilu, einen der zahlreichen, jetzt hochangeschwollenen Bergströme, die sich in den unteren Kongo ergiessen. Eine prächtige Hängebrücke zeugt von der grossen Kunst ihres Erbauers, eines jungen Ingenieurs, der 14 Tage vor unserer Ankunft einem Gallenfieber erlegen war. In der Person des »chef de poste« am Kwilu fanden wir einen Neger, der sich in der englischen Kolonie Sierra Leone eine Art von höherer Bildung angeeignet hatte: er las Euripides und Horaz, studirte Geometrie und besass sogar eine kleine Bibliothek. Das Interessanteste darin war eine Tabelle, ein Abriss aus der Weltgeschichte, in der nur von englischen Siegen, Eroberungen und nur von englischer Staats- und Verfassungsgeschichte die Rede war.

An der Kongo-Eisenbahn.

Ganz bescheiden reihte sich als einzige Ausnahme der Tag der Schlacht von Sedan der Zahlentabelle an. Ich konnte beim Lesen dieses »Geschichtswerkes« den Gedanken nicht unterdrücken, dass es bei derartigen Unterrichtsmethoden kein Wunder nehmen darf, wenn Schwarze und sonstige uns Weissen in Bildung nachstehende Wesen auf der Erde allmählich von dem Hirngespinnst befangen werden, dass die aussereuropäische Welt »eigentlich den Engländern gehört«.

Am 28. November liess ich die Karawane auf der grossen Strasse weiterziehen und begab mich selbst nach dem nahe gelegenen Kenge, einer bereits vollendeten Station an der Eisenbahn Matadi—Leopoldville. Ich hegte die stille Hoffnung, vielleicht nach Matadi fahren zu können, um so, meiner Karawane einen Tag voraus, Vorbereitungen zu deren Unterkunft zu treffen; ferner war ich neugierig zu sehen, wie die Ingenieure die ausserordentlich grossen Schwierigkeiten, die ihnen hier die Steigungen des Terrains, sowie das plötzliche, durch einen Regen eintretende Anschwellen aller Bäche und Flüsse in den Weg stellen mussten, überwunden hätten. Zu meinem Bedauern blieb mir das Befahren der Bahnstrecke in Folge einer Dammrutschung versagt, und so schloss ich mich denn am Abend meiner Karawane wieder an.

Die störenden Einflüsse der Regenfluthen wird man am besten an folgender Thatsache ermessen können. Als ich Kongo di Lemba — den Etappenposten, auf dem die Karawane die Nacht vom 27. zum 28. November verbrachte — auf dem Wege nach der erwähnten Station von Kenge verlassen hatte, stand ich plötzlich an einem mir vorher als unbedeutenden Bachlauf bezeichneten reissenden Fluss, dem Induisi. Die Brücke war fortgerissen worden, und doch mussten wir weiter: es blieb mir also nichts Anderes übrig, als den Fluss, dessen Tiefe fast 2 m betrug, mit meinen drei Begleitern zu durchschwimmen. Eine und eine halbe Stunde später aber muss das Wasser schon wieder auf $\frac{1}{2}$ m gefallen sein, denn am Abend erfuhr ich, dass bald nach mir die Karawane ebenfalls den Induisi erreicht und ohne jede Schwierigkeiten an derselben Stelle durchwatet hatte.

In Kenge, wo die Gebäude ausnahmslos aus Wellblech erbaut sind, fand ich freundliche Aufnahme in der Faktorei der S. A. B., und nach dem kalten Bade sagte mir ein warmes, gut zubereitetes Mittagsmahl in Gesellschaft liebenswürdiger Herren so trefflich zu, wie noch kaum je eines zuvor.

Ueber unsere Ankunft in Matadi, unseren Aufenthalt daselbst und über die Menschen, die wir dort kennen lernten, kann ich nur noch wenige Worte sagen. Wir befanden uns dort ja wieder mitten in europäischer Civilisation, wohnten in einem grossen Hotel, wurden des Nachts durch betrunkene, die Marseillaise brüllende Bahnarbeiter im Schlafe gestört und erwachten am Morgen durch das Pfeifen der Lokomotive auf dem nahen Bahnhof.

Leider waren die eisernen Hallen am Ufer, in denen ich meine Leute unterzubringen gehofft hatte, überschwemmt, und die Grashütten, die in Ermangelung anderer Räume gebaut werden mussten, boten den Regenfluthen so geringen Widerstand, dass wir Alle froh waren, als am 2. Dezember Herr Wahis eintraf und zugleich die »Hirondelle«, von Boma kommend, unweit der Landungsbrücke vor Anker ging. Am 4. dampften wir flussabwärts, und gegen 10 Uhr kam die Hauptstadt Boma in Sicht.

Ich habe mich später oft eines Zwiegesprächs zwischen dem Gouverneur und mir, das auf dieser Fahrt stattfand, erinnern müssen. Wir standen zusammen oben auf der Kommandobrücke, und als die weissen Häuser von Boma vor uns lagen, drückte ich mein Erstaunen über die Grossartigkeit der Anlage aus.

»Es soll mich ausserordentlich freuen, Herr Graf,« sagte Herr Wahis, »wenn es Ihnen bei uns gefällt, denn Sie werden noch lange unser Gast sein müssen, falls Sie darauf bestehen, vor Ihrer Abreise nach Europa erst Ihre Mannschaften nach Ostafrika abzufertigen.«

»Glauben Sie wirklich nicht, Herr Gouverneur, dass es mir gelingen sollte, einen Dampfer zu finden, der den Transport übernimmt?«

»Ermessen Sie, bitte, die Wahrscheinlichkeit einer solchen Gelegenheit daran, dass durchschnittlich alle sechs Monate ein frachtsuchender Dampfer, wie Sie ihn brauchen, Boma oder Banana anläuft, dass ferner von Antwerpen aus ein Dampfer gechartert werden muss, wenn wir unsere Arbeiter nach der Ostküste entlassen wollen, und dass wir seit Langem auf eine solche Gelegenheit warten. Sie werden mir zugeben, es wäre ein unerhörtes Glück, wenn Ihnen jetzt gerade diese Gelegenheit geboten würde.«

»Wenn Sie von Glück sprechen,« erwiderte ich, »dann wächst meine Hoffnung um ein Bedeutendes. Ich bin auf meiner ganzen Reise thatsächlich dermassen vom Glück begünstigt worden, dass es mir un-

Das Expeditionskorps in Banana.
(Photogr. Aufnahme des Dr. Etienne)

möglich jetzt im letzten Moment versagen kann. Es war ein Glücks-
zufall, dass ich tüchtige Reisegefährten fand, es war Glück, dass uns der
Einmarsch in Ruanda gelang, dass wir den feuerspeienden Berg fanden,
es war Glück, dass wir den Kivusee entdeckten und dass bei unserem
Erscheinen am Kongo die Araberkriege zu Ende waren; wir sind so
glücklich gewesen von Krankheit verschont geblieben zu sein, und
ein Glück war es schliesslich auch, dass wir hier bei Ihnen überall so
liebenswürdige Aufnahme gefunden haben. Sie werden also zugeben
müssen, dass ich mit einem gewissen Recht auf mein Glück vertrauen
darf.«

»Wenn ich Ihnen damit dienen kann, so steht Ihnen morgen ein
kleiner Dampfer zur Verfügung, um zur Küste nach Banana hinunter zu
fahren. Sie werden dort eher als in Boma Auskunft über etwa erwartete
Dampfer erhalten können.«

»Ich bin so frei, dies Anerbieten für morgen früh dankend anzunehmen.« — —

Eine halbe Stunde später machten wir an der Brücke in Boma fest,
wo der heimkehrende Gouverneur feierlich von sämmtlichen Behörden und
zwei Ehrenkompagnien empfangen wurde.

Am anderen Morgen — es war der 5. Dezember — fuhr ich allein
mit dem Somali Mohamed Elmi flussabwärts. Die Sonne sandte ihre
glühendsten Strahlen auf uns herab, aber bald wurde ihre Gewalt durch
eine frische Seebrise gebrochen, und gegen Mittag lag er endlich vor
mir, der grenzenlose Ocean. Als wir auf die Bucht zusteuerten, die von
der Landzunge von Banana gebildet wird, entdeckte ich mit dem Fernglase die Linien zweier grosser Dampfer im Hafen. Mein Bootsführer
kannte sie. Das eine, sagte er, sei die »Jeanette Woermann«, auf ihrer
fahrplanmässigen Küstenfahrt begriffen, das andere sei die »Oronsay«,
ein englischer Dampfer, der von den Bermuda-Inseln komme und Kohlen
für das holländische Handelshaus in Banana lösche. Ich stellte mich an
Land zuerst dem Distriktskommissar, Herrn Dr. Etienne, vor und ging
dann an Bord der »Jeanette Woermann«. Der Kapitän erklärte sich
aber nur bereit, uns nach São Paulo de Loanda zu bringen. Weiter zu
fahren, etwa bis Capstadt, erlaubten ihm seine Instruktionen nicht.

Dann begab ich mich wieder an Land und frug da, wo die
»Oronsay«, ein eiserner Dampfer von über 3000 Tonnen, am Quai lag,
nach deren Kapitän. Dieser stand am Strand und sah den Arbeiten

Götzen.   23

seiner Leute zu. Wir hatten an diesem Tag nur eine kurze Unterredung
mit einander:

»Wo wollen Sie hin, wenn Sie Ihre Kohlen gelöscht haben, Kapitän?«

»Mein Bestimmungsort ist die Insel Réunion.«

»Haben Sie Ladung von hier nach dort?«

»Nein.«

»Wollen Sie 220 Mann nach Deutsch-Ostafrika bringen?«

»Das kann ich nicht!«

»Wenn ich aber Ihren Dampfer chartere?«

»Das steht Ihnen frei.«

»Wann können Sie abfahren?«

»Wenn es Ihnen beliebt, schon übermorgen!« — -

*　　　*　　　*

Sechs Tage später fuhr ich abermals den Kongo hinab, dem offenen
Meere entgegen. Es war eine halbe Stunde vor Mitternacht, und heller
Mondschein spiegelte sich auf den Wellen. Auf dem Achterdeck der
»Oronsay« sassen um einen Tisch gruppirt: Prittwitz, Kersting, Kapitain
Andrews und ich. Auf dem Tisch standen mehrere leere Champagner-
flaschen und Gläser, und vor Kerstings Platz lag eine grosse Mappe.
Diese enthielt eine Anzahl Schriftstücke, namentliche Verzeichnisse meiner
Soldaten und Träger, die Löhnungsabrechnung, eine Todtenliste mit
Bestimmungen über die Entschädigung der Hinterbliebenen, mein Kontrakt
mit dem Kapitän der »Oronsay«, eine Anzahl Briefe an verschiedene
Herren an der Ostküste u. s. w.

Alles das hatte ich des Doktors Händen anvertraut, der sich bereit
erklärt hatte, das Kommando über den Transport zur Ostküste zu übernehmen, während Prittwitz und ich mit der nächsten fälligen portugiesischen
Post auf kürzerem Wege nach Europa zurückzukehren gedachten.

Die »Oronsay« war am Nachmittag ein Stück den Kongo hinauf-
gedampft, um für die bevorstehende mehrwöchige Fahrt um die Südspitze Afrikas herum Süsswasser einzunehmen. Nun waren wir wieder,
stromab fahrend, in Höhe der Spitze von Banana angelangt, und langsam
begann das Schiff unter dem Einfluss der Meereswogen zu rollen. Mit
dem Glockenschlage zwölf stoppte die Maschine: es galt Abschied zu
nehmen, denn Prittwitz und ich mussten von Bord gehen.

In langen Reihen standen die braven Leute, die nun seit Jahresfrist unsere treuen Gefährten gewesen waren, auf Deck. Jedem einzelnen der Soldaten, Trägerführer und Diener drückten wir die Hand, mit einem herzlichen Lebewohl nahmen wir vom Doktor Abschied und wünschten ihm glückliche Fahrt, uns allen Dreien ein frohes Wiedersehen daheim.

Dann stiegen wir über die Reling an der Bordwand hinab in den Lootsenkutter. Als das haltende Schlepptau losgeworfen worden war,

Abschied in Banana.

konnten wir oben an Bord noch einmal die Gestalten unserer scheidenden Gefährten erblicken. Die lange Reihe weissgekleideter Gestalten hob sich, vom Mondlicht grell beleuchtet, deutlich von dem schwarzen Schiffsrumpf ab, noch ein lautes »Kwa-heri, bwana, kwa-heri!« (Leb' wohl, Herr!) erschallte von oben herab, dann verschwand die »Oronsay« im Dunkel der Nacht; unser Kutter aber nahm seinen Kurs auf das blinkende Leuchtfeuer der Bananaspitze.

Die Reise auf afrikanischem Boden hatte ihr Ende erreicht. — — —

*   *   *

Am 8. Januar 1895 lief der portugiesische Dampfer »Zaire«, den Prittwitz und ich am 19. Dezember in Kabinda bestiegen hatten, in die Tajomündung ein, und in wenigen Tagen brachte uns der Eilzug von Lissabon nach der schnee- und eisbedeckten deutschen Heimath.

Die »Oronsay« aber erreichte gleichfalls nach glücklicher Fahrt ihr Ziel, die Rhede von Pangani, und noch im Februar war es mir vergönnt, beiden Gefährten die Hand zu drücken und ihnen nochmals zu danken für ihre wahre und echte Kameradschaft in guten, wie in bösen Tagen.

E n d e.

ANHANG.

Begleitworte zu den beiden Karten
»Reiseroute des Lieutenants Graf von Götzen von Pangani in Deutsch-Ostafrika zum Kongo. 1893—1894«.

Von Dr. **Richard Kiepert**

Blatt I.

Das von Graf von Götzen und anfangs, bis zur Missionsstation St. Michael in Mssalala, unter dessen Leitung von Dr. Hermann Kersting mit grosser Sorgfalt und unermüdlichem Eifer aufgenommene Routier von Pangani bis zum Kongo ist zwar durch eine Reihe von Breitenbestimmungen, aber durch keine absoluten Längen gestützt. Ich legte deshalb für Blatt I zunächst Kondoa in Irangi zu Grunde, so wie dasselbe auf der Section C4 meiner »Karte von Deutsch-Ostafrika« in 1 : 300000 angesetzt ist; Näheres darüber findet man in den dazu gehörigen Begleitworten. Die von Graf von Götzen bestimmte Breite Kondoas (–4° 54.′1 ± 1′) stimmt gut zu der von mir auf C4 angenommenen, welche mit – 4° 54′ 36″ das Mittel aus den Beobachtungen Baumann's und Stuhlmann's darstellt. Dann wurde zwischen Pangani (nach der britischen Küstenaufnahme eingetragen) und Kondoa die Kersting'sche Routenaufnahme eingezeichnet und dabei für Mgera in Nguru die ältere Baumann'sche Breite (−5° 22.′4) beibehalten, welche nur eine Fehlergrenze von ±0.′5 hat, während dieselbe bei der Graf von Götzen'schen Bestimmung (−5° 24.′8) das Doppelte beträgt.

Als nächsten, annähernd festen Punkt auf Graf Götzen's Route wählte ich das Lager beim Dorfe des Häuptlings Sigila (Sagiro Baumann's) in Mbulu, weil es auch von Baumann kartographisch niedergelegt worden ist und seine Position in der Nähe der kleinen, von Baumann wiederholt durchzogenen Landschaft Umbugwe ziemlich gesichert erscheint. Bei Einzeichnung dieser Strecke Kondoa-Mbulu wurden die Graf Götzen'schen Breiten des Borischa-Lagers (−4° 49.′6 ±0.′5) und von Vurumanangi in Mangati (−4° 15.′8 ± 0.′5), sowie die von ihm ermittelte Längendifferenz des Borischa-Lagers gegen Kondoa (+0.′2) berücksichtigt, die Längendifferenz von Vurumanangi gegen Kondoa (−24.′9) dagegen nicht, weil sie mit unserer Routenkonstruktion vollkommen unvereinbar ist, während alle übrigen Längendifferenzen zu derselben vortrefflich stimmen.

Für das zweite Vembere-Lager am 18./19. Februar 1894, dieselbe Stelle, welche Baumann (Tafel 2 seiner Karte in Petermann's Mitth., Ergänzungsheft 111) Mihamani nennt, haben wir die Längendifferenz gegen Kondoa (-1^0 16.'3, d. h. 34^0 40' 52" E. Gr.), wonach der Punkt um fast 11 Längenminuten westlicher angesetzt werden muss, als bei Baumann. Seine Breite wurde durch Konstruktion Eintragung der Marschrichtung, ermittelt.

Das weiter folgende Kitaganda-Lager ist seiner Breite (-3^0 28.'8 $\pm 1'$) und seiner Länge (1^0 30.'0 westlich von Kondoa = 34^0 27' 10" E. Gr.) nach von Graf Götzen bestimmt, ebenso vorher die Breite eines Rastortes am 20. Februar 1894 (-3^0 38.'1 $\pm 2'$); zeichnet man seine Route vom zweiten Vembere-Lager nach Kitaganda mechanisch zwischen beide festliegende Endpunkte ein, so kommt jener Rastort noch innerhalb der Fehlergrenze zu liegen.

Der Rastort am Ischika-Bache (-3^0 35.'4 $\pm 1'$; 1^0 53.'0 westlich von Kondoa = 34^0 4' 10" E. Gr.) und das Lager beim Hauptdorfe von Uduhe (-3^0 36.'3 $\pm 1'$; 2^0 5.'6 westlich von Kondoa = 33^0 51' 34" E. Gr.) sind ihrer Breite und Länge nach, wenigstens annähernd, festgelegt. Ebenso die Länge des Lagerplatzes beim Ikuru von Nindo (2^0 50.'7 westlich von Kondoa = 33^0 6' 28" E. Gr.). Auf Sektion B3 meiner »Karte von Deutsch-Ostafrika« ist derselbe Ort in 33^0 6' 25" angesetzt, ein Werth, welcher auf Grund der Positionen von Tabora und Nyangesi lediglich durch Konstruktion ermittelt worden ist und mit dem Graf Götzen'schen Ergebnisse fast genau übereinstimmt. Die Breite von Nindo wurde ebenso angesetzt, wie auf der erwähnten Sektion B3.

Von Nindo bis zu dem nächsten, durch Baumann gesicherten Fixpunkte Nyarvongo (auf Blatt II) wurde die Götzen'sche Route im Zusammenhange eingetragen, unter Berücksichtigung der Götzen'schen Breite für die Missionsstation Maria Hilf in Uschirombo (-3^0 25.'4 $\pm 0.'5$); diejenige für das Hauptdorf von Bukombe (-3^0 30.'9 $\pm 3'$) wurde vernachlässigt, da sie weniger gut zu unserer Konstruktion passt, nach welcher jedoch der Ort noch innerhalb der Fehlergrenze jener Beobachtung zu liegen kommt. Für die Missionsstation St. Michael in Mssalala ist ausserdem die letzte der Götzen'schen Zeitbestimmungen zu berücksichtigen, wonach sie 3^0 18.'6 westlich von Kondoa, d. h. in 32^0 38' 34" E. Gr., liegt.

Bei einem Vergleich der so auf Blatt 1 niedergelegten Routenstrecken hinsichtlich ihrer Richtungen und Längen mit den entsprechenden der Rohkonstruktion erhielten wir folgende, fast durchweg sehr befriedigende Resultate:

Strecken	Azimut rechtweisend			Länge der Strecken in cm			
	auf der Rohkonstr.	auf Blatt I	Differenz	auf der Rohkonstr. in 1 : 71500	wie sie auf Bl. I in 1 : 1250000 sein müsste	wie sie ist	Differenz
Pangani—Mgera .	270^0	272^0	2^0	222	12,6	12,3	0,3
Mgera—Kondoa	$281\frac{1}{2}^0$	286^0	$4\frac{1}{2}^0$	268,5	15,3	15	0,3
Kondoa—Borischa-Lager .	14^0	16^0	2^0	10,5	0,6	0,6	—

Strecken	Azimut rechtweisend			Länge der Strecken in cm			
	auf der Rohkonstr.	auf Blatt I	Differenz	auf der Rohkonstr. in 1:71500	wie sie auf Bl. I in 1:1250000 sein müsste	wie sie ist	Differenz
Borischa — Vurumanangi . .	327°	336°	9°	96	5,5	5,5	—
Vurumanangi — Mbulu . .	3¹₂°	11°	7¹/₂°	56	3,2	3,5	0,3
Mbulu — 2. Vembere-Lager .	277¹/₂°	275¹/₂°	2°	121,5	6,9	9,9	3 *)
2.Vembere-Lager—Kitaganda	322°	320°	2°	68	3,8	3,2	0,6
Kitaganda — Ischika-Bach .	254°	253¹/₂°	¹/₂°	59	3,4	3,4	—
Ischika-Bach — Uduhe .	255¹/₂°	267¹₂°	12°	40,5	2,3	1,9	0,4
Uduhe — Nindo	269°	276°	7°	113,5	6,6	6,2	0,4
Nindo — Bukombe	271¹₂°	273¹/₂°	2°	161,7	8,9	8,9	—
Bukombe — Uschirombo . .	284¹/₂°	286¹/₂°	2°	26,5	1,5	1,6	0,1
Uschirombo — Nyarvongo .	229¹/₂°	229°	¹/₂°	139	7,8	7,9	0,1

An sonstigem Material für Blatt I wurde folgendes benutzt:

1) Die vier bisher erschienenen Sektionen meiner »Karte von Deutsch-Ostafrika« B3, B4, C3 und C4, von denen B3, B4 und C4 stellenweise durch Graf Götzen's Aufnahmen und Ortsbestimmungen Aenderungen erfahren.

2) Die erst in Lithographie bezw. in Ausarbeitung befindlichen Sektionen A2, A3, B2, B5, C5 und D4 derselben Karte.

3) Noch unveröffentlichtes Material von Emin Pascha, Herrmann und Fonck. Ich mache ausdrücklich darauf aufmerksam, dass, wo Blatt I von früheren Karten abweicht, nicht willkürliche Veränderungen angebracht, sondern neue, aber noch unedirte Quellen benutzt worden sind, welche s. Z. ans Licht treten werden.

4) Die von L. Friederichsen bearbeitete Fischer'sche »Routenkarte durch das Massai-Land« in 1:1500000 in Mitth. der Geogr. Ges. in Hamburg 1882/83, Tafel 7, und

5) die ebenfalls von L. Friederichsen bearbeitete Stuhlmann'sche »Karte von Ungú, Usegua und Süd-Usambáa« in 1:500000, ebenda 1887/88, Tafel 6.

6) von Höhnel's »Original-Routen-Karte von Graf S. Teleki's Forschungsreise in den Jahren 1887/88« in 1:750000 in »Petermann's Mittheilungen«, Ergänzungsheft No. 99, Tafel 1.

7) Die Karten des englischen Bluebook, Treaty Series, No. 14, 1893. Vgl. auch The Geographical Journal, November 1894, S. 435.

8) Die Karte »Mombasa—Victoria Lake Railway« in »The Geographical Journal«, August 1893.

9) Die vierblätterige Baumann-Hassenstein'sche »Originalkarte des nördlichen Deutsch-Ostafrika« in 1:600000 in »Petermann's Mitth.«, Ergänzungsheft No. 111, soweit sie nicht schon in den oben unter 1) und 2) aufgeführten Blättern meiner Karte in 1:300000 verarbeitet worden ist.

*) Die Strecke Mbulu—2. Vembere-Lager ist auf der Rohkonstruktion in demselben Verhältnisse, wie die übrigen Strecken, nämlich 1 Marschminute = 1 mm, gezeichnet worden und, da sie nach späterer Angabe des Reisenden in sehr beschleunigtem Marschtempo zurückgelegt wurde, dadurch bedeutend zu lang gerathen.

10) Hassenstein's »Karte der Gebiete von Deutsch- und Britisch-Ostafrika zwischen dem Victoria-Nyansa und dem Kenia« in 1 : 750000, »Petermann's Mitth.« 1895, Tafel 1.

Zu bemerken ist noch, dass, wo wichtigere Routen von anderen Reisenden die des Grafen von Götzen schneiden, von ersteren ein kurzes Stück eingezeichnet ist; im Uebrigen sind dieselben aber auf diesem Blatte ganz fortgelassen worden.

Blatt II.

Von den beobachteten Breiten ist diejenige für das Lager am Kagera, wie auch in dem Berichte Dr. F. Cohn's, Anmerkung, angegeben, unbrauchbar. Die übrigen vier, Lager am Nyavarongo-Flusse 18. Mai 1894 (-1^0 58.'3), Lager am Kivu-See 17. und 20. Juni 1894 (-1^0 40.'4), Insel ψ im Kivu-See (-1^0 46.'0) und Tupalo (-0^0 58.'2) wurden, wie aus der Karte ersichtlich, berücksichtigt.

Da westlich von Mssalala keine Zeitdifferenzen mehr beobachtet worden sind, so mussten die Längen obiger vier, der Breite nach bestimmten Punkte aus dem Routier ermittelt werden. Zuerst wurde die geographische Länge des Vulkans Kirunga-tscha-gongo nach den Itineraren von Dr. Stuhlmann und Graf von Götzen berechnet, unter Zugrundelegung der Positionen von Bukoba (-1^0 20.'5 nach Rindermann und Stuhlmann; 32^0 4' 3" E. Gr. nach Rindermann) und Nyarvongo (-2^0 40.'2; 31^0 30' 40" E. Gr. nach Baumann). Auf dem Stuhlmann'schen Routier (Rohkonstruktion in 1 : 71500) beträgt die Längendifferenz Bukoba—Vulkan 398 cm = 153,23 Bogenminuten = 2^0 33.'2, die Breitendifferenz 24,5 cm = 9.'4. Der Vulkan liegt also nach Dr. Stuhlmann's Aufnahme 2^0 33' 12" westlich und 9.'4 südlich von Bukoba, d. h. in 29^0 30' 51" E. Gr. und 1^0 29.'4 s. Br. Auf der Götzen'schen Konstruktion liegt er 342 cm = 131,67 Bogenminuten = 2^0 11.'8 westlich von Nyarvongo, d. h. in 29^0 18' 52" E. Gr., und um 200 cm = 77 Bogenminuten = 1^0 17' nördlich davon, d. h. in 1^0 23.'2 s. Br. Er kommt also nach Graf von Götzen um 11' 59" westlicher und um 6.'7 nördlicher zu liegen, als bei Stuhlmann. Für seine geographische Länge nahm ich nun das Mittel von diesen beiden Werthen, nämlich 29^0 24' 52" E. Gr., für die Breite aber das Graf von Götzen'sche Ergebniss, in Anbetracht dessen, dass letzterer den Vulkan selbst erstiegen und durch eine ganze Anzahl guter Peilungen mit seiner sorgfältig aufgenommenen Route in Ruanda und am Nordufer des Kivu-Sees verknüpft hat, während Dr. Stuhlmann weit nördlich vom Vulkan entlang zog und ihn nur durch sehr spitze Peilungswinkel niederzulegen vermochte.

Nachdem so der Vulkan seiner Länge nach festgelegt war, wurde nach den Peilungen und der beobachteten Breite das Lager am Ufer des Kivu-Sees und in demselben Verhältnisse des Abstandes von Nyarvongo und von dem Vulkane, wie auf unserer Konstruktion, das Lager am Nyavarongo-Flusse (-1^0 58.' 3) eingetragen. An das Kivu-Lager wurde dann die Aufnahme der nördlichen Hälfte des Sees an-

geschlossen, für welche Graf von Götzen eine Basis von 319,6 m Länge mass.
Von da aus führte er eine Triangulation durch, welche höchst befriedigende
Resultate ergab, und mit welcher die Aufnahme der Landroute sogar ausgezeichnet
stimmt.

Für das Ende des Götzen'schen Marsches in der jetzt verlassenen Station
Kirundu am Kongo, gegenüber Kibonge, giebt es noch immer keine bessere
Quelle, als die zusammenhängende Stanley'sche Kongo-Aufnahme, wie sie zuletzt
in dessen »In darkest Africa« Bd. II in »A map of the routes of the Emin Pasha
Relief Expedition from the River Congo to the Victoria Nyanza by Henry
M. Stanley 1 : 1 267 200« reproduzirt wurde. Weder die »Karte des Kongostromes
zwischen Kasonge und der Station der Stanley-Fälle« von O. Lenz in »Mitth. der
k. k. Geograph. Ges. in Wien 1886, Tafel 8«, noch die »Carte des Stanley-Falls
depuis Kibonge par Mr. Page« in »Le Mouvement Geographique« 1893, No. 1, S. 3
erscheinen zuverlässig genug, um nach ihnen Veränderungen an der Stanley'schen
Zeichnung des Stromlaufes, so mässig dieselbe auch sein mag, vorzunehmen.
Doch wurden einerseits einzelne Verbesserungen nach dem Tagebuche des Grafen
von Götzen, dessen zusammenhängende Aufnahmen mit der Ankunft in Kirundu
aufhören, angebracht, andererseits die Lage der Falls-Station nach der Bestimmung
von Delporte und Gillis (+ 0° 30′ 18″; 25° 10′ 42″ E. Gr., vergl. Le Mouvement
Géographique 1894, No. 5, S. 20 nach Bd. 53 der Mémoires de l'Académie royale
de Belgique) eingetragen, wodurch dieselbe gegenüber der Stanley'schen Karte
nach Norden und Westen verschoben wird. Dieselbe westliche Verschiebung
erfährt natürlich auch Kirundu, während die nördliche Verschiebung etwas geringer
ist, als bei der Falls-Station, da Kirundu fast $1\frac{1}{4}$ Breitengrad näher an Nyangwe
liegt, dessen bisher allgemein angenomme Breite (— 4° 13′ 30″ nach Wissmann)
bis auf Weiteres beibehalten werden muss.

Nachdem so der Kivu-See und der Kongo bei Kirundu festgelegt waren,
wurde die Länge des einzigen, dazwischen seiner Breite nach bestimmten Ortes,
Tupalo (— 0° 58.′2), proportionell zu unserer Konstruktion eingetragen.

Eine Vergleichung der auf Blatt II fallenden, durch Breitenbestimmungen
begrenzten Routenstrecken hinsichtlich ihrer Richtungen und Längen mit den
entsprechenden unserer Rohkonstruktion zeigte folgende, durchweg befriedigende
Resultate:

Strecken	Azimut rechtweisend			Länge der Strecken in cm			
	auf der Rohkonstr.	auf Blatt II.	Differenz	auf der Rohkonstr. in 1 : 71 500	wie sie auf Bl. II in 1 : 1 250 000 sein musste	wie sie ist	Differenz
Nyarvongo — Lager am Nyavarongo 18./19. 5. 94	300°	298$\frac{1}{2}$°	1$\frac{1}{2}$°	242,5	13,8	13,2	0,6
Lager am Nyavarongo – Lager am Kivu See	288$\frac{1}{4}$°	290$\frac{1}{4}$°	2°	141,8	8,1	7,7	0,4
Kivu See — Tupalo	287$\frac{1}{2}$°	288°	$\frac{1}{2}$°	371,4	21,2	20,1	1,1
Tupalo — Kirundu	278$\frac{1}{2}$°	278$\frac{1}{2}$°	0°	277,3	15,8	15,7	0,1

Dass ich die Quelle des von Graf von Götzen zweimal überschrittenen Nyavarongo, des bedeutendsten Quellflusses des Kagera, nach Nyakisu gelegt habe, dazu veranlasste mich, dass O. Baumann (Petermann's Mitt. Ergzgsh. 111, Tafel 4) an dieser Stelle die Quellen eines Flusses Urusiya Warongo oder Nyavarongo verzeichnet, den er freilich als ganz kurzen Wasserlauf dem Akanyaru zuströmen lässt. Vortrefflich stimmt dazu folgende Erkundigung Speke's (Journal R. Geogr. Soc. Bd. 29, S. 253. »Die Residenz des Mwami oder Obersultans (von Urundi) Mwesi liegt nahe der Quelle des Kitangure oder des Flusses von Karagwah (d. h. des Kagera), welche 6 Tagemärsche oder 60 statute miles nordöstlich vom Tanganyika sich befindet.« Dort etwa liegt auch nach O. Baumann, Durch Massailand zur Nilquelle, S. 89, der Berg Ganso Kulu, die Begräbnissstätte der Mwesi von Urundi.

An sonst noch benutzten Quellen nenne ich folgende:

1) Die noch unveröffentlichten Sektionen A 1, A 2, A 3 und B 1 und B 2 meiner »Karte von Deutsch-Ostafrika« in 1 : 300000.

2) Stuhlmann's »Provisorische Original-Routen-Skizze der Expedition Dr. Emin Pascha's im Westen des Victoria- und des Albert-Njansa« 1 : 1000000 in »Petermann's Mitteilungen« 1892, Tafel 16.

3) Map of Uganda and adjoining territories. Compiled for the Intelligence Division, War Office, by Captain J. R. L. Macdonald, R. E. August 1894, 1 : 760302. War Office, January 1895; eine Arbeit, die viele neue Routen enthält, aber dabei wenig Details und eine unbefriedigende Terraindarstellung.

4) A map of the routes of the Emin Pasha Relief Expedition . . . . by Henry M. Stanley in dessen »In darkest Africa«, Bd. 2.

5) Richard Kiepert, Aequatorial-Ost-Afrika, 1 : 300000, aus dessen »Deutscher Kolonial-Atlas«, letzte Ausgabe vom April 1895.

6) Pater Brard, Originalkarte einer Forschungsreise auf der Sasse-Insel 1 : 300000 in »Petermann's Mitteilungen« 1895, Tafel 11.

7) Map of part of East Africa to illustrate a paper by G. F. Scott Elliot, M. A. 1 : 2000000 in »The Geographical Journal«, October 1895. Enthält Neues namentlich für das südliche Karagwe und das nördliche Urundi.

8) J. du Fief, Carte de l'Etat Indépendant du Congo, 1 : 2000000, Bruxelles 1895, 4 Blatt. Nach derselben wurden Einzelheiten am Kongo, die Flüsse Lindi und Mbura, die untere Lowa bis zu den Schnellen von Bangoka und die dürftigen Routen des Capitaine Lange vom Jahre 1894 zwischen Tanganyika- und Kivu-See eingetragen.

In der Osthälfte auch dieses Blattes sind Routen anderer Reisenden nur dort eingetragen, wo sie die Götzen'sche schneiden, in der Westhälfte dagegen sowohl der ganze Stanley'sche Marsch längs des Aruwimi von Yambuya bis zu den Ufern des Albert Nyansa mit vielen Details, als auch der von Stuhlmann erkundete und später von Emin Pascha zum grössten Theil zurückgelegte Weg von Kilongalonga unweit des Ituri nach Kibonge am Kongo, und zwar um auf Blatt 2 alle bisher im innerafrikanischen Urwalde zurückgelegten und erkundeten Wege in ihrem Verhältnisse zu einander zu veranschaulichen.

Zum Schlusse möchte ich den Leser ersuchen, auf Blatt 2 die Darstellung der drei verschiedenen Gebiete Deutsch- und Britisch-Ostafrika und Kongo-Staat mit einander zu vergleichen; sie ist charakteristisch für die Art und Weise, wie von den betreffenden Nationen die geographische Erforschung ihrer afrikanischen Kolonien bisher aufgefasst und betrieben wird. In Deutsch-Ostafrika und weit hinein in die angrenzenden Gebiete, bis zum Nordrande der Karte und westlich bis zum Kongo, dank der unermüdlichen Thätigkeit und der Sorgfalt eines Stuhlmann, eines Grafen von Götzen und Baumann's eine ebenso ausgedehnte, wie in's Einzelne gehende Durchforschung des Landes; in Britisch-Ostafrika zwar ein dichtes Routennetz, aber wenig detaillirte Aufnahmen, spärliche Höhenmessungen, ungenügende Auffassung des Terrains. Und im Kongo-Staate, wenn man alles hinweg nimmt, was Fremde, Stanley, Stuhlmann, Graf von Götzen, gethan und erkundet haben, was bleibt? Kaum eine flüchtig skizzirte Route, nicht einmal eine sorgfältige Aufnahme der regelmässig befahrenen Hauptverkehrsader, des Kongo, nur eine einzige gute Längen- oder Breitenbestimmung!

Kurze Zusammenfassung
der Resultate der astronomischen Beobachtungen des Grafen von Götzen in Ost-Afrika.

Von Dr. **Fritz Cohn**.

Die astronomischen Beobachtungen des Grafen von Götzen enthalten sowohl Höhen-, als auch Azimutmessungen. Die ersteren dienten zum Zweck der Breitenbestimmung, wenn das beobachtete Gestirn sich in der Nähe des Meridians befand, zur Zeitbestimmung, wenn es sich in der Nähe des 1. Vertikales, d. h. der senkrecht zum Meridian durch Ost- und Westpunkt gelegten Ebene, befand. Die Azimutbeobachtungen dienten theils zur Bestimmung der Azimute irdischer Objekte, theils in Verbindung mit den Ablesungen einer Magnetnadel zu magnetischen Deklinationsbestimmungen.

Das Beobachtungsinstrument war ein Universalinstrument von Sprenger-Berlin; die beiden Kreise desselben (Höhen- und Azimutal-Kreis) lassen, von 20′ zu 20′ getheilt, mit Hülfe der Nonien eine auf $^1/_4$′ bis $^1/_2$′ genaue Ablesung zu. Das Fadennetz bestand aus je 5 etwa 10′ von einander abstehenden Horizontal- und Vertikalfäden. Bei Zeitbestimmungen wurde der Durchgang des Sterns durch die drei mittelsten Horizontalfäden beobachtet; bei den Breitenbestimmungen wurde die Beobachtung am Mittelfaden gemacht. Stets wurde, wenn nicht Bewölkung es verhinderte, in beiden Kreislagen beobachtet. Ausserdem gehörten zu den mitgenommenen Instrumenten einige Aneroide, ein Siedeapparat und Thermometer, sowie drei Taschenuhren, welche sehr gut gegangen sind.

Was nun die Beobachtungen selbst anbetrifft, so haben dieselben im Allgemeinen den dem Instrumente entsprechenden Genauigkeitsgrad. Um diese Genauigkeit noch zu erhöhen, unternahm der Berechner im März 1895 in Leipzig an dem Instrumente, an dem bis dahin nichts geändert worden war, eine Reihe von Kontrollbeobachtungen, welche hauptsächlich eine nachträgliche Bestimmung derjenigen Instrumentalfehler, die sich aus den Beobachtungen nicht bestimmen liessen, bezweckten. Nur eine Unsicherheit, die in der Art der Ablesung der

Nonien lag, konnte nicht mehr völlig beseitigt werden und hat auf die Genauigkeit mancher Breitenbestimmung ungünstig gewirkt. Es wurde nämlich stets nur ein Nonius abgelesen, und zwar in beiden Kreislagen ein anderer, so dass der Zweck des Beobachtens in beiden Kreislagen, nämlich die Elimination des Indexfehlers, nicht erreicht wird, vielmehr eine unbekannte, konstante Grösse, der Unterschied der beiden Nonien-Ablesungen, in alle gemessenen Höhen eingeht. Da man von dieser nicht annehmen kann, dass sie sich lange konstant erhält, musste sie aus den Beobachtungen selbst möglichst oft bestimmt werden. Meistens gelang dies mit genügender Sicherheit, und nur gegen den Schluss der Beobachtungsreihe wird die Bestimmung dieser Grösse und damit die Breitenbestimmung selbst etwas unsicherer.

Es folgt jetzt eine Liste der beobachteten 15 Breiten mit Angabe der ungefähren Unsicherheit. Diese beruht indessen auf einer blossen Schätzung und soll nur einen ungefähren Maassstab für die den einzelnen Breiten zukommende Genauigkeit geben.

	φ	Ungefähre Unsicherheit:
Mgera-Lager:	-5^0 24.'8	$\pm$ 1'
Kondoa:	-4^0 54.'1	$\pm$ 1'
Borischa-Lager:	-4^0 49.'6	$\pm$ 0.'5
Vurumanangi in Mangati:	-4^0 15.'8	$\pm$ 0.'5
Rastplatz 20. 2. 94:	3^0 38.'1	$\pm$ 2'
Kitaganda-Lager:	-3^0 28.'8	$\pm$ 1'
Rast am Ischika-Bach:	-3^0 35.'4	$\pm$ 1'
Lager beim Hauptdorfe von Uduhe:	-3^0 36.'3	$\pm$ 1'
Lager beim Hauptdorfe von Bukombe:	-3^0 30.'9	$\pm$ 3'
Missionsstation Maria Hilf in Uschirombo:	-3^0 25.'4	$\pm$ 0.'5
Am Kagéra-Flusse:	-2^0 19' oder 2^0 3'	$\pm$ 3'
Am Nyavarongo-Flusse 18. 5. 94:	1^0 58.'3	$\pm$ 2'
Kivu-See, 1. Lager:	-1^0 40.'4	$\pm$ 2'
» Insel ψ:	-1^0 46.'0	$\pm$ 2'
Tupalo:	-0^0 58.'2	$\pm$ 2'

Betreffs Kagéra ist zu bemerken, dass die beiden Werthe auf verschiedenen Sternen beruhen und zunächst nicht entschieden werden kann, welche Beobachtung fehlerhaft ist[*]).

Bei dem vorzüglichen Gange der Uhren ist auch der Versuch eines Längenanschlusses mit Erfolg gemacht worden; die so erlangten 8 Werthe, Längendifferenzen gegen Kondoa, waren, den für Vurumanangi ausgenommen, in so guter Uebereinstimmung mit den auf Grund des Itinerars ermittelten, dass sie bei dessen

---

[*] Keiner der beiden Werthe stimmt zu der, aus der Konstruktion der Götzen'schen Route und ihrer Kombination mit der Stanley'schen von 1876 ermittelten Breite; doch kommt -2^0 19' der Wahrheit näher. R. Kiepert.

Niederlegung ohne Weiteres benutzt wurden. Näheres hierüber siehe in Dr. R. Kiepert's Begleitworten zu den beiden Karten.

Ausser diesen astronomischen Beobachtungen ist mit dem Theodoliten noch eine ausführliche Triangulation des Kivu-Sees, und zwar der nördlichen, von Graf von Götzen befahrenen Hälfte desselben, ausgeführt worden. In Verbindung mit den zugehörigen astronomischen Beobachtungen giebt dieselbe ein anschauliches Bild der Formen des Sees und der zahlreichen Inseln, die sich in diesem Theil des Sees vorfinden.

Die Höhenmessungen
der Graf v. Götzen'schen Expedition.

Berechnet von Dr. **v. Danckelman.**

Die Expedition verfügte über einen Fuess'schen Siedeapparat und drei Bohne'sche Aneroïde, sowie ein Aneroïd von Naudet, Paris. Alle Instrumente waren vor der Reise an der Physikalischen Reichsanstalt einer genauen Prüfung unterzogen. Die Korrektion der beiden Siedethermometer

No. 245 und No. 260 betrug:

	No. 245	No. 260
bei 90°	—	+ 0.01
» 91°	± 0.00	—
» 94°	+ 0.01	—
» 95°	—	± 0.00
» 97°	+ 0.01	—
» 100°	± 0.00	— 0.01

Die drei Bohne'schen Aneroïde geriethen aus unermittelt gebliebenen Ursachen schon während der ersten Hälfte der Reise nach einander in Unordnung; eine nachträgliche Untersuchung hat bei einem derselben starke innere Verbiegungen erkennen lassen, derselbe hat also einen heftigen Sturz erlitten; bei den beiden anderen scheint nur eine Lockerung des Zeigers stattgefunden zu haben, so dass letzterer der Drehung der Axe nicht mehr entsprechend folgte. Bei dem Naudet'schen Instrument, welches während der ganzen Reise abgelesen wurde und das am 31. Mai 1894 durch Sturz eine starke Erschütterung erlitt, so dass die positive Standkorrektion von 6—10 mm sich nach Ausweis der Kontrolle durch die Siedepunktbestimmungen in eine negative von 2—5 mm veränderte, wurde nach der Rückkehr von der Reise Seitens der Reichsanstalt eine Verdoppelung des Betrages des Temperaturkoeffizienten, der wie bei den meisten Naudet'schen Instrumenten ursprünglich sehr gering war, unzweifelhaft festgestellt, eine im Allgemeinen sehr seltene Erscheinung, welche durch den Sturz des Instrumentes nicht wohl zu erklären ist. Während vor der Reise die Verbesserung für Temperatur für 1° bei 792 mm + 0.01 mm, bei 706 mm + 0.02 mm, bei 620 mm + 0.03 mm und bei 534 mm + 0.04 mm betragen hatte, waren die betreffenden Werthe nach der Reise bei

783 mm + 0.03 mm, bei 741 mm + 0.04 mm, bei 699 mm + 0.05 mm, bei 656 mm + 0.06 mm, bei 614 mm + 0.07 mm, bei 571 mm + 0.08 mm, bei 529 mm + 0.09 mm. Für die Zeit vom 13. Dezember 1893 (Guguini-Lager) bis zum 9. Oktober 1894 liegen im Ganzen 36 Siedepunktbestimmungen vor, die sämmtlich brauchbar erscheinen. Nur ist ihre Gesammtzahl etwas gering, um eine genaue Kontrolle der Standänderungen des hauptsächlich in Betracht kommenden Naudet'schen Aneroïds (im Tagebuch gewöhnlich mit »Rom« bezeichnet) zu ermöglichen. Es entfallen auf die Zeit von 300 Tagen durchschnittlich nur auf je 8.3 Tage eine Siedepunktbestimmung, ein Intervall, das namentlich bei den starken Luftdruckschwankungen im mittleren Theil der Reise entschieden zu lang ist. Dass bei dem mit enormen Schwierigkeiten verbundenen Marsch durch den Urwald vom Lovuto bis zu den Stanley-Falls während 25 Tagen jede Siedepunktbestimmung unterblieb, ist wohl begreiflich, und hat dieser Umstand auch nicht viel zu bedeuten, da das Land sehr eben war.

Die Lufttemperatur und Luftfeuchtigkeit wurde meist mit Hülfe eines Assmann'schen Psychrometers, welches die ganze Reise unversehrt überdauerte, bestimmt, in eiligen Fällen auch mit Hülfe eines Schleuderthermometers. Leider ist öfters gerade bei Gelegenheit der Siedepunktbestimmungen, bei denen sich eine genaue Bestimmung der gleichzeitig herrschenden Lufttemperatur und Luftfeuchtigkeit am meisten gelohnt hätte, nur das Schleuderthermometer zur Feststellung der gleichzeitigen Lufttemperatur benutzt worden.

Als Basis für die Berechnung der Höhenmessungen wurden schon der Vergleichbarkeit halber die seinerzeit von Zöppritz bei der Revision der Stanley'schen Messungen angewandten Mittelwerthe der drei Stationen: Chinchoxo, Sansibar und Lado benutzt (vergl. Peterm. Mitth. 1882, p. 96.). Die Unsicherheit der im Innern von grossen Kontinenten, wenn auch an sich noch so sorgfältig angestellten barometrischen Höhenmessungen, ist in Folge sehr vielfacher Ursachen (Unbekanntschaft mit dem thatsächlichen täglichen Gang der meteorologischen Elemente in den verschiedenen klimatischen Gebieten und Höhenlagen, mit den unzweifelhaft vorhandenen Gradienten zwischen dem Innern und den Küsten, mit den besonderen Witterungsanomalien zur Stunde der einzelnen Messung u. s. w.) so bedeutend, dass selbst die Zuhülfenahme korrespondirender Barometerbeobachtungen an den Küsten keine wesentliche Verschärfung der rechnerischen Resultate ergeben dürfte, selbst wenn diese Beobachtungen allgemein zugänglich wären. Für die Station des Kongostaates in Banana*) war dies aber nicht der Fall und die Beobachtungen an den verschiedenen Stationen längs der deutsch-ostafrikanischen Küste sind hauptsächlich in Folge häufigen Wechsels der Beobachter vielfach durchaus nicht zuverlässig.

*) Nachträglich verdanke ich noch der Güte des Herrn A. Lancaster vom Kgl. Observatorium in Brüssel eine Mittheilung über die Beobachtungen des Herrn Dr. Etienne in Banana vom 6. und 9. Oktober 1894. Hiernach betrug der Luftdruck (auf 0° und das Meeresniveau reduzirt) und die Lufttemperatur an jenen beiden Tagen um 6½ Morgens 761.9 mm und 23.°8 bezw. 761.2 und 24.°2, die Seehöhe des Stanleyfalls folgt hieraus zu 404 m.

Wie wenig die Zöppritz'schen Basiswerthe übrigens durch Hinzufügung weiterer Küstenstationen verändert werden würden, erhellt schon daraus, dass die Hinzuziehung der bisher veröffentlichten Resultate der Station Banana (1890—91),[*] welche mit Hülfe der stündlichen Beobachtungen in Kamerun auf 24stündige Mittelwerthe reduzirt wurden, keine wesentliche Aenderung der ursprünglichen Werthe ergab.[**]

Die Monatsmittel des wahren Luftdruckes und der Lufttemperatur der drei genannten Stationen lauten nach Zöppritz (a) und mit Hinzunahme von Banana (b) wie folgt:

	Jan.	Febr.	März	April	Mai	Juni	Juli	Aug.	Sept.	Okt.	Nov.	Dez.	Jahr
a $\{$ p =	757.2 mm	57.0	56.6	57.2	58.6	60.3	60.7	60.7	60.1	58.9	58.1	57.5	58.6 mm
t =	27°.9	28.0	27.9	26.6	25.7	24.5	23.9	24.0	24.6	25.9	26.3	26.7	26°.0
b $\{$ p =	757.3 mm	56.7	56.7	57.3	58.7	60.5	61.0	60.8	60.2	59.0	58.1	57.7	58.7 mm
t[***] =	26°.7	27.2	27.3	27.0	25.9	24.1	23.1	23.1	24.1	25.3	26.1	26.3	25°.5

Der Kontrolle wegen wurden sämmtliche Siedepunktbestimmungen auch noch mit Hülfe der gleichzeitigen Beobachtungen in Dar-es-Salâm besonders berechnet. Es ergaben diese Berechnungen durchschnittlich um ca. 4 m höhere Werthe als die mit Hülfe der Zöppritz'schen Basiswerthe berechneten. Die Abweichung ist also eine nahezu verschwindende und erreichte nur in einem Fall den extremen Werth von 35 m.

Nach einer gütigen brieflichen Mittheilung von Dr. Wagner, dem sorgfältigen Bearbeiter der Höhenmessungen Stuhlmanns und Emin Paschas, weichen die Höhenbestimmungen des Victoria Nyansa aus zahlreichen Siedepunktbestimmungen und ca. 7 Monaten Aneroïdablesungen im Monatsmittel noch bis über 30 m untereinander ab. Diese Thatsache charakterisirt die grosse Unsicherheit der barometrischen Messungen besser als viele Worte und lässt das Suchen nach verbesserten Basiswerthen als ein ziemlich überflüssiges Bemühen erscheinen. Der wahrscheinliche Fehler der mit Hülfe der Aneroïde gemessenen Höhen ist selbstverständlich noch erheblich grösser, als der durch Siedepunktbestimmungen erhaltenen, zumal, wenn, wie es hier der Fall ist, die chamäleonhafte Veränderlichkeit der Aneroïdstände durch längere Intervalle ohne Kochthermometer-Kontrolle verbleibt. Es erschien bei der Berechnung dieser Messungen am zweckmässigsten, die gefundenen Standkorrektionen für gewisse Reiseabschnitte zu Mittelwerthen zu vereinigen und einige extreme Fälle, die ebenso gut aus einem Irrthum in der Siedepunktbestimmung zu erklären waren, ausser Betracht zu lassen.

Als Temperaturkorrektion des Aneroïdes »Rom« wurde das Mittel der Prüfungsergebnisse vor und nach der Reise angenommen. Störend bei der Anbringung dieser Korrektion erwies sich, dass das Instrument, als für Temperatur angeblich völlig kompensirt, nicht mit einem Thermometer versehen war. So lange noch die Bohne'schen Aneroïde, welche mit einem Aneroïd versehen waren,

---

[*] Meteorolog. Zeitschrift 1892, p. 399.

[**] Die Barometerbeobachtungen von Vivi am unteren Kongo konnten nicht benutzt werden, da die bisher angenommene Seehöhe dieser Station (113 m) entschieden um ca. 10 m zu hoch zu sein scheint.

[***] Ohne Lado.

24'

funktionirten, wurde die an jenen Instrumenten abgelesene Temperatur als auch zu dem Aneroid »Rom« passend angenommen; späterhin war man zur Ermittelung der angeführten jeweiligen Eigentemperatur des Instrumentes auf die Erfahrung angewiesen, dass im Mittel die Temperatur der Bohne'schen Aneroïde ca. 4° höher beobachtet worden war, als die jeweilige Lufttemperatur.

Was die Höhe der Station Stanley-Falls betrifft, so beobachtete Graf Götzen an dem durch die Expedition Delporte im Jahre 1891 errichteten Beobachtungs-pfeiler 3 m über dem Kongospiegel. Delporte*) fand als Höhe der Station 428 m. Da aber nicht zu ersehen ist, auf welchem Basiswerthe dieses Rechnungsergebniss beruht, so ist ein strenger Vergleich beider Zahlen unmöglich. Jedenfalls erscheint der Stanley'sche Werth, der sich übrigens wohl auf weiter oberhalb der Station gelegene Punkte bezieht, 462 bezw. 450 m, entschieden zu hoch.

Auf einen besonderen Abdruck der Liste der zahlreichen Aneroïd-Höhen-messungen an dieser Stelle wird verzichtet. Die Ergebnisse derselben werden auf den betreffenden Karten, welche den Verlauf der v. Götzen'schen Expedition im Detail zur Anschauung bringen werden, ihren Platz finden.

Siedepunktbestimmungen der Graf v. Götzen'schen Expedition.

Lauf. No.	Ort	Datum 1893/94.	Zeit	Wahrer Luft-druck mm	Assmann'sches Psychrometer trocken	Assmann'sches Psychrometer feucht	Stand**) des Aneroïd »Rom«	Seehöhe in m abge-rundet
1	Guguini-Lager	25. XII.	8.30 p.	751.8	25.9	24.1	752.5	70
2	Lager I . . .	6. I.	9 p.	676.0	20.6	17.4	669.0	1010
3	Lager II . . .	10. I.	9 p.	676.2	19.7	18.8	668.9	1030
4	» »	15. I.	10 a.	674.7	—	—	666.5	1030
5	Unterwegs .	22. I.	9 p.	636.4	16.2	15.0	628.6	1530
6	Kondoa . .	30. I.	7 a.	648.1	19.2	14.9	640.0	1380

*) Le Mouvement Géographique 1894, p. 20. Vergl. auch »Observations astronomiques et magné-tiques exécutées sur le territoire de l'Etat indépendent du Congo par le capitain adjoint d'Etat-major A. Delporte, docteur en sciences physiques . . . et le capitain adjoint d'Etat-major L. Gillis« in den Mémoires couronés . . . publiés par l'Académie royale des sciences. T. LIII. Bruxelles 1893—94. Da Delporte in einer sonst ganz beachtenswerthen, kleinen, von ihm herausgegebenen Anleitung zu wissen-schaftlichen Beobachtungen für belgische Offiziere im Kongostaat: »Astronomie et cartographie pratiques à l'usage des explorateurs de l'Afrique. Bruxelles 1889« p. 93 in der Anweisung zur Berechnung von Höhenmessungen im Innern des äquatorialen Afrikas den sehr anfechtbaren Grundsatz ausspricht, dass man als Basiswerth für die Berechnungen einen Barometerstand von 758 mm und eine Lufttemperatur von 26° annehmen soll, so ist wohl die Vermuthung berechtigt, dass seine mit Hülfe eines Quecksilber-barometers und eines Siedeapparates angestellten Höhenmessungen an den Ufern des Kongo nach diesem mangelhaften Prinzip, welches die jährliche Periode des Luftdruckes ganz unbeachtet lässt, berechnet worden sind. Da die Originalwerthe der Delporte'schen Höhenmessungen in obiger, sonst so ausführ-licher Veröffentlichung leider nicht mitgetheilt sind, so lässt sich diese Vernachlässigung nachträglich nicht wieder gut machen. Jedenfalls steht soviel fest, dass die Delporte'schen Höhenbestimmungen am Kongo, der Art ihrer Berechnung wegen, keinen Anspruch auf unbedingte Richtigkeit haben können.

**) Direkte Ablesung ohne jede Korrektion.

Lauf. No.	Ort	Datum 1893/94.	Zeit	Wahrer Luftdruck mm	Assmann'sches Psychrometer trocken	feucht	Stand**) des Aneroid »Rom«	Seehöhe in m abgerundet
7	Am Bubu . .	3. II.	5.30 p.	643.4	27.8*	°	634.9	1430
8	Mangati	5. II.	5.30 p.	630.5	24.6°	—	622.2	1600
9	Am Gurui-Berg .	6. II.	7 p.	534.3	11.0°		...	3000
10	I. Vembere-Lager .	17. II.	6 p.	666.5	28.6°			1130
11	II.	18. II.	6 p.	667.2	—		657.0	1110
12	Uduhe	28. II.	4 p.	661.3	29.3*		647.0	1190
13	Nindo	5. III.	6 p.	657.7	21.0*		648.2	1220
14	Mssalala	15. III.	2 p.	659.0	18.6	17.3	651.2	1190
15	Lager bei Nsuki	17. III.	9 p.	659.9	19.0	17.4	649.0	1210
16	Uschirombo	23. III.	7 a.	657.5	21.6	18.4	647.7	
17	» .	29. III.	9 a.	659.2	23.0	18.9	648.6	1250
18	» . . .	8. IV.	9 a.	658.9	21.0	18.4	648.7	
19	Nyarwongo .	24. IV.	9 a.	643.1	16.1	15.8	634.0	1440
20	Kagera . .	3. V.	9 p.	652.5	17.2	16.3	642.7	1330
21	Kaserasi	6. V.	9 p.	626.6	18.0	15.4	618.9	1680
22	Seespiegel	15. V.	9 p.	642.2	15.2	14.2	635.0	1460
23	Nyavarongo .	19. V.	11 a.	648.9	26.1°		643.5	1370
24	» . .	27. V.	11 a.	644.5	...		637.4	1450
25	Kwa Luabugiri	30. V.	9 p.	582.2	12.6	11.8	580.9	2310
26	Kageschi . .	7. VI.	9 p.	598.6	13.7	12.6	600.3	2090
27	»	8. VI.	9 a.	598.7	17.4°		600.9	
28	Kraterrand des Kirunga-Berges	11. VI.	11 a.	507.3	10.4°	—	511.5	3470
29	Lager am Kirunga-Berg .	12. VI.	9 p.	582.1	12.7°		583.5	2320
30	Kivu-See	17. VI.	7 a.	641.9	17.9°		642.0	1490
31	Bambuslager	30. VI.	9 p.	560.0	12.4	9.8	563.0	2650
32	Oye-Bach	14. VII.	9 p.	659.0	17.4	17.1	659.5	1260
33	Luoho	26. VII.	9 a.	698.0	20.1°		700.0	770
34	Lowa-Fluss	17. VIII.	2 p.	708.6	25.9°		711.9	610
35	25 m über dem Luvuto-Spiegel	11. IX.	7 a.	717.7	20.9*		720.8	500
36	Stanley-Falls-Station . . .	6. X.	7 a.	724.6	20.6*		730.4	410
37	» . .	9. X.	7 a.	725.9	20.0°		729.9	
38	Banana	13. XII.	1 p.	755.8	28.5*		759.0	0

*) Ablesungen am Schleuderthermometer.
**) Direkte Ablesung ohne jede Korrektion.

Verzeichniss der auf der Graf v. Götzen'schen Expedition bei der Besteigung des Kirunga gesammelten Pflanzen.

Zusammengestellt von **A. Engler,**

mit Unterstützung der Herren U. Da m m er (Solanaceae), E. Gilg (Orchidaceae), M. Gürke (Malvaceae, Borraginaceae, Labiatae, Verbenaceae), H. Harms (Araliaceae), G. Hieronymus (Filices), O. Hoffmann (Compositae), F. Pax (Euphorbiaceae), K. Schumann (Gramineae, Cyperaceae, Tiliaceae, Sterculiaceae, Rubiaceae), P. Taubert (Leguminosae), O. Warburg (Balsaminaceae).

Nachdem die Besteigung des Runssoro durch Dr. Stuhlmann zahlreiche interessante Thatsachen für die Pflanzengeographie des tropischen Afrika ergeben hat und nachdem die Flora des Kilimandscharo in Folge der gründlichen Untersuchungen von Prof. Volkens uns nunmehr wohl in annähernder Vollständigkeit bekannt geworden ist, ist es sehr wünschenswerth, dass allmählich auch die Flora der übrigen Hochgebirge und isolirten vulkanischen Kegel des tropischen Afrika erforscht wird. Die kurze Zeit, während welcher die Graf v. Götzen'sche Expedition am Kirunga verweilte, konnte natürlich nicht genügen für eine gründliche botanische Erforschung des Vulkans; aber es ist immerhin sehr dankenswerth, dass Graf v. Götzen trotz seiner vielen geographischen Aufgaben auch noch Zeit gefunden hat, wenigstens einen Theil der Pflanzen des Kirunga zu sammeln und über ihr Vorkommen Notizen zu machen.

Die Sammlung enthält Pflanzen aus der Region des Hochwaldes und der alpinen Region. Wie in allen afrikanischen Hochgebirgen wachsen auch hier an der Grenze beider Regionen hohe Ericaceen. Von 79 Arten, welche mit Sicherheit bestimmt werden konnten, sind 12 neu; sie gehören durchweg zu Typen, welche von den übrigen Hochgebirgen des tropischen Afrika bekannt sind, von zwei neuen Rubus ist der eine mit dem verbreiteten R. pinnatus Willd. verwandt, der andere mit dem am Kilimandscharo vorkommenden R. Volkensii Engl. und dem am Runssoro wachsenden R. Stuhlmannii Engl., ein neues Trifolium steht dem abyssinischen T. subrotundum Steud. et Hochst. nahe, eine Schefflera ist mit der Sch. Hierniana Harms von Kamerun verwandt, eine neue Malabaila

ist mit der abyssinischen M. abyssinica Boiss. nahe verwandt, ein neuer Aeolanthus und eine Pycnostachys erinnern an Arten des Kilimandscharo, zwei
neue Acanthaceen aus den Gattungen Brillantaisia und Dischistocalyx sind
von den übrigen ostafrikanischen Arten scharf unterschieden, wie auch eine neue
Dombeya, eine Cineraria steht der abyssinischen C. abyssinica, eine andere
der C. kilimandscharica Engl. sehr nahe, ein grosser Senecio ist wiederum
nahe verwandt mit einer abyssinischen Art, S. macropappus Sch. Bip.

In dem Verzeichniss ist durch ein vorgesetztes * angezeigt, dass die angeführte
Pflanze auch in Abyssinien vorkommt, durch ein beigefügtes †, dass sie vom Kilimandscharo bekannt ist. Ein Blick auf das Verzeichniss lässt sofort erkennen, dass
die grosse Mehrzahl der Arten beiden Gebirgssystemen gemein ist. Einige Arten
sind dem Kirunga nur mit dem Kilimandscharo, einige nur mit Abyssinien gemein, und endlich sind auch einige aufgeführt, welche bisher nur vom Runssoro
oder vom Kamerungebirge bekannt waren. Ueber die weitere Verbreitung
dieser Arten wolle man das Artenverzeichniss in Engler, Pflanzenwelt Ostafrikas, vergleichen.

A. Engler.

Um 2000 m wurden folgende Pflanzen gesammelt, meist in humusarmen
Spalten der Lava.

Bromus runssorensis K. Sch. — No. 23.

† Melinis minutiflora P. Beauv. — 1—1,5 m hoch. — No. 22.

Crotalaria mesopontica Taub. — No. 16.

* Erythrina abyssinica Lam. — Ein 2—5 m hohes Bäumchen. — No. 19.

† Hibiscus fuscus Garcke. — No. 17.

Aeolanthus Prittwitzianus Gürke. — No. 14.

* † Micromeria ovata (R. Br.) Bth. — Auf sehr dünnem Humus. — No. 12.

Celsia spec. — Zu unvollkommen. — No. 25.

* † Orobanche minor Sutt. — In Spalten der Lava. — No. 13.

* Acanthus arboreus Forsk. — 1—3 m hoch, in ganz Ruanda verbreitet. — —
No. 24.

* † Pentas sansibarica (Kl.) Vatke. — No. 28.

†   »   longiflora Oliv. — In Spalten. — — No. 18.

* Guizotia Schultzii Hochst. forma angustifolia. — No. 20. — Auf dünnem
Humus.

Coreopsis sp.; vielleicht neu, doch zu mangelhaft. — No. 21. — Auf dünnem
Humus.

* † Bidens pilosus L. — No. 15 u. 27. — Auf dünnem Humus.

* † Gynura vitellina Bnth. — No. 26.

Cineraria Prittwitzii O. Hffm. — No. 29.

In dem Hochwald und am Rande desselben wurden um 2500 m folgende
Arten gesammelt:

*✝ Pteridium aquilinum (L.) Kuhn. — No. 91.

*✝ Pteris quadriaurita Retz. — No. 83, 92.

✝ Asplenum caudatum Forst. — No. 44.

*✝   praemorsum Sw.   No. 43, 80.

*   »   Sandersonii Hook. — No. 79.

      »   abyssinicum Fée.   No. 86.

✝ Aspidium totta (Willd.) Engl.   No. 90.

      »   oligodonton Desv. — No. 88, 93.

*✝   »   lobatum Sw. — No. 81.

✝   coadunatum Wall. — No. 41, 89.

*✝ Polypodium Loxogramme Mett. — No. 77.

          scolopendrinum Ham. — No. 78.

*✝   Willdenowii Bory. — No. 82.

* Nephrolepis tuberosa Presl. — No. 30, 42.

✝ Arthropteris pectinata (Forsk.) Kuhn. — No. 40, 87.

*✝ Andropogon lepidus Nees. — Am Waldrand. — No. 102.

✝ Cyperus Mannii C. B. Clarke. — Auf Lava mit dicker Humuslage, 1,5 m
hoch. — No. 32.

✝ Habenaria Volkensiana Kränzl. — 1—2 m hoch. — No. 47.

✝ Piper capense L. fil. — No. 59.

✝ Peperomia reflexa (L. fil.) A. Dietr. — No. 103.

*✝ Rumex abyssinicus Jacq. — No. 36.

✝ Cerastium africanum Oliv. — No. 75.

*✝ Thalictrum rhynchocarpum Dill. et Rich. — No. 60.

Rubus Goetzenii Engl. n. sp.   No. 72.

„   **kirungensis** Engl. n. sp. — No. 69, 73.

✝ Cassia Kirkii Oliv. — No. 65.

Trifolium Goetzenii Taub. n. sp.   No. 95.

*✝ Indigofera hirsuta L. — No. 63.

*✝ Geranium aculeolatum Oliv. — No. 39.

Impatiens Eminii Warb. var. **lanceolata** Warb. — No. 54.

     »   bicolor Hook. f. var. **brevifolia** Warb. — No. 37.

*✝ Sparmannia abyssinica Hochst. — No. 35.

✝ Triumfetta semitriloba L. — No. 50.

✝ Pavonia kilimandscharica Gürke. — No. 49.

Dombeya Goetzenii K. Sch. n. sp. — Häufig vorkommender Baum mit glattem
Stamm. — No. 97.

✝ Hypericum lanceolatum Lam. — No. 71, 100.

✝ Viola abyssinica Steud. — No. 74.

Schefflera Goetzenii Harms n. sp.   No. 46.

Malabaila Kirungae Engl. n sp.   No. 66.

* Cynoglossum amplifolium Hochst. — No. 70.

Pycnostachys Goetzenii Gürke. — No. 98.

Solanum aculeatissimum Jacq. var. hispidissima Dun. — Strauch. — No. 45.

† Thunbergia alata Boj. — No. 53, 61.

Brillantaisia Kirungae Lindau n. sp. — No. 48.

Dischistocalyx pubescens Lindau n. sp. — No. 58.

* † Plantago palmata Hook. f. — No. 94.

* † Galium Aparine L. — No. 38.

* » dasycarpum Hochst. — No. 76.

Vernonia Goetzenii O. Hoffm. n. sp. — - No. 56 u. 59.

» (Strobocalyx) sp. affinis V. Thomsonianae Oliv. et Hiern. Vermuthlich neu; aber zu jung.

* † Helichrysum globosum Sch. Bip. No. 33.

Cineraria bracteosa O. Hoffm. n. sp. No. 64.

Senecio Goetzenii O. Hoffm. n. sp. No. 57.

* † Carduus leptacanthus Fres. — No. 101.

Um 3000 m am Kirunga-Kegel treten auf:

* † Satyrium brachypetalum A. Rich. — No. 113.

† Disa Wissmannii Kränzl. — No. 114.

* † Erica arborea L. — No. 112.

† Ericinella Mannii Hook. f. — No. 110.

Anthospermum asperuloides Hook. f. — Bisher vom Kamerungebirge bekannt. — No. 111.

Um 3300 m am Kraterrand wurden gesammelt:

Vernonia turbinata Oliv. et Hiern. (bisher in Madi). No. 104. Die Köpfchen sind etwas kleiner, als in der Beschreibung angegeben ist.

† Helichrysum Lentii Volkens et O. Hoffm., oder eine nahestehende, durch etwas kleinere Köpfchen verschiedene Art. — No. 104 bis

* † Helichrysum fruticosum (Forsk.) Vatke. — No. 108.

» spec., vermuthlich neu; aber zu jung und zu mangelhaft für die Beschreibung. — No. 105.

Cineraria bracteosa O. Hoffm. n. sp. — No. 106.

† Senecio denticulatus Engl. — No. 107.

† » Johnstonii Oliv. — No. 115.

Rubus Goetzenii Engl. n. sp.; ramulis novellis dense cinereo-pilosis, aculeis brunneis basi compressis leviter recurvis instructis; stipulis angustissime linearibus acutis dense pilosis; foliis subtus dense cinereo-pilosis, imparipinnatis 2-jugis, rachi sparse aculeolata; foliolis breviter petiolulatis oblongis,

— 377 —

lateralibus acutis terminali acuminato duplicato-serratis, nervis lateralibus pinnatis atque venis inter nervos obliquis subparallelis subtus prominentibus, supra insculptis; panicula multiflora, pedicellis prope calycem aculeis patentibus densis instructis; sepalis lanceolatis longe acuminatis dense cinereo-pilosis quam syncarpium paullo brevioribus; drupis purpurascentibus leviter compressis lateribus subtriangularibus, stylo breviore coronatis, exocarpio succoso, endocarpio foveolis longis linciformibus obliquis densiusculis instructis.

An den Blüthen tragenden Zweigen sind die unterseits grauhaarigen, gefiederten Blätter etwa 1—1,3 dm lang, an der Rachis mit etwa 2 mm langen, braunen Stacheln versehen. Die Stipulae haben eine Länge von 1—1,5 cm und eine Breite von 1 mm. Die Blättchen sind 3—5 cm lang und 2—2,5 cm breit, ihre Seitennerven unter einem Winkel von 40—45° abstehend. Die Blüthenstiele sind 1—1,5 cm lang. Die Kelchblätter sind etwa 8 mm lang und unten 2 mm breit. Die leicht abfallenden Steinfrüchtchen sind etwa 4 mm lang und enthalten einen 2 mm langen und ebenso breiten Steinkern. Blüthen sind nicht vorhanden.

Am Kirunga, um 2500 m. — No. 72.

Diese Art gehört in die Verwandtschaft des R. Volkensii Engl. und R. Stuhlmannii Engl., ist von beiden Arten durch kleinere Früchte, jedenfalls auch durch kleinere Blüthen, von R. runssorensis auch durch nur weichhaarige, nicht filzige Blätter unterschieden.

Rubus kirungensis Engl. n. sp.; ramulis novellis parce pilosis, adultis glabris, aculeis subuliformibus levissime curvatis; stipulis lineari-lanceolatis acutis, foliis rigidis, utrinque sparse pilosis, supra nitidis, impari-pinnatis 2-jugis, foliolis ovatis oblongisve acutis vel interdum 1-jugis, foliolo terminali trilobo, omnibus duplicato-serratis, serraturis apice sursum curvatis, nervis lateralibus supra insculptis, subtus prominentibus; panicula pauciflora; sepalis e dimidio inferiore late lanceolato superne contractis acuminatis breviter pilosis et margine pilis glanduliferis paucis ciliatis; drupis exsuccis compressis subcarinatis, stylo aequilongo coronatis, endocarpio foveolis profundis polygonalibus vel oblongis longitudinalibus instructo.

Die Blätter sind höchstens 1 dm lang, so wie die Zweige mit 2 mm langen Stacheln besetzt, die an 2 mm langen Stielchen stehenden Blättchen sind 1,5—3 cm lang und 1,5—2 cm breit. Die Kelchblätter sind etwa 7—8 mm lang und unten 2 mm breit. Die Steinfrüchtchen haben eine Länge von 3 mm und sind 2 mm breit, hellgraugrün, mit 3 mm langem Griffel versehen.

Am Kirunga, um 2500 m. — No. 69 u. 73.

Diese Art steht dem im tropischen Afrika verbreiteten R. pinnatus Willd. nahe, besitzt aber viel kleinere und starrere Blätter, mit weniger zugespitzten Blättchen, armblüthigere Blüthenstände und nicht allmählich in den Griffel zugespitzte, sondern unterhalb des Griffels stark zusammengezogene Früchtchen.

Trifolium Goetzenii Taub. n. sp. (§ Capitatae); herba annua caule subsimplici striato glaberrimo, stipularum parte libera acuminata; foliis inferioribus longe, superioribus multo brevius petiolatis, foliolis 3 obovato-oblongis, basi cuneatis, distincte dentatis; pedunculis folium fere duplo superantibus, apice vix pilosis;

capitulis globosis plurifloris; bracteis latis brevibus bicuspidatis; floribus pedicellatis; calycis tubo 10-striato glabro, dentibus setaceis villosulis tubo sub-
duplo longioribus; vexillo glabro calycem paullo superante; ovario sessili
glabro, 5-ovulato.

Kahles, einjähriges Kraut mit aufrechtem, fast unverzweigtem, bis 2 dm hohem
Stengel. Nebenblätter breit, häutig, gestreift, zur Hälfte dem 2—6 cm langen Blatt-stiel
angewachsen, 10—12 mm lang, ihr freier Theil breit-lanzettlich zugespitzt. Blattstiele
nach oben hin an Länge abnehmend. Blättchen 3, kurz gestielt, länglich-verkehrt-
eiförmig, 10—12 mm lang, 5—6 mm breit, mit abgerundeter Spitze und keilförmigem
Grunde, am Rande scharf gezähnt, Nerven oberseits kaum, unterseits deutlich hervortretend. Blüthenköpfchen auf 2—6 cm langen Stielen, die an der Spitze einige spärliche
Härchen, welche auf kleinen Knötchen sitzen, tragen. Köpfchen am Grunde von sehr
kurzen, 2 zinkigen Hochblättern umgeben. Blüthen auf 1—1,5 mm langen Stielchen.
Kelch mit 2,5 mm langer, 10 nerviger Röhre und 4,5 mm langen, kurzzottig behaarten
Zähnen. Fahne 9 mm lang. kahl. Fruchtknoten sitzend, länglich, linealisch, mit 5 Samen.

Am Kirunga, um 2500 m.   No. 95.

Nahe verwandt mit T. subrotundum Steud. et Hochst., durch fast doppelt so
grosse Blüthen, längere Kelchzähne und den sitzenden, länglich-linealischen Fruchtknoten gut unterschieden.

Dombeya Goetzenii K. Sch. n. sp.; arbor, foliis pro rata amplissimis longe petiolatis, petiolo valido, lamina late ovata basi cordata apice probabiliter acuminata, septemnervia papyracea margine medio subserrata utrinque in nervis
hinc inde pilulis simplicibus et fasciculatis plurimiradiatis inpersa utrinque
reticulato-venosa, prope basin membranula crispata instructa; floribus panni-
culatis probabiliter innumerosis longe et gracillime-pedicellatis, pedicellis
stellato-subtomentosis filiformibus; sepalis ovato-lanceolatis acuminatis stellato-
subtomentosis; petalis extus solis prope apicem pilulis minutissimis inspersis;
tubo stamineo alto glabro, staminodiis angustissime clavatis priorem paullo
superantibus, staminibis maximis tubo duplo brevioribus; ovario stellato-
tomentoso, quinqueloculari, stilo glaberrimo, stigmatibuss.

Die Blattspreite, deren äusserste Spitze abgebrochen ist, wird über 35 cm lang, im
unteren Drittel etwas über 35 cm breit und von einem bei 20 cm Länge abgebrochenen,
kahlen, im oberen Theile mit Büschelhaaren bestreuten Stiele getragen; jene ist im
getrockneten Zustande von Farbe graugelb, etwas ins Bräunliche, und wird neben dem
Basalnerven von 6 stärkeren Nebennerven zu jeder Seite des Medianus durchlaufen;
die Büschelhaare besitzen ausserordentlich viele Strahlen und bilden kleine halbkugelige
Höcker, welche die Fläche etwas rauh machen. Die Blüthenstielchen sind bis 5 cm
lang und sehr dünn. Der Kelch misst 10 mm, die Blumenblätter haben eine Länge
von 14 mm; sie sind jedenfalls weiss gefärbt, wie die 5—6 mm lange kegelförmige
Staubblattröhre. Die Staminodien haben im freien Theile eine Länge von 8 mm,
während die Staubbeutel 2,5—3 mm messen. Der weiss-filzige Fruchtknoten ist 2 mm,
der Griffel 9 mm lang, wovon auf die Narbe 2 mm kommen.

Im Hochwald des Kirunga, bei 2500 m häufig. — No. 97.

Diese Art ist durch die sehr grossen, herzförmigen, fast kahlen, nur mit wenigen
Sternhaaren bestreuten Blätter, in Sonderheit aber durch die häutige Excrescenz am
Grunde der Spreite sehr deutlich von den bisher beschriebenen Arten verschieden.

Impatiens Eminii Warb. var. **lanceolata** Warb.; foliis angustioribus, lanceolatis, pedicellis parce pilosis.

> Dem Typus der Art, die bisher nur vom Runssoro bekannt ist, sehr ähnlich, aber mit schmäleren, nicht eiförmigen, sondern meist lanzettlichen Blättern und etwas behaarten Blüthenstielen, kriechend, mit violetten Blüthen.

Kirunga, im Hochwald, um 2500 m. — No. 54.

Impatiens bicolor Hook. f. var. **brevifolia** Warb.; foliis brevioribus subrhombeis.

> Diese Art ist von Westafrika oder Centralafrika bis zum Victoria-Nyansa verbreitet; die neue Varietät ähnelt dem Typus der Art sehr, nur sind die Blätter ausserordentlich viel kleiner, anstatt lang-eiförmig, wie sonst, sind sie hier fast rhombisch und nur 4 cm lang; interessant ist ferner, dass die am Blattstiel zerstreut stehenden Tentakeln häufig schwach gegabelt oder etwas verzweigt sind. Die Blüthe ist roth.

Kirunga, im Hochwald, um 2500 m. — No. 37.

Schefflera Goetzenii Harms n. sp.; frutex scandens; foliis petiolatis, squamula intrapetiolari stipulacea nulla? foliolis verisimiliter 5 petiolulatis petiolulo supra canaliculato, lamina oblonga basi rotundata apice distincte acuta papyraceo-coriacea, integra; umbellis in racemum digestis, pedunculis sicut rhachide sparse stellato-pilosis basi bracteis parvis ferrugineo-pilosis suffultis, pedicellis circ. 5—10 subglabris; calycis margine minuto subintegro; staminibus 5; ovario minuto late obconico 5 loculari; disco crasso pulvinari medio elevato; stigmatibus perbrevibus 5, in medio disci sessilibus, parum elevatis.

> Grosser, rankender Strauch, häufig. Es liegt nur sehr mangelhaftes Material vor. Der fein gestreifte Stiel des einzigen vorhandenen Blattes ist 14 cm lang; er trägt nur 2 Blättchen, es scheinen 5 vorhanden gewesen zu sein. Die Stiele der Blättchen sind 2,2—2,5 cm lang, ihre Spreite ist 9—10 cm lang. 3,5—3,8 cm breit. Die Doldentraube ist 24,5 cm lang, sie ist am Grunde von einer ziemlich breiten, häutigen, 1,8 cm langen, spitzen Bractee gestützt, es scheinen mehrere Doldentrauben an einer gemeinsamen Achse gestanden zu haben. Die Doldenstiele sind etwa 0,5—0,7 cm lang, die Blüthenstiele 2—3 mm lang, am Grunde der Doldenstiele stehen kleine, spitze, rostfilzige, etwa 3 mm lange Bracteen. Der Fruchtknoten ist kaum 1 mm lang.

Im Urwald des Kirunga, um 2500 m. — No. 46.

> Diese Art scheint wegen der kurzen Blüthenstiele dem mir unbekannten Heptapleurum scandens Hiern (in Fl. Trop. Afr. III, 30, n. 5) = Sch. Hierniana Harms in Nat. Pflanzenfam. III. 8, 38 am nächsten zu kommen, einer Art, die in Kamerun gefunden wurde. Nach der Beschreibung soll jedoch diese Art oben zugespitzte oder fast schwanzförmige Blätter besitzen. Durch die sitzenden Narben erinnert Sch. Goetzenii an Sch. Mannii (Hook. f.) Harms in Nat. Pflanzenfam. III. 8, 36; Heptapleurum scandens Hiern scheint eine deutlich entwickelte Griffelsäule zu besitzen.

Malabaila Kirungae Engl. n. sp.; breviter et parce pilosa; foliis caulinis vagina ampla instructis, pinnatis 5—6-jugis, segmentis oblique ovatis trilobis et crenato-serratis, serraturis apiculatis, nervis remote reticulatis subtus prominentibus, umbellis densius pilosis, pilis tenuibus glanduliferis intermixtis, involucri bracteis anguste lanceolatis longissime acuminatis, pedunculis crassiusculis profunde sulcatis; involucellorum bracteis angustissime linearibus acutissimis; pedicellis fructu circ. 5-plo longioribus; petalis extrorsis quam introrsa paullo majoribus, antheris flavis, fructu immaturo oblongo dense glanduloso-piloso, stylis disco 3—4-plo longioribus recurvatis.

Die grösseren Laubblätter sind etwa 2 dm lang, die Scheiden etwa 2,5—3 cm lang, die unteren Fiederabschnitte etwa 2,5 cm lang und 2 cm breit. Die Involucralblätter sind kaum 5 mm lang, desgleichen die Blätter der Involucellen. Reife Früchte sind nicht vorhanden.

Am Kirunga, in der Region des Hochwaldes, um 2500 m. No. 66.

Diese Art steht der M. abyssinica Boiss. nahe; ist aber von derselben durch die schwach behaarten Blätter, kleinere Abschnitte derselben, deutlich zugespitzte Zähne derselben, durch die weniger drüsenreichen Blüthenstiele und Halbfrüchte, sowie durch die blassgelben Antheren unterschieden.

Aeolanthus Prittwitzianus Gürke n. sp.; caule pubescente; foliis sessilibus lanceolatis obtusis, margine integris, carnosulis, utrinque puberulis; cymis spiciformibus; bracteis sessilibus, late ovatis obtusis, dense pubescentibus vel subvillosis, quam calyces paullo longioribus; floribus sessilibus; calyce breviter tubuloso-cupuliformi, basi circumscisso, ore truncato, extus subvilloso; corolla extus subvillosa.

Das vorhandene, sehr mangelhafte Exemplar ist 20 cm hoch; die Blätter, von denen nur die oberen vorhanden sind, sind 15 mm lang und 5 mm breit. Die Bracteen sind 3,5—4 mm, die Kelche 2,5—3 mm lang.

Am Kirunga, um 2000 m, in Spalten des Lavabodens auf dünner Humusschicht. — No. 14.

Die vorliegende Art hat wohl am meisten Aehnlichkeit mit A. heliotropioides Oliv.; doch ist hier der Kelch in seinem oberen Theile von vorn nach hinten zusammengedrückt, so dass die Kelchmündung verschlossen erscheint; auch scheint die Blumenkrone kleiner zu sein, als bei jener Art.

Pycnostachys Goetzenii Gürke n. sp.; frutex caule tetragono puberulo; foliis longiuscule petiolatis lanceolatis, apice acuminatis, basi in petiolum angustatis, margine crenato-dentatis, utrinque glabris; spicis multifloris cylindraceis; bracteis lanceolato-linearibus ciliatis; floribus sessilibus, calyce globoso puberulo; dentibus oblique erectis, tubo 2 3plo longioribus; corolla parva.

Die Blattstiele sind 1—3 cm lang, die Blätter bis 11 cm lang und bis 4 cm breit; die Blüthenstände erreichen eine Länge von 5-8 cm und sind von schmal cylindrischer Gestalt. Die Kelche und Blüthen sind verhältnissmässig klein. Die Bracteen sind 5—6 mm lang. Die fast kugelige Kelchröhre ist 1,5—2 mm, die Kelchzähne sind 4—4,5 mm lang.

Kirunga-Urwald, bei 2500 m. - - No. 98.

Die Blüthentheile sind bei dieser Art fast so klein, wie bei P. micrantha Gürke; die letztere Art hat aber wohl meist kürzere Aehren, und ist auch in der Form der Blätter durchaus verschieden.

Brillantaisia (Euryanthium) Kirungae Lindau n. sp.; caule quadrangulo, piloso; foliis e regione inflorescentiae sessilibus, ovatis, basi cordatis, apice acuminatis, margine regulariter eroso-dentatis, pilosis; inflorescentiis paniculatis, pubescentibus; bracteolis lanceolatis; calycis lacinia postica majore, omnibus glanduloso-pilosis; staminodiis clavatis; pollinis granulis subglobosis, typicis; ovario 16—20 ovulato; stylo piloso; capsula ignota.

Jedenfalls ein hoher Busch, von dem nur Inflorescenztheile vorliegen. Blätter und Blüthenstand mit Cystolithen gestrichelt, nach oben an Grösse abnehmend. Bracteolen ca. 2 mm lang. Kelchzipfel 12×1, hinterer Zipfel 16×2 mm. Tubus 10 mm lang, am Grunde 6, an der Spitze etwa 5 mm Durchmesser. Oberlippe 20 mm lang, in der Mitte 11 mm breit, mit 3 Zähnen, die 1 mm lang und 1,5 mm breit sind. Unterlippe 30 mm lang, 18 mm breit, Seitenlappen 5×4. Mittellappen 5×5 mm. Filamente 20 mm lang, spärlich behaart. Antheren 6 mm lang. Staminodien 12 mm lang. Pollenkörner typisch, etwa 46—58 μ im Durchmesser. Discus 1 mm hoch. Ovar 4 mm lang, dicht behaart. Griffel 30 mm, Narbe 3 mm lang.

Am Kirunga, um 2500 m. — No. 48.

Von den übrigen ostafrikanischen Arten durch die Bezähnung der Blätter, den fehlenden Blattstiel und die langen Staminodien, welche erst von den herablaufenden Filamenten abzweigen, sehr gut unterschieden.

Dischistocalyx pubescens Lindau n. sp.; herba procumbens caule subtetragono, pubescente; foliis petiolatis, oblongis, utrinque acuminatis, apice obtusatis, pubescentibus; floribus solitariis, sessilibus; bracteolis ovatis basi stipitiformiter contractis, pubescentibus; calycis segmentis subaequalibus, longe pilosis; tubo subcampanulato, extus intusque pubescente; corollae lobis subaequalibus, posticis 2 altius connatis, intus dense pubescentibus; filamentis lateraliter connatis, inaequilongis, pilosis; pollinis granulis typicis; ovario apice pubescente, stylo pubescente; capsula ignota.

Blattstiele 1—3 cm lang. Blätter 5—6 cm lang, 2—3 cm breit. Bracteolen fast spatelig, 20×4 mm. Kelchzipfel $8—10 \times 1—1,5$ mm. Tubus 25 mm lang, am Grund 3, an der Spitze 17 mm im Durchmesser. Kronlappen etwa 7 mm lang, 8–11 mm breit, hintere Lappen 9 mm lang. Filamente 9 resp. 7 mm lang, Antheren 3 mm lang, Pollenkörner 90—100 μ im Durchmesser. Discus 1 mm hoch. Ovar 2 mm hoch, Griffel 15 mm, Narbe 2 mm lang.

Im Urwald am Kirunga, um 2500 m. — No. 58. — 11. VI. 94.

Vor den anderen bekannten Arten durch die dicht behaarten Blüthen sehr ausgezeichnet.

Vernonia (§ Stengelia) Goetzenii O. Hoffm. n. sp.; arborea, ramis puberulis; foliis oblongis acutis dentatis basi cuneata sessilibus, supra subglabris, subtus pilosis reticulatis; capitulis mediocribus vel fere majusculis cymosis pedicellatis; involucri campanulati glabri bracteis chartaceis, exterioribus et intermediis brevibus, appendice multo longiore oblonga acuta terminatis, intimis oblongis obtusis vix appendiculatis; corollae tubo tenui in limbum ampliorem cylindricum subito dilatato; achaeniis pilosis multicostatis; pappo rufo pluriseriali.

Die Blätter werden bis 15 cm lang und 4 cm breit. der Rand ist spitz gezähnt mit pfriemlichen, vorwärts gerichteten Zähnen; der untere Theil der Spreite ist schmal keilförmig, fast stielartig. Der Blüthenstand ist flach oder gewölbt, etwa 8 cm breit. Die Stiele der Köpfchen sind 0,5—1,5 cm lang, kurz filzig, mit einigen Hochblättern versehen, die allmählich in die äusseren Hüllblätter übergehen. Die Köpfchen sind 2 cm breit und durch die herausragenden violetten Blüthen 2,5 cm hoch. Die inneren und mittleren Schüppchen der vielreihigen Hülle sind viel kürzer als ihre dünnhäutigen, geaderten, nicht zurückgebogenen Anhängsel; nur die der 1—2 innersten Reihen sind länger, stumpf, und zeigen kaum eine Spur von Anhängseln. Früchte grau, kurzhaarig, mit 20 oder mehr stark hervortretenden Rippen und starker, grundständiger Schwiele.

Im Urwalde des Kirunga, um 2500 m. — No. 56 u. 59.

Cineraria Prittwitzii O. Hoffm. n. sp.; herbacea, ramosa, glabra, ramis teretibus striatis; foliis petiolatis basi ample auriculatis lyrato-pinnatipartitis, segmentis lateralibus parvis grosse dentatis, terminali magno ovato rotundato acuto irregulariter grosse et dupliciter sinuato-dentato; capitulis parvulis corymbosis radiatis, pedicellis gracilibus bracteolatis; involucri bracteis 8; ligulis involucrum duplo superantibus; achaeniis (immaturis) ciliatis.

Es liegt nur ein etwa 20 cm langer Zweig vor. Die Blätter sind 4 cm lang, der Endabschnitt 2 cm breit und wenig länger, die Oehrchen 12 mm breit. Hülle breit glockig, 5 mm lang und breit. mit Aussenkelch; die Blättchen breit linealisch, mit dreieckiger, feinbehaarter Spitze. Blüthen gelb.

In der Ebene am Kirunga, bei 2000 m. — No. 29.

Die Pflanze ist von C. abyssinica durch die gewimperten Früchte, von derselben wie von C. Schimperi durch die Form des Blattes, von der letzteren ausserdem durch die 8 blätterige Hülle verschieden.

Cineraria bracteosa O. Hoffm. n. sp.; herbacea ramosa glaberrima, foliis petiolatis basi auriculatis rotundis irregulariter sinuato-crenatis; capitulis parvulis corymbosis radiatis, pedicellis bracteas complures in squamas calyculi transeuntes gerentibus; involucri bracteis 8; achaeniis pilosis.

Der Wuchs der Pflanze ist in der Beblätterung und dem Blüthenstande, je nach dem Standorte, dicht oder lockerer; das Exemplar vom Kraterrande ist niedrig und von dichtem Wuchs, mit schwächer entwickelten Blattöhrchen; das aus dem Urwalde höher, spärlicher beblättert, mit längeren (bis 1,5 cm langen), schlankeren Blüthenstielen. Die Blätter werden bis 2,5 mm lang (wovon 1 cm auf den Stiel kommt) und 1,5 cm breit. Hülle und Blüthen wie bei der vorigen Art.

Kirunga, im Hochwalde bei 2500 m. — No. 64; am Kraterrande auf Lava, um 3300 m. – No. 106.

Von C. kilimandscharica Engl. durch die zahlreichen Bracteen des Blüthenstandes und die 8 blätterige Hülle verschieden.

Senecio Goetzenii O. Hoffm. n. sp.; herbacea perennis elata, ramis minute puberulis; foliis membranaceis amplis petiolatis ovatis glabris auriculatis acuminatis basi acutis, margine dentatis; capitulis parvulis vel vix mediocribus homogamis

— 383 —

in corymbos oligocephalos axillares congestis; pedicellis puberulis bracteatis; involucri calyculati bracteis 12; corollis exsertis luteis; styli ramis cono acuto superatis; achaeniis pubescentibus; pappo albo.

2—4 m hohes Kraut. Wurzel lang, mehrköpfig. Blätter bei dem einzigen vorliegenden Exemplare mit einer bis 15 cm langen und 6,5 cm breiten Spreite, welche in einen 2 cm langen Stiel spitz zugeht. Der Rand ist mehr oder weniger buchtig gezähnt, mit schwieligen Spitzen der Zähne. Blüthenstiele 0,5—1,5 cm lang, mit mehreren kurzen, fadenförmigen Hochblättchen. Die Köpfchen stehen zu 4—8 in seitlichen, ziemlich lang gestielten Ehensträussen. Die Hüllblättchen sind 8 mm lang, mehrstreifig, grünlich, mit schmalem, weisslichem Rande, und endigen in eine dreieckige Spitze. Der Saum der Blumenkrone ist schmal, kurz gezähnt, mit undeutlichen Mittelnerven der Zipfel.

Im Hochwalde des Kirunga, bei 2500 m. — No. 57.

Die Grösse und Form der Blätter, sowie der Blüthenstand unterscheiden die Art von dem in manchen Merkmalen übereinstimmenden S. macropappus Schultz Bip.

Ueber die vom Grafen v. Götzen gesammelten Gesteine.

Von Prof. Dr. **Tenne**.

Eine genauere Untersuchung der Gesteine, welche auf der vorstehend näher beschriebenen Reise gesammelt wurden und jetzt im Museum für Naturkunde in Berlin aufbewahrt werden, hat die Resultate ergeben, die hierunter in der durch die Lage der Fundorte gegebenen Reihenfolge verzeichnet sind.

No. 1 und 2 vom Grat des Gurui-Berges. Zwei Bruchstücke von Nephelinit, ähnlich dem von O. Mügge*) nach dem von Dr. G. A. Fischer aus der näheren Umgebung des Donjo Ngai gesammelten Material beschriebenen. Die Gemengtheile, Nephelin und grüner Augit, zeigen die gleichen Eigenschaften, wie sie Mügge erwähnt. Das Vorkommen von einem gefärbten Glas in der am angeführten Orte beschriebenen Form ward nicht bemerkt, doch liegen die kleinen Krystalle und Mikrolithen von Nephelin und Augit in einer hell bräunlich erscheinenden getrübten Basis. Wollastonit wurde nicht aufgefunden, auch fehlt Sodalith, dagegen sind in dem Gestein Melanit und, von Mügge nicht erwähnt, Leucit mit Titanit vorhanden.

Eine eingehendere sich auch auf eine durch O. Neumann am gleichen Fundorte gesammelte Suite beziehende Schilderung wird in der Zeitschr. d. deutsch. geol. Ges. erscheinen.

No. 3. Von grossen aus der Ebene hervorragenden Blöcken der Vembere-Steppe. Granitischer Gneiss.

Ein richtungslos körniges Gestein, das aus gleichen Theilen Feldspath und Quarz besteht, zwischen die einzelne, theilweise chloritisirte und ausgebleichte Biotitplättchen eingeklemmt sind. Der Feldspath gehört sowohl dem Orthoklas, Mikroklin, wie auch dem Plagioklas an und ist in den Dünnschliffen durchweg in der bekannten Weise getrübt, wogegen der Quarz hell erscheint und die charakteristischen Flüssigkeitsporen mit beweglicher Libelle führt.

---

*) O. Mügge, Ueber einige Gesteine des Massai-Landes. Neues Jahrb. f. Min. etc. 1885. Beilage Bd. 4, p. 576 ff.

Ob ein granitisches Gestein oder ein Gneiss vorliegt, kann an dem Handstück nicht entschieden werden, doch möchte ich mich für granitischen Gneiss entscheiden, da alle aus der Nähe des Fundortes von anderen Reisenden eingelieferten Proben sicher dem Gneiss zugerechnet werden müssen.

No. 4. Angeblich Schlangenmist aus der Steppe, Färbmittel der Leute von Nindo. Orgche Substanz.

Die eingelieferte Probe sieht äusserlich wie Schlemmkreide aus und färbt wie diese ab; sie ist zu gering, um eine Analyse davon zu machen. Unter dem Mikroskop löst sich abgeschabter Staub in kleine, stark doppeltbrechende, aus radial stehenden Nadeln zusammengesetzte Kügelchen kleinster Dimensionen auf, die unter Umständen zwischen gekreuzten Nicols ein scharfes, orientirt liegendes Kreuz geben. Bei den chemischen Versuchen zeigte sich die Unlöslichkeit des Materiales in Salzsäure, in Ammoniak, in Kalilauge, in Alkohol, in Aether. In der Schmelze mit kohlensaurem Natron-Kali konnte weder Kieselsäure in merklicher Menge noch Phosphorsäure, weder Kalk noch Magnesia wahrgenommen werden.

In der Boraxperle scheidet sich Kohle ab, die in der Oxydationsflamme verschwand. Auf dem Platinblech in der Flamme des Bunsenbrenners erhitzt, verging die Probe, ohne eine merkliche Menge von Asche zu hinterlassen.

Es liegt also jedenfalls eine organische Substanz vor, wenn es auch nicht gerade glaublich erscheint, dass diese Schminke der Nindo-Schönen den Excrementen von Schlangen entstammen sollte.

No. 5. Färbmittel der Leute von Nindo.

Kleine Probe eines durch Eisenhydroxyd gefärbten Thones; das Eisen ist durch Salzsäure vollständig auszuziehen und es bleibt eine zwischen den Fingern zerreibliche Masse von schmutzig-weisser Farbe und »schmieriger« Beschaffenheit zurück. Unter dem Mikroskop ist im Pulver das Vorhandensein von Quarz in kleinen Flimmerchen neben den rothbraun gefärbten Thonaggregaten, die auf das polarisirte Licht keine Wirkung ausüben, zu konstatiren.

No. 6. Anstehend. Höhenzug zwischen Mssalala und Uschirombo.

Ein grauer, lagenweise mit Eisenhydroxyden imprägnirter Quarzitschiefer, von feinsplitteriger, kantendurchscheinender Beschaffenheit.

No. 7. Niederungen südlich des Victoria Nyansa. Quarzconglomerat.

Durch Eisenhydroxyde verkittete, selbst mit diesen imprägnirte Quarzgerölle, die ein Conglomerat bilden, das auf der Oberfläche geglättet ist und dadurch wie mit einer Brandrinde von Meteoriten umgeben erscheint.

No. 8. Anstieg zur ersten Terrasse des Zwischenseenplateaus, Ussuwi.

Hell-rothbrauner Thoneisenstein, auf frischem Bruch in bestimmter Richtung von sammetartigem Glanz und dadurch seine Herkunft, seine Entstehung aus Thonschiefern oder ganz feinschuppigem Glimmerschiefer beweisend. Im Strich roth.

No. 9. Handstück, Rand des Zwischenseenplateaus, erste Terrasse, Ussuwi.

Röthlich-grauer splitteriger Quarzit, auf der Oberfläche theilweise durch einen No. 8 ähnelnden Thoneisenstein eingeschlossen.

No. 10. Erste Terrasse des Zwischenseenplateaus, Ussuwi (event. Quarz-Verwitterungen).

Loser, durch Eisenhydroxyde verkitteter Quarzit, dessen einzelne, bis Stecknadelkopf-grosse Körner eckig ineinander greifen. Die äusseren Lagen sind gelb, die inneren, den Atmosphärilien nicht ausgesetzt gewesenen, dunkel-braunroth gefärbt. Bei der Behandlung mit Salzsäure wird das Eisen ausgezogen und der Quarzit zerfällt noch leichter in Quarzkörner, welche ausgewaschen von rein weisser Farbe sind.

No. 11. Handstück aus tieferer Schicht ausgebrochen (sandsteinartig durch Verwitterung?). 3. Bruchlinie. Zwischenseenplateau. Kassussura's Stadt, Ussuwi.

Loser, zuckerkörniger, aus eckigen Quarzkörnern zusammengesetzter, crème-weiss gefärbter Quarzit. Die einzelnen Körnchen sind von gleicher Grösse wie bei der Probe No. 10 und bestehen aus wasserhellem Quarz.

No. 12. Anstehender Fels, 3. Bruchlinie des Zwischenseenplateaus, Kassussura's Stadt, Ussuwi. (Quarzit, sandsteinartig wohl durch Verwitterung?).

Festerer Quarzit, in den äusseren Lagen ein wenig mehr ins röthliche scheinend, auf frischem Bruch glasglänzend; die einzelnen Quarzkörner sind nur durch wenig erdig-mattes (thoniges) Cäment verbunden.

No. 13. Sand im Nyambugu-Bach (Nordwest-Ussuwi), Stromgebiet des Victoria-Sees, 26. IV. 94. Handstück daselbst aus Trümmerblock.

Der Sand ist durch Eisenhydroxyde braun gefärbt. Mit der Lupe unterscheidet man, namentlich nach der Behandlung mit Salzsäure, welche die braune Farbe in eine schmutzig-graue verwandelt, neben den der Zahl nach vorwiegenden Quarzkörnern noch einzelne Glimmerblättchen, etwas häufiger Würfelchen und Oktaederchen von Magneteisen.

Das Gestein des Trümmerblockes gleicht No. 9, ist jedoch etwas grobkörniger.

No. 14. Splitter aus Stein, Flussbett Nyambugu, Nord-Ussuwi, 26. IV. 94. Gebiet des Victoria-Sees.

Mittelkörniger, aus Feldspath, einem theilweise schon zersetzten Augit und einzelnen Biotitblättchen bestehender Gneiss, der richtungslos körnige Struktur besitzt.

Unter dem Mikroskop erkennt man, dass der Feldspath durchweg ein nicht sehr schief auslöschender Plagioklas ist mit wenigen Zwillingslamellen, der sowohl in den Augit, wie in den stark ausgebleichten Biotit mit unveränderter Krystallumgrenzung hineinragt und der Struktur dadurch etwas Diabasartiges giebt. Zumeist sind die Durchschnitte noch vollkommen frisch und zeigen keine Spur von Zersetzung, andere dagegen, die sich weder in der Form, noch in der Zahl der Zwillingslamellen unterscheiden, haben im durchfallenden Lichte trübe Beschaffenheit, die durch Neubildung von Glimmer auf Kosten des Feldspathes hervorgerufen ist. An Auslöschungsschiefen habe ich gemessen bei gleichmässig gegen die Zwillings-

25*

grenze auslöschenden Durchschnitten 70—80°, so dass jedes Individuum mit 35—40° gegen die Brachyaxe auf OP auslöschen würde, also einem sehr basischen Gliede der Feldspathreihe entsprechend.

Der Augit ist licht röthlich im Dünnschliff; er zeigt zwei ausgezeichnete Spaltungen nach den Flächen des Prismas, doch entbehren die dem Mineral zugehörenden Durchschnitte der äusseren Krystallumgrenzung. Von der Verwitterung ist der Augit ziemlich verschont geblieben, nur an einzelnen Stellen scheint er angegriffen zu sein. Doch lässt sich diese Thatsache nicht unbedingt verbürgen, da der Augit sehr eng mit dem Biotit verwachsen ist und dieser kaum noch in den kleinsten Flimmerchen die ursprüngliche Beschaffenheit zeigt; es ist vielmehr leicht möglich, dass die für veränderten Augit gehaltenen Stellen schon Biotit angehörten und daher leicht dem Einfluss der chemischen Agentien unterlagen, jedenfalls spricht hierfür die scharfe Grenze, welche zwischen frischer und veränderter Substanz überall vorhanden ist. Der Biotit ist charakterisirt durch den an den wenigen unveränderten Stellen vorhandenen starken Dichroismus, seine ebendort zu beobachtenden Brechungsverhältnisse und seine ausgezeichnete Spaltbarkeit. Bei der Veränderung ist seltener eine Chloritbildung eingetreten als eine vollständige Ausbleichung. Bei derselben hat sich das Eisen als Magneteisen abgeschieden oder zeigt sich als hellbraune Infiltration um kleine Einschlüsse herum, um diese dann schwach pleochroitische Höfe bildend.

Ausser den bisher genannten Gemengtheilen zeigt sich unter dem Mikroskop hin und wieder noch ein Körnchen Quarz, das in unregelmässiger Umgrenzung vollkommen frisch aus dem Gesteinsmosaik hervorleuchtet und durch eine Unzahl umschlossener Flüssigkeitsporen mit lebhaft beweglicher Libelle ausgezeichnet ist. Der Quantität nach tritt der Quarz weit hinter die anderen, schon genannten Mineralien zurück, er ist sicher das zuletzt ausgeschiedene und dient als ein die anderen Gemengtheile verbindender Kitt.

An Accessorien sind noch kleine Mengen von opakem Erz zu erwähnen, die neben dem aus der Zersetzung des Glimmers hervorgegangenen und in die Rückstände desselben eingeschlossenen Magneteisen in grösseren, zackigen Fetzen unter dem Mikroskop bemerkt wurden.

No. 15. Thonschiefer(?) aus anstehendem, ausgesprochen schieferigem Gestein am Südostanstieg, Nord-Ussuwi. 26. IV. 94.

Dichter Thonschiefer von gelblich-grauer Farbe und matter Beschaffenheit, mit zahlreichen kleinen Glimmerschüppchen auf den Schieferungsflächen; einzelne Schichten sind mehr bräunlich gefärbt und enthalten offenbar etwas mehr Eisenhydroxyd.

No. 16. Event. Versteinerung (Baum?), gefunden im Thonschiefer-Gebiet (27. IV. 94.), Nord-Ussuwi. Sass nur in der auflagernden Lehmschicht.

An dem gegen 18 cm langen und ca. 9 cm im Durchmesser haltenden, halbcylindrischen Fundstück, das aus eisenschüssigem Quarz besteht, vermochte ich im Querschliff keine ausgesprochene Pflanzenstruktur zu erkennen, ich schickte es daher an meinen in der Phytopaläontologie mehr bewanderten Kollegen Joh. Felix in Leipzig, der mir unterm 17. V. 1895 darüber in bekannter Liebenswürdigkeit schrieb: »Organische Struktur habe ich in demselben nicht finden können. Hätte ich nur den Schliff (Querschliff) vor mir gehabt, so hätte ich gesagt, es ist ein gestauchter, etwas schieferiger, Plagioklas führender Quarzit. Ausserdem findet sich im Schliff Eisenoxyd, und zwar in Aggregationen, welche bisweilen einige Aehnlichkeit mit pflanzlichen Zellen besitzen. Betrachte ich jedoch das Exemplar makroskopisch, so will mir der Gedanke, dass hier nur ein Gestein vorliegt, doch nicht in den Kopf. Ich möchte da doch eher glauben, dass der Bildung ein Holz zu Grunde gelegen hat, dessen organische Struktur eben vollständig zerstört und durch Kieselsäure ersetzt worden ist.«

Es ist zu bedauern, dass keine entscheidende Mittheilung über diesen ersten derartigen Fund gemacht werden kann, es ist aber sehr wünschenswerth, dass spätere Reisende, die diese Gegend (Nord-Ussuwi) wieder einmal zu durchwandern Gelegenheit haben, auf derartige Dinge Acht geben. Nicht immer braucht die Einwirkung oder der Eintritt der Kieselsäure mit einer so vollständigen Zerstörung organischer Struktur verbunden gewesen zu sein, und wichtige Schlüsse liessen sich wahrscheinlich auf die spezifische Bestimmung der organischen Reste gründen.

No. 17. Ussuwi, Schieferstück mit Einsprengungen.

Flaches Bruchstück eines dichten Glimmerschiefers, der stark mit Eisenoxyden imprägnirt ist und bräunlich-roth, im Striche mehr roth erscheint. In demselben befinden sich zwei mit Eisenhydroxyd ausgekleidete Oeffnungen, die Würfeln (13 mm Kantenlänge) von verwittertem Eisenpyrit ihr Dasein verdanken.

No. 18. Grenze von Ussuwi-Karagwe, Fallen ca. 85° nach WNW., Streichen SSW—NNO., ca. 1500 m.

Ein auf den Schichtflächen seidenglänzender, dünnschieferiger Glimmerschiefer von mausegrauer Farbe, auf dessen Schichtflächen mit der Lupe kleine Glimmerschüppchen zu erkennen sind. Unter dem Mikroskop giebt sich die Zusammensetzung des Gesteins aus vorwaltendem Quarz und Glimmer kund, dem reichlich ein schwarzes, flockiges Pigment beigemengt ist. Dieses Pigment ist hauptsächlich in den Glimmer eingeschlossen, es verflüchtigt sich grossentheils beim Erhitzen eines Gesteinssplitters im Bunsen-Brenner, fast vollständig vor dem Gebläse bei 10 Minuten langem Glühen. In den geglühten Schliffen ist reichlich ein stark doppeltbrechendes Mineral von rothbrauner Farbe zu erkennen, das bis zu minimalen Dimensionen herabsinkt, dann vollkommen undurchsichtig wird und Rutil sein wird.

No. 19. Anstehendes Gestein, Nordufer Kagera.

Durch den schwarzen, fast parallel gelagerten Biotit die Zugehörigkeit zum Gneiss verrathendes Gestein.

Neben dem Biotit sind Quarz und Feldspath als Hauptgemengtheile zu erkennen. Unter dem Mikroskop treten die stark pleochroitischen Blättchen von Biotit am schönsten aus dem Gesteinsmosaik hervor, sie haben die bekannten charakteristischen Eigenschaften und sind nur an wenigen Stellen gebleicht oder in Chlorit umgewandelt. Auch Muskovit nimmt an der Zusammensetzung Theil, ist aber theilweise sicher Neubildung aus zersetztem Orthoklas und nur theilweise als ursprünglicher Gemengtheil zu betrachten; an ihm ist keine Umwandlungs-erscheinung zu entdecken. Der Feldspath gehört sowohl den Kali-, wie den Kalk-Natrongliedern an; neben dem meist sehr stark und unter deutlicher Neubildung von Muskovit zersetzten Orthoklas ist weniger angegriffener Mikroklin und Plagioklas (Oligoklas) vorhanden; ein Vorwalten ist im Allgemeinen weder dem einen noch dem anderen Mineral zuzuschreiben, es wechselt die Menge mit den verschiedenen Stellen in ein und demselben Präparat. Zu erwähnen sind dann noch Ver-wachsungen von Feldspath und Quarz, bei denen der Quarz in einem Individuum des Wirthes gleich orientirt, also auch ein Individuum bildet; dabei tritt der mikro-pegmatitische Charakter, bei der der Quarz in unregelmässig gewundenen, rund-lichen und eckigen Schnüren im Feldspath sich findet, selten hervor. In den nicht mikropegmatitischen Durchschnitten umhüllt der Quarz Flüssigkeitseinschlüsse mit beweglicher Libelle. Der Quarz als konstituirender Gesteinsgemengtheil zeigt die bekannten Eigenschaften, die bei seiner ausgezeichneten Frische im Dünnschliff gut zu beobachten sind.

Als accessorischer Gemengtheil ist der Apatit zu erwähnen, der in hexagonalen Säulchen als erst ausgeschiedenes Mineral in allen anderen zu beobachten ist.

No. 20. Glimmerschiefer(?) und Quarz. Südabhang der Watschuvi-Berge, Ruanda.

Ein Bruchstück von flachmuschelig bis eben brechendem Quarz und zwei solche von stark verwittertem Glimmerschiefer; grössere, schuppige Glimmer-partien umgeben kleine Knötchen von Feldspath-Quarzgemengen, die aber derartig in dem Verbande gestört sind, dass sie die Anfertigung eines Präparates verhindern.

No. 21. Sand vom Nordwesthang der Watschuvi-Kette, Bachbett Gassosi, Ruanda. 25. V. 92.

Brocken und aus dem Zerfall hervorgegangener Grus von Glimmerschiefer, sehr ähnlich dem unter No. 20 erwähnten. Die Knötchen bestehen hier häufig nicht aus Feldspath-Quarzgemengen, sondern aus reinem Quarz; es ist hierdurch das Vorwalten der Quarzkörner von der Grösse einer Erbse im Gesteinsgrus erklärt.

No. 22. Hauptkegel des Kirunga-Vulkans, Ruanda, Anstehende Lava 17. VI. 94. Leucit führender Nephelinit.

In grauschwarzer, löcheriger Grundmasse liegen rundliche Aggregationen eines gut spaltenden und eines mehr muschelig brechenden, glasig-wasserhellen Minerals. Unter dem Mikroskop wird die sehr dichte Grundmasse nur schwer durchsichtig, die sämmtlichen darin enthaltenen Mineralien sind mit feinen Erztheilchen gespickt. Als wesentliche Gemengtheile sind Augit und Nephelin zu nennen, von denen Nephelin bei weitem vorwaltet und recht gut krystallisirte Individuen bildet, zu-weilen auch bis zu beträchtlicherer Grösse anwächst. Der Augit ist von ganz mini-malen Dimensionen, seine Krystallisationen sind kaum von dem feinen, undurch-sichtigen Pulver zu unterscheiden, das die Grundmasse innig durchwirkt und in den Nephelinen häufig auch eine centrale Anordnung zeigt. Neben diesen hauptsächlichen Gemengtheilen sind noch einzelne Leucite zu nennen, die wegen der guten Krystalldurchschnitte — aus Ikositetraëndern — als frühzeitige wenn auch nicht grosse Ausscheidungen zu betrachten sind. Zu diesen ersten Ausscheidungen gehören sicherlich auch eine Anzahl der Nepheline, jedenfalls diejenigen, welche mit Leucit und etwas Augit die rundlichen Aggregate wasserheller Mineralien bilden.

No. 23. Handstück vom Hauptkegel des Kirunga-tsha-gongo, Ruanda, nicht anstehend, sondern Trümmergestein (Lapilli?). 17. VI. 94. Leucit führender Nephelinit.

Dunkeles, grünlich-graues Gestein von dichtem, gleichmässigem Korn, in dem nur einzelne Drusenräume, d. h. mit Krystallisationen ausgekleidete, längliche Blasenräume, aus der matten Beschaffenheit durch die Reflexe der Drusenmineralien hervorleuchten.

Unter dem Mikroskop zeigt sich ein gleichmässig körniges Gefüge von Nephelin und Augit, so dass auch dieses Gestein als Nephelinit angesprochen werden muss. Der Augit zeigt auch hier vielfach Neigung bis auf kleinste Dimensionen herabzugehen und durchspickt in solcher Ausbildung, zugleich mit zahlreichen quergegliederten Säulchen von Apatit die ganze Gesteinsmasse. Ausserdem durchschwärmen kleine Erzpartikelchen gleichfalls das Gefüge von gleichmässigem Korn.

Als accessorische Ausscheidungen sind noch Leucite zu erwähnen, die, ohne scharfe krystallographische Grenzen zu besitzen, im polarisirten Lichte durch ihre schwache lamellare oder gitterförmige Doppelbrechung auffallen und von Salzsäure nicht angegriffen werden.

No. 24. Anstehendes Gestein. Nordwesthälfte des Kirunga-Vulkans, oberer Kraterrand. 17. VI. 94.

Mit No. 22 identischer Nephelinit.

No. 25. Lavatheile. Aschenfelder, Kraterrand, Hauptkegel Kirunga-tsha-gongo. 17. VI. 94.

Glasig erstarrte Lavatheile mit geflossener Oberfläche. Im Schliff sind ausser unregelmässig begrenzten Erzpartikelchen, die schlierenförmig vertheilt in reicherer Anzahl vorhanden sind, einige Würfelchen von Magneteisen und kleine gabelförmig auslaufende Krystallite von einem gerade auslöschendem Mineral vorhanden, das vielleicht Nephelin ist. Es dürfte also glasig erstarrter Nephelinit vorliegen, ebenso in No. 26.

No. 26. Asche. Aschenfelder, Nordwest-Kraterrand, Kirunga.

Kleinere Brocken von zerfallener, glasig erstarrter Lava.

No. 27. Schwefel in nadelförmigen Krystallen an exhalirenden Spalten. Lavastrom, Kirunga, Ruanda. 24. VI. 94.

Auf der glasigen Lava gleich 28 und 29 sitzen Krusten krystallinischen Schwefels und amorpher Kieselsäure, welch letztere bei der Zersetzung des Gesteinsglases durch ausströmende saure Dämpfe als Restbestände geblieben sein werden.

No. 28 und 29. Stein mit Salz-(?)Kruste an exhalirenden Sprüngen. Lavastrom, Kirunga. 24. VI. 94.

In diesen Exemplaren tritt der Schwefel gegen die amorphe Kieselsäure stark zurück, so dass die Krusten weiss, mit einem leichten Stich ins Gelbliche erscheinen.

Das Lavaglas dieser Stufen (27—29) besitzt andere Eigenschaften als dasjenige der Lava und Aschentheile vom Kraterrand des Hauptkegels (No. 25 und 26); es hat, wenn auch nur wenig, so doch distinctere Ausscheidungen von Krystallen von vollkommen anderer Natur. Unter denselben sind zunächst die hellen, oblongen oder rhomboidischen Durchschnitte von Plagioklas leicht zu erkennen; ihnen gesellen sich rundliche, bis scharf achteckige Schnitte von schwach doppeltbrechendem, mit verschieden orientirter Zwillingslamellirung versehenem Leucit zu, wogegen Nephelin nicht beobachtet wurde. Die stärker doppeltbrechenden Substanzen, welche aber auch nur wenig grünlich gefärbt sind, charakterisiren sich als Augit und Olivin; endlich ist noch Magneteisen in quadratisch umgrenzten Krystall-durchschnitten vorhanden.

Diese Ausscheidungen liegen in einem braunen Glas, das überall gleichmässig gefärbt ist und eine Menge kleinster Krystalliten (Plagioklas und Augit zu erkennen) führt.

Die Lava ist nach diesem Befunde als Leucitbasanit zu bezeichnen und schliesst sich mehr dem folgenden Gestein an, wogegen sie mit dem unter No. 22 und 24 beschriebenen wegen des Vorhandenseins von Plagioklas und Olivin und des Fehlens von Nephelin weniger Beziehungen zu erkennen giebt.

No. 30. Handstück, Nordufer des Kivu-Sees. Anstehender Fels, bis ins Wasser hineingehend. (6 km südl. des Kirunga-Vulkans.) 17. VI. 94.

Die stark löcherige Lava ist auf der Oberfläche von einer bis $^1/_2$ cm starken Sinterkruste überzogen. Diese Kruste löst sich fast vollständig in verdünnter Salzsäure und besteht, abgesehen von Spuren von Kieselsäure, aus kohlensaurem Kalk.

Aus der Grundmasse der Lava, die im frischen Bruch blauschwarze Farbe besitzt, leuchten grössere Augite und Olivine in charakteristischen Durchschnitten hervor. Die Blasenräume sind zum Theil, wenigstens so weit sie mit der Oberfläche zusammenhängen, mit dem Material der Sinterkruste ausgefüllt, zum grösseren Theil sind sie leer und von matten, feindrusigen Wandungen umgeben.

Als Ausscheidungen sind auch unter dem Mikroskope keine anderen als die oben erwähnten zu verzeichnen; beide haben auch nicht die geringste Verwitterungserscheinung aufzuweisen, sie sind vollkommen frisch. Als Einschlüsse im Olivin habe ich nur Magnetitpartikel wahrgenommen, wogegen im Augit häufig auch Gesteinsglas in brauner, bis schwarzer Farbe vorhanden ist, und zwar zuweilen in solcher Fülle, dass die Durchschnitte des Augit wie mit einem dunkelen Netze bedeckt aussehen.

Die Grundmasse besteht zum überwiegenden Theile aus Augit, dem sich Olivin in wenig häufigen Körnern anfügt. Beide sind mit Häutchen von braungelbem Gesteinsglas umgeben, das meist körnig entglast ist.

Als seltener accessorischer Gemengtheil ist der Leucit zu erwähnen, der in rundlichen, schwach doppeltbrechenden Ausscheidungen vorhanden ist und verhältnissmässig grosse Einschlüsse von Augit- und Magnetitkryställchen beherbergt.

No. 31. Handstück, anstehender Fels am Nordufer des Kivu-Sees, ins Wasser hineinreichend. (6 km südlich des Kirunga-Vulkans.)

Auch dieses Gestein trägt auf der Oberfläche eine Sinterkruste, die allerdings nicht so dick ist wie dies von No. 30 zu berichten war. Der Kern ist zum Theil stark verwittertes granitisches oder gneissartiges Gestein, das neben dem vorherrschenden Feldspath aus Quarz und Muscovit besteht. Unter dem Mikroskop ergiebt sich die Zusammensetzung des Gesteins aus den drei genannten Mineralien ist regellos körniger Structur. Der Feldspath, Orthoklas, ist völlig zersetzt, es hat bei demselben eine Neubildung von Kaliglimmer stattgefunden; der Quarz ist wie gewöhnlich frisch, doch sind auf Sprüngen die aus der Zersetzung des Feldspaths neben dem Glimmer noch gebildeten, unbestimmbaren, trüben Producte eingewandert. Flüssigkeitseinschlüsse mit beweglichen Libellen durchziehen, auf Ebenen angeordnet, die Mineralsubstanz.

No. 32. Bestandtheil, schroffer Fels an der Enge zum Nordbecken des Kivu-Sees, dicht über Wasser. Ruanda. 25. VI. 94. (Alte Lava?)

Das lockere, leicht zerreibliche Gestein besteht aus durch kohlensauren Kalk verkitteten Mineralfragmenten, unter denen Glimmer vorherrscht, Augit und Quarz, sowie kleine Krystallfragmente von Zirkon zu erkennen sind. Es scheint mir wahrscheinlich, dass eine Strandbildung des an Mineralsubstanz reichen Kivu-Sees vorliegt und dass die schroffen Felsen vielleicht aus einem anderen, mit einer kruste überkleideten Gestein bestehen.

No. 33. Bestandtheil, 100 m schroffer Abfall, Meerenge zum Nordbecken des Kivu-Sees. (Alte Lava?)

Ein dem vorigen ähnliches, etwas dunkleres Gestein. Nach dem Auflösen des kalkigen Bindemittels bleiben grössere Brocken von einem löcherigen Gesteinsglas zurück, die mit Quarzsand umhüllt sind und Augit, sowie Olivin enthalten. Quarzsand ist ausserdem lose in dem Rückstand vorhanden. Es scheint demnach, als ob hier in dem dunkleren Gestein eine der vorigen gleiche Strandbildung vorliegt, in der jedoch Aschentheile, die beim Ausbruch der im Vorhergehenden beschriebenen Lava No. 30 ausgeworfen wurden, die Stelle der Mineralreste aus granitischem Gestein einnehmen.

No. 34. Westhang des Westrandes des centralafrikanischen Grabens. Anstehend. Butembo. 6. VII. 94. (Gneiss?)

Zersetzter Gneiss mit vorwaltendem Feldspath und zurücktretendem Quarz. Der Muscovit ist parallel angeordnet und zeigt dadurch deutlich die gneissartige Structur.

Der Feldspath zeigt unter dem Mikroskop meist Mikroklin-Structur, die je nach der Schlifflage sich in einer Gitterlamellirung oder in lang gestreckter, sich auskeilender Zwillings- oder Viellingsbildung kundgiebt. Nur seltener sind Orthoklas-Schnitte vorhanden, die starke Umänderung in Glimmer erfahren haben. Der

Quarz ist wie gewöhnlich frisch und löscht einheitlich aus; das Vorhandensein von Hohlräumen mit Flüssigkeit und beweglichen Lamellen braucht nicht besonders hervorgehoben zu werden. Neben dem Muscovit treten auch verschiedene Durchschnitte von Biotit auf, die sich auch mit der Lupe konstatiren lassen. Accessorische Gemengtheile wurden in dem kleinen, zur Verfügung stehenden Gesteinsbrocken nicht aufgefunden.

No. 35. Glimmer. Bergland Butembo. 15. VII. 94.

Bis 8 cm grosse Tafeln von Muscovit in ebenen, sowie auch in etwas gefalteten Platten. Die Durchsichtigkeit hat durch Aufblätterung der Proben gelitten, sie ist in den ebenen Tafeln nur noch in der Mitte vorhanden; dort ist die Zweiaxigkeit der Substanz sehr schön zu konstatiren, die Mittellinie steht fast senkrecht auf der Spaltungsfläche.

No. 36. Handstück, in allen Dörfern von Bussira als Schleifstein. (Gneiss?) Butembo. 17. VII. 94.

Dunkelgraues oder besser schwarzes Gestein mit weissen Tüpfeln. Das dunkle Mineral liegt mit einer guten, hell glänzenden Spaltfläche einer Ebene fast parallel, so dass sich hierin die Zugehörigkeit zur Gneiss- und Glimmerschieferformation leicht zu erkennen giebt. Eine zweite Spaltbarkeit, die stumpf zur ersteren gelegen, setzt nach verschiedenen Richtungen schief in das Gestein hinein. Das helle Mineral zeigt ebenfalls eine deutlich ausgeprägte Spaltbarkeit.

Die Untersuchung von Dünnschliffen, von denen einer quer zur Fläche genommen wurde, in der die Spaltbarkeit des schwarzen Minerals fast einspiegelt, zeigt das Vorhandensein von Hornblende und Plagioklas als wesentliche Gemengtheile. Der Querschnitt enthält häufiger Schnitte, welche quer zur Längsausdehnung der Hornblendenadeln geführt sind; dieselben sind stärker pleochroitisch als die Längsschnitte, sie wechseln zwischen hellgelb (1 b) und dunkelgrünlich-grau (II b). Der Feldspath enthält nur wenig Zwillingslamellen, die bei gleichmässig zur Zwillingsgrenze auslöschenden Schnitten ca. 35^0 gegen diese mit ihren optischen Hauptschnitten geneigt sind. Es dürfte also wohl ein recht basischer Feldspath vorliegen, wie solche ja auch von anderen Autoren aus Amphibolit angegeben werden. Ausserordentlich frisch sind die Durchschnitte dieses Minerales und ohne Polarisation nicht zu unterscheiden von Quarz, der hier zurücktretend beobachtet wurde.

Die Struktur ist eine körnige, da keinem der Gemengtheile eine eigene Krystallform zukommt; sie kann nicht richtungslos genannt werden, wie das oben näher erläutert wurde.

An Accessorien wurde ausser Magnetit nur noch Zirkon beobachtet, der in kleinen, an den Enden der Längsaxe gerundeten Krystallen in der Gesteinsmasse vertheilt ist und bald diesem, bald jenem Mineral eingebettet ist.

No. 37. Berge von Bussira (Butembo) bei Kasa keseti. 17. VII. 94. (event. Metall).

Kleine Brocken stark zersetzten Gneisses, in dessen festeren Parthien noch hier und da die Spaltfläche eines stark und kräftig gestreiften Plagioklases, dann eine Pinitoid-ähnliche Substanz, Biotit und verschiedene Erze zu erkennen sind, unter denen grünlich-gelblicher, muschelig brechender Kupferkies mit bräunlich-schwarzem Strich, der sich in Salpeter-Salzsäure unter Abscheidung von Schwefel löst, das Muttermineral für die anderen Zersetzungsprodukte gewesen zu sein scheint.

No. 38. Kreideart (thierisch, wie der Farbstoff in Nindo, Ussu kuma). Leute wollen es aus Schlangenexcrementen herstellen. Auf Weg gefunden. Bergland Butembo. 18. VII. 94.

Aeusserlich dem Farbstoff von Nindo (No. 4 dieser Liste) allerdings ähnlicher, aber schon beim Anfühlen nicht so milder Körper; das Pulver zeigt unter dem Mikroskop ein völlig anderes Verhalten, als es vom Nindo-Farbstoff beschrieben wurde. In der sehr schwach doppeltbrechenden, schuppig struirten Hauptmasse liegen einzelne Quarzsplitterchen. Beim Zerreiben der Probe in der Achatschale hört man diese Splitterchen vernehmlich knirschen.

Von dieser Substanz war eine etwas reichlichere Menge eingeliefert, so dass mir Herr Esch, bis vor kurzer Zeit Assistent am mineralogisch-petrographischen Institut, eine Analyse davon liefern konnte, für die ich ihm hierdurch bestens Dank sage. Bei Anwendung von 0,9323 g Substanz ergab sich eine Zusammensetzung von 5 % Quarz und 94,66 % Kaolin, ein Resultat, das mit dem mikroskopischen Befunde erfreulich übereinstimmt. Es liegt hier somit eine völlig anders geartete Substanz als das Färbmittel von Nindo vor.

No. 39. Anstehend. Bergland Butembo. 20. VII. 94.

Ein stark eisenhaltiger Glimmerschiefer mit einzelnen auf dem Querbruch hervortretenden, dünnen Linsen von Quarz oder von zersetztem Feldspath.

Ueber die auf der Expedition des Grafen von Götzen 1893/94 gesammelten Coleoptera.

Von **Karl Kaeseberg.**

Im Folgenden soll eine Aufstellung der auf der Expedition des Grafen von Götzen gesammelten Käfer und eine Beschreibung einiger besonders beachtenswerther Arten gegeben werden.

Auf der Tafel wiedergegebene Thiere sind:

No.	1.	Anthia Burchelli Hp.		Fundort:	Unyamwesi.
»	2.	Moecha adusta Har.		»	Stanl.-Fälle.
»	3.	Diplognatha gagates F.		»	Ruanda.
»	4.	Archon Centaurus F.			Kongo.
»	5.	Sternotomis ducalis Kl.			Stanl.-Fälle.
°	6.	Goliathus giganteus Lm.			Kongo.
»	7.	Didimus quadrifrons		»	Butembo.
»	8.	Rhynchophorus phoenicis F.		»	Ruanda.
»	9.	Anthia circumscripta Kl.		°	Massai-Steppe.
»	10.	Ceroplesis marmorata Reiche		»	Irangi.
»	11.	Pachnoda sinuata F.		»	Ruanda.
°	12.	Ommatomenus serricatus Higg.		»	Massai-Steppe.

($^4/_5$ nat. Grösse.)

Es waren im Ganzen vertreten von

Carabidae: Galerita anthracinus Gerst.
Dromica gigantea Brém.
Anthia Burchelli Hp.
   » circumscripta Kl.
Tefflus Megerlei F.
Drypta thoracica Boh.

Dytiscidae: Trogus Buqueti Aub.

— 396 —

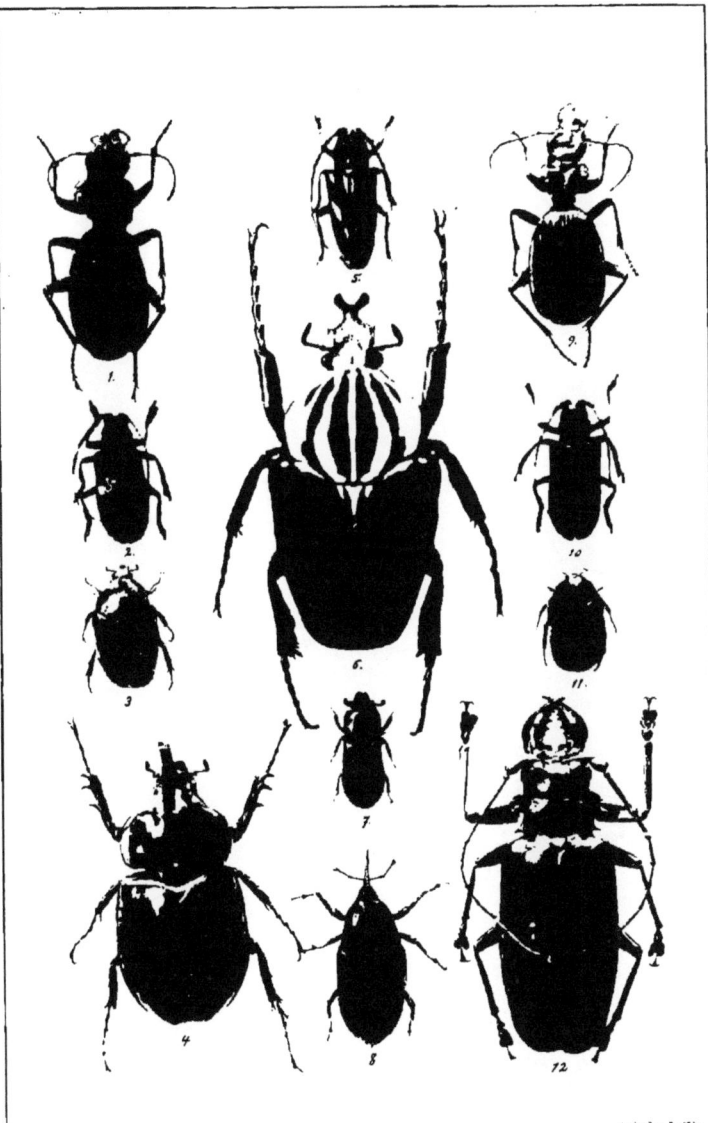

Lucanidae: Metapodontus Savagei Hope
Syndesus Götzeni nov. sp.
Pentalobus barbatus F.
Didimus quadrifrons

Scarabaeidae: Ateuchus sacer L.
Rhabdotis sobrina L.
Gymnopleurus laetus Hope
Oniticellus planatus Boh.
Pachnoda sinuata F.
Gnathocera impressa Oliv.
Diplognatha gagates F.
Archon Centaurus F.
Heteroplis Kersteni Gerst.
Goliathus giganteus Lm.

Buprestidae: Sternocera Hildebrandti
» pulchra. Wat.

Elateridae: Tetralobus flabellicornis L.

Coccinellidae: Alesia aurora Gerst.
Epilachna Kaesebergi nov. sp.
» discors Muls.
» Chenori Muls.

Tenebrionidae: Macropoda transversalis Kolbe
» Boyeri Sol.
Megacantha dentata F.
Chiroscelis digitatus
Megalodacne sponsa Lacort.
Catamerus Revoili Fairm.
Rhytenota laevis Kr.
Corynodes cribratellum Fairm.
» Dejeani Bert.
» albertinus Kolbe.

Meloidae: Mylabris tricolor Cst.
Zonabris bicineta Mrs.
» bifasciata. Ol.

Scolytidae: Bostrychus cornutus F.

Curculionidae: Hipporrhinus severus
Rhynchophorus phoenicis F.
Systates aeneolus Har.
» pellinosus.

Chrysomelidae: Aspidomorpha Götzeni Weise nov. sp.
» nigricornis Weise nov. sp.

— 399 —

Aspidomorpha sternalis Weise nov. sp.
»   mouffleti Boh.
»   punctata F.
»   »   var.
Pachytoma gigantea F.
Chrysomela Reichei Vog.
»   americana var. limbolata Reiche
Plagiodera impolita Vog.
Diacantha Paneti Old.
Oïdes cribellata Jacob.
Aethona serricornis Thoms
»   »   var.
Monolepta Kerstingi nov. sp.

Languriidae: Languria africana.
Cerambycidae: Sternotomis amoena Westw.
»   ducalis Kl.
Rhopalizus Chevrolati Thoms
Cordylomera nitidipennis Serv.
Protonarthrum diabolicum Thoms
Ceroplesis calabarica Chevr.
»   marmorata Reiche
Compsomera elegantissima White
Pachystola arenata Chevr.
Moecha adusta Har.
Rhaphidopsis amabilis Perr.
Ommatomenus serricatus Higg.
Macrotoma palmata F.

Einige Einzelbeschreibungen.

Aspidomorpha Götzeni. Neue Species. Ein Schildkäfer von länglichrunder
Gestalt. Das Schild ist schwach gewölbt und nach hinten etwas zugespitzt.
Enden der Epipleuren dicht behaart. Oberseite blassgelb. Flügeldecken
mit bräunlichen Punktstreifen. Länge 10 mm.

Goliathus giganteus Lm., Fig. 6. Vorliegendes Stück, vom oberen Kongo
stammend, ist ein kleines männliches Exemplar. Am Grunde der Flügeldecken besitzt das Thier seine grösste Breite von 35 mm; die ganze Länge
ist 74 mm. Oberseite des Kopfes, das ganze Halsschild, Vorderrand der
Flügeldecken und das Schildchen sind kreideweiss. Sechs unregelmässige
Längsstreifen auf dem Halsschild, zwei sich unten vereinigende Striche auf
dem Schildchen und die Flügeldecken sind dicht sammetartig braun behaart. Der Hinterrand des Halsschildes vor dem Schildchen, die Innen-

seiten der Mittel- und Hinterschienen, die Seiten der Hinterleibsringe, das
letzte Segment und die Epipleuren sind mit langen, ledergelben Wimper-
haaren besetzt. Das Kopfschild ist vorgezogen und endigt in zwei schräg
aufsteigenden Lappen, Kennzeichen des männlichen Geschlechtes. Die
Larve des Thieres lebt vermuthlich in faulendem Holze.

Monolepta Kerstingi nov. sp. Flügeldecken sehr fein, fast spärlich punktirt;
diese ebenso wie die Brustringe und Beine glänzend schwarz mit einem
Schimmer ins Violette. Hinterleibsringe strohgelb, Halsschild, Kopf und
die beiden ersten Fühlerglieder rothgelb. Halsschild etwas breiter als lang.
Schultern hervortretend. Länge 7 mm.

Pachnoda sinuata F., Fig. 11. Auf der Photographie sind leider, aber einem
photogr.-chem. Gesetz zufolge, die hübschen Zeichnungen, mit denen das
Thier geschmückt ist, nicht zu sehen. Der ganze Käfer ist okergelb, unterseits glänzend, oberseits matt. Fussglieder und Abdominalsegmente sind
schwarzbraun gesäumt. Kopf, mit Ausnahme der Stirn, Fühler, zwei runde
Pünktchen in der Nähe des Randes vor der Mitte auf dem Halsschild,
zwei dreieckige Schulterflecken, zwei Punkte im Spitzenwinkel der Flügeldecken, ein Längsstrich über das Schildchen und eine fensterförmige
Zeichnung auf Halsschild und Flügeldecken sind ebenfalls schwarzbraun.
Länge 22 mm.

Archon Centaurus F., Fig. 4. Die Ausbeute enthielt drei männliche Stücke
vom oberen Kongo, zwei normale und ein kleineres mit sehr verkümmerten
Hörnern. Das Thier ist in ganz Westafrika nicht selten. Farbe glänzend
braun, die Hörner dunkler. Das Halsschild ist mit einem unbeweglichen,
an der Spitze kurz gegabelten und nach vorn geneigten Horn versehen,
an dessen Grunde noch zwei solche durch kurze, spitze Zapfen angedeutet
sind. Das Kopfschild sendet ebenfalls ein Horn aus, welches, rückwärts
gekrümmt, sich dem erstgenannten nähert. Die Larve dieses Thieres lebt
wahrscheinlich in Holz. Länge 62 mm.

Ommatomenus serricatus Higg., Fig. 12. An den langgliederigen Fühlern erkennen wir die Zugehörigkeit zu den Böcken. Die Augen sind auffällig
gross, die Oberkiefer kräftig entwickelt, über 1 cm lang, und an der Innen-
seite mit Zähnen bewehrt. Halsschild flach, doppelt so breit als lang,
jederseits mit drei Dornen. Der ganze Käfer trägt eine filzige, graue Be-
haarung, die sich sogar auf die Mandibeln und die Klauen erstreckt. Die
Flügeldecken sind lederartig gerunzelt und von brauner Färbung, die sich
nach den Spitzen zu etwas aufhellt. Länge 80 mm.

Arzneien und Zaubermittel
des Mganga »Fuaga« aus Umbagwe in Ussumbwa, z. Zt. Arzt und Zauberer in Uschirombo.

Mitgetheilt von Dr. **Hermann Kersting**.

(Vgl. Kapitel IV.)

1. **Mulungulungu.** Ein Strauch, dessen Wurzelrinde gekocht wird. Der Thee wird zum Gurgeln gebraucht. Es schadet nichts, wenn man dabei etwas verschluckt. — Besonders gegen Schwäche und Brechreiz bei Fieber.

2. **Lukaka.** Ein Dornstrauch, dessen Wurzeln in allmählich zu erwärmendem Wasser aufgesetzt werden. Der Infus dient zum Gurgeln bei Fieber und zum Anfeuchten von Tüchern, die man gegen Kopfschmerz auf den Kopf legt.

3. **Mutole.** Ein kleiner Baum mit kleinen rothen Blüthen, auf sandigem und steinigem Boden wachsend, ohne bestimmte Vegetationsperiode. Man pulverisirt die Rinde der Wurzel, nachdem man sie an der Sonne trocknete. Von dem Pulver dienen 2—5 Messerspitzen, mit Ochsenfett gemischt, als Salbe. In Fleischbrühe werden Dosen von 2 Messerspitzen eingenommen. Besonders gegen die Krankheit Masenga (Schwellung des Halses beiderseits und der Augengegend, Schleimauswurf). Es werden mit der Salbe die kranken Theile eingerieben, bei gleichzeitig innerlichem Gebrauch der Brühe.

4. **Mulingwitare.** Kleiner Strauch auf steinigem Boden; kommt in Uschirombo nicht vor, aber im Kia*) bei Nera. Lange Blätter. Keine Blüthen. Die Wurzeln werden pulverisirt, nachdem man sie in der Sonne getrocknet. Man braucht das Pulver in kleinen Dosen gegen Würmer, entweder rein oder in Saucen. Es ist nicht giftig. Es werden im Allgemeinen keine Gifte als Heilmittel verwandt.

5. **Muzo.** Kleiner Baum mit kleinen weissen Blüthen. Wächst in sandigem Boden. Die getrockneten und pulverisirten Wurzeln werden rein oder in Saucen gegen Husten und Brustschmerzen eingenommen.

---

*) Osten.

6. **Lukaka des Krieges.** Ein Bäumchen mit hochrothen Blüthen und breiten Blättern in Sandboden. Man verbrennt die Blätter und Wurzeln zu Asche und reibt damit Gesicht, Füsse, Hände und Waffen ein. Dadurch wird man befähigt, viel Sklaven zu machen, und bleibt vor dem Tode geschützt.

(Ich lasse Medizin und Zauberei in der Reihenfolge, wie sie Fuaga wählte. Fuaga fasst vielleicht, was ich Zauberei nenne, als Suggestionsverfahren auf, wirksam für Seele und Leib wie ein Medicament.

7. **Lugola.** Ein grosser Baum in dichten Wäldern, weit ab von Uschirombo. Man pulverisirt die getrocknete Wurzel. Das Pulver streut man um das Bett und vor die Thür. Diebe, Mörder und Uebelwollende sterben bei Ueberschreiten der mit dem Pulver bestreuten Linie.

8. **Mwirumbya.** Eine kriechende Pflanze mit weissen Blüthen, die auf lehmigem Boden wächst. Man pulverisirt die Wurzeln. Wenn die Waganga nicht hinreichend Patienten haben, werfen sie Abends etwas von dem Pulver ins Feuer. Am anderen Morgen kommen dann nicht nur viele Patienten, sondern auch lernbegierige und zahlfähige Jünger.

9. **Mukakama.** Kraut mit dunklen Blättern. Kommt besonders auf Termitenbauten vor. Man verbrennt die Wurzeln. Wenn man das Pulver Lugola gestreut hat, streut man dieses Pulver in einer die erste kreuzenden Linie darüber und erhöht dadurch bedeutend die Wirkung.

10. **Nahinka.** Kriechende Pflanze mit weissen Blüthen auf sandigem Boden. Die ganze Pflanze wird getrocknet und pulverisirt. Das Pulver wird in Wasser gestreut. Man wäscht sich damit vor wichtigen Unternehmungen. Ist es eine Reise, so gelingt sie wohl und man erzielt gute Geschäfte. Vor der Heirath angewandt, erreicht man Glück und Kindersegen.

11. **Mutogererwa.** Grosser Baum im Kia. Die Wurzelrinde wird in der Sonne getrocknet und pulverisirt. Das mit Fett oder Oel gemischte Pulver wird zum Einreiben bei Drüsenschwellungen verwandt.

12. **Muchienéne.** Grosser Baum. Sandboden. Die Wurzel wird in Stücke geschnitten. Diese werden in grosser Dosis gegen Leibschmerzen in Saucen genommen.

13. **Ndazya ye Bataturu.** Kriechende Pflanze mit weissen Blüthen und weisslichen Blättern. In Mooren im Kia. Man trocknet die Wurzel in der Sonne und zerstampft sie zu Pulver. Der König isst mit seinen Kriegern von diesem Mittel. Der Feind giebt alsdann seine Absicht auf oder wird besiegt.

14. **Bukuru bwe Muti** (»die Grösse des Baumes«). Ein kleiner Baum in der Wildniss. Dunkle Blätter, keine Blüthen. Sandboden. Wird gegen heftige Kopfschmerzen angewandt. Man ritzt die Haut in der Schläfengegend und reibt die getrockneten und pulverisirten Blätter in die Wunden.

15. **Mutuzya.** Grosser Baum. Keine Blüthen. Sandboden. Die Rinde der Wurzel wird gestampft und in grosser Quantität gekocht. Gegen Epilepsie (?) (Lusalu). Man trinkt das Mittel und reibt die Stirn damit ein. Solches geschieht fünf Tage nach einander. Ist die Krankheit dann nicht völlig geheilt, so folgt Wiederholung der Kur.

26*

16. Muhihya bwana (»Reinigungsmittel der Kinder«). Die grossen, weichen Blätter werden von den Müttern, dem Namen entsprechend, verwandt. Die Wurzel-rinde, abgeschabt und gekocht, ist ein gutes Mittel gegen Blasenkatarrh. Vier Tage lang Morgens und Abends eine Tasse genügt gewöhnlich zur Heilung.

17. Vuma mdóo. Kleines Kraut. Sandboden. Das aus der Wurzel durch Ver-brennen gewonnene Pulver wird auf schwer heilende Geschwüre gestreut. Dreimal täglich, nachdem das Geschwür vorher gereinigt ist.

18. Mukolu. Grosser Baum. Keine Blüthen. Sandboden, Berge. Die Wurzel-rinde wird in der Sonne getrocknet und pulverisirt. Ein mit viel Pulver her-gestellter Decoct wird gegen die Krankheit Schilia getrunken. »Schilia«, morbo qui ex doloribus uteri et humore ex muliebribus effluente cognoscitur puellae et feminae afficiuntur, quae coitus libidini nimis crebro vehementerque se dederunt.

19. Mwesia. Grosser Baum. Sumpfboden. Die Wurzelrinde wird gestossen, mit Wasser gemischt und in grossen Mengen getrunken. Qua re mulieribus et purgatio magis excitatur et fecunditas augetur.

20. Munwera. Strauch auf steinigem Boden, ohne Blüthen. Die Wurzelknolle wird in Stücke geschnitten und in Fettsauce genossen. Das Mittel bewirkt das Aufgehen sich entwickelnder Drüseneiterungen nach aussen.

21. Musiwa. Grosser Baum. Sandboden. Man brennt die Wurzel zu Asche. Vor dem Impfen wird die Pockenlymphe mit dem Pulver gemischt. Auch innerlich wird davon eingegeben. Es lassen sich auf diese Weise Impf-reaktionen milder gestalten. Man kann nur Pocken, keine andere Krankheit, durch Impfen vermeiden.

22. Mulembera. Grosser Baum in Bergen. Die getrocknete Wurzelrinde wird pulverisirt in Wasser getrunken. Gegen Dysenterie. Der Blutabgang lässt in zwei Tagen nach.

23. Mulangalala. Grosser Baum in Bergen. Die Wurzelrinde wird geschabt und ein Brei daraus gekocht, der bei Brustschmerzen warm als Kataplasma benutzt wird.

24. Kafulampudwi (»Freudenschrei«). Bei altem Bronchialkatarrh (Phthisis?) wird die zu Asche gebrannte Wurzel zusammen mit etwas Salz prisenweise ge-schluckt, täglich einen Monat lang.

25. Musololyo. Grosser Baum in Bergen. Die Wurzel wird in kleine Stücke geschnitten, in Saucen gekocht und fünf Tage lang mit den Mahlzeiten ge-nommen. Gegen lues (Kaswende). Die Haare fallen nicht aus. Die Lues heilt.

26. Muukurungu. Grosser Baum ohne Blüthe, dessen Wurzelrinde gestampft, in Wasser zu einem Brei zerkocht und zu Umschlägen auf dem erkrankten Theil verwandt wird. Feminae improbae anguiculis in vaginam immissis viris morbum afferunt, quo membrum virile dissecatur.

27. Musekira. Grosser Baum. Sandboden. Die geschabte Wurzel wird mit Wasser gekocht. Decoctum per tres dies post partum perfunctum feminae bibunt, ut sanguinem residuum ex utero removeant et dolores tollant.

Meteorologisches.

Bearbeitet von **Dr. von Danckelman.**

Im Anschluss an die täglich mindestens einmal gemachten Höhenbestimmungen sind von Graf Götzen während seiner Reise auch regelmässige Ablesungen eines Assmann'schen Aspirationspsychrometers, eines Minimumthermometers und allgemeine Beobachtungen über den Wettercharakter vorgenommen worden. Die Ablesung des Psychrometers geschah namentlich im zweiten Theil der Reise fast ausschliesslich nur um 9 Uhr Abends, so dass wir über die bei Tage vorgekommenen Temperaturen wenig unterrichtet werden. Die einzige längere Beobachtungsreihe an einem Ort stammt aus Uschirombo (1250 m Seehöhe), wo vom 22. Marz bis 12. April 1894, aber vielfach auch nur um 9 Uhr Abends, die Lufttemperatur gemessen wurde. Das Ergebniss dieser Messungen ist folgendes, wobei die in Klammern beigefügten Zahlen die Anzahl der Beobachtungen bedeuten.

Trockenes				Feuchtes				Minimum-thermometer
		Thermometer						
7 a.	9 a.	2 p.	9 p.	7 a.	9 a.	2 p.	9 p.	
°	°	°	°	°	°	°	°	°
19.8 (6)	21.7 (10)	27.3 (5)	20.3 (22)	17.7 (6)	18.5 (10)	19.5 (5)	18.3 (22)	17.4 (22)

Die höchste Temperatur während der ganzen Reise wurde mit 33°.8 am 18. Februar 1894 in der Vembere Steppe beobachtet, eine sehr niedrige Nachttemperatur wurde mit 5°.5 in dem ca. 2390 m hohen Waldlager bei Keschero am 2. Juni 1894 bei feuchter, regnerischer Witterung notirt; auch am Fusse des Kirungaberges im Lager zu Kamuhanda herrschten vom 9.—15. Juni Abendtemperaturen von 13—15°, während die niedrigste Temperatur Nachts zwischen 6°.5 und 9°.4 lag. Grosse Kälte herrschte auch des Nachts nach dem Aufstieg vom Kivusee auf den westlichen Grabenrand; hier wurde in 2470 m Seehöhe im 3. Waldlager vom 2. Juli die absolut niedrigste Temperatur mit 4°.8 bei kaltem Ostwind beobachtet. Ueberhaupt war die Lufttemperatur in jenen zwischen Kivusee und Itumbi gelegenen 12—1700 m hohen Gebieten eine recht niedrige. Abends 9 Uhr lag die Temperatur im Juli zwischen 19 und 15°, das Minimumthermometer sank regelmässig bis auf 11—13° herab; erst jenseits des Luoho in den nur 1000—700 m hohen Waldgebieten bis zum Oso ist die 9 p. Temperatur im August etwa 18—21°, die Minimumtemperatur 15—18°. Von da bis zum Kongo lag im September in den 600—500 m hohen Gebieten die 9 p. Temperatur bei 20—22°, die Minimaltemperatur bei 16—19°.

Ueber die Häufigkeit des Regens und der Gewitter giebt folgende Zusammenstellung Aufschluss:

1894	Zahl der Tage mit Regen	Zahl der Tage mit Gewitter
Januar (zwischen Kwa Mdoë und Borischa)	8	6
Februar (zwischen Borischa und Uduhe)	8	6
März (zwischen Utchunga und Uschirombo)	11	5
April (zwischen Uschirombo und Karagwe)	18	8
Mai (zwischen Kagera-Nil und Satinye-Fluss, Kigeri's)	18	6
Juni (zwischen Tschingoyo-Bergen und Anfang des Waldlandes)	9	3
Juli (im Waldland bis Wamigana)	12	8
August (im Waldland bis Makenso)	17	12
September (im Waldland bis Stanley Falls)	13	9
Oktober (auf dem Kongo bis Bangala)	13	13

Die Gewitter waren von besonderer Heftigkeit und Stärke im Urwaldgebiet zwischen Kivusee und Kongo. Zweimal wurde Hagelfall beobachtet, am 3. Juli in ca. 2400 m Seehöhe um 3 Uhr Nachmittags und am 13. Juli in Kwirangira um 2 Uhr Nachmittags bei einem furchtbaren Gewitter in ca. 1600 m Seehöhe.

Bei der Besteigung des Kirungavulkans war leider das Aspirationsthermometer nicht mitgenommen. Das Schleuderthermometer zeigte auf dem Kraterrand in 3470 m Seehöhe um 11 Uhr Vormittags 10°.4. Der obere Theil des Berges war andauernd in Nebel und Wolken gehüllt, es herrschte ein kräftiger SO-Wind.

Erdbeben wurde beobachtet am 3. Februar 1894 am Bubu um 11 3° Vormittags; es war stark, dauerte 20—25 Sekunden und hatte die Richtung SSO—NNW. Ferner wurden am 26. Juli 1894 am Luoho im Waldland um Mittag einige kurze Erdstösse bemerkt.

INDEX.

A.

Abdallah 5, 56, 95, 102, 140, 185, 270, 347.
Abendmahlsfeier 89.
Abenteuerlust 29.
Abessinien 187, 241.
Abokr 125, 216.
Abwaschung 129, 296.
Acanthus 141.
Ackerbau 189.
Adam 7, 16, 216, 221.
Aden 5, 7, 125.
Aegypten 235.
Aequatorial-Provinz 148.
Affenbrotbaum 12, 22, 53.
Afrikaverein 66.
Ahnenkultus 83
Akanyaru 74, 151, 154, 167, 188.
Akaziengestrüpp 12.
Albert-Edward 98, 147, 234, 240, 241, 248, 250, 325.
Albini-Gewehr 312.
Albinismus 115.
Algier 29.
Ali Kirowascha 5.

Ali Mohamed 5.
Ali Mrefu 295.
Alkohol 168.
Aloë 32, 50.
Amazonen 148, 167, 289.
Amulet 83, 257.
Andrews 354.
Aneroïd 39, 203.
Angeln 226.
Anstand 86.
Antilope 12.
Antisklaverei - Expedition 7, 36, 318.
Anthropophagie 340.
Araber 98, 146, 147, 245, 255, 275, 300, 303.
Araberkrieg 248, 297.
Aristoteles 235.
Armband 81, 158.
Armringe 138.
Aruwimi 249, 269, 288, 309.
Aschenfelder 214.
Askari 2, 7, 26, 139, 272, 298.
Aspirationspsychrometer 39.
Aufbruch 18.
Aufbruchsignal 19.

Augenkrankheit 164, 177.
Ausreissen 114.
Ausrüstungsgegenstände 6.
Aussaat 22.

B.

Bagamoyo 5, 18, 98.
Bahnbau 346.
Bakari 207.
Bakunu 288.
Balangda 48.
Balongo 110, 114.
Bamanga 326.
Bamberger 100.
Bambus 190, 194, 196, 252.
Banana 340, 347, 353, 354.
Bananen 82, 259.
Bananenhain 156, 218.
Bandmass 22.
Bangala 311, 337.
Bantu 83, 158, 190.
Baobab 66.
Barometer 207.
Barometerablesung 11.
Bartflechten 47, 193, 204.
Bartle Frere, Sir 303.

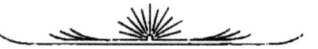

Druck von

OTTO ELSNER, BERLIN S.

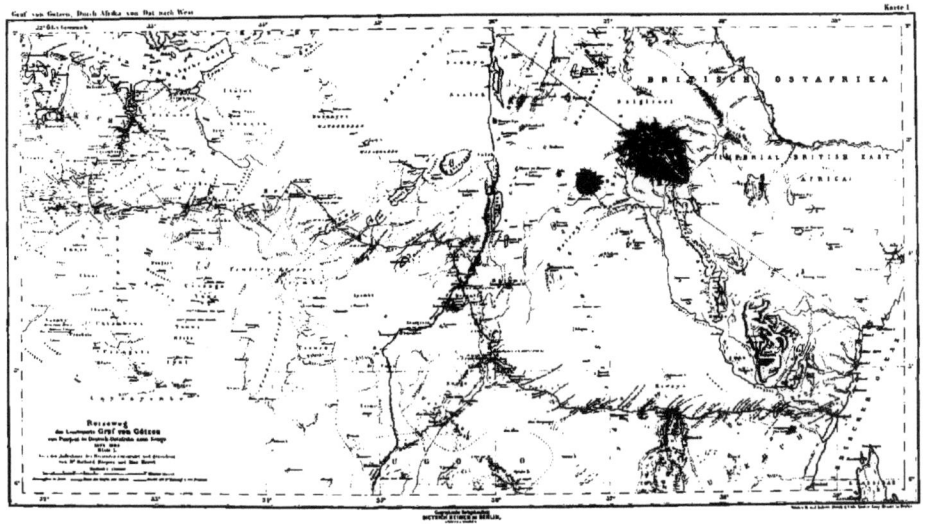

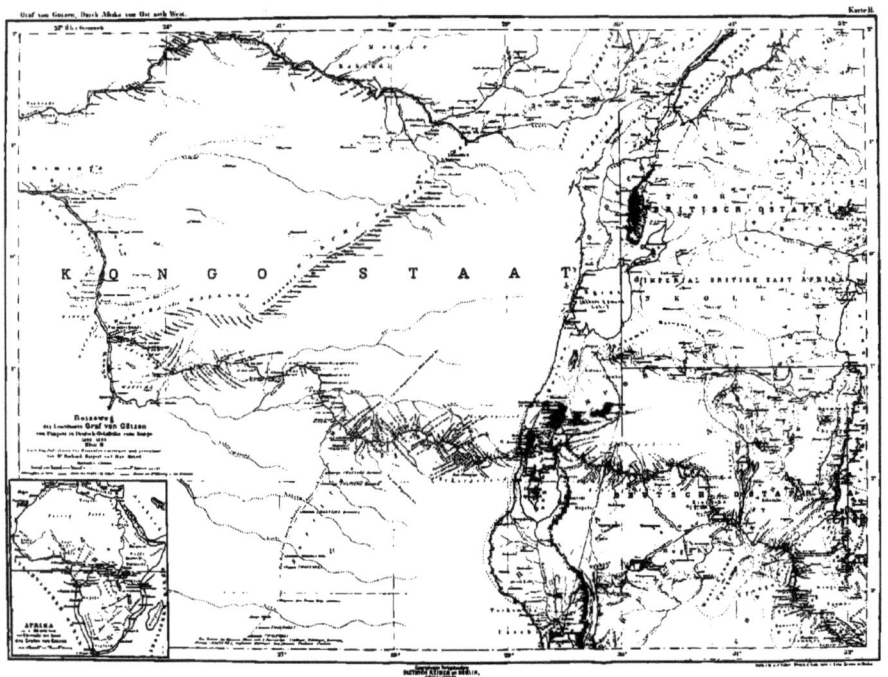